ISBN 978-1-333-14304-6
PIBN 10378230

This book is a reproduction of an important historical work. Forgotten Books uses state-of-the-art technology to digitally reconstruct the work, preserving the original format whilst repairing imperfections present in the aged copy. In rare cases, an imperfection in the original, such as a blemish or missing page, may be replicated in our edition. We do, however, repair the vast majority of imperfections successfully; any imperfections that remain are intentionally left to preserve the state of such historical works.

1 MONTH OF
FREE
READING

at

www.ForgottenBooks.com

By purchasing this book you are eligible for one month membership to ForgottenBooks.com, giving you unlimited access to our entire collection of over 700,000 titles via our web site and mobile apps.

To claim your free month visit:
www.forgottenbooks.com/free378230

English
Français
Deutsche
Italiano
Español
Português

www.forgottenbooks.com

Mythology Photography **Fiction**
Fishing Christianity **Art** Cooking
Essays Buddhism Freemasonry
Medicine **Biology** Music **Ancient
Egypt** Evolution Carpentry Physics
Dance Geology **Mathematics** Fitness
Shakespeare **Folklore** Yoga Marketing
Confidence Immortality Biographies
Poetry **Psychology** Witchcraft
Electronics Chemistry History **Law**
Accounting **Philosophy** Anthropology
Alchemy Drama Quantum Mechanics
Atheism Sexual Health **Ancient History**
Entrepreneurship Languages Sport
Paleontology Needlework Islam
Metaphysics Investment Archaeology
Parenting Statistics Criminology
Motivational

VIE

DE

MGR DUPANLOUP

PROPRIÉTÉ DE

VIE

DE

Mᴳᴿ DUPANLOUP

ÉVÊQUE D'ORLÉANS

MEMBRE DE L'ACADÉMIE FRANÇAISE

PAR

Mᴳᴿ F. LAGRANGE

ÉVÊQUE DE CHARTRES

TOME DEUXIÈME

SEPTIÈME ÉDITION

PARIS

LIBRAIRIE CH. POUSSIELGUE

RUE CASSETTE, 15

1894

VIE DE MGR DUPANLOUP

CHAPITRE PREMIER

L'abbé Dupanloup est nommé évêque d'Orléans
Ses hésitations avant d'accepter
Son voyage en Savoie — Sa retraite — Son sacre
Son arrivée à Orléans
1849

« Il m'a fait ministre malgré moi, a écrit de l'évêque
d'Orléans M. de Falloux, je l'ai fait évêque malgré lui. »
Pendant son court ministère, M. de Falloux eut à pourvoir plusieurs fois à des vacances de sièges épisco-
paux. « Il eut véritablement la main heureuse[1], » a écrit
l'historien de Mgr Mathieu. Il accueillait, il provoquait
toutes les indications qu'on voulait bien lui donner; mais
trois personnes seulement avaient sur lui, pour ces choses
importantes, une décisive influence, le Nonce, le P. de
Ravignan, et l'abbé Dupanloup. C'est à celui-ci surtout qu'il
faut attribuer le choix de Mgr de Dreux-Brézé, de Mgr Pie,
de Mgr de Salinis, et aussi de Mgr Caverot, qui lui était spécialement recommandé par M. de Montalembert. M. de
Falloux aurait voulu pouvoir nommer aussi l'abbé Gerbet,
et c'est dans cette pensée, et afin de le replacer en quelque
sorte sous les yeux de l'épiscopat français, qu'il le fit venir
de Rome à Paris, en le nommant professeur d'éloquence
sacrée à la Sorbonne[2]. Quant à l'abbé Dupanloup, ce ne
fut pas chose facile de lui faire accepter l'épiscopat. M. de

---

1. *Vie du cardinal Mathieu*, par Mgr Besson, t. I, p. 430.
2. Le sixième évêque nommé par M. de Falloux, pendant son court
ministère, fut Mgr Fouquier, évêque de Mende.

Falloux a raconté la lutte qu'il fallut avoir avec lui pour le décider ; nous lui donnons avec joie la parole :

« L'abbé Dupanloup avait laissé un ineffaçable souvenir dans l'esprit, je dirais même volontiers dans le cœur de tous ceux qui, durant quatre mois, avaient étudié avec lui toutes les plaies sociales, et, avec le même patriotisme, travaillé à leur guérison. Plusieurs d'entre eux, particulièrement M. Thiers et M. Cousin, me répétaient souvent : « Il faut que cet homme soit évêque! » J'étais loin d'y contredire; mais encore fallait-il qu'il y eût un siège vacant et que ce siège ne l'éloignàt pas trop du centre politique et intellectuel de notre pays. Une mort imprévue vint en décider. M. Fayet, évêque d'Orléans, membre de l'Assemblée nationale, où il était fort aimé, nous fut enlevé en quelques heures par le choléra. Son successeur évidemment désigné était l'abbé Dupanloup. » En le présentant à la nomination du chef de l'Etat, M. de Falloux dit au Président : « J'ai l'honneur d'être encore votre ministre; permettez-moi de vous dire, pour le temps où je ne le serai plus, qu'il y a des prêtres qu'il faut faire évêques pour un diocèse, d'autres qu'il faut faire évêques pour l'Eglise. » « Mais, poursuit M. de Falloux, j'avais compté sans l'abbé Dupanloup lui-même; il repoussa ma première ouverture avec un accent qui me fit comprendre que je ne triompherais pas facilement d'une telle résistance.

» J'appelai aussitôt à mon aide le P. de Ravignan, qui était à la fois l'ami le plus intime et le plus autorisé de l'abbé Dupanloup. Le P. de Ravignan entra vivement dans mes intentions, et, à ma grande surprise, ne fut pas plus heureux que moi.

» En même temps d'autres amis intervenaient en sens contraire, M. Molé notamment, et me déclaraient qu'enlever l'abbé Dupanloup à Paris était une pensée absolument criminelle et absolument insensée; que personne ne l'y remplacerait, ni pour la direction des jeunes gens, ni pour la direction des âmes dans toutes les classes et dans toutes les conditions. Je ne cédai point à cette ardente obsession; je fis observer qu'il y avait aussi des jeunes gens et des âmes en province; que l'épiscopat donnait à toutes les qualités de l'homme, au point de vue social une autorité, au point de vue religieux une vertu que rien ne supplée; j'insistai sur la proximité d'Orléans et de Paris; j'allai même jusqu'à invoquer le chemin de fer et toutes les facilités nouvelles qu'il apportait à la dévotion. J'ajoutais, avec une parfaite sincérité, que le nouvel évêque ne serait pas tenu à la résidence; qu'assurément un évêque devait être nommé avant tout pour son diocèse; mais que quelques évêques aussi devaient être nommés pour l'épis-copat tout entier, et que si c'était là une exception, elle serait pleinement justifiée pour l'abbé Dupanloup. Ces arguments triomphèrent de la plupart des amis; ils ne triomphèrent pas de l'abbé Dupanloup lui-même, et le P. de Ravignan vint m'annoncer avec tristesse qu'il fallait définitivement renoncer à notre dessein : j'y renonçai. »

Le P. de Ravignan n'avait pas toujours été aussi décidé sur cette question. Ainsi nous trouvons, dans une de ses lettres de 1847 à l'abbé Dupanloup, cette parole : « Je vous aime assez simple soldat, simple prêtre comme moi-même. Cela est élevé, et relève plus en un sens. » Par le contraste entre l'influence de la personne et la modestie de la situa-tion. Quoi qu'il en soit, voici ce qui s'était passé entre le P. de Ravignan et l'abbé Dupanloup. Depuis que celui-ci soupçonnait les pensées du ministre à son endroit, il était invisible; il n'y avait d'autre moyen de le saisir que de pénétrer chez lui de très bonne heure, avant qu'il fût sorti. Un jour donc, avant cinq heures du matin, c'était le vendredi saint, 9 avril 1849, le P. de Ravignan sonnait à sa porte, et entrait. Arrivé dans sa chambre, il s'arrêta, croisa les bras, et le regardant d'un œil profond et péné-trant : « Mon ami, lui dit-il, quel jour est-ce aujourd'hui? — Mais, le vendredi saint : que voulez-vous dire? — Le vendredi saint, le jour de la croix, n'est-ce pas? — Oui. — Eh bien, je vous l'apporte, ou plutôt Dieu vous l'envoie, et il faut l'accepter : il faut être évêque. — Mon ami, répond l'abbé Dupanloup, c'est impossible, M. de Falloux le doit bien savoir. C'est une chose décidée, il ne faut plus m'en parler. » Et il fut inflexible dans ce refus.

Telle fut la réponse que le P. de Ravignan avait rapportée à M. de Falloux. Cependant, prévoyant d'autres assauts, l'abbé Dupanloup consultait les hommes en qui il avait le plus de confiance, l'abbé Pététot, M. Mollevaut. Celui-ci ne l'encourageait en aucune sorte. « On trouvera, disait-il, un autre évêque d'Orléans, mais qui fera à Paris ce que vous y faites? » « J'y avais, alors, en effet, nous a-t-il dit un jour, une situation dont vous ne pouvez pas vous faire une idée. » Et il ajoutait : « Rien ne m'a plus coûté dans ma vie que d'accepter d'être évêque. » Il discutait surtout avec lui-même et devant Dieu, la plume à la main, suivant sa coutume, écrivant, sur deux colonnes opposées, les raisons pour, les raisons contre, et les pesant avec angoisse. Les raisons pour étaient celles à peu près que M. de Falloux énumérait tout à l'heure. Les raisons contre étaient d'abord la haute idée qu'il se faisait de cette dignité. Le côté honorifique était pour lui moins que rien; la tranquille administration d'un diocèse lui paraissait la moindre part de ce fardeau : la charge pastorale, la terrible responsabilité des âmes, à convertir, à sauver, c'était là surtout à ses yeux l'épiscopat, et il se sentait incapable de prendre son parti de les voir périr entre ses mains. Une perspective d'immenses labeurs et de douleurs s'ouvrait donc devant lui. Puis, il y avait le déracinement de tout le ministère qu'il remplissait à Paris auprès de tant d'âmes qu'il croyait abandonner, en s'en éloignant pour des fonctions si absorbantes. Enfin, ses travaux, ses écrits commencés, que deviendraient-ils? La nécessité d'une éminente vertu dans cet éminent honneur, l'obligation à la sainteté définitive, « quoique répugnant à la nature », était plutôt une raison pour. « Il faut, écrivait-il, rompre encore une fois ma vie, mon ministère, et plus que jamais, renoncer au peu de bien que je fais, et à celni de l'avenir; prendre une charge effroyable; effroyable comme administration, effroyable comme charge d'âmes surtout... Je me connais, je me croirai obligé à faire par moi-même tout ce qu'on n'aura pas réussi... » Et il concluait : « J'aime mieux mille fois mourir simple prêtre qu'évêque... Si c'était un devoir!... Si j'y voyais clairement le bon plaisir de Dieu... Autrement, non. »

Il en était là, quand survint un incident raconté ainsi par .\. de Falloux : « Quelques jours après je recevais le cardinal Giraud, archevêque de Cambrai, revenant de Gaëte, où il avait bien voulu se charger, auprès de Pie IX, d'une mission officieuse à laquelle j'attachais, pour mon compte, une grande importance. Après avoir causé longuement avec le cardinal de sa mission et de ses résultats, je lui parlai de l'évêché d'Orléans et je lui demandai quel serait son choix.

« Il n'y en a qu'un, me répondit-il, l'abbé Dupanloup.

» — Il m'a impitoyablement refusé.

» — Il faut lui envoyer le P. de Ravignan.

» — Je n'y ai pas manqué; mais le P. de Ravignan a échoué comme moi. »

» Le doux et vénérable cardinal Giraud prit alors une physionomie sévère et me dit : « Je viens de voir de près les malheurs de l'Eglise, m'autorisez-vous à en faire le tableau à l'abbé Dupanloup, et à le faire rougir d'un refus qui ne peut pas durer plus longtemps?

» — Je ne vous y autorise pas, monseigneur, je vous en supplie. »

» Le cardinal allait me quitter pour se rendre chez l'abbé Dupanloup, lorsque je lui dis : « Ne vous contentez pas de quelques paroles respectueusement évasives qui nous laisseraient retomber dans l'embarras; exigez une parole écrite, et veuillez la laisser entre mes mains avant votre départ. »

» On voit jusqu'où je poussais la méfiance; cette méfiance n'était pas exagérée; le cardinal ne reparut pas chez moi durant quarante-huit heures. »

Les raisons du cardinal, exposées avec une vive éloquence, avaient fortement ébranlé l'abbé Dupanloup. Il ne céda cependant que le jour suivant, le vendredi d'après Pâques, 13 avril, après avoir lu le matin à sa messe les belles et encourageantes paroles de la liturgie : *Euntes, docete omnes gentes*, etc.; et l'admirable oraison : *Con-*

cede quæsumus, omnipotens Deus, etc. [1]. Alors, faisant
« un dernier abandon de sa vie à la Providence », accep-
tant d'être «une dernière fois mis en pièces », il se décida
à écrire à M. de Falloux la lettre suivante :

> « Ce vendredi de Pâques (13 avril).

> » Monsieur le ministre,

> » Le mot qui vous a décidé me décide. *Salius est Dei
causâ servitutem subire quam, crucis fugâ, perfrui libertate.*

> » C'est donc fini : je vous donne ma triste, mais cer-
taine parole : Oui.

> » Malgré la douloureuse influence que vous aurez eue
sur la fin de ma vie, vous n'en êtes pas moins très avant
dans mon cœur, et vous savez tout ce que Dieu y a mis
pour vous de tendresse et de respect.

> » F. DUPANLOUP. »

Ce papier, où il discutait ainsi l'épiscopat, nous l'avons
entre les mains ; il y jetait souvent les yeux, il l'avait encore avec lui dans sa dernière retraite à Einsiedeln quelques jours avant sa mort ; il y avait un jour ajouté les
lignes que voici : « Ceci a été écrit au mois d'avril 1849 ;
je le relis à Rome le 26 décembre 1850, et avec grande
consolation. Ce sera une grande consolation dans tout
l'avenir de pouvoir dire : *Non vos me eligistis, sed ego
elegi vos.* Tout est là. Seulement il faut répondre avec
fidélité et courage. » Voilà comment devint évêque celui
qui s'appellera dans l'histoire l'évêque d'Orléans.

Le lendemain, le P. de Ravignan lui écrivait : « M. de
Falloux m'a écrit un mot touchant après vous avoir
adressé le premier *Monseigneur.* Eh bien ! oui, *Dieu le
veut !* Je suis triste en mon âme : il me semble que je
perds un ami ; mais je sais bien me mettre de côté pour
retrouver et vénérer un évêque. »

---

1. *Ut veterem cum suis actibus hominem deponentes, in illius con-
versatione vivamus, ad cujus nos substantiam his cœlestibus mysteriis
transtulisti.*

Ce sont là les accents de l'amitié; voici la voix de l'épiscopat : « J'apprends, lui écrivit l'archevêque de Besançon,
Mgr Mathieu, votre nomination à l'évêché d'Orléans, et je
vous écris ce petit mot de cœur pour vous dire toute la
part que je prends à cette nouvelle. Quoiqu'il y ait beaucoup de choses faites, les temps sont difficiles, et nous
avons besoin de bons soldats dans le camp du Seigneur.
A ce titre, vous y serez en première ligne, et nous ser-
rerons les rangs pour combattre avec force et prudence. »

Quant à la société laïque, M. de Salvandy en était le
fidèle interprète quand il disait devant l'Académie française, en l'y recevant : « Quel autre était désigné par plus
de travaux et de services à ce caractère auguste, qui est
un sacerdoce dans le sacerdoce ? C'était un temps de
suffrage universel, et depuis longtemps la voix publique
vous appelait à ce nouvel apostolat. Vous nous parliez
tout à l'heure de saint Ambroise, le Fénelon de l'antiquité,
qui par là doit vous être particulièrement cher. Vous
auriez pu entendre les enfants crier, comme autrefois
dans Milan : *Ambrosi, tu es episcopus!* Ambroise, les
enfants et les mères vous veulent pour évêque ! »

Le clergé orléanais, qui regrettait beaucoup Mgr Fayet,
n'en fut que plus heureux et plus fier du nouvel évêque
qui lui était destiné, et de tous les points du diocèse des
adresses arrivèrent à l'élu de M. de Falloux : l'administration capitulaire, le chapitre, les curés de la ville d'Orléans, les prêtres des quatre archidiaconés, rivalisaient
d'enthousiasme. « Nous étions plongés dans la douleur,
disaient les vénérables chanoines; tout à coup un bruit
consolateur se répand, une bonne nouvelle nous arrive : on
nous annonce que c'est vous qui êtes l'élu du Seigneur ! »
« Il ne fallait rien moins que votre nomination, disaient
les curés d'Orléans, pour adoucir la douleur d'une perte
cruelle. Notre beau diocèse, toujours privilégié, peut donc
encore une fois être fier de son premier pasteur ! » « Nos
sentiments, disaient les doyens et curés de l'archidiaconé
de Gien, sont ceux d'une profonde reconnaissance envers
le Seigneur, et d'une haute admiration pour l'homme
éminent qu'il nous envoie. »

Voici sa réponse au chapitre :

« Paris, le 25 avril 1849. Messieurs, rien ne saurait vous dire à quel point je suis touché d u langage que vous avez la bonté de me tenir. Mon étonnement seul égale, et je le dois avouer, surpasse même mon attendrissement et ma reconnaissance. Oui, je vous le dirai dans la simplicité de mon cœur, avant tout je suis étonné : je ne puis croire que ce soit à moi, inconnu, étranger parmi vous, à moi qui suis moins que le dernier de la maison d'Israël, que des hommes aussi vénérables adressent un pareil langage. Oh ! oui, je le répète avec vérité plus que jamais : Je n'étais fait ni pour une telle charge, ni pour un tel honneur, et je ne puis y habituer ma pensée.

» Laissez-moi donc oublier tout le reste, Messieurs, et ne voir dans la lettre que vous m'avez fait l'honneur de m'écrire que les sentiments d'une bienveillance toute chrétienne et toute sacerdotale : là du moins je repose les agitations de mon âme dans cette pensée, dans cet espoir, qu'il y aura désormais un lieu, une ville sur la terre, dont je ne sais encore il est vrai redire le nom qu'avec un secret effroi, mais où je trouverai, grâce à la bonté de Dieu, des amis et des frères en ceux que toute ma vie j'aurais été heureux de vénérer uniquement comme mes modèles et mes pères dans la foi et dans la vertu.

» Veuillez agréer, Messieurs, l'hommage du tendre respect et de la reconnaissance avec lesquels j'ai l'honneur d'être votre très dévoué serviteur.

» F. DUPANLOUP. »

Au milieu de quelles occupations cette nomination à l'épiscopat était-elle venue le saisir ! « Je suis, écrivait-il à la veille des premières ouvertures qui lui furent faites, dans un véritable abîme : Dieu me soutient miraculeusement. Je viens de prêcher le carême à Saint-Sulpice, et la retraite pascale tous les soirs. C'était du reste un magnifique spectacle qui donnait des forces.

» Avec cela, quatre, cinq, six commissions par semaine au ministère de l'Instruction publique ; deux et trois jours de confessions ; et quinze lettres par jour. Et de plus, l'*Ami de la religion*[1]. Jugez. Sainte Thérèse seule, et ses œuvres, m'ont soutenu pendant ces six terribles semaines. » A quoi il faut ajouter encore les affaires, puisqu'il avait fini par accepter de Mgr Sibour le titre de vicaire général.

Toutes ces fatigues accumulées lui rendaient un peu de repos bien nécessaire. Il partit pour le Dauphiné et s'arrêta quelque temps à Lacombe. Puis les souvenirs du saint évêque de Genève l'attirèrent en Savoie. Pour plus d'une raison saint François de Sales se présentait à lui comme un modèle. Il y avait entre eux bien des contrastes ; il y avait aussi de visibles analogies. Il voulut donc respirer l'âme du saint aux lieux qui furent son berceau et son tombeau, et le théâtre de ses travaux apostoliques : c'est dans cette pensée qu'il alla faire de pieux pèlerinages à Thorens, « le lieu où saint François de Sales reçut les plus grandes grâces de sa vie », à Annecy, sa ville épiscopale, « où il fonda la Visitation », et aux Allinges, « où il commença ces missions fameuses qui devaient ramener soixante et dix mille hérétiques dans le giron de l'Eglise ». La Providence, à son insu, lui ménageait dans ce voyage, et au moment où elle allait lui imposer les nouveaux et grands labeurs de l'épiscopat, quelque chose qui allait être, comme Lacombe, un véritable bienfait de Dieu dans sa vie : Menthon ; c'est-à-dire des amis comme ceux qu'il avait à Lacombe, et une hospitalité dont il devait goûter jusqu'à la fin de sa vie la fidélité et la douceur. Quelques détails sur ce lieu et sur cette famille sont ici nécessaires.

Menthon est un charmant village, à peu de distance d'Annecy, sur les bords du lac. Mgr Rendu avait coutume d'y passer quelques semaines chaque été dans la maison de campagne de son séminaire. L'abbé Dupanloup alla l'y visiter. Tout près était un vieux château qu'habitaient des amis de Mgr Rendu, M. et Mme de Menthon. L'évêque d'Annecy leur amena, sachant leur faire grand plaisir, l'évêque

---

1. Aussi était-il sur le point de recevoir de Rome la dispense d'assister au chœur comme chanoine quand il fut nommé évêque. *Lettre à Mme la princesse Borghèse.*

nommé d'Orléans. Là, tout le charma, et la situation admirable de ce château, et les traditions qui s'y rattachent, et l'aimable hospitalité qu'il y trouva. C'était un manoir du neuvième siècle, où naquit un saint célèbre, saint Bernard de Menthon, l'apôtre des Alpes et de la Haute-Italie, le fondateur du fameux hospice du Grand Saint-Bernard ; on y voit encore transformée en chapelle la chambre du saint, et la fenêtre par laquelle il s'enfuit dans la montagne la nuit même qui précédait le jour où devait se célébrer son mariage : la fiancée, noble demoiselle de Miollans, était là, avec toute sa famille : le matin, quand on vint chercher le jeune Bernard pour la cérémonie nuptiale, il avait disparu : une guerre faillit s'ensuivre entre les sires de Miollans et de Menthon. Ses parents ne le retrouvèrent que trente ans après, dans son hospice ; ce fut lui qui les reconnut. Sa famille, l'une des premières du Génevois, dont les membres se partagent entre la Savoie et la comté de Bourgogne, a toujours eu pour centre la demeure dont nous parlons. Rien de plus pittoresque que ce vieux témoin du moyen âge, avec sa poterne, ses portes de fer et ses machicoulis. Il est posé, sur le roc même, au sommet d'une colline que dominent, à droite et à gauche, de hautes montagnes : l'une dont les pentes vertes montent jusqu'à une muraille gigantesque de rochers dentelés, au delà et au-dessus desquels on aperçoit la puissante Tournette, tantôt enveloppée de nuages, tantôt resplendissante avec ses neiges presque éternelles ; l'autre dont les flancs et les sommets sont couverts d'une forêt toujours verdoyante. De la terrasse et du salon, pièce à l'aspect moderne, quoique décorée d'antiques armures et de portraits des sires de Menthon, la vue plonge sur le lac, dont les eaux bleues et profondes semblent dormir au pied des monts gracieusement découpés qui encadrent ses rives : Annecy au loin paraît sortir du sein des eaux.

Le château appartenait alors à M. le comte Alexandre de Menthon, ancien capitaine aux grenadiers gardes de S. M. le roi de Sardaigne : il avait quitté le service en 1839, pour venir se fixer à ce château, et il avait épousé l'année suivante Arthémine-Caroline-Pauline de Klinglin, d'une ancienne famille d'Alsace qui se glorifie d'avoir contribué à donner Strasbourg à la France. Simple et digne à la fois, comme les vrais hommes de race, d'une distinction parfaite, le comte Alexandre joignait à une âme élevée et au plus noble cœur un esprit, très cultivé. Pleine d'élan et d'idéal, la comtesse avait peut-être plus de vol encore dans la pensée, avec une fermeté de jugement toute virile, malgré sa frêle et délicate apparence. La vie d'esprit était très active dans ce château; on s'y intéressait à tout le mouvement intellectuel de l'époque; on y était très fidèle aussi aux gloires religieuses de la famille, à la mémoire de saint Bernard. Tout cet ensemble plut si fort à l'évêque nommé d'Orléans, qu'après ses pèlerinages aux lieux consacrés par saint François de Sales, il y revint, avant de quitter la Savoie, une seconde et même une troisième fois. Charmés eux-mêmes de ces premiers rapports avec lui, très hospitaliers du reste, M. et Mᵐᵉ de Menthon s'estimèrent heureux de pouvoir lui offrir, tout près d'Annecy, au centre de ses souvenirs et de ses montagnes, un lieu de repos si en harmonie avec tous ses goûts. Ainsi commencèrent des relations qui tiendront désormais une place dans sa vie, et sur lesquelles nous aurons à revenir. Il y fit d'ailleurs, comme partout, l'œuvre de Dieu, trouvant là plusieurs âmes que ses conseils éclairaient et soutenaient; en particulier Mᵐᵉ de Menthon qui, faite pour la grande piété et rencontrant enfin le guide qu'elle attendait, prit un essor admirable dans la haute vertu chrétienne. Cette direction, nécessairement intermittente, se prolongeait entre Mᵐᵉ de Menthon et l'évêque par une assidue correspondance, qui dura plus de vingt ans, et qui, si elle pouvait être publiée, ne paraîtrait pas indigne de saint François de Sales lui-même; et cela, sans que les rapports spirituels empêchassent la cordiale simplicité des relations, ni que ces relations fussent en rien un obstacle à l'autorité saintement respectée du directeur.

A son retour à Paris l'attendaient les luttes de presse, auxquelles il fut obligé, nous l'avons dit, de se mêler si vivement encore, et les travaux du concile provincial de

Paris, qui s'ouvrit, sur l'initiative de Mgr Sibour, le 17 septembre.

L'évêque nommé d'Orléans n'était pas encore préconisé : il ne le fut que le 29 septembre, à Portici ; ces délais étaient dus à la situation où se trouvait alors le Saint-Siège. Le bref par lequel Pie IX l'autorisait à siéger avec voix délibérative le comblait des plus magnifiques éloges : « Nous savons, disait le Saint-Père, combien vous excellez en vertu, en piété, en talent, en doctrine, en prudence, en zèle pour la religion catholique, en dévouement pour Nous et pour la Chaire de Pierre, en habileté dans la gestion des affaires [1]. » Il prit une part très active aux travaux, qui furent considérables. D'importantes questions de foi et de discipline y furent traitées, notamment les rapports de la raison et de la foi, et les devoirs de la presse religieuse. « La lettre synodale, dit l'historien de Mgr Sibour [2], présenta le tableau animé des œuvres de l'illustre assemblée, et ces pages que nous n'avons pas oubliées gardaient comme le souffle du divin esprit qui avait plané sur le nouveau cénacle. » La rédaction de cette lettre synodale avait été confiée à l'évêque nommé d'Orléans. Le concile de Paris fut un signal ; il y eut de semblables assemblées dans presque toutes les provinces ecclésiastiques de France : pourquoi faut-il que sous l'Empire ce mouvement se soit arrêté?

Ce labeur terminé, le nouvel évêque crut pouvoir se préparer en paix à son sacre, dont l'époque approchait, et, quittant Paris, il alla, vers le 15 octobre, s'enfermer à Issy. Nul lieu ne pouvait être mieux choisi. Issy était le berceau de sa cléricature. Là tout parlait à son âme, tout était plein pour lui de souvenirs. Là il était venu tant de fois, dans ces retraites qui lui étaient si chères, respirer ce pur esprit du sacerdoce dont Saint-Sulpice est dans l'Eglise de France la source bénie. Là ont passé, et il en pouvait revoir partout par la pensée les images vé-

---

1. *Mgr Dupanloup devant le Saint-Siège*, par l'abbé Chapon, p. 197.
2 M. Poujoulat.

nérables, ces hommes de Dieu qui, de ꟷ. Emery à ꟷ. Carrière, ont élevé en ce siècle le clergé français : de ces modestes tombes où ils dorment, à l'ombre de leur petite chapelle de Lorette, et d'où ils se lèveront tous, on le peut espérer, pour la résurrection glorieuse, émane comme un parfum d'humilité, de piété, de sainteté. Nous avons sous les yeux la longue retraite commencée par lui alors, et qu'il faisait, selon sa coutume, la plume à la main. « Ecrire ainsi, dit-il, est pour moi une manière admirable de méditer, de voir clair dans mon âme et dans les choses de Dieu. Et puis, cela me reste, je retrouve ces lumières.» C'est un profond travail de son âme, un abandon complet à la grâce de Dieu, afin de sortir, de ce creuset, transformé, un autre homme, un évêque. Le mémorial de cette retraite ne forme pas moins de cinquante-cinq pages; et l'on voit, aux notes marginales insérées à diverses époques, et qui sont toutes datées, qu'il les a relues souvent. Nous ne pouvons pas n'en pas mettre quelques passages sous les yeux du lecteur : ce sera lire encore dans son âme à une heure suprême.

Il fit cette retraite avec l'Ecriture sainte, le Pontifical, et les vies de quelques grands évêques.

« Les discours de Notre-Seigneur à ses apôtres, les épîtres à Tite, à Timothée et aux Hébreux, puis aux Thessaloniciens; la vie épiscopale des apôtres ; avec le Pontifical : voilà, dit-il, ce qu'il me faut surtout méditer pendant cette retraite ; car voilà désormais ma seule étude, ma seule nourriture...

» Avant tout, il faut être *un homme;* en toutes choses, il faut *un homme;* tout périt, parce qu'il n'y a pas *d'homme;* parce qu'on n'a pas *un homme,* parce qu'on n'est pas *un homme.* Eh bien, l'Ecriture sainte fait *l'homme de Dieu!* le *parfait homme de Dieu : Ut sit perfectus homo Dei.*

» Le prêtre, l'évêque surtout, qui est éminemment *l'homme de Dieu,* ne doit chercher, puiser, trouver que là sa vie, sa perfection ; c'est là seulement qu'il peut devenir *perfectus homo Dei, ad omne opus bonum instructus.*

» *Instructus :* c'est un arsenal... on sort de là armé de pied en cap; c'est l'armure même de Dieu : *Armatura Dei.* »

Et il prend pour résolution, quand il sera évêque, de relire l'Ecriture sainte tout entière, « depuis l'*In principio* jusqu'à l'*Amen* ».

L'Ecriture sainte, c'est la parole même de Dieu; le Pontifical, c'est la parole de l'Eglise assistée de Dieu. Le *Pontifical* le ravit; les dignités et les devoirs de l'épiscopat y sont exposés dans une langue qui lui arrache des cris d'admiration : « Il n'y a que l'Eglise, s'écrie-t-il, pour parler ce langage. » Il se plonge et se replonge dans cette lumière; il savoure, il presse, pour ainsi dire, chaque expression, pour en extraire la divine substance. Citons au moins quelques-unes des paroles par lesquelles il se commente à lui-même tout cela :

« Ce que je comprends des saintes Ecritures, fait dire le Pontifical au futur évêque, je veux, et par mes paroles et par mes exemples, en instruire le peuple, pour lequel je vais être ordonné. »

Lui : « La vie d'un évêque doit être *l'Evangile en action, les saintes Ecritures en action;*

« Un évêque, c'est l'Ecriture sainte vivante et parlante : ce doit être!

» En tout, dans ses paroles, dans ses manières, dans ses conseils, dans sa conduite, il faut qu'on ne voie rien en lui qu'on ne puisse *exprimer, traduire,* par une parole des saintes Ecritures!

» Il faudrait que la vie d'un évêque pût être racontée avec un tissu des paroles de la sainte Ecriture.

» Il faudrait que ceux qui ne savent pas lire, ne peuvent, ne veulent pas lire. lussent toujours, comme dans un livre toujours ouvert, la parole de Dieu dans la vie et les exemples d'un évêque. »

Autres paroles du Pontifical : « Je veux être affecté toujours aux choses divines. »

Lui : « Je bénis Dieu de ce que par ma vocation sacerdotale, et par l'ordre providentiel de ma vie, depuis longtemps je ne suis guère occupé que de choses surnaturelles et divines... Mais cela doit être perfectionné par la pureté et la sublimité constante des motifs...

» Un évêque court grand risque de devenir un administrateur tout humain des choses divines...

» Plus de prédications! Plus de confessions! Ne plus voir les âmes que de loin! Est-ce bien là ce que Dieu veut?... Pour la prédication, certainement non. »

Le vrai génie du christianisme est dans la liturgie, et la liturgie du Pontifical est peut-être de toutes la plus belle; le Prosternement pendant la récitation des litanies des Saints, et la Consécration, voilà les deux grands rites qui le frappent le plus :

« L'évêque consacré est prosterné la face contre terre, le visage tourné vers l'autel, anéanti devant Dieu, absolument séparé du monde et de toute chose créée; consacré en un mot, tandis que toutes les prières des saints, au ciel et sur la terre, l'environnent, le couvrent, le protègent...

» Puis, le consécrateur, debout, et les deux évêques assistants, debout aussi, imposent tous trois leurs mains, les deux mains à la fois, sur la tête du consacré, qui est à genoux devant eux; ils prononcent tous ensemble ces simples paroles : Reçois le Saint-Esprit!... Sans restriction; non pas seulement *ad robur*, comme le diacre; *ad remissionem peccatorum*, comme le prêtre; mais pleinement, simplement, absolument, magnifiquement...

» C'est le grand moment, c'est la Consécration! Tout ce qui précède y prépare, tout ce qui suit n'en est que la conséquence et les détails.

» A ce moment, le ciel s'ébranle, et comme au Cénacle, l'Esprit-Saint descend...

» C'est à l'Esprit-Saint que je dois demander de me transformer... de faire de moi un autre homme... comme autrefois il fit des apôtres...

» C'est ici le grand point de ma retraite.

» Il faut que ce divin Esprit, dans sa plénitude, se substitue au mien en toutes choses;

» Il faut que le feu de la charité dévore tout, et que le surnaturel absorbe le naturel. »

« Dans la Préface qui précède toutes les cérémonies mystérieuses de la consécration, je remarque, dit-il, ce mot :
» *Deus, honor omnium dignitatum!* Toute dignité où
Dieu n'est pas, dont Dieu n'est pas l'honneur, est fausse
et mensongère.

» Hélas! je redoute la dignité, parce que je redoute de
me rendre digne!

» Il faut se rendre digne! Il faut s'élever! Il faut s'ennoblir! Il faut se purifier! Il faut se diviniser!

» Cette dignité épiscopale est divine.

» Et en toutes choses!... Il faut être grave, irrépréhen-
sible, modeste, ferme, doux et fort, grand et noble... en
toutes choses...

» Il faut une grave simplicité dans mon extérieur, quelque chose de digne. Mais cette dignité exterieure n'est que
l'ombre et l'image de la dignité intérieure :

» *Pontificalem gloriam non jam nobis honor commen-
dat vestium, sed splendor animarum.*

» Voilà ce qui doit être; autrement ce pontife reste un
homme misérable... une espèce de mensonge et d'hypocrisie qui trompe tous les yeux. »

Et plus il médite « cette incomparable Préface », plus il
monte avec elle dans toutes les sublimités de l'épiscopat.

De ces grandes méditations il redescend dans son âme,
et fait un retour sur lui-même; ce rapprochement le pro-
sterne dans l'humilité et la reconnaissance :

« Ma vie, depuis Annecy et Saint-Félix jusqu'à ce jour,
c'est l'histoire d'une bonté infinie, visiblement écrite par
la divine Providence. Chaque page est claire. Mais on ne
lit bien et on ne comprend bien qu'à la fin de chaque
chapitre ou de chaque volume.

» A la mort de ma mère, quand je repassais les intentions de Dieu sur ce pauvre petit enfant de Saint-Félix[1],
l'incomparable tissu des grâces, des bénédictions les plus
inattendues, j'étais comme anéanti d'attendrissement et
de reconnaissance...

» J'ignorais la suite prochaine et immédiate de ces

---

1. Les pages par nous citées, tome 1er de cet ouvrage.

grâces et de ma vie... et que ce pauvre enfant serait appelé de Dieu, le vendredi saint, à être évêque...

» J'ignorais que Notre-Seigneur Jésus-Christ, cet enfant de Noël, achèverait le jeu divin de sa miséricorde, et que lui, Pontife suprême, m'élèverait jusqu'à lui, jusqu'à son divin pontificat... afin que je travaillasse, avec sa grâce, à devenir aussi saint que possible, car c'est là le moyen et le but...

» Je dois avoir en la bonté de Dieu pour moi une confiance inépuisable, immuable, pour toutes choses... jusqu'à la fin...

» Puis, toutes mes années ont été gouvernées, éclairées, successivement transformées par cette bonté toujours agissante...

» Une telle œuvre ne pouvait se faire que par des grâces inouïes... et par des croix! c'est évident.

» Les croix étaient ici inséparables du dessein de Dieu, d'une telle existence à purifier, à ennoblir, à élever, à diviniser... Elles n'ont pas manqué.

» Mais, *Te Deum laudamus!* Actions de grâces, et courage dans la croix! »

Puis il reprend dans le Pontifical la méditation de l'épiscopat, insistant sur les admirables relations qu'il établit entre le pontife et les trois personnes divines : ce sont des ascensions croissantes dans la pureté, la lumière et l'amour; on dirait un aigle qui monte, monte toujours, et se perd enfin dans les feux du soleil.

Enfin vint le jour du sacre; il a peint d'un mot l'état de son âme pendant cette cérémonie : «J'étais, dit-il, comme un homme abandonné à Dieu... Ç'a été là l'état habituel de mon âme en ce grand jour. »

C'était le 9 décembre 1849, en la fête de l'Immaculée conception de Marie. Notre-Dame était le lieu indiqué pour cette consécration. Le prélat consécrateur fut l'archevêque de Paris, assisté de l'archevêque de Reims et de l'évêque de Versailles. Plusieurs évêques étrangers s'y trouvèrent, les patriarches de Jérusalem et de Constantinople, et l'évêque de l'Orégon : les deux mondes; des

ecclésiastiques en nombre considérable; et la foule peut-
être la plus brillante qu'on ait jamais vue à un sacre.
Deux estrades avaient été élevées dans les deux bras du
transept de la vaste basilique; les nefs, ainsi que les gale-
ries supérieures, étaient envahies. Les personnages les
plus considérables, les plus grands noms de France, étaient
là : MM. de Montalembert, Molé, Berryer, Beugnot, de
Noailles, de Vatimesnil, de Barthélemy, de Pastoret, etc.
La prostration le toucha extrêmement : « On est heureux,
dit-il, de s'anéantir. On entend le ciel et la terre prier. »
Mais « le moment où Notre-Seigneur se fit le plus sentir,
ce fut la consécration et la communion. *Me tecum in
unum consummare voluisti.* » La profonde émotion du
nouvel évêque, dont le visage était par moments inondé
de larmes, se communiqua plus d'une fois pendant la cérémonie à l'immense assistance.

Le lendemain, par un touchant ressouvenir, il voulut
dire sa première messe épiscopale à Saint-Séverin, à
l'autel de Notre-Dame de Bonne-Espérance, où il avait,
dans son enfance, si souvent prié avec sa mère; il y
donna à plusieurs personnes la confirmation.

Le soir, à dix heures et demie, accompagné de son
fidèle ami, M. l'abbé Debeauvais, et de M. l'abbé Gaduel,
ancien prêtre de Saint-Sulpice, qu'il venait de s'attacher
comme vicaire général honoraire, il arrivait sans bruit à
Orléans, où il n'était attendu que le lendemain. Un vénérable prêtre, âgé de quatre-vingt-six ans, vicaire général
et doyen du chapitre, M. l'abbé Dubois, était mourant ;
immédiatement le nouvel évêque alla le visiter et lui
porter les consolations de la religion ; cette visite répandit
une joie inattendue sur les derniers moments de ce bon
prêtre.

C'était le lendemain 11, qu'il devait faire son entrée
solennelle à la cathédrale. Cette cérémonie était autrefois singulièrement imposante. Un érudit du siècle
dernier nous en a laissé une minutieuse description [1] :

---

1. *Description de l'entrée des évêques d'Orléans et des cérémonies
qui l'accompagnent,* par M. Polluche. Orléans, 1734.

on n'en lira peut-être pas sans intérêt les détails principaux :

« Quarante jours avant l'entrée, le nouvel évêque, après
avoir fait rendre les lettres du roi à ceux auxquels elles
s'adressent, présente requête au lieutenant général du
bailliage et siège présidial, aussi bien qu'au lieutenant
général de police, à ce qu'il lui soit permis de faire publier
et afficher la susdite entrée ; ce qui lui étant accordé, on
la publie avec éclat au son des trompettes et tambours...
Dans le même temps, le nouvel évêque envoie avertir par
son procureur fiscal, assisté d'un notaire, les quatre ba-
rons ou seigneurs, qui sont tenus de le porter dans un
fauteuil élevé le jour de son entrée, depuis la porte du
cloître de Saint-Aignan jusqu'à la principale porte de
Sainte-Croix [1]...

» Quelques jours avant l'entrée, le nouvel évêque envoie inviter à la cérémonie les Corps qui ont accoutumé
de s'y trouver ordinairement : c'est à savoir MM. du bailliage et siège présidial, MM. du bureau des finances, le
Corps de ville, les officiers de la Prévôté, des eaux et
forêts, l'Université et le Bureau des pauvres... Le nouvel
évêque envoie en même temps un mandement à tous les
chapitres, communautés et curés de la ville, à ce qu'ils
aient à assister avec leur clergé à la procession de son
entrée.

» On publie en même temps et on affiche partout où
besoin est une ordonnance rendue par le lieutenant général de police, qui enjoint à tous les habitants des rues
par où doit passer la cérémonie de les tenir nettes dès le
matin du jour de l'entrée, d'orner le devant de leurs maisons de tapisseries propres et convenables, et d'en re-
trancher toutes saillies, comme enseignes, montres et
auvents. »

Cette procession, composée de tous les Corps laïques et
ecclésiastiques, allait prendre le nouvel évêque à l'abbaye

---

1. « Ces quatre seigneurs sont : le baron d'Yèvre-le-Chastel, le baron
de Sully, le baron du Cherai-lez-Meung, le baron d'Aschères et Rou-
gemont. » — Polluche.

de Saint-Euverte, où il avait dû arriver la veille : là le
recteur de l'Université le complimentait en langue latine;
il répondait en la même langue; puis on le conduisait à
l'église collégiale de Saint-Aignan, où il était de nouveau
complimenté en latin; de Saint-Aignan le cortège se rendait à la cathédrale. Pendant ce trajet, une cérémonie touchante, la délivrance des prisonniers, d'après un privilège
immémorial des évêques d'Orléans, avait lieu à la porte
de Bourgogne.

« C'est là, continue le vieux narrateur, où tous les juges
royaux attendent le nouvel évêque pour le complimenter
sur sa joyeuse entrée, et lui présenter les criminels qu'ils
ont fait sortir des prisons. »

Et après les compliments que venaient faire tour à tour
au nouvel évêque le lieutenant général au bailliage et
siège présidial d'Orléans, le lieutenant criminel dudit
siège, le prévôt d'Orléans, etc., etc., « chacun d'eux ayant
représenté à ce prélat que, selon l'usage immémorial des
juges leurs prédécesseurs, ils ont amené tous les prisonniers détenus dans les prisons..., ils jurent tous sur les
saints Evangiles, qu'ils n'ont détenu ni détourné aucun
prisonnier de leur ressort et juridiction, comme aussi
qu'ils n'ont avancé ni procès, ni jugement, ni exécution
d'iceux, pour les empêcher d'obtenir leur grâce. Le serment pris, on fait sortir tous les criminels de la maison
où ils étaient, lesquels se jettent à genoux devant le seigneur évêque, en criant par trois fois : Miséricorde! Aussitôt ce prélat les met entre les mains du bailli et du procureur fiscal de sa justice, qui les font avancer à la tête
de la procession, où ils marchent deux à deux [1]. »

De ces pompes d'un temps où l'amour de l'Eglise était
une partie du patriotisme, le nouvel évêque d'Orléans,
assurément, ne regrettait rien que la foi des vieux âges.
Toutefois, en souvenir de ce dernier privilège, il crut

1. *Description de l'entrée des évêques à Orléans*, etc., p. 27. — On
voit à l'évêché d'Orléans un chef-d'œuvre de Natoire où cette scène
est retracée. Parmi les personnages de ce tableau se remarquent les
portraits du jurisconsulte Jousse et de Pothier, âgé alors de vingt-
six ans.

pouvoir écrire, comme avaient fait du reste ses quatre
derniers prédécesseurs, au ministre de la Justice une lettre,
datée d'Issy, 1er décembre 1849, par laquelle il sollicitait
la grâce des trois prisonniers qui se trouvaient alors dans
les prisons d'Orléans. De ces trois prisonniers, un du
moins put être mis en liberté.

Pour n'avoir pas eu l'éclat officiel des anciennes intro-
nisations, la sienne ne fut pas moins touchante. Elle eut
lieu le 11 décembre 1849, à neuf heures du matin. Escorté
du clergé de toutes les paroisses, et d'un grand nombre
d'ecclésiastiques accourus de tous les points du diocèse, à
travers une haie de soldats, le nouvel évêque d'Orléans se
rendit, par la place Sainte-Croix, de son évêché à la cathédrale :

« Je le vois encore, nous a écrit l'un des témoins de
cette scène, agenouillé sur un prie-Dieu placé sur le perron
du palais épiscopal, à l'endroit même où, trente années
après, on enlevait son corps pour le placer sur le char
funèbre. Ce rapprochement nous fit une grande impression le jour de ses obsèques. Il était là, les yeux pleins de
larmes, le visage tellement abattu, défait, qu'un ecclésiastique, qui était près de nous, s'écria comme déçu : « Ah !
c'est là Mgr Dupanloup ! » Sous ses magnifiques ornements, il avait l'apparence d'une victime parée pour le
sacrifice. »

Et en effet, résumant, le lendemain, devant Dieu ce
qui s'était passé en lui, il écrivait : « Hier, ma plus forte
impression était celle-ci : Je sentais, simplement et elai-
rement, qu'on *gère là une personne supérieure, Personam
gerere divinam*, que le pauvre homme chargé de cette
représentation y succombe... Tout ce qu'il fait, tout ce
qu'on lui fait, suppose que Dieu est en lui et qu'il éprouve
des sentiments divins, qu'il a des pensées divines... C'est
écrasant... »

Une foule immense remplissait la cathédrale. « L'entrée en cette grande et profonde église, a-t-il dit lui-même,
était bien imposante : *Spiritus et sponsa dicunt : Veni !* »
Ce qui, dans cette foule, et on n'en sera pas étonné, frappa
le plus cet ami de l'enfance, ce furent les enfants. « Les

enfants m'ont attiré, dit-il, je les attirais. Je n'ai jamais
si bien compris pourquoi Notre-Seigneur disait : *Sinite
parvulos ad me venire !* Ils viennent sans arrière-pensée ;
ils ont confiance et ils l'inspirent. Pauvres enfants! je
n'oublierai jamais tous ces petits visages et ces regards...
On sauverait le monde si on se donnait à la jeunesse. » Il
hésitait à parler. On le supplia de le faire. « Je sentis,
a-t-il dit, qu'il le fallait, que le docteur devait apparaître
dans l'évêque, et le pasteur et le père se faire sentir. »
Dominant donc son émotion, il monta en chaire, et ouvrant son âme et ses lèvres, il fit entendre à cette foule
palpitante les premiers accents de cette voix qui, pendant
son long épiscopat, devait tant de fois retentir sous les
voûtes de cette basilique.

Mgr Dupanloup évêque d'Orléans — Première année d'épiscopat
Premiers travaux dans son diocèse
1850

Le diocèse où le nouvel évêque était envoyé est, on peut
le dire, un des plus beaux de France : assez chrétien encore pour que les éléments du bien y soient nombreux ;
assez touché aussi, hélas! du souffle moderne pour que le
zèle y ait ample matière à s'exercer. Dans l'histoire de
notre pays, Orléans n'est pas sans gloire : c'est, comme
l'appellera un jour l'évêque dont le nom va devenir désormais inséparable du sien, « la ville des glorieuses délivrances », la cité de saint Aignan et de Jeanne d'Arc. Elle
fut la capitale de l'un des quatre royaumes francs. Elle
n'est pas moins célèbre par ses nombreux conciles dans
l'histoire de notre Eglise. Les vieilles familles orléanaises
ont gardé, avec les habitudes religieuses, la décence et la
gravité des mœurs, le charme et la sûreté des relations,
une générosité traditionnelle. La population est intelligente, honnête, paisible ; susceptible cependant d'enthousiasme, si on sait la soulever. Quelques parties du diocèse étaient vraiment encore excellentes ; malheureusement, la plaie du temps, l'indifférence théorique et
pratique, était celle d'un trop grand nombre de paroisses ;
de quelques-unes seulement on pouvait dire, par exception, que l'esprit y était positivement hostile et mauvais.
Il y avait donc là à conserver et surtout à reconquérir.
Le clergé participait du caractère général du pays : bon,
édifiant, docile, d'une tenue digne, d'un esprit sage et
modéré; trop calme peut-être, au gré d'un évêque dont
le cœur était un si ardent foyer de zèle, et en outre, par

le petit nombre des prêtres, insuffisant pour les quatre
cents paroisses qui composent le diocèse. La détresse des
presbytères et des églises était grande aussi. Pour recruter ce clergé, le Grand Séminaire, convenablement ins-
tallé, sauf l'étroitesse de sa chapelle, vis-à-vis l'évêché,
ne comptait pas cent élèves; et le Petit Séminaire, transporté depuis quelques années à La Chapelle Saint-Mesmin,
à six kilomètres d'Orléans, dans une situation magnifique
et un local bien conçu et bien bâti, offrait un contraste
plus douloureux encore entre le petit nombre des enfants
et la splendeur de la maison. Comme auxiliaires, outre
les prêtres de Saint-Sulpice, chargés du Grand Séminaire, une congrégation seulement, les Missionnaires de
France, établis dans les bâtiments d'une ancienne com-
munanté de clercs réguliers, près de l'église dévastée. de
Saint-Euverte. Les communautés de femmes étaient plus
nombreuses : il y avait un Carmel, une Visitation, des
Ursulines, des sœurs de la Croix et quelques autres. Dans
la ville d'Orléans, les œuvres d'hommes et de femmes ne
manquaient pas, mais avaient grand besoin de se ranimer
à une flamme nouvelle. L'évêché, œuvre, ainsi que le
Grand Séminaire, du cardinal de Coislin, grand aumônier
de France sous Louis XIV, était vaste et d'un grand goût,
mais un peu délabré. Quant à la cathédrale, quoique d'un
gothique moderne, sauf l'élégante abside du treizième
siècle, elle est une des belles basiliques de France, et, avec
ses deux tours couronnées, légères et à jour comme de
la dentelle, domine en reine la cité orléanaise ; mais,
hélas! quel froid désert alors, et, sous cette magnificence,
au dedans comme au dehors, quelle détresse! De plus, la
flèche penchait et menaçait ruine.

Tel était le champ que le père de famille lui donnait à
cultiver. Il succédait à un évêque éminent, à la fois écrivain, orateur et homme d'action, qui avait beaucoup fait
dans son diocèse et y laissait de grands regrets. Mais le
nouvel évêque était destiné à jeter un bien autre éclat
sur ce siège. Ce fut par une lettre pastorale, lue dans toutes les églises le dimanche qui suivit son arrivée, qu'il se

mit pour la première fois en communication avec ses diocésains. Ils virent que s'ils avaien beaucoup perdu, ils retrouvaient plus encore. Fiers du talent d'écrire de leur ancien évêque, ils attendaient cette lettre pour établir une comparaison qu'ils ne croyaient pas devoir être défavorable à Mgr Fayet. Ce n'était pas son style poli, châtié, ciselé, à la façon académique ; mais, avec non moins de correction et plus de noblesse encore, l'âme, la flamme, l'éloquence, y éclataient. Cette lettre retentit bien au delà du diocèse et dans la société laïque non moins que dans l'Eglise. Quelques années après, ℔. de Salvandy louait devant l'Académie française « cette lettre inaugurale, digne prélude de tant d'autres grandes œuvres qui, écrites pour le sanctuaire, n'ont pu y rester renfermées ». « Il me faudrait, disait-il, faire violence à ma pensée pour ne pas dire qu'il était peu de plus belles pages. On ne peut les lire, même aujourd'hui, sans une émotion profonde. Il y a là des tableaux de ce qu'était la France, alors dans toutes les épouvantes de son anarchie et de son incertitude, des cris de tendresse pour cette patrie battue de tous les flots, des espérances en quelque sorte désespérées au milieu du naufrage de toutes les idées sociales, dont notre langue, dont l'Eglise, dont l'Académie pourront à jamais s'honorer. »

Voici une de ces pages :

« Comme on voit, après les grands orages qui ébranlent le monde, apparaître sur la surface de la terre des reptiles inconnus et des bêtes malfaisantes cachés jusque-là dans les entrailles du globe, nous avons vu tout à coup, après la tempête sociale, éclore et surgir parmi nous une génération singulière d'hommes nouveaux qui couvre aujourd'hui le sol. Il n'y a rien de sacré pour eux. Tout ce qui est souvenir, grandeur du passé, histoire, monuments, lois, coutumes des ancêtres, noble antiquité, tout cela leur est odieux et blesse leur vue. Hommes du moment, nés d'un orage, tout ce qui est de la veille, tout ce qui rappelle la sécurité leur déplaît. Nous le voyons chaque jour : Dieu, la famille, les droits paternels, la propriété, le foyer domestique, la sainteté du lien conjugal,

la dignité maternelle elle-même et l'innocence du premier
âge, tout ce qu'il y eut jamais de plus pur, de plus vénérable et de plus saint au cœur de l'homme, est audacieusement attaqué par cette génération nouvelle, faiblement
défendu d'ailleurs ou lâchement abandonné... On leur
résiste mal; contre eux les gens de bien sont faibles; on
les voit indécis, incertains, divisés entre eux et comme
paralysés; tous les efforts sont isolés, interrompus, impuissants. Vainement les sages font entendre leur voix;
leur voix se perd comme un vain bruit dans l'air; tout
homme, toute chose, toute force, toute institution fait
successivement chute et mécompte.

» Depuis tant d'années déjà que la foi et la charité chrétienne ont cessé d'éclairer, d'échauffer, d'ennoblir, de fortifier et d'unir les âmes, l'égoïsme, l'individualisme est
devenu le fond de la société à laquelle est enchaînée notre
vie. Aussi, toutes les fois que le vent des révolutions se
lève sur elle, c'est comme au désert : il ne trouve pas de
résistance. Tout est faible, tout est seul, tout est sable,
tout est poussière, tout est emporté à l'aventure. En un
jour, en une heure, les vallées sont à la place des montagnes, et les montagnes à la place des vallées.

» Aussi, qui ne le voit? qui ne le sent? qui ne le dit?
nulle force, nul fondement, nulle fixité ne demeure; tout
est inquiet, agité, ému, tout fait pitié... O Dieu, il est
donc vrai, *le monde est livré à la dispute des hommes!*
et l'homme, quand il se sépare de vous, ne trouve plus
même ce qui lui est bon durant les jours mauvais de son
pèlerinage. Les habiles eux-mêmes ont beau faire : ceux
qui voudraient ressaisir l'ordre, la vérité, la paix, s'épuisent
en vains efforts, et semblent n'étreindre en leurs bras que
des fantômes qui leur échappent; ils marchent, ils vont,
ils viennent, ils suent; et puis, quand ils se rencontrent :
« Avez-vous trouvé quelque chose? — Non, rien ! Et vous?
— Pas davantage. — Que faire? — Marchons toujours.
— Mais, où allons-nous? »

» Et voilà la marche du monde, le train des affaires, et
le triomphe de la sagesse humaine! »

Hélas! quelle vérité aujourd'hui encore dans ce tableau!

Mais à ces accents attristés, le vaillant évêque faisait succéder la voix de l'espérance :

« Espérons, car il y a toujours Dieu, puissance, bonté, sagesse infinies! Toujours il peut, il veut, il sait nous sauver !

» Quoi! lui qui a pitié d'un vermisseau, lui qui a compté les cheveux de notre tête, il n'aurait pas des entrailles de miséricorde pour les nations! Oh! sans doute, il les visite quelquefois dans sa colère. On doutait de lui. On ne prononçait plus son saint nom. On blasphémait sa bonté! Oh! alors, tout à coup il se révèle, il se montre!... On n'entendait plus parler de sa puissance : il se déclare. Il juge les rois et les peuples. Il amoncelle les ruines. Il brise les plus fortes têtes contre la terre. Et les nations éperdues se prosternent le front dans la poussière.

» Mais souvent aussi il les visite dans sa miséricorde. Il fait lever la lumière de l'Orient sur leur tête; il leur envoie un éclair de sa Providence. Il met son honneur vis-à-vis de nous à ne laisser jamais sa bonté sans témoignage... Il fait les temps nouveaux, les grands siècles, les grandes époques, les grands hommes ; et c'est ici un des plus beaux, des plus étonnants spectacles qu'il puisse donner à la terre quand, dans les puissantes industries de sa Droite, il saisit les chefs des nations ou les princes de l'intelligence humaine, et, s'attachant à ces natures d'élite, comme pour les féconder par une création nouvelle, opère dans leur âme des transformations inattendues, et les lance tout à coup à la recherche et à l'œuvre du salut des peuples. »

Tels étaient les hauts enseignements de cette lettre pastorale qui montra du premier coup aux Orléanais, dans leur nouvel évêque, un homme dont la pensée était accoutumée à habiter les sommets, et un évêque dont la voix dépasserait les limites de son diocèse, et qui, quand il parlerait à ses diocésains, aurait pour auditoire l'Eglise et la France.

La lettre s'achevait par des effusions pleines de tendresse, des bénédictions pour tous, sortant du plus profond de son âme, avec un accent où se révélait l'Apôtre, le Pasteur, le Père.

Le premier mandement de Carême que le nouvel évêque dut publier peu de temps après était plus remarquable encore ; peut-être même est-ce le plus beau de cette série de grands mandements qui commençait. L'évêque d'Orléans s'adressait à la société française, autant qu'à son diocèse, et il disait à cette société, si ébranlée alors sur ses bases, et si inquiète de son avenir, le mot décisif qu'il y avait à lui dire : il la ramenait au point précis qui porte tout l'édifice social, et qui, raffermi, lui-même raffermit tout : LA LOI. La loi, dont *les lois*, par le nombre et l'instabilité et la contradiction desquelles nous périssons, dérivent, tel est, aux yeux de l'éloquent évêque, ce point central, cette clef de voûte des sociétés. Qu'elle existe, et quelle elle est, voilà ce qu'il démontrait. Elle est, « fondée sur la raison, sur l'essence même des choses divines et humaines ; sur la nature et les rapports nécessaires de Dieu et de l'homme et des hommes entre eux ; éternelle, immuable, universelle, toujours vivante, comme l'essence même des choses, laquelle est identique et toujours la même, dans tous les temps et dans tous les lieux... De cette Loi dérivent et dépendent essentiellement toutes les institutions civiles, morales et politiques des peuples, toutes les conventions, toutes les ordonnances, toutes les lois en un mot que peuvent faire les hommes ».

Et cette Loi n'est autre que « le Décalogue », résumé divin de toute la morale, grande charte de l'humanité, que l'Eglise maintient dans le monde pour le salut du monde : « Toute la question sociale est, à ce moment, encore, dans le Décalogue, et la société humaine n'a pas d'autre appui. Et si nous souffrons plus douloureusement depuis quelques années, c'est qu'on déchire de toutes parts cette charte sacrée. Voilà les origines de tous nos maux, mais voici en même temps le remède : Revenons, revenons tous à cette loi divine. » Le mandement se terminait par une adjuration éloquente, où éclatait l'âme de l'apôtre. Sur ces sommets des choses l'évêque d'Orléans se tiendra toujours, et de là lui viendront plus tard, dans ses luttes avec l'impiété, ces illuminations qui éclairaient les questions dans leurs profondeurs, et ces vues qui plus d'une fois furent prophétiques, tant, partant de si haut, elles portaient loin.

On conçoit l'impatience où étaient les Orléanais de l'entendre, après l'avoir lu. Il monta en chaire pour la première fois (depuis son installation) le jour de Noël, au milieu d'une affluence extraordinaire, et prêcha ce célèbre sermon sur la Beauté suprême qui avait eu tant de succès à Paris ; la magnificence de l'action, non moins que l'éclat de la diction elle-même, saisit l'auditoire, et l'on peut dire que sa parole acquit du premier coup sur les Orléanais une autorité souveraine. Cette parole, il la leur prodiguera. Le Carême, qui était proche, lui en offrait une occasion qu'il s'empressa de saisir. On souhaitait vivement l'entendre encore : il flottait, depuis le sermon de Noël, devant les Orléanais, comme une image de grand orateur : non moins impatient lui-même de se jeter dans l'apostolat, il annonça qu'il ferait chaque dimanche, pendant le Carême, à la cathédrale, des instructions pour les hommes ; on y accourut même des villes voisines : commencement d'une grande œuvre, dont nous verrons les développements.

Mais il était homme d'action encore plus que de parole. « Il faut agir tout de suite, » écrivait-il, après son oraison, le lendemain même de son arrivée, le 11 décembre 1849[1] ; et immédiatement après les réceptions et les visites officielles, il se mettait à l'œuvre, et étonnait tout le monde autour de lui par sa promptitude à s'enquérir de tout : sa cathédrale, les paroisses de la ville et du diocèse ; les séminaires, les écoles, les catéchismes, les communautés, les œuvres ; ne laissant rien échapper à son regard ardemment investigateur, et donnant le spectacle d'une activité à laquelle les Orléanais n'étaient pas encore accoutumés.

I. Nous répéterons, une fois pour toutes, au commencement de ce volume, ce que nous disions au début du premier : les citations dont nous n'indiquons pas la source sont prises à ces notes intimes, qu'il écrivait jour par jour, et qui sont comme le journal de son âme.

« Quelques semaines s'étaient à peine écoulées, nous écrit
un prêtre orléanais qui fut témoin de ce qu'il atteste[1],
que déjà il avait visité toutes les communautés religieuses,
les paroisses, avait tenu conseils sur conseils, s'était fait
rendre compte de tout ce qui concernait l'administration
diocésaine : choses et personnes. Tout le monde, je me le
rappelle, était dans la stupéfaction de l'activité incomparable du nouvel évêque. » Il regarda ainsi longtemps
avant de rien entreprendre, et sa première année ne fut
guère qu'une année d'études et d'expériences.

« Nes besoins sont immenses, écrivait-il le 3 février
1850. Je suis comme un grain de poussière en présence
d'une énorme montagne. J'aurais vingt-cinq âmes et exis-
tences aussi actives que la mienne, et 300000 francs de
rente, que je ne suffirais pas à mon œuvre et serais très
pauvre. Vous comprenez l'utilité des prières pour un
pauvre homme en pareil embarras. » Et de nouveau, un
mois après : « Je suis à l'œuvre de Dieu. Elle est grande et
difficile. Il y faut mettre sa vie. Priez pour que mon courage ne défaille pas. »

A travers tous ces soins de sa charge épiscopale, sa correspondance s'étendait malgré lui de plus en plus : « J'ai
trois cents lettres qui crient sur mon bureau, » écrivait-il
à Mme la princesse Borghèse le 3 janvier 1850. Et enfin les
affaires publiques aussi vinrent le ressaisir.

Et d'abord, la loi sur la liberté d'enseignement, qu'il
s'agissait de faire discuter et voter; nous avons dit ce que
cette oi lui coûta alors de luttes et de sollicitudes.

Ensuite le conseil supérieur de l'instruction publique
que cette loi avait institué, et dont il fut élu membre.

Puis le *Comité pour la défense de l'enseignement libre*
qu'il fallait réorganiser sur des bases plus larges. « Je
suis bien de votre avis, écrivait-il le 26 mai 1850 à N. de
Montalembert, sur la nécessité d'organiser notre comité
d'enseignement libre. Plus j'y pense, plus je trouve qu'il
est appelé à rendre de grands services. » Mais sa haute

---

1. N. l'abbé Lambert, alors vicaire de la cathédrale, aujourd'hui
curé de Notre-Dame de Recouvrance.

autorité pour unir ensemble les éléments divers dont ce
comité devait se composer manquait fort à ceux qui tra-
vaillaient à cette organisation. « Mon bien-aimé Seigneur,
lui écrivait le P. de Ravignan, hier nous avons causé longuement sur le comité futur, M. de Montalembert et moi;
vous comprenez que vous étiez le plus constamment l'objet de nos désirs. Aller vous trouver à Orléans, au Marais[1],
nous y sommes tout disposés; mais que vous ne veniez
pas une première fois pour installer et *poser* le comité,
plus j'y pense, plus la chose me paraît impossible à admettre. C'est-à-dire que sans vous nous ne saurions rien
faire de bon. Que voulez-vous? Il en est ainsi. M. Molé,
M. de Montalembert, tous ont en vous une confiance ex-
clusive. Evidemment nul autre ne pourrait vous remplacer
auprès de ces Messieurs. » Que de peine encore il se donna
pour cette œuvre importante!

Il y avait enfin l'*Ami de la religion*, œuvre capitale à
ses yeux. Il l'avait admirablement relevé au point d'en
faire, d'un organe semi-quotidien qu'il était, un journal
quotidien. Mais bien qu'elle fût restée entre ses mains,
cette feuille avait beaucoup souffert de son départ, dans
sa rédaction et dans l'opinion publique. « Vous êtes, écrivait-il le 9 mars 1850 à M. de Montalembert, de ceux qui
ont voulu que je fusse évêque. Je crois plus que jamais
que vous vous êtes trompé. Mais je vous ai dit alors que
ce serait la ruine de l'*Ami de la religion*. Le 1er avril 1849,
sa prospérité était inouïe. » Evêque, il ne voulut pas
avoir la responsabilité des luttes de la presse; il s'empressa donc de céder, dès qu'il le put, la propriété de ce
journal, qui continua cependant à vivre, successivement
et honorablement dirigé par MM. de Riancey, l'abbé de
Valette, l'abbé Cognat, l'abbé Sisson, et ne disparut, étant
redevenu grand journal quotidien, après un nouvel et
dernier éclat, que sous l'Empire.

Telles étaient donc les affaires dans lesquelles il se trouvait engagé. Du reste, on ne se figure pas à quel degré,
dès qu'on le savait à Paris, on venait l'assaillir: tant

1. Où habitait M. Molé, à Paris.

d'âmes, dont il avait été pendant de si longues années la
lumière, la consolation, l'appui, accouraient à lui, et avec
un empressement si filial, qu'il ne pouvait s'y soustraire :
heureux, malgré les accablements qui s'ensuivaient, de
continuer le cher ministère par lequel il avait conscience
de faire tant de bien. On le trouvait les premières années
dans un appartement que Mme de Gontaut avait mis à sa disposition, rue Saint-Dominique. Plus tard son pied-à-terre
fut chez les Dames Bénédictines du Temple, rue Monsieur.
Dans les dernières années, les Mékitaristes de la même
rue lui offrirent un magnifique appartement dans leur bel
hôtel du collège arménien.

Quelquefois aussi il recevait en faveur de certaines œuvres, pour lesquelles on sollicitait le précieux secours de
sa parole, des instances si pressantes, et de personnes si
autorisées auprès de lui, qu'il fallait bien s'y prêter. C'est
ainsi qu'il prêcha plusieurs fois à Saint-Roch et à la Madeleine. Au reste, ces courses à Paris avaient pour lui, et
aussi pour son diocèse, des avantages considérables. « J'en
ai besoin, écrit-il, pour mes horizons et mes bonnes œuvres diocésaines. » Les relations qu'il y entretenait de la
sorte continuaient son influence, et lui procuraient, pour
tant d'œuvres dont il allait être chargé, des ressources
inappréciables.

C'est au moment où il se jetait ainsi de toutes ses forces
et de toute son ardeur dans ces travaux divers qu'amenait
sa nouvelle vie, qu'il faillit être arrêté tout à coup par la
plus douloureuse des épreuves : la lumière du jour menaçait de lui être enlevée ; il courait risque de perdre la
vue. Les maux de tête dont il avait si souvent souffert
redoublèrent ; sa vue se troubla, et il lui fallut bon gré
mal gré, interrompre ces prédications qui commençaient
à remuer toute sa ville épiscopale. Il se rendit à Paris
pour consulter : il n'y avait pas de doute possible ; ce qui
le menaçait, c'était la terrible cataracte. Un de ses yeux
était à peu près perdu, et le fut bientôt tout à fait ; l'autre
pouvait avoir le même sort. Cette nouvelle, dès qu'elle
fut connue, émut douloureusement. Il en fut profondément affecté lui-même ; mais sa foi et sa piété éclatèrent

dans 'cette épreuve. Son grand remède fut encore le recours à Dieu. Il pria et fit prier. Il fit, entre autres choses, une neuvaine à la sainte Vierge, et des vœux multipliés. « Je ne réponds pas du tout, a-t-il écrit, que ce ne soit pas un miracle de la sainte Vierge qui m'ait jusqu'à ce jour conservé l'œil bon : j'ai tant prié, et tant de charitables prières ont été faites pour moi par toutes ces âmes!» Il n'y avait pas, dans ces conditions-là, à songer aux visites pastorales, qu'il avait déjà annoncées, et qui devaient précisément commencer après Pâques, pour durer deux mois : son ami, Mgr Dupuch, évêque d'Alger, qui venait de quitter l'Afrique, où il avait de nouveau planté la croix, et recommencé la série glorieuse des successeurs de saint Augustin, voulut bien le suppléer.

On conçoit combien, après ses prédications de Carême, et dans cette épreuve de ses yeux, et ces mille tracas administratifs, un peu de repos lui était nécessaire. Le lendemain des fêtes de Jeanne d'Arc, le 9 mai, il alla donc s'installer à La Chapelle.

Cette maison de campagne, que Mgr Fayet avait eu la bonne fortune d'acquérir pour le diocèse, et qui, après bien des destinées diverses, passait aux mains d'un évêque, a son histoire : résidence royale d'abord, et rendez-vous de chasse, au temps de Henri II, après avoir appartenu au commencement de ce siècle à la célèbre comédienne, Mlle Raucourt, elle avait été cédée, vicissitude étrange, au prédécesseur immédiat de Mgr Dupanloup, qui en avait fait sa résidence d'été, et y avait bâti un Petit Séminaire. L'habitation est un vieil et élégant petit castel, orné aux angles de la façade extérieure de tourelles aiguës, et du côté qui regarde la Loire, de deux pavillons en retour : une pelouse, avec des bosquets à droite et à gauche, s'étend jusqu'à une terrasse parallèle au fleuve, d'où la vue se repose sur un horizon tranquille et doux, que coupe obliquement le cours verdoyant du Loiret, et auquel il ne manque que quelques sommets à l'extrémité pour relever le regard. Cette terrasse longe aussi un vaste jardin, traversé au milieu par une belle allée de marron-

niers, qui va du château à la simple palissade par laquelle
seulement est séparée la partie réservée à l'évêque de
l'espace affecté au Petit Séminaire : cette maison s'élève
à quelque distance, dominant les grands arbres sous lesquels s'ébattent les enfants, avec des cris joyeux qui arrivent jusqu'au château, égayés encore dans leurs jeux par
cette Loire brillante qu'ils aperçoivent à travers le feuillage. Au delà, c'est le parc : immense, accidenté, pittoresque, avec des arbres superbes et des fourrés ombreux,
et des allées sinueuses, qui montent, redescendent, s'en-
tre-croisent capricieusement ; orné de pelouses, embelli de
kiosques, offrant des vues charmantes, des petits bois,
des vallons suisses, des recoins gracieux ou sauvages,
des aspects de forêt où l'on se croirait éloigné du monde
entier ; lieu admirablement favorable à la pensée, à la
méditation, à la prière, aux inspirations de l'esprit et aux
élans de l'âme. Il fut une grâce de Dieu dans sa vie, par
les facilités qu'il offrait pour le travail et le repos. Il y
éprouva, la première fois qu'il vint l'habiter, « une douceur inattendue, dont l'impression, écrivait-il vingt ans
après, dure encore ». « C'était la première fois, ajoute-
t-il, que j'étais chez moi à la campagne, comme chez
moi. »

Il s'y établit au premier, dans une chambre spacieuse,
ayant vue par ses quatre fenêtres des deux côtés, sur
l'avenue et sur la Loire : ce fut à la fois son cabinet de
travail et sa chambre à coucher; le modeste salon était
au rez-de-chaussée, entre la salle à manger et la petite
chapelle. On ne saurait dire combien il goûta ce lieu,
auquel, même au retour de ses voyages dans les montagnes, il trouvait un charme qui ne le lassait jamais. Il y
avait surtout deux allées qu'il affectionnait : l'une, étroite
et longue, à perte de vue, formée par la lisière du parc et
une charmille, du côté de la Loire : que de fois il y porta
ses pas solitaires, soit le matin, alors que les premiers
rayons du soleil lui apparaissaient à travers le feuillage
humide et sur les flots tremblants du fleuve, soit le soir,
quand l'astre sur son déclin allait disparaître à l'horizon
dans une pourpre lumineuse ; l'autre, une allée de tilleuls

qui, à partir des quinconces réservés aux enfants, bordait le haut du parc ; indéfiniment longùe aussi, mais large, ouverte, et où il pouvait respirer, à pleins poumons, l'air toujours vif et pur sur ce plateau. « Quel beau promenoir ! » s'écria, quand il l'y conduisit, M. Molé, qui, avec M. Beugnot et le P. de Ravignan, vint cette année-là, au mois de juillet, l'y visiter, afin de régler définitivement la constitution de leur comité. Plus voisine de l'habitation, la terrasse, d'où il pouvait apercevoir les tours de sa cathédrale, lui était d'un plus fréquent usage ; les matinées, les soirées surtout y étaient incomparables : que de fois, pour peindre ces beaux clairs de lune sur la Loire, il emprunta à Virgile ses vers :

> Nec candida cursum
> Luna negat : splendet tremulo sub lumine *flumen*.

Un pas, et il était sur les bords de cette Loire, qui forme, avant d'arriver à La Chapelle, du côté où le soleil se lève, une courbe gracieuse, et se perd, vers le couchant, dans un lointain splendide.

Voilà le lieu où il put rester, la première année de son épiscopat, du mois de mai au mois de novembre. Il y acheva son premier volume *de l'Education*, mais au prix d'une fatigue extrême, aidé toutefois par la douceur du lieu. « Juillet et août, a-t-il écrit, furent un grand travail, mais un doux repos. Je conserverai longtemps le souvenir de ce temps, de ce lieu, de ces silences, de ces ombrages, de cette belle lumière le matin et le soir, de ces inspirations pour mon livre. » Il voulait absolument avoir terminé avant un voyage *ad limina apostolorum* qu'il méditait.

Le volume en effet parut, et fit une sensation profonde : une grande question était traitée, de façon magistrale, par un homme qui était en effet un maître dans la matière, et qui appuyait les plus hautes théories de l'irrécusable autorité de son expérience. Il n'existait rien dans notre langue, sur ce sujet capital, qu'on pût comparer à cet ouvrage. Le double souffle de l'apostolat et du patriotisme enflammait toutes ces pages. Ce n'était pas seulement un grand évêque, c'était un grand Français qui, dans un temps calamiteux où tout menaçait de périr faute d'hommes, enseignait à ses concitoyens le moyen de former des hommes pour l'Eglise et pour la patrie. Mais nous attendrons la publication des volumes suivants pour en dire plus explicitement notre pensée.

Qu'il l'avait souhaité, pendant les luttes et les douleurs des années 1848 et 1849, ce voyage à Rome, pour l'année jubilaire! Que de fois, dans ses lettres à Mme la princesse Borghèse, il en avait caressé la perspective! Il le désirait encore plus depuis qu'il était évêque. Enfin, le 2 décembre, il put partir. Il prit encore cette belle route de la Corniche, qui le ravissait, et par Florence, Assise, Pérouse, qu'il revit à loisir, il arrivait le 23 à Rome, et était reçu de nouveau au palais Borghèse.

« Si ma santé ne profite pas de ce voyage, écrivait-il le jour même, mon âme en profitera. Quel bonheur de n'être enfin pressé par rien ni par personne! Cette année a été comme un torrent entre les grandes pensées de mon épiscopat et ce moment-ci : tout a été comme suspendu; toute cette lumière, toute cette grâce épiscopale, s'est comme arrêtée, tant l'action, les œuvres, les affaires, sont venues à la traverse; à la lettre, comme un torrent. Quels efforts il fallait à travers tout cela pour voir toujours les choses des hauteurs accoutumées dans cette lumière surnaturelle de laquelle surtout il faut dire : *In ista luce vive.* »

Connaissant Rome à fond, puisque c'était pour la quatrième fois qu'il y venait, ce ne fut plus pour lui une étude, mais comme un goût paisible et profond de toutes ses beautés profanes et sacrées, qui se fondent si bien, du point de vue d'où il les regardait, dans une merveilleuse unité.

Rien ne lui fut plus doux que ce tranquille séjour à Rome. « Le bon Dieu, écrivait-il au retour, m'a donné là un vrai rafraîchissement. Que j'en avais besoin! J'en ai senti la douceur avec reconnaissance... *Locum refrigerii, lucis et pacis.* Rome est vraiment cela, et je le sentais

encore mieux quand je n'étais pas évêque, mais simple
enfant de l'Eglise... J'admirais tout... C'est le plus doux
sentiment. *Factus vir, evacuavi quæ erant parvuli...:*
L'enfance est meilleure... Demeurons au moins par le
cœur simple comme la colombe, si nous sommes condamné à devenir enfin prudent et attentif comme le ser-
pent. »

Evêque, il avait en effet des devoirs que les simples
fidèles n'ont pas, et aussi des lumières. Le Pape ne peut
pas tout connaître, ni ceux qui sont près de lui non plus.
Qui éclairera sur les choses lointaines le chef de l'Eglise
universelle, sinon ses fils, ses frères dans l'épiscopat, les
évêques? Aussi, ayant appris quelques mois auparavant
que l'archevêque de Besançon se préparait à partir pour
Rome : « Conjurez-le, écrivit-il à M. de Montalembert, de
tout dire au Pape. » Et lui-même écrivait, vers le même
temps, à Mme la princesse Borghèse, le 25 février 1850 :
« Les affaires de l'Eglise sont à la dérive en ce pays. Vous
comprenez mes sollicitudes. Il faut absolument que je
voie le Pape, où qu'il soit, en septembre, et que je lui
parle à cœur ouvert. » Il le vit, et par trois fois, en reçut
un accueil « plein d'amabilité et de bonté », et, selon qu'il
s'y croyait en conscience obligé, lui parla avec une grande
franchise.

Le cardinal Antonelli, que Pie IX avait récemment
nommé secrétaire d'Etat, et qui sut, par des prodiges
d'adresse plus que par un véritable génie politique, se
maintenir en ces hautes et délicates fonctions pendant
tout ce long règne, eut pour l'évêque d'Orléans les plus
grandes prévenances, et, jeune, dans tout l'éclat de ses
séduisantes qualités, fin, délié, intelligent, ouvert à toutes
les idées, questionnant, écoutant beaucoup, il exerça sur
Mgr Dupanloup un charme particulier. Les entretiens qu'ils
eurent ensemble furent fréquents. Avec lui surtout, plus
librement encore qu'avec le Pape, l'évêque ouvrit son
âme, notamment dans une longue conversation la veille
de son départ : le cardinal, dans sa confiance, alla jusqu'à
lui demander de consigner dans une note tous les graves
renseignements qu'il lui donnait sur la situation des

choses dans l'Eglise de France. On conçoit quelle devait être, à son retour, l'avidité de ses amis de Paris, pour connaître tous les détails de ces entretiens. Ils discutèrent la note ensemble, et l'évêque d'Orléans demanda au jeune cardinal de vouloir bien la placer sous les yeux du Saint-Père.

Que n'avons-nous entre les mains cette note? Mais il en transpire peut-être quelque chose dans la lettre que voici, adressée à un cardinal, que nous croyons être le cardinal Giraud, et auquel avaient été faits quelques commentaires touchant les impressions que l'évêque d'Orléans avait rapportées de Rome :

« Orléans, le 1er mai 1851. Monseigneur,... Je suis parti de Rome comblé des bontés de Sa Sainteté et de celles du cardinal secrétaire d'Etat ; j'en serai profondément touché et reconnaissant toute ma vie, et pénétré d'admiration pour tout ce que j'ai vu là de grandeur, de lumière, de générosité et de force ; là se trouvent toutes les consolations du présent et toutes les espérances de l'avenir : voilà les seuls sentiments que j'ai pu exprimer publiquement, et encore avec la réserve et le respect convenables.

» Maintenant, Monseigneur, que je gémisse quelquefois devant Dieu, ou dans une confiance comme celle que je témoigne à Votre Eminence en ce moment, de l'audace des méchants, de la mollesse des bons et des imprudentes témérités par lesquelles je vois la paix de l'Eglise troublée dans le présent, et peut-être pour un long temps, si la sagesse principale et la puissante modération du Saint-Siège n'intervient, cela se comprend.

» Il faudrait n'avoir dans le cœur ni les affections d'un chrétien, ni les sentiments d'un évêque, pour demeurer insensible à de tels dangers.

» Je me suis cru toujours souverainement indigne d'être évêque, j'ai fait ce que j'ai pu pour ne l'être pas, vous le savez mieux que personne, Monseigneur ; mais depuis que je le suis, je le dois avouer, je sèche de douleur en voyant la sainte Eglise de Jésus-Christ déchirée par l'orgueil de ceux qui la devraient servir humblement, et qui trouvent une satisfaction détestable à jeter des divisions funestes là où la paix devrait être éternelle; qui la devraient, dis-je, servir dans une soumission filiale et pleine d'amour au successeur de Pierre, et dans le respect pour l'épiscopat dont le vicaire de Jésus-Christ est le chef suprême.

» J'espère, Monseigneur, que Votre Eminence ne verra dans ces paroles que la continuation des sentiments et des pensées que j'ai été longtemps heureux de lui exprimer de vive voix. »

Du reste, le Saint-Père avait donné à l'évêque d'Orléans une preuve éclatante de ses bontés, en le nommant, par un bref des plus bienveillants, prélat assistant au trône pontifical. Le chapitre de Saint-Pierre lui offrit un magnifique exemplaire du grand ouvrage : *Sacrarum basilicæ vaticanæ cryptarum monumenta*, en reconnaissance d'une très belle pixide d'or, enrichie de pierreries, que l'évêque d'Orléans s'était donné la joie d'offrir à ce chapitre, c'est-à-dire au Saint-Père.

Il voulut bien aussi, pendant ce séjour à Rome, prêcher à Saint-Louis des Français, et sa parole y obtint le grand succès qu'elle avait toujours.

Il n'avait pas encore vu Naples, ni l'Italie méridionale. Quel intérêt cependant, pour un évêque pieux et lettré comme lui, à visiter de tels pays! On voulut, au palais Borghèse, lui donner cette joie : Subiaco et le Mont-Cassin, avec les souvenirs de saint Benoît; Naples, « qui rit et chante au pied du Vésuve »; Nole et les souvenirs de saint Félix et de saint Paulin; Sorrente, Pompéies, Amalfi, Pœstum, où il fut charmé de vérifier le mot de son poète : *Biferique rosaria Pœsti;* puis, au retour, Gaëte, Cumes, Baïes, Pouzzoles, tel fut son itinéraire. « J'ai touché en quelques jours, écrit-il, aux plus grands siècles, aux plus grands hommes, aux plus grandes choses. » Tous ces horizons gracieux, splendides; ces ruines, ces souvenirs; les monastères, les sanctuaires, les grandes figures de l'histoire; la sainteté, les arts, la poésie; tout cela sous le plus beau ciel, dans cette lumière, en face de cette mer brillante et des montagnes : il est incroyable quelles jouissances d'âme il y trouva; et toujours ses plus grandes admirations s'achèvent dans une prière.

Il voulut rentrer en France par mer et fut conduit jusqu'à Civita-Vecchia dans une voiture que Mme la princesse Borghèse l'avait forcé d'accepter pour ses tournées pastorales, sachant qu'il n'en avait d'aucune sorte. Elle avait eu du reste pour lui, ainsi que ses trois fils, le prince Marc-Antoine, le prince Aldobrandini, le duc Salviati, les plus grandes attentions. « Princesse, lui écrivit-il, dès son retour à Orléans, ce voyage est sans contredit, de tous ceux que j'eusse jamais faits, celui qui m'aura été le meilleur sous tous les rapports. C'est à vous que je le dois : je suis heureux de vous le dire. Mon retour a été aussi heureux que possible, sauf la mer, avec laquelle décidément je ne puis plus avoir aucun rapport, et cette charmante voiture dont l'essieu, le ressort et les roues se sont successivement cassés, ont été successivement raccommodés, et sont devenus maintenant, grâce à cette épreuve, invincibles pour les visites pastorales. Je suis rentré à Orléans le mercredi 19 février, et j'y ai trouvé des torrents d'affaires. Il y aurait des biens immenses à accomplir. On est vraiment très bien disposé. »

Le lendemain de son arrivée, il écrivait sous l'œil de Dieu :

« Me voici de retour ; mon premier sentiment est d'adorer Dieu le visage contre terre et de le bénir... Ce voyage, que je désirais tant, qui m'était si nécessaire, Dieu me l'a donné aussi heureux que possible... La nature y a été admirable... et la grâce n'y a pas manqué dans ces pieux pèlerinages.

» Et maintenant, à l'œuvre ! Mais :

» 1° Union à Dieu ; fidélité inviolable à tous mes exercices de piété. Là est pour moi la lumière, le rafraîchissement, la paix nécessaire au milieu de tant d'agitations et de tourments.

» 2° Douceur avec tout le monde et avec moi-même ; prendre mon parti des choses tristes... Il faut être un autre homme... un homme simple, doux et grave, ferme et bon.

» A l'œuvre donc ! »

CHAPITRE III

SON ŒUVRE PASTORALE

Principes généraux de son administration
Les vicaires généraux et les doyens
Règles pour les placements ou les déplacements
Augmentation du personnel du clergé
Sollicitude pour les jeunes prêtres
Établissement de la vie commune
Discipline préventive et répressive
1850-1859

Dans ces premières, laborieuses et fécondes années, organisateur et excitateur puissant, il pense à tout et met tout en mouvement. Administration ; sanctification du clergé, sanctification des peuples : retraites ecclésiastiques ; retraites paroissiales ; visites pastorales, archidiaconales, décanales ; circulaires incessantes au clergé pour enflammer son zèle et lui enseigner le ministère ; réforme des catéchismes ; puissant effort pour augmenter le personnel du clergé, relever les séminaires, et faire refleurir les études ecclésiastiques ; prédications à sa cathédrale ; élan imprimé aux bonnes œuvres ; fondation d'écoles ; multiplication des sœurs ; restauration de la cathédrale, des églises et des presbytères : tout marche à la fois. Nous ne pouvons entreprendre ici le récit complet de toutes ces œuvres ; ce que nous en dirons suffira pour montrer quel évêque il était : quelles vues, quels principes dirigeaient son administration, avec quel zèle et dans quel détail il s'occupa de son diocèse, et combien fructueux enfin fut son long épiscopat.

Son premier soin fut de chercher des collaborateurs. Dès le 5 novembre 1849, il écrivait : « Il faut que j'aie autour de moi un certain nombre d'hommes très capables, très dévoués à Dieu et à l'Eglise, et toujours prêts au service et au combat, Je les trouve, ils se présentent providentiellement. » Et après avoir constitué son administration, il écrivait encore à la même personne : « 26 février 1850. L'évêché sera bientôt habité par des hommes d'un vrai mérite. Je puis en loger dix, si Dieu me les envoie. Il faut que ce soit une réunion d'apôtres. » Et voici comment fut constitué son conseil. Aussi bon administrateur que bon écrivain, Mgr Fayet avait fait une chose excellente : il avait divisé son diocèse en quatre archidiaconés, Orléans, Montargis, Gien et Pithiviers. Outre les deux vicaires généraux titulaires, il y avait donc dans le conseil épiscopal deux autres vicaires généraux archidiacres ; plus le Supérieur du Grand Séminaire, et le secrétaire général de l'évêché. Si cette organisation n'eût pas existé, très certainement Mgr Dupanloup l'eût créée : car il la voulut perfectionner encore. Très pénétré de ce principe qu'il y a profit à diviser le travail et à multiplier les auxiliaires, il voulut donner à son conseil plus d'extension, et appliquer aux diverses branches de l'administration diocésaine des hommes spéciaux et personnellement responsables.

Les quatre archidiacres furent donc maintenus, et naturellement aussi le Supérieur du Grand Séminaire; puis trois autres vicaires généraux honoraires, chargés chacun d'un service important, furent pris dans le Chapitre.

Cette composition nouvelle du conseil indiquait déjà, par l'accroissement près de l'évêque du nombre des hommes chargés d'agir, l'impulsion plus vigoureuse qui allait être donnée à toutes les branches de l'administration : elle fut notifiée au clergé par une circulaire en date du 20 février 1850. A cette lettre étaient joints des *Chefs de visites*, et un *Questionnaire* des plus précis et des plus pratiques; preuve de l'universelle sollicitude du nouvel évêque, et puissant aiguillon pour MM. les curés eux-mêmes. Ce questionnaire, intitulé : *Statistique diocésaine*, ainsi que les *Chefs de visites*, sont, nous ne craignons pas de le dire, deux chefs-d'œuvre de pastorale.

Une autre idée fondamentale de l'évêque d'Orléans était celle-ci : que le conseil épiscopal n'est pas seulement un conseil d'*examen* et de *décision*, mais un conseil de *gouvernement* et d'*exécution*. Chacun de ses membres est chargé, non seulement d'examiner et de conseiller, mais d'agir et d'exécuter. Voilà pourquoi sa conviction était que dans un diocèse où il y a beaucoup à faire, il faut un conseil nombreux, plus nombreux peut-être qu'il ne serait nécessaire pour l'examen des questions, mais non pas· pour l'exécution et l'action.

Des règlements très détaillés, et dont chaque membre du conseil recevait un exemplaire, indiquaient à chacun, non pas assurément tout ce qui pouvait appeler son attention, mais du moins les points principaux qui devaient faire l'objet de sa constante sollicitude.

Ces règlements lui coûtèrent beaucoup de peine, un long et aride travail, car, rien là pour l'imagination et le cœur ; mais le sentiment du devoir et du bien certain qu'il faisait, en donnant à chacun un directoire lumineux, et comme un moniteur muet, mais perpétuel, le soutenait dans ce labeur [1].

Quant à lui, indépendamment de ce qu'il faisait par lui-même, il avait l'œil et il tenait la main à ce que chacun accomplît avec exactitude et zèle ce dont il était chargé : « Faire travailler chacun selon ses aptitudes, » telle était sa grande maxime et sa résolution constamment renouvelée. De cette sorte il pouvait espérer que rien d'important du moins, dans les détails si multipliés d'une administration diocésaine sérieuse, voulant avant tout le bien des âmes et le salut des peuples, ne serait négligé. Que tout ce qui a été ainsi réglé et écrit par lui n'ait pas toujours été exécuté à la lettre, assurément il n'y aurait pas à s'en étonner ; mais que d'oublis et de négligences a prévenus cette minutieuse et sage réglementation ! Que d'efforts elle a provoqués ! En somme,

---

1. Ces règlements ont été imprimés dans le 2e volume des *Œuvres pastorales* (1re série), p. 293-448.

quelle puissante et féconde impulsion elle a donnée à toute chose ! De cette sorte, l'évêque d'Orléans a pu ne pas s'absorber dans les détails, comme c'était la constante tendance de cet homme d'action et de zèle ; ce qui eût été pour l'Eglise un grand malheur ; mais, selon aussi le besoin de son àme, « s'élever, se dégager, se tenir sur les hauteurs sereines, *in altitudine et serenitate mentis* »... C'est ce à quoi il s'appliquait sans cesse. « M'élever, m'élever, écrivait-il encore ; me dégager, me tenir haut, dans la sérénité et la lumière, et redescendre de là avec des clartés simples et vives, profondes, paisibles. » C'est ainsi que, tout en administrant avec cette intelligence, cette vigueur et cette sollicitude son diocèse, il a pu servir encore, comme il l'a fait, les grands intérêts de l'Eglise et de la patrie.

D'autres grands auxiliaires de l'administration épiscopale, à ses yeux, c'étaient les doyens : le diocèse d'Orléans en comptait trente-six, autant que de cantons ; or, le décanat n'est pas un simple titre honorifique, une sinécure, il implique une juridiction réelle et des devoirs spéciaux ; le doyen doit être le suppléant de l'archidiacre dans son canton, de même que l'archidiacre est le suppléant de l'évêque dans son archidiaconé. C'est pourquoi l'action du doyen, si elle est réelle, peut être très efficace, plus même peut-être que celle de l'archidiacre, bien que ses attributions soient moindres, parce qu'il est placé plus près de ceux sur qui il a autorité. C'est ainsi que l'évêque d'Orléans considérait les doyens, et à cause de cela il comptait beaucoup sur eux. « Un évêque, même en s'épuisant, disait-il, ne peut pas faire tout tout seul. Et pour moi, sans le ministère des doyens, je regarderais comme absolument impossible l'administration d'un diocèse de 350 000 àmes. Je dirai plus : je regarderais comme absolument impossible d'empêcher le mal, et de faire le bien, comme les saints canons de l'Eglise l'entendent et le demandent, si nos archidiacres et nos doyens ne remplissaient pas leurs devoirs avec zèle ; et pour dire le seul mot qui rende bien ici mon sentiment et ma pensée, n'étaient pas apôtres chacun dans son archidiaconé et son doyenné. »

Aussi mit-il un soin extrême, pendant tout son épiscopat, à bien choisir les doyens d'abord, et puis à leur expliquer et à leur rappeler leurs devoirs, dans ses lettres pastorales.

Des époques étaient fixées pour les visites, soit archidiaconales, soit décanales, et des rapports devaient être faits, à des dates déterminées, par MM. les archidiacres à l'évêque et par M M. les doyens aux archidiacres. Les rapports des doyens étaient un des éléments des rapports des archidiacres : et non seulement ceux-ci devaient lire leurs rapports en conseil épiscopal ; mais aussi les vicaires généraux qui, sans être archidiacres, etaient chargés de quelque service important[1].

Un point capital dans l'administration diocésaine, ce sont les placements et les déplacements. Il importe, pour apprécier Mgr Dupanloup comme évêque, de savoir quels étaient ici ses principes et ses vues, et par conséquent sa pratique.

L'amovibilité et l'inamovibilité, pour le clergé, grave question que l'on touche souvent d'une main bien téméraire, et avec une grande ignorance des choses les plus délicates du ministère ecclésiastique. Que de fois les ennemis de l'Eglise l'ont agitée, pour essayer de rompre l'union si nécessaire des évêques et des prêtres ! Voici quelles étaient, sur ce sujet, les pensées de l'évêque d'Orléans :

Selon lui, « rien de plus funeste que cette perpétuelle mobilité des desservants et des vicaires, laquelle fait que les fidèles ne peuvent pas donner leur confiance à leurs prêtres, ni les prêtres rien entreprendre de sérieux et de suivi pour les fidèles » ; il croyait cependant l'amovibilité

---

1. Voy. dans le 1er volume des Œuvres pastorales (1re série) ce qui regarde la visite archidiaconale et la visite décanale, p. 421-439 ; et Œuvres pastorales (2e série), t. I, Lettre à MM. les Doyens, etc., p. 91-189 ; et aussi t. II, Lettre au clergé du diocèse, p. 213-271.

pastorale, c'est-à-dire *la possibilité de changer un prêtre de poste sans être obligé d'avoir recours contre lui à un procès, très favorable, pour ne pas dire nécessaire, à la bonne administration d'un diocèse, au bon service des paroisses, à l'honneur même des prêtres et de l'Eglise, eu égard à la difficulté des temps où nous vivons.* Et quant aux procès d'officialité : « Encore faut-il que dans ces jugements, disait-il, se rencontrent des conditions qui soient en harmonie avec le temps et les mœurs publiques ; qui n'aient pas pour l'Eglise et pour les prêtres eux-mêmes les inconvénients les plus graves ; en un mot, qui ne fassent pas d'un malheur réparable un scandale que rien ne pourra réparer. »

Aussi aimait-il à citer cette parole que le cardinal Lambruschini, ministre de Grégoire XVI, lui avait dite à Rome en 1841 : *qu'il serait préférable, pour le bien de la religion en Italie, que la plupart des curés y fussent amovibles comme en France.*

Il maintenait donc à l'évêque le droit de pouvoir, « non pas seulement pour une grave, mais pour une très grave raison », changer un prêtre de place, et transférer son ministère. Et la plus grave de toutes, à ses yeux, c'était « quand il y faisait le mal, ou n'y pouvait faire aucun bien ; quand il y était mal pour lui et pour les autres ; ou quand il y avait certitude morale qu'il ferait sans comparaison beaucoup mieux ailleurs, et qu'il était le seul capable, ou du moins le plus capable de la place qu'on voulait lui donner et du bien qui était à faire ».

Et voici, pour ces placements ou déplacements, quelle était, si nous pouvons ainsi dire, sa jurisprudence : on verra si c'était, comme il plaît à certains écrivains légers de le dire de l'administration de nos évêques en général, l'arbitraire et le bon plaisir, ou bien les plus hautes et les plus délicates inspirations du zèle pastoral.

La décision de ces placements et déplacements avait, à ses yeux, une telle importance, qu'elle ne pouvait se faire sans le conseil ; toutefois, un pareil travail, dans sa première et profonde préparation surtout, « ne peut pas être fait, disait-il, dans un conseil nombreux. Les avis qui se

croisent, les surprises qui naissent d'une observation imprévue qu'on n'a pas le temps de méditer, ne permettent
là aucun travail d'ensemble; c'est l'œuvre d'un conseil
peu nombreux, dont les membres suivent habituellement
les affaires, et se tiennent au courant de ce qu'apprennent
les correspondances quotidiennes ». Ces préparations se
faisaient à Orléans dans un conseil particulier des archidiacres. Puis, elles étaient portées et discutées au grand
conseil. Car, « il est non seulement avantageux, mais absolument nécessaire que l'évêque dirige ce grand travail,
y préside, et décide. C'est son premier devoir. Nul ne peut
l'y remplacer. Lui seul d'ailleurs peut trancher certaines
difficultés qui se présentent, éviter ces discussions et ces
lenteurs desquelles il résulte que, pour en finir, on se
décide quelquefois pour le parti qui n'est pas le plus sage ».

Pour lui, la grande règle — elle est de droit divin —
c'était de choisir « le plus digne par sa piété et ses talents :
idoneos, dit saint Paul ; *digniores*, dit le concile de Trente».
Et pour faire ce choix, « le mérite personnel des sujets, vu
d'ensemble, disent les règlements, doit toujours être pris
en considération : talents, vertus, savoir-faire pastoral ».
Le mérite *vu d'ensemble,* car c'est par là que valent les
hommes ; et aussi « une vue d'*avenir*. Certains sujets, par
les dons de nature et de grâce qu'ils ont reçus de Dieu,
sont destinés un jour aux postes les plus importants. Un
placement bien calculé les y prépare ; un placement tel
quel les éteint, en fait des hommes très vulgaires, et pour
toujours. »

« Il faut placer, disent encore les règlements, autant
qu'il est possible les bons prêtres auprès les uns des autres ;
les grouper ensemble dans l'archidiaconé, dans le canton
où la religion est le plus en honneur ; ou bien encore où
la religion souffre, et où il faut lui porter secours ; mais,
en tous cas, ne pas les disséminer : les disséminer, c'est
les affaiblir. »

On voit, par le peu que nous venons de dire, ce qu'il faut
penser de la légende qu'on a cherché à créer sur sa faci-
lité à déplacer ses prêtres : on voit du moins par quels
motifs il le faisait.

Le placement des jeunes prêtres surtout était pour lui
l'objet d'une sollicitude particulière : « De là, disait-il,
peuvent dépendre leur persévérance et leur salut, et par
conséquent tout le bien qu'ils pourront faire dans toute
la suite de leur vie. » Il fallait, selon lui, considérer :
« 1° avec quel curé on les associe ; 2° avec quels confrères, s'il y en a plusieurs. » « Quand j'étais Supérieur
de séminaire, a-t-il écrit, je me disais souvent, en con-
sidérant nos plus fervents séminaristes : Oh ! si ces jeunes
gens pouvaient, au sortir du séminaire, se trouver réunis
ensemble ou rapprochés, comme ils s'aideraient à per-
sévérer, et quels prêtres ils deviendraient! » Une de ses
attentions les plus grandes, quand il s'agissait de les
placer, était donc de « ménager ces rapprochements le
plus possible » ; et aussi, de « prévoir les suites et l'influence des relations qu'ils pourraient former avec certains
confrères voisins ».

Il posait en principe qu'il faut tout faire pour placer les
jeunes gens là où ils auront des confrères pieux, et un bon
curé doyen ; et aussi un ministère ; là où ils pourront
s'occuper des âmes : « Autrement, disait-il, ils meurent
d'ennui ou de regrets. »

Les jeunes prêtres, avec quelle émotion il en parlait!
Quel intérêt profond il leur portait ! « S'il y a des âmes
dont nous répondions plus particulièrement et très immédiatement devant Dieu, a-t-il écrit, ce sont sans contredit les âmes des prêtres, et surtout de nos jeunes
prêtres ; ces âmes si précieuses, si ferventes, si pures,
quelquefois si hautes et si nobles ; ces âmes destinées
à accomplir de si grands biens et de si grandes choses, mais livrées d'abord à de si grands périls ! Voilà les
âmes pour lesquelles nous ne craignons pas seulement
d'avoir à rendre à Dieu le compte le plus redoutable, mais
pour lesquelles nous sentons aussi un amour si vif et si
tendre, qu'il est dans notre cœur plus fort que la mort et
deviendrait au besoin plus dur que l'enfer contre ceux qui
le blesseraient en blessant des âmes si chères. Et pour les
défendre il n'y a rien que je ne sois prêt à faire, et que
vous ne deviez faire vous-mêmes... »

« Il n'y a rien de plus cruel, disait-il encore, pour ce jeune prêtre qui sort du séminaire, plein du souvenir des bontés qu'il y a rencontrées, plein de confiance en la Providence et dans les vertus des curés auxquels on le confie, et qui se sent tout à coup isolé, négligé, oublié, et comme abandonné. » Cette pensée lui était insupportable, et nous l'avons vu plus d'une fois pleurer en nous décrivant cette situation ; et bien qu'il ait appelé souvent, dans ses allocutions et dans ses lettres pastorales, l'attention de MM. les curés sur leurs devoirs envers les jeunes vicaires, il croyait ne l'avoir pas fait assez ; et il voulait, avant de mourir, le faire une fois encore ; il avait, quand la mort est venue le surprendre, une grande lettre pastorale en préparation sur cette matière. Quels cris il eût poussés dans cette lettre vers MM. les curés ! Quelles adjurations il leur eût fait entendre sur leurs devoirs envers les jeunes prêtres, en même temps qu'aux jeunes prêtres sur leurs devoirs envers les curés ! Le soin paternel et pastoral des vicaires, c'était là, nous disait-il, la recommandation suprême qu'il voulait faire à son clergé, et comme ses *novissima verba*.

Un autre point où se portèrent aussi tout d'abord ses plus vives sollicitudes, ce fut la vie commune à établir entre les curés et les vicaires. Elle n'existait pas, du moins d'une manière générale, et à l'état d'institution, de règle, dans son clergé. Il résolut de l'établir, et ce n'est pas là, assurément, un des moindres biens qu'il ait opérés dans son diocèse.

Mais là encore il procéda avec une sage lenteur, et avec les ménagements nécessaires, pour ne pas heurter des habitudes depuis longtemps contractées, et tenir compte des exceptions raisonnables. Il y avait peu à peu accoutumé les esprits ; car dès la première retraite il avait annoncé son dessein arrêté d'en faire une obligation, mais dans l'avenir seulement, pour tous ceux qu'il nommerait désormais à des cures à vicaires ou à des vicariats. Et comme il arrive toujours, quand il s'agit d'une mesure manifestement sage et utile, plusieurs de ceux qui n'y

étaient pas obligés l'embrassèrent spontanément. Ce fut
en 1854 qu'il l'établit d'une façon définitive. La lettre pastorale qu'il publia à ce sujet est singulièrement remarquable [1].

L'institution de la vie commune dans le clergé se
rattachait à une autre grande préoccupation de l'évêquè
d'Orléans, qui était d'augmenter le nombre de ses prêtres,
de ses collaborateurs. En étudiant, de près et à fond,
comme son premier soin avait été de le faire, l'état des
paroisses de son diocèse, il avait été frappé, beaucoup plus
qu'on ne l'était autour de lui, de sa pénurie d'ouvriers.
Or un de ses grands principes encore était de multiplier
les centres d'action et les ouvriers, afin de multiplier les
travaux du zèle.

« Où en sommes-nous ? s'écriait-il... Nous avons un
grand nombre de paroisses sans vicaires, où il en faudrait
au moins un ; beaucoup d'autres qui en ont, et où il en
faudrait plus qu'il n'y en a : notre diocèse, sous ce rapport, est un des plus malheureux de France...» Et, à cette
vue, son âme éclatant, il s'écriait : « Ah ! sans doute,
nous sommes résolu à ne rien négliger pour remédier à
tout ce lamentable état de choses, dont nous laissons
paraître seulement quelques traits à vos yeux ! Nous y
mettrons toutes nos forces, toutes nos ressources : notre
argent, ce n'est rien ; nous y mettrons notre vie, notre
sang, s'il le faut. »

Et, en effet, multiplier les succursales, les vicariats,
telle fut sa constante préoccupation pendant tout son
épiscopat. L'état des paroisses, dans son diocèse, constamment sous les yeux, il activait sans cesse les archidiacres,
il écrivait infatigablement de son côté, à la préfecture,
au ministère, pour hâter cette œuvre qui lui tenait tant à
cœur : pourvoir aux postes érigés, mais inoccupés ; créer
ceux qui étaient nécessaires.

Mais il fallait en même temps, pour remplir tous ces
postes, trouver des prêtres ; d'abord dans son diocèse, et

1. *Œuvres pastorales* (1re série), t. II, p. 1.

par conséquent multiplier le clergé diocésain : de là, tout ce qu'il essaiera dans ses séminaires; et puis; à.défaut du clergé diocésain, chercher au dehors.

,La première fois qu'il s'ouvrit de cette dernière pensée à son conseil, il rencontra quelques scrupules, et, à l'endroit des prêtres venus des diocèses étrangers, les ordinaires ombrages : au-dessus de ces petites raisons il mit les grandes, et passa outre. Que de démarches il fit dans ce but auprès des évêques plus heureux que lui sous ce rapport! Quelle active correspondance! Il s'en occupait dans ses voyages en Savoie; et il fit aussi deux fois dans cette pensée des courses à Mende. Il avait été heureux dans cette œuvre à Paris, au Petit Séminaire de Saint-Nicolas; il ne le fut pas moins à Orléans. Ce qu'il cherchait de préférence, c'étaient des jeunes gens, déjà avancés dans leurs études, ou déjà entrés au Grand Séminaire, et pouvant achever de se former sous ses yeux, et sous l'habile direction des prêtres de Saint-Sulpice auquel son Grand Séminaire était confié. Que de sacrifices il fit dans ce but, que Dieu seul connaît, que Dieu seul a comptés, et dont le diocèse profite aujourd'hui, sans même soupçonner ce qu'il en a coûté à son évêque! Veut-on savoir à quel résultat il est arrivé ici, et combien, en dix ans seulement, il était parvenu à faire entrer dans le clergé diocésain de prêtres qui ne lui appartenaient pas par leur origine? « Plus de cent trente. » « Sans ces cent trente auxiliaires, écrivait-il, que deviendrait mon diocèse, où, malgré ce secours, la disette de prêtres est encore si grande? » Et, en effet, dans la même lettre pastorale, il constatait qu'il en manquait encore au diocèse d'Orléans « cent vingt-neuf. Et cela sans aucune surabondance, mais pour les besoins pressants du diocèse, et le service matériel des paroisses [1] ». On conçoit que son zèle à cet endroit ait été tenu jusqu'à la fin en haleine.

Quant au maintien de la discipline dans le clergé dio-

1. *Lettre sur la rareté des vocations ecclésiastiques. Loc. cit.*, p. 562-590.

césain, chose si grave, là, assurément, sa main était
ferme, et, quand il le fallait, il savait faire sentir, quoi
qu'il lui en coûtât, l'autorité. Il a écrit : « Il faut qu'un
supérieur sache faire de la peine; » c'est encore plus,
hélas! en certaines occasions, le devoir impérieux de
l'évêque. Mais la charité, la bonté, la paternité, n'étaient
jamais absentes de ses plus nécessaires rigueurs. Et,
d'abord, nul plus que lui n'eut ce zèle courageux et
affectueux qui ne craint pas d'avertir. « Il faut, a-t-il écrit,
avertir chacun. Le devoir de l'avertissement est le premier
de mes devoirs. Cela coûte, mais c'est le devoir... Pour le
bien remplir, ce devoir, il faut se faire bien des violences;
se rapetisser, se contraindre, se proportionner, s'exposer
à causer des froissements... Rien quelquefois n'est plus
pénible. Mais il le faut. On prévient par là le mal, et quelquefois les plus grands maux. Il faut *avertir*, *réprimander*, *réprimer*, *corriger*. Mais, avant tout, *avertir*. » Les
règlements insistaient avec force sur ce point. « Avertir
au besoin est un grand devoir : c'est même le premier
devoir de l'autorité; c'est la très bonne autorité; c'est celle
qui instruit, forme, encourage; celle qui prévient le mal;
celle qui fait faire le bien. Et cependant, c'est ce qui coûte
le plus, mais c'est à quoi la conscience nous fait un devoir
de nous appliquer sérieusement... C'est une étrange chose
que l'illusion de très bons prêtres, et quelquefois des
grands vicaires eux-mêmes et des curés, sur ce point
capital. Un seul mot dit charitablement à leurs confrères,
ou à l'autorité, eût suffi pour prévenir de grands malheurs;
et ce mot, ils ne le disent pas, même quand c'est pour
eux, en qualité de supérieurs, un devoir impérieux de le
dire; et ils ne se décident à parler que quand il n'est plus
temps, et quand les malheurs éclatent. »

Dans ces mêmes pensées, il eût voulu pouvoir, par la
discipline préventive, se dispenser de la discipline répressive : de là quelquefois des mesures qui ont pu étonner
ceux qui n'en connaissaient pas les motifs secrets; aussi
prompt dans l'action, quand il en avait reconnu la nécessité, qu'il mettait de maturité dans l'examen des raisons
d'agir; adoucissant, du reste, autant qu'il le pouvait, par

les témoignages les moins équivoques de l'affection la plus vraie, les sévérités qu'il n'avait pu éviter, et n'épargnant rien pour amener la résipiscence ou la réhabilitation. Combien cette question le préoccupait! Combien de fois en a-t-il entretenu son consed! Il avait même, dès la première année de son épiscopat, institué dans son conseil une commission chargée de trouver les moyens pratiques de venir en aide aux prêtres envers lesquels des rigueurs auraient été nécessaires, et de rechercher les communautés avec lesquelles il y aurait lieu de s'entendre dans ce but. Et que de sacrifices, que de générosités admirables, dont Dieu seul a le secret, sa respectueuse et compatissante charité pour ces tristesses du sanctuaire ne lui a-t-elle pas inspirés! Nous devons le dire, parce que c'est vrai, au fond, nul évêque n'a plus aimé ses prêtres, et à ceux mêmes qui ont pu le trouver quelquefois inexorable, il eût été impossible de ne pas rendre hommage à son grand cœur. Heureux surtout quand il avait à féliciter, à louer, à encourager : ce trait, que nous avons signalé déjà dans le Supérieur de Saint-Nicolas, se retrouve chez l'évêque; attentif à en saisir les occasions; juste et délicat dans l'éloge, autant que précis et positif dans l'avertissement. Bref, un pasteur, et un père, non pas faible, mais tendre et fort, tel était l'évêque d'Orléans.

CHAPITRE IV

SON ŒUVRE PASTORALE
(Suite)
Ses efforts pour ranimer le zèle pastoral
Et les études
La visite pastorale et les missions diocésaines
Les catéchismes; travaux divers sur les catéchismes
Les grades théologiques et les concours
1850-1859

L'action pastorale et aussi la science, voilà ce que l'évêque d'Orléans aurait voulu pouvoir ranimer dans son clergé. Mais il nous faut encore ici choisir, et parmi tant d'œuvres de zèle sur lesquelles se portaient les efforts du vigilant et laborieux évêque, nous en mentionnerons deux principales : la *Visite pastorale* à laquelle se ratta-chaient les *Missions diocésaines;* et l'important minis-tère des *Catéchismes.*

La *Visite pastorale,* tant recommandée par le concile de Trente, la seule chose du reste qui mette un évêque en communication personnelle avec tous ses diocésains, l'évêque d'Orléans la faisait d'ordinaire coïncider, pour la rendre encore plus efficace, avec la Confirmation : moins par une raison théologique que par un motif pastoral de premier ordre, et quelle que puisse être ailleurs la pra-tique, il estimait d'une très grande importance, là surtout où manquent les œuvres de persévérance, « qu'après la première communion il y eût un autre grand sacrement à recevoir, et qu'il se trouvât là pour les enfants et les jeunes gens un motif et un moyen de persévérance et de retour ». Cela était, à ses yeux, fondamental.

Quant à la visite elle-même, il la concevait comme une œuvre apostolique, comme un puissant moyen d'action sur les populations, comme un extraordinaire effort pour la rénovation religieuse des paroisses. Aussi n'y a-t-il rien sur quoi se soit plus exercé son zèle; rien à quoi il se soit appliqué avec plus de soin et de suite, pour amener là autant que possible les choses à leur dernière perfection.

Il commença par expérimenter les deux méthodes : celle qui consiste à ne donner la Confirmation aux différentes paroisses d'un canton qu'au chef-lieu de canton : elle a ses avantages ; et celle qui consiste à se rendre au contraire dans toutes les paroisses. Mais, après expérience faite, c'est cette seconde méthode que l'évêque d'Orléans préféra, quoique beaucoup plus fatigante.

Il consacra, en deux fois, quatre mois aux visites pastorales de l'année 1853 ; mais ce fut en 1854 qu'il se décida à sa première grande visite, paroisse par paroisse ; et, de 1854 à 1857, les quatre cents paroisses de son diocèse, sans une seule exception, furent visitées par lui. Et ces visites étaient combinées de telle sorte que les paroisses à visiter n'étaient point prises une année dans un archidiaconé, et l'année suivante dans un autre ; elles étaient prises dans les quatre archidiaconés, et l'évêque, chaque année, sillonnait ainsi tout son diocèse, apparaissait sur tous les points. Il fit précéder cette première grande visite générale d'une longue instruction pastorale, résumé de toutes ses observations antérieures, et dans laquelle il expliquait, et dans le dernier détail, à son clergé, dont le concours là surtout lui était indispensable, tout ce qu'il y avait à faire, — avant, pendant, après, — de sa part comme de la sienne, pour que l'effet de ce grand effort d'apostolat ne fût point manqué, pour que la visite épiscopale produisît réellement le puissant mouvement religieux qu'il en attendait. Une série de lettres, d'avis et de règlements suivirent cette première grande instruction. Ce fut de la sorte, pendant les années 1854, 1855, 1856, 1857, un extraordinaire effort de son zèle pour cette œuvre. Dans ces différents écrits l'évêque d'Orléans a,

pouvons-nous dire, versé son âme. A propos de la Confirmation, du reste, il y dit ses pensées sur le ministère
presque tout entier. Ces différents documents constituent
de véritables cours de pastorale, qui montrent l'évêque
d'Orléans maître consommé dans cette grande science[1].

A la visite pastorale se rattache la plus grande œuvre
peut-être de son épiscopat, l'œuvre des *Retraites parois-*
siales, comme il les appelait modestement, pour ne pas
effaroucher par le mot de missions; mais, en réalité, c'é-
taient des missions. Les statuts réglaient que toute Confirmation devait être précédée d'une retraite; cette retraite, il en fit une mission. Il envoyait dans les paroisses
où il devait donner la Confirmation un missionnaire qui,
pendant quinze, vingt jours, un mois, restait là, et donnait, sons le nom de retraite, nous le répétons, une vraie
mission. Cette œuvre des missions diocésaines était une
inspiration de la retraite préparatoire à son sacre; c'est
alors qu'en lisant la vie d'un grand évêque, Mgr Alain de
Solminihac, pour la première fois l'idée lui en était venue.

« Dès mon arrivée dans ce diocèse, ma première pensée, a-t-il dit, dans la lettre pastorale de juin 1857, fut d'y
établir diverses Compagnies de prédicateurs, et je bénis
Dieu d'être parvenu à en posséder cinq aujourd'hui. »
C'étaient là comme autant de camps volants, qu'il lançait
de tous côtés, et au moyen desquels il parvint à faire
donner « cent missions par an dans le diocèse ». Cent
missions par an, pendant trente ans, quelle somme énorme
de travail apostolique cela représente! sans compter les
autres services de tout genre rendus par ces communautés. Et cette œuvre, il la soutint, seul, et par les seules
ressources qu'il sut trouver, pendant son épiscopat; car
ces missions, qui étaient pour les curés un grand secours
spirituel, n'en constituaient pas moins aussi une charge

---

1. *Œuvres pastorales* (1ʳᵉ série), t. I, p. 103-140. — *Œuvres pasto-*
rales (2ᵉ série); *Lettre relative à la Visite pastorale*, t II, p. 313-369.
Les *Œuvres pastorales* de l'évêque d'Orléans ne forment pas moins de
cinq volumes, et même six, en y comprenant celui qui renferme le
programme des études.

matérielle qu'il leur eût été impossible, le plus souvent, de supporter. Il avait donc créé, pour en faire les frais, une *Caisse des missions diocésaines*, à laquelle il sut donner des ressources permanentes qui ont permis à cette grande œuvre de lui survivre.

La stratégie de ces missions, comme il disait, c'est-à-dire leur intelligente distribution dans le diocèse, selon les temps et les lieux, était pour lui et ses collaborateurs une grande préoccupation. Il a laissé sur ce point, comme sur les rapports entre les curés et les missionnaires, des indications admirables, comme aussi sur la stratégie et la conduite de la mission elle-même.

Mais nonobstant ces auxiliaires inappréciables, le poids de la préparation pesait encore principalement sur le curé; c'était là le ministère extraordinaire, un puissant et suprême effort, qui ne dispensait pas le curé d'agir. « Messieurs, disait-il à son clergé, il faut prendre de la peine, et beaucoup de peine; il faut réfléchir, se préparer; préparer non seulement ce qu'on doit dire, mais ce qu'on veut faire, la manière de s'y prendre, les industries de zèle à employer, l'ordre des exercices, le choix des cantiques, les moyens d'émulation, etc... Un simple prédicateur, qui vient prêcher en passant, et s'en va ensuite, n'a qu'à préparer ce qu'il doit dire; mais un curé, mais quiconque est à la tête d'une œuvre quelconque en ce monde, il faut qu'il prépare, étudie, organise ce qu'il doit faire. Sans cela, même en parlant très bien, on ne fait rien. » « Une retraite, une mission, disait-il encore, est une guerre, une campagne spirituelle : il faut en avoir préparé le plan, la stratégie, la conduite, avec le dernier soin. »

Organiser, réglementer toute chose; donner aux curés et la connaissance de l'œuvre, et des auxiliaires pour la préparation et l'exécution, c'était beaucoup; restait l'exécution elle-même; et en définitive, tout est là; c'est sur ce point que ses exigences étaient grandes; c'est là qu'il jugeait les hommes, en les voyant à l'œuvre même, dans un grand acte de leur ministère pastoral. Attentif à tout, il observait et notait tout; et les règlements recommandaient à ses vicaires généraux d'en faire autant. On possède à l'évêché d'Orléans ces notes pastorales; elles remplissent un grand nombre de cahiers ; car, de retour chez lui, ces notes, prises rapidement, mais nettement, d'une très lisible écriture, il les mettait en ordre, les faisait copier, sur des cahiers reliés : il y a dans ces cahiers des trésors. Là, plus que partout ailleurs peut-être, l'évêque d'Orléans se révèle; il est là, pris sur le vif, dans un petit presbytère de campagne, après une longue et fatigante cérémonie, jetant à la hâte sur un papier intime, à lui seul destiné, tout ce qu'il a observé et senti : ce n'est quelquefois qu'un mot, qu'un cri; mais son âme est dans ce mot, dans ce cri. Quelle passion pour l'œuvre de Dieu, et le salut de ces chères populations! quelles attentions! quelles investigations! quelle sagacité! quel sens pastoral des choses! Rien ne lui échappe, ni dans les cérémonies, ni dans l'église, ni au presbytère, ni dans la paroisse, ni sur le curé, ni sur les paroissiens; rien du spirituel, rien du temporel. Quelle douleur, s'il rencontre des négligences, des imprévoyances, des maladresses, des stérilités, du côté du pasteur; ou l'indifférence, la résistance chez les paroissiens! Quelle joie, au contraire, quand il peut constater les ingénieuses industries du zèle, le respect des âmes, des choses saintes, de l'œuvre de Dieu, et la bénédiction d'en haut sur le travail d'un bon prêtre[1] !

1. Nous ne croyons pas inutile d'en placer quelque chose sous les yeux du lecteur :
Voici d'abord des observations purement relatives au matériel du culte.
« Archidiaconé d'Orléans. N. — Église pourrait être très belle : il faudrait la gratter simplement; faire une chapelle à l'extrémité du bas-côté, semblable à celle qui a été faite dans l'autre. De plus, une tribune pour les garçons ou les filles, laquelle dissimulerait l'irrégularité du fond, à l'entrée; finir la sacristie; consolider le clocher; la chaire à changer de place, à mettre entre les piliers.
» R. — Église pourrait être très bien. Restaurer la voûte, qui est en bois peint; ouvrir deux ou quatre croisées; avoir beau Chemin de Croix; conserver et entourer le cimetière, mais surtout faire des chapelles latérales, semblables aux deux qui existent; grand porche; trop grand.
» Archidiaconé de Gien. B. — Agrandir l'église par le chœur d'un

Il y a donc dans ces cahiers les plus minutieuses observations sur les quatre cents paroisses de son diocèse; et
ces observations n'étaient pas enfouies là, stériles; ces
cahiers, il les avait sans cesse sous les yeux, comme un
agenda permanent. Cet évêque vient de publier un écrit
qui est dans toutes les mains, une brochure polémique
qui a retenti partout. Le voyez-vous maintenant, paisible,
sous les arbres de son jardin ou à l'extrémité de cette
allée à La Chapelle, ce cahier vert à la main ; et tantôt
marchant d'un pas rapide, comme animé par ce qu'il vient
de lire; tantôt s'arrêtant, le front grave, l'air profondément méditatif; il repasse toutes ces notes prises par lui
pendant ses visites pastorales, sur le zèle et le savoir-faire
de ses prêtres, sur les fruits de sa visite, sur les besoins
spirituels et matériels des paroisses, sur tous ses *deside-*

côté, et par le portail de l'autre ; chapelle de catéchisme à bâtir dans
le jardin; orgue à placer contre le mur : il occupe grossièrement la
moitié de la tribune. Il faudrait chapelle et école chez N. B...
    » B. — Il faudrait avoir d'abord une table de communion, des vases
sacrés d'argent, une sacristie ; achever de voûter l'église ; faire disparaître l'échelle de meunier qui est dans l'intérieur ; placer le confes-
sionnal ailleurs qu'à la porte. »
    Voici maintenant des notes attestant ses joies :
    « N. L..., pieux et zélé, heureux, avait visité *tous* ses paroissiens
avant même l'arrivée du missionnaire; aussi beaucoup d'hommes, de
femmes, de jeunes gens ; les avait gagnés et décidés.
    » L'église était un vrai paradis : chants, très bien, cérémonie aussi.
Les deux conseils (conseil de fabrique et conseil municipal), le maire,
protestant, brave homme, y étaient ; discours bon et pieux , — enfants
de chœur mal habillés ; voûte de l'église à refaire : le maire a promis.
    » C. — Admirable, ordre parfait; c'est ainsi qu'on fait des chrétiens;
tous les hommes chantaient, tous le manuel à la main ; toute cette
population était soumise, enlevée, charmée par la religion. — Grands
besoins de cette paroisse : pas de sacristie; église à agrandir, presbytère à refaire.
    » C. — Incomparable : cent confirmés, cent trente pâques ; piété et
recueillement admirables ; pays affreux auparavant; le cœur, l'éloquence
de cet homme ont tout fait; curé aimé et admiré; la bénédiction des
enfants a été charmante : tout le pays y était; enthousiasme universel;
charmant discours. »
    Voici maintenant des tristesses :
    « ... Pas un mot à son peuple qui accourt en foule pour demander
une bénédiction à l'occasion de la gelée; il ne lui vient pas à l'idée

rata diœcesena enfin, comme il les appelle. Et, rentré
dans sa chambre de travail, malgré l'amas de lettres qui
est là sur son bureau : « Ecrivez, » dit-il à son secrétaire.
Et il lui dicte de ces lettres, comme les archives des presbytères orléanais en contiennent tant, qui allaient réveil-
lant l'attention, rappelant les choses à faire; portant partout enfin la flamme du zèle; ou bien il recueille avec soin
toutes ces observations éparses pour la prochaine lettre
pastorale qu'il médite. Oui, le voilà bien là : c'est lui;
homme d'attention, de vigilance, de prévoyance, de zèle
et d'action; évêque enfin dans toute la signification éty-
mologique du mot *Episcopus,* c'est-à-dire homme qui
regarde; qui regarde à tout et ne néglige rien.

de profiter de cette circonstance pour apprendre à son peuple à prier
Dieu comme il faut, à avoir un peu de religion... »
... « Riche et pas généreux. »
... « A O..., le curé m'a dit qu'il n'a pas de chandeliers d'autel, et
j'en trouve chez lui à toutes les cheminées. »
. Voici des remarques d'une autre nature :
« Quant aux décorations de l'église, j'en ai vu de charmantes. La.
verdure des champs et des draps blancs suffisent à tous les embellis-
sements.
» J'ai vu des guirlandes à l'autel, à la table sainte, à l'entrée de
l'église et dans les nefs, de pilier en pilier : pas cher et charmant.
» Définitivement, il faut que pour l'onction ils viennent toujours à
l'autel, comme pour la communion.
» Définitivement, ils ne doivent jamais être en face les uns des
autres : pas même les garçons en face des garçons, ni les filles en face
des filles.
» Les filles doivent toujours être voilées, même quand elles ne sont
pas en blanc.
» Les garçons jamais en blouse. La blouse est l'habit de travail : à
ce titre, respectable; mais elle est aussi l'habit du cabaret : on se
croit tout permis avec une blouse.
» Il faut que tous aient un livre, dans telle paroisse, tous en avaient;
dans une autre, pas un sur dix.
» A M..., les garçons seuls chantaient, les filles ne pouvaient pas;
les chantres avec leur voix basse et affreuse, les empêchaient absolument.
» J'ai entendu des ophicléides dont le *boatus* était tel qu'il couvrait
tout.
» Orgue à cylindre utile partout, soutient au moins les psaumes et
les chants populaires; j'en ai vu d'excellents effets. »

Pour en arriver à quelques détails, une des choses les plus remarquables des visites pastorales, telles que l'évêque d'Orléans les avait réglées, c'était le compte rendu de l'état de la paroisse par le curé, et la réponse de l'évêque à ce compte rendu. Dès qu'il arrivait à l'église où il devait confirmer, il montait en chaire, et debout, au banc-d'œuvre, en face de lui, le curé lisait un rapport sur l'état de la paroisse ; à ce rapport l'évêque répondait : et avec quel tact toujours, et quelle habileté apostolique ! donnant aux curés et aux paroissiens, avec délicatesse, les éloges mérités et les leçons nécessaires. Un mot lui suffit un jour pour décider la construction d'une église que des compétitions locales entravaient : « Bien que nous soyons dans une *très misérable* église, » dit-il en commençant sa réponse au rapport du curé. Avec quel accent ce mot *très-misérable* fut prononcé ! Nous vîmes les membres du conseil de fabrique et les conseillers municipaux tressaillir, le rouge leur monta au visage ; mais ce fut fini, les discussions cessèrent, et l'église fut bâtie. L'évêque, il est vrai, pouvait racheter ce mot sévère par les compliments les plus flatteurs, car la Confirmation était admirable : il était heureux surtout du zèle intelligent de deux prêtres du voisinage qui étaient venus aider leur confrère : « Voyez donc, nous dit-il à un certain moment, quelle flamme aimable ont ces jeunes prêtres. » Ceux-là étaient de son école, et il le voyait bien.

Un point qui, dans ses visites pastorales, attirait spécialement son attention, c'était ce qu'il appelait, selon l'expression canonique bien connue, le *Status animarum*, l'Etat des âmes, en d'autres termes la statistique spirituelle de la paroisse. Le rituel diocésain le prescrivait, et, quant à lui, il y attachait une capitale importance. Ce fut là encore une de ses premières recommandations, dans ses entretiens avec le clergé, aux retraites pastorales ; et quand, après six années d'expériences, il fut fixé sur l'utilité et le caractère pratique de la mesure, alors il publia une ordonnance spéciale pour en faire une prescription rigoureuse, et il écrivit cette belle lettre pastorale du 29 janvier 1856, dans laquelle il expose les raisons et les avantages de ce point capital de discipline diocésaine.

Dans ses visites pastorales, ce *Status animarum* devait être placé sous ses yeux ; et déjà, dans la grande visite de 1854, avant même l'ordonnance que nous relations plus haut, il avait eu la consolation « de trouver le *Status animarum* achevé, parfaitement bien fait et tenu à jour dans un grand nombre de paroisses » ; et il y avait telle paroisse de 2000 à 3000 âmes où il l'avait vu « écrit tout entier de la main même du curé ». « Eh ! Seigneur, s'écriait-il, voyant cela, comment se pourrait-il que vous n'écrivissiez pas, vous aussi, dans votre livre, qui est le livre de vie, le nom de ce zélé pasteur, qui emploie tant de temps et de sollicitude à écrire sur son livre pastoral le nom de toutes les brebis que vous lui avez confiées. »

Il aimait que l'exhortation aux confirmants fût faite, quand cela se pouvait, par quelque prêtre du canton, afin de pouvoir apprécier par là le talent de parole de ses prêtres.

Un autre usage auquel il tenait extrêmement était de donner à chaque confirmant, comme souvenir de la Confirmation, une médaille et un petit crucifix : sachant qu'on garde pieusement les objets reçus de la main d'un évêque, et heureux de penser qu'il y aurait ainsi, grâce à lui, l'image bénie du Sauveur des hommes dans chaque famille.

S'il encourageait de toutes manières la pompe de la cérémonie elle-même, parce qu'il y voyait un spectacle religieux de nature à impressionner favorablement les populations, il voulait, en ce qui concernait sa personne, une réception très simple, et préférait, autant que faire se pouvait, afin de pouvoir causer plus cordialement avec ses prêtres, qu'il n'y eût pas de laïques au repas, sauf à rendre visite lui-même à ceux près de qui il y aurait convenance ou utilité à le faire. Il y avait, bien entendu, une exception pour certains diocésains, dont il était particulièrement l'ami, et qui étaient l'honneur et la protection de la religion dans un pays. La plus grande simplicité devait régner à table, et il n'aimait pas qu'on s'écartât de ses prescriptions à cet endroit. Un soir, dans un presbytère, la cérémonie religieuse terminée, il voit passer un cuisinier ; étonné, il interroge, et il apprend qu'un grand dîner, grâce à la générosité d'un des paroissiens, avait été expédié de Paris. Sur-le-champ il fait atteler sa voiture, et va demander à dîner dans un presbytère voisin. La leçon était sévère ; mais ses intentions, sur ce point, furent à l'avenir respectées.

Tant de labeurs étaient-ils en vain ? Non, certes, et il était promptement parvenu à ces deux grands résultats : que tout, presque toujours se passât pendant la cérémonie à sa grande satisfaction, lui sur ce point si difficile à satisfaire ; et que la Confirmation fût, pour une paroisse, ce qu'il avait souhaité, un puissant ébranlement religieux. On peut suivre dans ses différentes lettres pastorales la trace de ses efforts, et constater les succès dont ils sont couronnés. Dans son mandement du Carême de 1854, où il annonce sa résolution de visiter désormais toutes les paroisses de son diocèse, il gémit encore ; mais déjà, après cette première grande visite pastorale, les germes jetés les années précédentes commençant à donner leurs fruits, il constate de consolants résultats :

« Donnez-moi douze prêtres qui soient des apôtres, disait saint Philippe de Néri, et je convertirai le monde... » Eh bien, Messieurs, grâces en soient rendues à Dieu, c'est ici ma plus douce consolation, la plus grande que j'aie remportée de ma visite : ces apôtres qu'il nous faut, nous en avons déjà un bon nombre ! Je le savais, mais je l'ai vu de plus près, et nous en aurons toujours de plus en plus. »

Dans la grande lettre pastorale du 27 juin 1857, il est comme triomphant : « Je visitais hier, disait-il, la dernière des quatre-vingts églises dans lesquelles, à dater du 15 octobre dernier, j'ai dû donner le sacrement de Confirmation, et aujourd'hui je sens le besoin de m'entretenir avec vous des bénédictions qu'il a plu à Dieu de répandre sur nos communs travaux. Ces bénédictions ont été bien grandes..., plus grandes qu'elles n'avaient jamais été ni pour vous ni pour moi, depuis huit années que je mêle mes sueurs aux vôtres pour la culture de ce grand diocèse ;

partout j'ai vu, j'ai constaté des biens solides, profonds, effectifs, et, dans un très grand nombre de paroisses, des succès vraiment extraordinaires couronnant des efforts dignes de tout éloge. »

Il put donc ainsi plusieurs fois, pendant son épiscopat, visiter toutes les paroisses de son diocèse. Dans les dernières années, les fatigues de sa santé, et les accablements des affaires publiques, l'obligèrent à se faire remplacer pour les grandes tournées : NN. SS. Maret, évêque de Sura, de Charbonnel, ancien évêque de Toronto, Mgr de la Hailandière surtout, ancien évêque de Vincennes, le suppléèrent fréquemment, et ont laissé dans le diocèse d'Orléans, partout où ils ont passé, un souvenir vénéré ; mais il ne cessa jamais, chaque année, de donner lui-même un grand nombre de Confirmations partielles. Ses pas, pendant trente ans, ont parcouru en tous sens son beau diocèse ; les accents de sa grande parole ont partout retenti, dans les plus humbles villages comme dans les villes. Bien que la moisson n'ait pas répondu à tous ses désirs, les pâques, au bout de quelque temps, «doublées et même triplées», ont attesté que le sol orléanais n'a pas été un sol ingrat, et la semence jetée par lui continue à fructifier toujours.

Ses travaux pour transformer dans son diocèse les catéchismes furent plus considérables encore.

« Si je dois laisser quelque chose après moi sur la terre, c'est l'œuvre des catéchismes et des Petits Séminaires. » « Le bon Dieu m'a fait évêque pour achever, *pro meis viribus,* ces deux œuvres, les catéchismes et les Petits Séminaires. » L'évêque d'Orléans écrivait ces paroles au commencement de son épiscopat en 1850 et 1852 ; à ces deux œuvres, en effet, plus qu'à aucune de celles qui l'ont occupé, il a mis toute son âme et tout son cœur.

En ce qui concerne les catéchismes, il avait presque à révéler l'œuvre, tant elle était conçue et exécutée dans son diocèse, quand il y arriva, d'une façon différente de la sienne.

Rien qu'à voir le lieu où se faisaient la plupart de ces catéchismes, il sentit que la conception même de l'œuvre manquait. Ces pauvres enfants n'avaient même pas un lieu à eux, pour eux : comment ces catéchismes auraient-ils pu être, ainsi que ce vrai catéchiste le concevait, lui, une famille, un foyer, un bercail ?

Et de plus qu'étaient-ils ? Des leçons sur la religion, plus ou moins bien données, selon le zèle et le talent des catéchistes ; mais l'action sur les âmes, l'éducation religieuse des âmes, on n'y pensait même pas : « On ne se préoccupait pas d'agir sur le cœur des enfants ; rien, ou peu de chose pour rendre les réunions aimables, attrayantes et attachantes[1]. »

L'évêque d'Orléans ne fit pas autre chose, pendant la première année de son épiscopat, que d'observer toute cette façon de faire, et de bien mûrir ses plans.

Grand fut l'étonnement des jeunes vicaires de la cathédrale et des autres paroisses de la ville quand ils virent tout à coup apparaître leur évêque dans leurs catéchismes : il entrait, s'asseyait, écoutait, observait et notait tout, et se retirait sans mot dire. Mais ce silence était suffisamment éloquent.

Vers la fin de l'année 1850, avant la réouverture des catéchismes, il crut le moment venu d'agir. Il convoqua donc à l'évêché tous les vicaires de Sainte-Croix, et se promenant avec eux dans le jardin, sous la charmille, d'un pas qu'ils avaient peine à suivre, il leur expliqua, avec un feu extraordinaire, comment il entendait, lui, les catéchismes.

« Pendant plusieurs jours, nous a écrit l'un d'eux, il nous fit ainsi venir à l'évêché, honorant du nom de *conseils* ces entretiens qu'il voulait bien avoir avec nous. » Il descendait là, des plus hautes vues, dans le dernier détail des choses et de la pratique ; répétant ce qu'il a dit tant de fois, et écrit, que les choses se font ou périssent par les détails. « C'est une chose remarquable, nous écrivait le même prêtre, comme cet homme extraordinaire, dont

1. Note de M. l'abbé Lambert.

les vues étaient si hautes et si larges, était en même temps
un esprit éminemment pratique, descendant aux plus
minutieuses particularités. » Bref, il mit le feu au cœur de
ces jeunes prêtres, pleins de zèle, à qui il ne manquait,
pour faire admirablement cette œuvre, qu'une meilleure
initiation.

Tout ce que l'évêque proposa, petits catéchismes, catéchismes de première communion, catéchismes de persévérance, pour les jeunes gens comme pour les jeunes
filles, fut donc accueilli avec enthousiasme, et une réorga-
nisation complète des catéchismes de la cathédrale fut
décidée.

La réouverture des catéchismes de persévérance, le
dimanche qui suivit la Toussaint, l'année 1850, « fut un
événement. On ne saurait se faire une idée de l'enthousiasme des jeunes filles, dès les premières réunions. Cette
solennité inaccoutumée, cette présence de quatre ou cinq
ecclésiastiques, mettant à cette œuvre tout leur zèle, cette
variété d'exercices se succédant les uns aux autres, ces
instructions préparées avec un soin extrême, ces Vêpres
chantées par les enfants elles-mêmes, à deux chœurs, ces
cantiques, ces pieuses homélies, cet ensemble d'avis pour
les choses matérielles, et d'avis de piété, de conseils pratiques de toutes sortes, adaptés directement à leurs âmes,
tout cela intéressait, attachait singulièrement les enfants.
Elles y venaient comme à une partie de plaisir. Elles
refusaient même les promenades à la campagne, et pourquoi ? pour ne pas manquer, disait l'une d'elles, et avec
quel accent ! *mon catéchisme.* C'était bien autre chose
encore les jours de fête ! Quand les enfants entraient dans
leur chapelle, magnifiquement ornée, étincelante de fleurs
et de lumières, tout d'abord elles étaient saisies : les deux
réunions du matin et du soir étaient l'une et l'autre délicieuses » : au moyen de cette dilatation des cœurs dans la
joie et dans tous les bons sentiments, les impressions de
la piété pénétraient profondément ces jeunes âmes.

Cependant, la grande révélation de l'œuvre catéchistique n'avait pas encore été faite à ces jeunes prêtres :
l'évêque la réservait pour ce qu'il appelait le Catéchisme

de semaine, nom qu'il aimait, et qui est resté au catéchisme immédiatement préparatoire à la première communion, parce qu'il se faisait, non plus le dimanche,
mais dans la semaine. Quelques jours avant l'ouverture
de ce catéchisme, il fit venir celui auquel il voulait le
confier, et lui expliqua l'action pastorale qu'il devait
avoir là, tout ce qu'il devait se donner de soins et de
peines pour arriver à la nécessaire conversion de ces jeunes âmes; car ce catéchisme est et doit être cela : une
œuvre de conversion; il lui dit ce que son catéchisme de
semaine lui coûtait à lui-même de travaux et d'efforts.
« C'est là, disait-il, qu'on est pasteur et père. Mais il faut
s'y donner tout entier. Pour moi, j'y employais la plus
grande partie de mes journées. Mais aussi, ajoutait-il,
quels résultats! » Et, s'enthousiasmant à ces souvenirs :
« Voyez-vous, mon ami, disait-il, nous transformions les
enfants. » Il transformait aussi, par de telles révélations
et de telles exhortations, ces jeunes prêtres.

L'œuvre de rénovation accomplie, les catéchismes réor-
ganisés, et, pour ainsi dire lancés, l'évêque les suivit
attentivement du regard. Un jour, il s'enquit du nombre
des analyses au catéchisme de persévérance : il était respectable; l'évêque cependant ne trouva pas que ce fût
assez : il promit des récompenses si l'on arrivait au chiffre
de deux cents : les récompenses furent gagnées. Un autre
jour, il vint assister à une réunion du catéchisme de persévérance, accompagné de son secrétaire, qui, de temps
en temps, sur un signe de lui, prenait des notes. Le lendemain, les catéchistes furent appelés : l'évêque, mais il
avait fallu pour cela son regard et sa science consommée
de l'œuvre, avait remarqué *trente-trois* fautes commises
dans ces deux heures. C'est par une telle attention aux
détails, et par des instructions aussi précises, qu'il put
former à Orléans une école de catéchistes qui, avec le feu
sacré mis dans leurs âmes par cet éminent catéchiste et
dont ils n'ont pas laissé s'attiédir la flamme, ont su maintenir à la cathédrale les vraies et grandes traditions caté-
chistiques.

Naturellement, les autres paroisses de la ville d'Orléans

imitèrent cet exemple. Les jeunes filles et les jeunes gens se répartirent dans leurs paroisses respectives. L'œuvre des catéchismes se trouva fondée dans toute la ville.

Et en même temps, l'évêque entretenait avec les curés les plus intelligents et les plus zélés du diocèse une active correspondance, stimulant, encourageant de toutes manières leurs efforts pour renouveler aussi leurs caté-chismes ; ce qui se tenta ainsi, dans le diocèse d'Orléans, sous l'impulsion de l'actif évêque, pour cette si importante partie du ministère des paroisses, est admirable ! Il garda soigneusement cette correspondance, et en fit un large emploi quand il écrivit ce beau livre sur le catéchisme dont nous allons tout à l'heure parler. Tels furent ses premiers travaux pour cette œuvre qu'il avait tant à cœur.

Il la poursuivra, sans la perdre de vue, pendant tout son épiscopat. Plus spécialement au commencement de l'année 1859, il y voulut revenir, et il conçut la pensée d'expliquer au clergé tout entier de la ville d'Orléans cet important ministère, dans une série de conférences. Il en fit cinq pendant le mois de février, dans la salle des exercices du Grand Séminaire : ces conférences, à travers les appréhensions douloureuses que les bruits de guerre jetaient alors dans son âme, « furent, dit-il, très suivies, très utiles ». Les prêtres de la ville épiscopale et des paroisses environnantes y accoururent en foule.

Ces instructions furent si goûtées qu'un peu plus tard encore, il songea à les répéter à tout le clergé diocésain dans une Lettre pastorale où il traiterait à fond ce grand sujet. D'ailleurs, c'était l'œuvre par excellence de sa vie ; ce qu'il avait là-dessus dans l'âme, il se croyait un impérieux devoir de le communiquer à son clergé et à l'Eglise. « Oh ! écrivait-il sous l'œil de Dieu, comme il importe que je dise tout cela avant que mon cœur ne s'éteigne ! » Voilà de quelle inspiration d'âme jaillit la grande *Instruction pastorale de* 1864 *sur les catéchismes* [1]. Là, il exhortait vivement les curés de son diocèse à établir

---

1. *Œuvres pastorales*, 1re série, t. II.

sous une forme quelconque, — outre les catéchismes des
petits enfants dont il faisait à tous un rigoureux devoir,
et ceux de première communion, — des catéchismes de
persévérance, même dans les villages. Le Saint-Père goûta
beaucoup cette idée, et, dans un bref qu'il lui adressa, il
joignit ses exhortations les plus pressantes aux siennes,
pour inspirer au clergé catholique tout entier le zèle de
cette grande œuvre.

En même temps l'évêque d'Orléans mettait la dernière
main à un important travail qui l'occupait depuis longtemps, le catéchisme orléanais. Il était à refaire. On ne
soupçonne pas quel labeur c'est qu'un catéchisme. En
général, rien n'est plus difficile que de résumer la doctrine
en formules élémentaires; dans un catéchisme surtout,
destiné à être appris par cœur, pas un mot qui ne doive
être pesé, choisi, et rejeté s'il est de trop, ou insuffisamment simple, clair, exact, précis. Et ce qui ajoute à la difficulté, c'est que ce livre est le même pour des enfants
d'âges divers et de culture inégale. Enfin ce livre des enfants devrait être aussi celui des hommes. Pour résoudre
ces problèmes, l'évêque d'Orléans prit pour point de départ
les divisions ordinaires des catéchismes : petit catéchisme,
catéchisme de première communion, et catéchisme de
persévérance; un triple sillon est ainsi tracé, toujours
plus profond, dans l'âme des enfants; l'enseignement
s'élève de degré en degré. Le petit catéchisme est aussi
succinct que possible; le catéchisme destiné aux enfants
de la première communion reprend et développe chaque
chose, en reproduisant toujours, point capital, en termes
identiques la demande dans la réponse; enfin un ingénieux système de questions complémentaires, indiquées
par des croix, questions facultatives avant la première
communion, et pouvant devenir obligatoires pour les
catéchismes de persévérance, lui permet de dépasser, sans
surcharger les enfants et sortir du cadre accoutumé d'un
catéchisme, la limite ordinaire de l'enseignement élé-
mentaire. Nous pouvons dire, sans exagération, et quelles
que soient les réserves qu'il y aura toujours à faire sur
un ouvrage de cette nature, que ce catéchisme orléanais,

sans doute n'est pas la perfection, toujours impossible à atteindre, mais du moins est le meilleur catéchisme que nous connaissions. En outre, préoccupé de cette pensée que nous exprimions tout à l'heure, que le catéchisme devrait être le livre des hommes non moins que des enfants, l'évêque d'Orléans imagina d'offrir aussi ce catéchisme aux hommes : pour cela, sans y rien changer, simplement en supprimant les croix qui indiquaient les questions facultatives, il en fit faire une très belle édition, avec ce titre : *Catéchisme à l'usage des hommes du monde* [1], et il la fit précéder d'une éloquente introduction. Il fut étonné lui-même du succès de cette édition, dont dix mille exemplaires s'écoulèrent en peu de temps : preuve qu'elle répondait à un sérieux besoin. Qui ne sent, en effet, l'immense avantage de posséder sur toutes les questions religieuses un formulaire court, exact, substantiel et lumineux? C'est un livre qu'on peut placer avec confiance entre les mains d'un homme, quel qu'il soit, désireux de connaître ce qu'est le christianisme, et ce qu'enseigne au vrai l'Eglise. M. de Montalembert, à qui l'évêque en avait adressé un exemplaire, lui écrivait : « Depuis que vous m'avez envoyé ce catéchisme, j'en lis tous les matins avec grand intérêt un chapitre avant toute autre étude. »

Ce catéchisme fut communiqué au clergé orléanais par une nouvelle lettre pastorale, qui était un nouvel et grand enseignement sur l'œuvre elle-même; car, si la lettre, si le texte du catéchisme c'est beaucoup, l'art, la science catéchistique, c'est bien plus. Et ce n'était pas encore assez au gré de son zèle; l'œuvre catéchistique était à ses yeux si grande, qu'une ou plusieurs lettres pastorales ne pouvaient suffire pour en instruire à fond le clergé, pour en développer, dans toute son ampleur, la théorie, et en exposer, sous la variété infinie de ses formes et de ses industries, la pratique. Il conçut donc le projet de ramasser toute sa science, toute son expérience de l'œuvre, dans un volume qui serait en quelque sorte le legs de son cœur à l'Eglise, et comme un monument élevé par lui à ce

1. Paris, chez Douniol.

ministère qu'il appelait l'*OEuvre par excellence*, et tel est le titre qu'il donna à ces *Entretiens sur le catéchisme*. Ce travail lui paraissait si nécessaire, qu'il s'obligea par un vœu formel à écrire ce volume. « Il faut que je fasse ce volume, j'en ai fait *le vœu*. Mais il faut qu'il soit de telle sorte, qu'il décide enfin à faire l'œuvre par amour. » Nul ouvrage de lui, peut-être, n'est plus utile, et ne révèle plus quel prêtre il était, et quel apôtre. C'est dans ce livre aussi, sans même en excepter l'ouvrage sur l'éducation, qu'il a écrit ses pages les plus suaves sur l'enfance.

Il y a dans ce livre une partie théorique et une partie pratique. L'idée fondamentale de l'évêque d'Orléans sur le catéchisme, nous la connaissons déjà : c'est, à ses yeux, à la fois l'instruction et l'éducation religieuse des enfants. Apprendre aux enfants la religion, ce n'est que la moitié de l'œuvre; il faut de plus leur faire aimer Dieu, et pratiquer la religion, et les accoutumer à cette pratique pour le reste de leur vie. Quant à la partie positive et en quelque sorte technique, les expériences qu'il raconte, les industries de zèle qu'il suggère, ne sont pas seulement les siennes, mais celles aussi de ses meilleurs prêtres, avec lesquels il avait eu sur ce sujet, nous l'avons dit, une active correspondance. De telle sorte qu'il n'y a dans ce livre rien qui ne soit pratique, puisqu'il n'y a rien qui n'ait été quelque part pratiqué. Le reproche que nous pourrions lui faire, au point de vue de l'art, c'est la multiplicité de ces exemples. En vain quelquefois on lui disait : « Mais vous chargez trop vos chapitres. » « Qu'importe? répondait-il; cela encore peut être utile, mettons-le. » Cet ouvrage devrait être classique dans les séminaires.

En même temps que l'évêque d'Orléans animait de la sorte son clergé aux œuvres pastorales, il essayait aussi d'entretenir dans son diocèse le goût du savoir et des études ecclésiastiques. Il soufflait cette flamme tout à la fois aux élèves de son Grand Séminaire et aux prêtres des paroisses. Que de fois les jeunes ecclésiastiques de son

Grand Séminaire le virent-ils apparaître tout à coup dans
la salle des exercices, à l'heure de la lecture spirituelle,
et là, ouvrant ses lèvres et son cœur, les exhorter au
travail non moins qu'aux vertus sacerdotales!

Mais des paroles ne suffisent pas : il faut des institutions.
Il y avait dans son diocèse les examens, qui avaient lieu
pour tous les jeunes prêtres, chaque année, pendant six
ans, et les conférences qui réunissaient, sept fois l'année,
au chef-lieu, tous les prêtres d'un canton, pour y traiter
des matières théologiques. Une ordonnance de Mgr Fayet
de 1843 avait parfaitement réglé ces choses. Mais le nouvel
évêque avait à surveiller ces examens et ces conférences,
à les stimuler, à y mettre la vie, à les rendre sérieux, et
féconds en résultats ; à empêcher qu'insensiblement,
comme il arrive facilement dans les choses périodiques
et de longue durée, le relâchement et la routine, deux
fléaux destructeurs de tout, et qui sont perpétuellement à
combattre, ne s'y introduisissent pour les stériliser.

Les examens dépendent en grande partie des programmes : l'évêque d'Orléans fit refaire ces programmes, et ce
fut un considérable labeur que ces plans d'études ecclésiastiques, distribuant, avec intelligence, et sens pratique, d'immenses matières, pour une série de douze
années. Après cette longue expérience, ils furent encore
remaniés, et, sous la forme définitive qu'ils reçurent alors,
ils présentent, nous ne craignons pas de le dire, un résumé des plus remarquables des diverses branches de la
science, et un précieux guide, pour le prêtre qui voudrait
les suivre, à travers ce vaste champ des études ecclésiastiques [1].

Mais sa grande innovation, ce fut la restauration des
grades théologiques. En l'absence des facultés canoniques de théologie en France, les grades, ce puissant stimulant pour l'étude, étaient tombés en désuétude, dans
son diocèse comme partout, et c'était là un de ses regrets ;
car les grades, c'est un but direct au travail, c'est une pré-

---

1. Ils forment le tome VI des *Œuvres choisies*, publiées en 1862 chez
Regis-Ruffet.

paration sérieuse, c'est l'épreuve et la preuve publique du savoir; c'est l'exemple, c'est l'émulation, c'est l'honneur. A la différence de certains esprits étroits et timides qui les redoutaient, faisant passer ici les petites raisons devant les grandes, lui en appelait de tous ses vœux le rétablissement comme un retour aux meilleures traditions de l'Eglise. « C'est à l'Eglise, on le sait, écrivait-il à son clergé, que le monde doit la première pensée de ces épreuves et de ces nobles récompenses de la science: c'est l'Eglise qui, la première, institua en Europe ces grands examens publics, ces libres et généreux concours, ces grades, ces thèses solennelles, et tous ces moyens si puissants de l'émulation scientifique et du progrès littéraire. » Entrant dans ses pensées, le Saint-Père, par un bref du 25 janvier 1855, l'autorisa, pour huit années d'abord à conférer les deux premiers grades théologiques, le baccalauréat et la licence ; quant au doctorat, on devait aller le prendre à Rome même. *Sûr de sa doctrine,* comme disent les brefs, le Pape renouvellera plusieurs fois encore ces indults.

Ce fut pour le laborieux évêque l'occasion d'une grande et magistrale *Instruction à son clergé,* accompagnée de *Règlements relatifs aux études ecclésiastiques dans son diocèse.* — 9 avril 1855. Il y règle l'ensemble entier des études dans tous leurs détails, depuis les premières études des enfants jusqu'à celles des séminaristes et des prêtres, depuis la grammaire jusqu'aux grades théologiques les plus élevés. « C'est que, disait-il, dans l'édifice de la science, comme il y a les glorieux sommets, il y a aussi les humbles fondements sur quoi tout repose ; ici plus qu'en aucune autre chose, les moyens en apparence les plus petits sont la base nécessaire de tout ce qu'il y a de plus grand, de plus solide, de plus élevé, de plus durable.»

Il est donc question dans cette Instruction :

1° *Des écoles presbytérales* dans les paroisses, et là il démontre, en grand détail, l'utilité capitale de ces écoles pour discerner et faire éclore les vocations ; ses conseils sur ce sujet seraient une vraie lumière pour tout bon prêtre qui voudrait, dans les loisirs de son ministère,

essayer cette œuvre si éminemment sacerdotale, et pour
tous les directeurs de maîtrises aussi :

2° *Des études des Petits Séminaires :* Non seulement
le *niveau* pour chaque classe, niveau grammatical, littéraire et scientifique, mais encore l'*ordo docendi et discendi*, étaient là magistralement déterminés et expliqués :

3° *De la science sacrée et des études des Grands Séminaires :* Mieux que toutes paroles, cette partie de son
Instruction, si nous pouvions la placer sous les yeux du
lecteur, montrerait combien cet évêque faisait tout ce
qu'il pouvait pour mettre l'aiguillon sacré au cœur de
son clergé, en l'absence de ces universités catholiques
qu'il devait un jour conquérir ;

4° *Des études et des examens des jeunes prêtres ;*

5° *Des conférences ecclésiastiques ;*

6° *Des grades théologiques :* là, l'évêque en exposait
les avantages, et réglait, avec précision et toutes sortes de
prévisions, la mise en pratique de cette féconde institution ;

7° *Des langues sacrées*, c'est-à-dire du latin, du grec
et de l'hébreu.

L'Instruction s'achevait par des détails sur les *bibliothèques pour servir aux études du clergé :* bibliothèques
particulières, bibliothèques presbytérales, c'est-à-dire atta-
chées à perpétuité aux presbytères, bibliothèques can-
tonales, et enfin grandes bibliothèques diocésaines.

« C'est peu d'avoir écrit ces choses, disait-il en terminant, l'exécution est tout ici ; et pour cela, seuls nous ne
pouvons rien. » Mais son devoir d'excitateur, c'est-à-dire
tout ce qu'on peut demander à un évêque, certes, il n'y
faillissait pas. Disons, à l'honneur du clergé orléanais, que
ces efforts de son vaillant évêque n'étaient pas stériles.

Il avait déjà transformé en quelque sorte le Grand Séminaire, par divers agrandissements, qu'il compléta par ce
beau sanctuaire ajouté à la chapelle ; pour donner aux
examens et aux soutenances des thèses la solennité désirable, il créa encore cette belle salle, appelée *salle des thèses :* les examens s'y firent avec le plus grand éclat ; la sou-
tenance des thèses donna lieu aux joutes les plus intéres-
santes. La première fois que cette solennité théologique

eut lieu, l'évêque fit venir, selon sa coutume, des personnages considérables : un capucin, un dominicain, un jésuite. Celui-ci était tout simplement le P. de Ravignan ; et
l'on fut émerveillé de la lutte qui eut lieu entre le célèbre
prédicateur et un jeune prêtre orléanais, aujourd'hui professeur éminent de théologie à Saint-Sulpice, M. Brugère :
la thèse, soutenue par le candidat et attaquée par le Père,
était une thèse sur la possibilité du surnaturel et de la
révélation. Une autre argumentation restée célèbre fut
celle de l'abbé Cormier, depuis dominicain, encore avec le
P. de Ravignan : le sang-froid du candidat, sa pénétration
d'esprit, sa promptitude à saisir l'objection et à y répondre, l'élégance du latin, la courtoisie mutuelle des deux
adversaires, ravirent les spectateurs.

En même temps que les grades, l'évêque d'Orléans
institua les concours ; et à partir de 1855, de deux en
deux ans, il proposa plusieurs grandes et belles questions
de dogmatique ou de pastorale, offrant un prix propor-
tionné à l'importance du travail.

Les grades conquis, les travaux des concours jugés, il
y avait à distribuer les diplômes et les récompenses ; ces
distributions se faisaient au Grand Séminaire, dans la salle
des thèses, avec une grande solennité. La première de ces
séances eut lieu le 5 décembre 1855. Tout ce qu'il y avait
de plus distingué, dans l'armée, la magistrature, l'administration, le barreau, la haute société orléanaise, se faisait
une fête d'y assister, soit pour témoigner à l'évêque de sa
déférence et de son respect, soit pour se donner l'illusion,
dans cette vieille ville d'Université, de quelque réminis-
cence, de quelque résurrection d'un passé évanoui.

On se serait cru, en effet, dans le monde théologique
d'autrefois. Tous les vicaires généraux, en habits de chœur,
étaient rangés dans l'hémicycle de la grande salle, l'évêque
au milieu, en costume de chœur aussi, avec sa physionomie la plus souriante, radieux, semblait-il, dans la conscience du bien qu'il faisait, et de temps en temps laissant
échapper des mots pleins d'à-propos et de grâce. Un discours latin solennel, traitant quelque haute question philosophique ou théologique, ouvrait la séance ; puis venait,

en latin aussi, le compte rendu des épreuves, par le vicaire général, président de la commission des études; puis la profession de foi des candidats; et enfin, la remise des diplômes et des récompenses. Toute cette gravité cependant était égayée parfois par des mots heureux du rapporteur, comme lorsque, par exemple, voulant consoler un candidat qui avait échoué au doctorat, il dit cette fine et aimable parole qui fut très applaudie et méritaitde l'être : *Et si non doctor, saltem evasit doctior.*

Le nombre des jeunes ecclésiastiques qui prirent les grades du baccalauréat et de la licence, ou même celui du doctorat, à Rome, atteste éloquemment le mouvement d'études mis par cette institution des grades théologiques dans le clergé orléanais.

Nous mentionnerons enfin pour terminer cet exposé de ce que l'évêque d'Orléans tenta dans le but d'imprimer un vif élan aux études et aux travaux intellectuels de son clergé, l'institution du *cas de conscience.* Dès le principe il avait fondé des exercices spirituels, une conférence sur les devoirs du sacerdoce, suivie d'un salut, au Grand Séminaire, tous les premiers mardis du mois : à ces exercices il adjoignit en 1855 la discussion d'un cas de conscience ou de pastorale. On se réunissaitdans la salle des thèses ; un ecclésiastique désigné à l'avance donnait par écrit la réponse à la question proposée; chaque ecclésiastique présent était admisà présenter des difficultés, s'il en avait; un modérateur, assisté de deux conseillers et d'un secrétaire, dirigeait la discussion; après quoi on se rendait à la chapelle pour la conférence et le salut. Une preuve entre beaucoup d'autres, du bon esprit du clergé orléanais, c'est l'assiduité apportée par lui à ces réunions mensuelles : très édifiantes en effet, et très honorables pour un clergé.

Voilà donc comment, de toutes manières, sous toutes les formes, l'évêque d'Orléans soufflait à son clergé la flamme sacrée des études comme celle du zèle. Ce qu'il avait été pour son Petit Séminaire, il le fut pour son diocèse, « un éveilleur, un excitateur admirable ».

Ceux qui voudraient ici plus de détails pourront les

trouver dans les cinq volumes de ses *Lettres pastorales*.
Il y a là, nous ne saurions trop le dire, une entente, une
pénétration des choses .du ministère, étonnantes ; tout y
est pris sur le fait, sur le vif, et tout y est net, précis, pratique ; ce sont des sollicitudes inouïes, des prévisions
infinies. Cela ne s'analyse pas : il faut lire ces lettres elles-
mêmes, qui devraient devenir comme le manuel de tout
prêtre de paroisse, et être classiques dans les Grands Séminaires. Et certes, nous nous expliquons l'hyperbole par
laquelle le Supérieur d'un Grand Séminaire, qui ne connaissait pas ces travaux de pastorale de l'évêque d'Orléans,
exprimait, après les avoir lus, son admiration à celui qui
les lui avait communiqués : « Vraiment, pour le zèle épiscopal, cet homme était un saint Charles. »

CHAPITRE V

« Il faut que l'évêque prêche, » *Oportet episcopum præ-dicare*, dit le Pontifical. Aussi bien son âme était trop pleine pour ne pas se répandre, son cœur trop altéré de la soif des âmes pour ne pas les chercher. Voulant d'ailleurs souffler à son clergé le feu de l'apostolat, et lui apprendre la prédication utile, la parole pastorale, il croyait devoir appuyer de son exemple ses enseignements et ses exhortations. « Pendant les quinze premières années de son épiscopat, avant ses grandes luttes publiques, la chaire de Sainte-Croix l'a donc vu, bien souvent, dans tout son éclat d'orateur. Ses discours étaient un événement pour la cité. La vieille basilique était trop étroite pour les flots qui l'assiégeaient. Les premiers de notre ville, les plus distingués par l'intelligence, les magistrats, le barreau, les membres de nos Sociétés savantes, donnaient l'exemple de l'empressement et de l'enthousiasme ; les places étaient occupées longtemps à l'avance ; les grands jours de la chaire chrétienne étaient révélés à Orléans. » Nous empruntons ces paroles à un de ces Orléanais dont l'éloquent évêque tint, pendant ces quinze années, la jeunesse captive sous sa parole, et qui, devenu lui-même un maître au barreau dans l'art de dire, et président, quand mourut l'évêque, de l'Académie fondée par lui dans sa ville épiscopale, comme nous le raconterons, tint à honneur de lui payer, devant cette Académie, pour

son long apostolat, la dette de la reconnaissance orléanaise[1].

Dans ses prédications à sa cathédrale, sa parole prit
toutes les formes et essaya tous les genres : d'abord les
grands sermons; puis les homélies familières, les simples
prônes; puis les conférences proprement dites. C'était
bien l'apôtre se faisant tout à tous pour les gagner tous.
Si chrétienne que fût sa ville épiscopale, il y avait là,
comme partout, des hommes excellents, mais qui étaient
jeunes en 1830, et que le souffle d'incrédulité qui passait
alors sur la France avait emportés, et qui n'étaient pas
encore revenus. Ces hommes, qu'il aimait plus tendrement peut-être que les autres, et qui l'aimaient aussi, qui
le vénéraient, il eût tout donné, tout fait, pour avoir leurs
âmes. Voilà pourquoi il se jeta lui-même si ardemment
dans l'apostolat.

Nous avons dit comment il s'était mis à cette œuvre
dès 1850, dès le premier carême qu'il passa à Orléans, dès
la première occasion qui s'était offerte à son zèle, et aussi
comment le cours de ces prédications avait été tout à coup
interrompu par la perte d'un de ses yeux. L'année suivante, dès son retour de Rome, il voulut recommencer.
Il annonça donc qu'il reprendrait, tous les dimanches du
carême, ses instructions dogmatiques et morales, les
sermons de la semaine étant laissés au prédicateur de la
station; et que des places spéciales seraient réservées aux
hommes dans la grande nef de Sainte-Croix. Et la veille
du premier dimanche, comme un homme de guerre qui
veut se rendre compte du champ de bataille, il se trans-
porte à sa cathédrale. « Je le vois encore, nous a écrit l'un
de ceux qui étaient là, avec l'ardeur qu'il mettait à toute
chose, parcourant la nef, se rendant compte des places,
se préoccupant surtout du placement des hommes. » Il fit
entourer de barrières, dans la grande nef, un espace à eux

I. ɔ. Arthur Johannet, *Travail lu devant l'Académie de Sainte-Croix*,
le 28 octobre 1878, quelques jours après les funérailles de l'évêque
d'Orléans.

réservé. Le second dimanche, il fallut reculer ces barrières ; le troisième dimanche les reculer encore ; et, enfin,
abandonner aux hommes toute la nef, au grand déplaisir
des dames, dont quelques-unes lui adressèrent par écrit
des plaintes, auxquelles il répondit, non sans provoquer
quelque hilarité dans son auditoire, quand il lut, par
exemple, le passage suivant d'une des lettres qu'il avait
reçues : « Voilà maintenant les impies qui vont à l'église!
Vous le voyez, avec les meilleures intentions, Monseigneur, vous perdez la religion. »

Il avait parlé, en 1850, sur la création de l'homme, et
les dignités de la nature innocente. Reprenant ces instructions au point où il les avait laissées, il traita cette
année de la chute et de la rédemption par la croix. Sur les
ruines de l'homme tombé, *Et fuit ruina illius magna*,
ruines de son intelligence, de son cœur et de sa volonté,
il eut des développements admirables. Dans les sermons
qui suivirent, sur la lutte morale, et les conditions du
retour, il saisit plus puissamment encore son auditoire.
Le sermon sur la vertu triomphante des passions, — nous
en avons cité un long fragment dans notre premier volume, — porta l'enthousiasme au plus haut point. « Encore
un comme celui-là, disaient le soir, dans un salon, deux
magistrats, et nous serons obligés de nous rendre. »

Mais son sermon sur la croix le jour des Rameaux — la
croix, supplice prophétisé, supplice ignominieux, supplice glorieux, — fit une impression plus profonde encore. La péroraison de ce discours, entre autres passages,
laissa un long souvenir aux Orléanais. Longtemps encore
après on se souvenait de ses magnifiques apostrophes à la
croix :

« ... Nous aimons à voir la croix dominer nos grandes
cités : elle nous protège du côté du ciel. Nous aimons à
voir les morts qui nous sont chers dormir à l'ombre de
la croix : elle protège leur sommeil jusqu'au jour de la
résurrection... O vous, qui que vous soyez, qui n'avez
peut-être pas le bonheur de partager notre foi, si vous
n'adorez pas la croix avec nous, du moins ne l'insultez
plus! Car, je vous le demande, où irions-nous chercher

désormais le secret d'oublier vos injustices, de vous pardonner et de vous chérir? Où les affligés iraient-ils chercher la consolation, les cœurs faibles l'assistance, les
cœurs pénitents la miséricorde?

» Ah! je vous le demande, par pitié pour tant d'infortunes qui peuplent cette vallée de larmes; par pitié pour
les malades, pour les mourants, pour ce peuple auquel
vous témoignez une compassion qui m'inspire bien des
défiances quand vous insultez la croix qui le protège, respect, respect à la croix! Par pitié enfin pour vous-mêmes!
car il y aura un jour où, lorsque tout vous abandonnera
sur la terre, la croix de Jésus-Christ entre les mains d'un
pauvre prêtre sera peut-être votre dernière consolation...

» O croix sainte! Croix auguste! Croix adorable! Non,
jamais, jamais, rien ne pourra vous éloigner ni de nos
lèvres, de notre cœur! Et quand on vous briserait sous
nos yeux, nous recueillerions avec respect, avec amour,
vos débris sacrés! Et si on nous arrachait ces débris, on
ne pourrait nous empêcher de mettre nos bras en croix
sur notre poitrine, et de vous adorer toujours! Et si on
empêchait cela, dans le fond de nos cœurs encore nous
vous ferions un asile inaccessible à la violence! Et si on
voulait étouffer ce cœur, eh bien, avec bonheur nous mê-
lerions notre sang au sang répandu sur vous, croix sainte,
et le dernier battement de ce cœur, le dernier mouvement
de nos lèvres, le dernier regard de nos yeux, vous cher-
cheraient encore pour vous adorer! »

Voyant l'ébranlement donné à cette ville, il voulut
essayer, avec le concours d'un homme de Dieu, son ami,
le P. Le Vasseur, supérieur des Pères de la Miséricorde,
une grande œuvre apostolique, et, à l'occasion du Jubilé,
terminer cette station par une retraite spéciale d'hommes.
Toutefois, pour aller à coup sûr, il choisit pour cette retraite une église moins vaste que la cathédrale, Saint-
Pierre du Martroi; et il annonça qu'il prendrait chaque
soir la parole pendant quelques instants avant le sermon :
douze cents hommes suivirent cette retraite.

Il est certain qu'à Paris, même dans ses plus beaux
jours, il n'avait pas remporté d'aussi grands succès de

parole qu'à Orléans. Manifestement, son talent d'orateur, depuis qu'il était évêque, avait grandi. Ce n'était pas qu'il prêchât des sermons nouveaux, bien que la nécessité de les adapter à son nouvel auditoire les lui fît modifier profondément. Ce n'était pas non plus que les sujets fussent traités d'autre sorte : l'ordonnance de ses discours n'était pas ce qui frappait le plus chez lui; toutefois, dans ceux mêmes qui paraissaient les moins parfaits sous ce rapport, toujours certains passages étincelaient. Mais c'est qu'il mettait, plus qu'il ne l'avait encore jamais fait, toute son âme dans sa parole. Pourquoi? Il était évêque, c'est-à-dire pasteur et père. Autre chose est en effet pour un prédicateur un auditoire devant lequel il ne fait que passer, autre chose pour un évêque son propre troupeau, ses âmes, à lui, celles dont il répond devant Dieu, sa famille spirituelle, ses enfants. Et enfin, évêque, il avait, avec la paternité, l'autorité; il dominait plus pleinement encore son auditoire que quand il était simple prédicateur. On voyait que ces âmes qui étaient devant lui, sous son regard, sous son cœur, il ne s'agissait pas pour lui de les charmer seulement, mais de les gagner, de les sauver. M. Borderies lui avait dit, quand il allait commencer à catéchiser les enfants : « Vous verrez comme vous leur parlerez, quand vous les aimerez! » Evêque, il les aimait de toute l'ardeur d'un cœur de père, et c'est cet amour qui doublait sa puissance. Dans toute parole de lui cet amour respirait; on sentait qu'il ne voulait que cela : les âmes! mais qu'il les voulait absolument. De là ces vives attaques, et ces traits inattendus que tout à coup il leur lançait. Par exemple : « Ambroise n'est pas ici; mais n'y a-t-il pas quelque Augustin se débattant aussi dans ses chaînes? » Ou bien encore ce cri : « Messieurs, Messieurs, soyez sincères : entre vous et Dieu, c'est moins encore une question de vérité, que de vertu! » Ou bien encore, à la fin de son panégyrique de Jeanne d'Arc, sachant bien à qui il s'adressait spécialement : « Je crois avoir déjà leurs cœurs : Quand me donneront-ils leurs âmes? » De là aussi ces précautions, ces ménagements, ces délicatesses que l'on remarquait et dont on était profondément touché : cet orateur si véhément, si enflammé, maniait les âmes, surtout celles qu'il appelait « les âmes difficiles », avec un respect, une douceur, une tendresse singuliers; redoutant de les blesser, de les froisser; aplanissant autant que possible les voies du retour; allant chercher au fond des consciences les sentiments religieux qui, selon lui, y sommeillent toujours; montrant à ces hommes qui se croyaient incrédules qu'ils étaient plus chrétiens qu'ils ne le pensaient; les encourageant, leur donnant confiance, et de ce christianisme implicite, latent, les amenant au christianisme conscient et pratique; appliquant en un mot au ministère des âmes ce principe qui lui avait fait faire en éducation des merveilles : *Possunt, quia posse videntur.*

Les Orléanais admiraient surtout cela, son zèle, sa charité, son amour des âmes; ils admiraient aussi et beaucoup sa magnifique action oratoire. Quel était ici son art? Le voici tout simplement : placé en face de ces chères âmes de ses diocésains, la sienne soudain prenait feu; ses sujets s'emparaient de lui, il en était pénétré : de là, le naturel, la vérité, la beauté, et l'irrésistible autorité de son action. Chacun s'accordait à le dire, c'est en chaire que sa physionomie avait tout son rayonnement, et prenait toutes les expressions : tantôt majestueuse et comme inspirée; tantôt aimable et gracieuse; quelquefois irritée et menaçante. Si le discours l'avait porté sur les hauteurs des choses morales, s'il voulait exprimer l'adoration, l'amour, la pureté, la prière, son front s'illuminait, son regard, élevé vers le ciel, était d'une limpidité extrême, et sa voix d'une douceur pénétrante; si au contraire le sentiment qui l'animait était l'indignation, le courroux, son visage s'allumait en quelque sorte, son regard lançait la flamme, sa parole avait des éclats qui retentissaient au fond des âmes : le pied droit en avant, le visage un peu de profil, le bras tendu, le corps penché vers son auditoire, il semblait écraser le vice, les choses odieuses : tel en particulier il était dans ce superbe mouvement oratoire de son sermon sur la croix, lorsque, pour faire sentir l'indignité de ce supplice dans l'antiquité, il rappelait,

avec une pose et un geste d'orateur romain, la terrible
invective de Cicéron contre Verrés : « Üne croix? dis-je,
une croix ! *Crux, crux, inquam :* tu as osé attacher un
citoyen romain à une croix !... » L'auditoire était frisson-
nant. Les connaisseurs, ceux qui se piquaient d'être ini-
tiés aux secrets de l'art, ne se lassaient pas d'admirer ce
talent de dire; cette attitude, toujours noble, même dans
les mouvements les plus véhéments; ce geste, toujours
juste et correct autant qu'expressif; cette voix surtout, si
merveilleusement adaptée à toutes les nuances de la
pensée et du sentiment; de sorte qu'ils se posaient cette
question : si en effet l'étude n'y était pas pour quelque
part. « Avait-il, demande celui dont nous invoquions tout
à l'heure le témoignage, seul fécondé le don éminent dont
le ciel l'avait gratifié, ou bien l'avait-il perfectionné par
l'étude et les leçons des maîtres dans l'art de bien dire ? Nous
l'ignorons. L'écrivain de sa vie nous renseignera peut-
être sur cette particularité, car rien n'est indifférent dans
un homme célèbre ; mais bien exceptionnellement heureuse a été sa nature d'orateur si elle a pu, à l'aide de ses
seules forces, atteindre à un si haut point. » Nous pouvons
répondre que l'évêque d'Orléans n'a jamais eu d'autre
maître ici que son âme. Et nous avons dit ce qui ajoutait,
depuis qu'il était évêque, à cette puissance naturelle de
son éloquence. Non, rien d'artificiel ni d'étudié : son âme,
toute seule.

L'année suivante, 1852, fut pour le pieux évêque une
année de grand effort pour relever et propager dans la
ville et le diocèse d'Orléans la dévotion par excellence
du christianisme, la dévotion au saint Sacrement. Pour
aider cet effort, l'évêque recourut à sa puissante parole, et
il prêcha lui-même, pendant toute l'Octave, sur ce grand
mystère, une série de sermons qui renouvelèrent les
triomphes oratoires de ses deux premières stations de
carême.

Mais il y a une autre forme de la parole pastorale, plus
familière, plus simple, souvent plus efficace que les sermons, c'est l'homélie, c'est le prône. Causerie pleine d'a-

bandon, entretien paternel entre le pasteur et ses ouailles, qui permet de dire beaucoup de choses que les discours solennels ne comportent pas, et par conséquent de s'insinner beaucoup plus sûrement quelquefois au fond des âmes ; parole plus vivante, parce qu'elle semble plus naturelle, et paraît admettre moins d'art, bien qu'elle en exige un très grand, qui est de faire disparaître l'art lui-même, car là surtout s'applique cette ingénieuse remarque de Fénelon : « L'art se discrédite lui-même, il se trahit en se montrant. » C'est cette forme de parole surtout que l'évêque d'Orléans recommandait à ses prêtres, dans ses entretiens des retraites pastorales, dans ses lettres à son clergé; celle surtout dont il expliquera plus tard tous les secrets dans deux admirables volumes qui ont pour titre, l'un *Entretiens sur la Prédication populaire*, et l'autre, dont nous avons déjà parlé, *l'Œuvre par excellence ou Entretiens sur le catéchisme*. Là aussi il voulut donner l'exemple. Donc, aux approches du carême de 1853, il annonça qu'il ferait le prône tous les dimanches à sa cathédrale, et il tint parole. Il charma l'auditoire autant peut-être qu'il l'avait enthousiasmé dans ses grands sermons. Il lisait l'évangile, ou l'épître du jour, et le commentait : il lisait, mais avec quel naturel ! quelle perfection ! « Il savait lire ; il possédait cette science difficile, trop négligée, mais qui devrait être la science de tous ceux qui se livrent à la parole publique... Dans la lecture de Mgr Dupanloup, jamais une défectuosité de prononciation ou d'accentuation. La clarté, la mesure, le repos, la science des nuances étaient toujours respectés. » Cette lecture saisissait déjà ; les commentaires jaillissaient ensuite de son âme avec abondance : c'étaient ses oraisons, ses entretiens personnels de chaque matin avec Dieu, qui, d'ordinaire, en étaient la source, et qui montaient de son cœur à ses lèvres. Les textes même les plus familiers à ses auditeurs, exposés par lui, laissaient voir des beautés qu'ils n'y avaient jamais soupçonnées. Souvent aussi, et même dans ses sermons, il narrait, et avec quel agrément encore ! « Ne sait pas narrer qui veut, soit dans la conversation familière, soit dans le discours public : beaucoup y échouent... Que Mgr Dupanloup racontait bien ! avec quel art! avec quelle suprême adresse ! Il nous souvient de lui avoir entendu raconter dans la chaire de Saint-Pierre un fait touchant, advenu au cours de sa longue carrière sacerdotale (c'était la conversion d'un mourant) [1], et dans la chaire de Sainte-Croix un trait même de l'Evangile, avec une supériorité de détails, une finesse d'allusions, un charme enfin qui nous pénétrèrent tous d'admiration [2]. » Dans ces familiers entretiens, entièrement improvisés, quoique soigneusement médités et notés, il ne craignait pas quelquefois d'égayer l'auditoire, et de sourire, mais toujours avec un tact exquis et une convenance parfaite. Puis tout à coup, après avoir ainsi touché terre, comme il disait, il rebondissait, comme il disait encore, s'élevait avec quelque grande pensée, et le puissant orateur se retrouvait tout entier dans le pasteur et dans le père. Cette parole familière déconcertait un peu quelques bons prêtres qui s'emprisonnaient trop dans leurs prônes écrits et appris ; mais c'était précisément cette méthode qu'il voulait transformer.

Le carême suivant, 1854, il prit pour sujet principal de ses homélies la liturgie et le chant. Ces prédications secondaient un grand dessein qu'il avait : partant de ce principe que le chant, comme dit saint Augustin, c'est l'amour, *cantat amor*, et de cet autre principe que les hommes s'intéressent d'autant plus aux choses qu'iis y prennent une part personnelle et active, il attachait la plus grande importance au chant, surtout au chant populaire ; et il voulait arriver à ce résultat : faire chanter le peuple, surtout dans sa cathédrale, dont il se proposait de faire une paroisse modèle. Il croyait la chose possible, du moins pour les chants communs et faciles, et pour la psalmodie. Et, pour arriver à ce but, il eut recours à plusieurs moyens ; notamment à l'installation, à l'extrémité de sa cathédrale, sous l'orgue, d'un second chœur d'enfants et de jeunes gens, que lui fournissaient naturelle-

1. Voy. ce récit, 1er vol., chap. VIII.
2. M. Arthur Johannet.

ment les écoles des Frères, et que fortifiaient quelques instruments. Il espérait que les chants, se répondant ainsi d'un chœur à l'autre, par-dessus l'assemblée des fidèles, finiraient par les entraîner. Il fit, à plusieurs reprises, beaucoup d'efforts et de tentatives pour en arriver là; mais, si ses instructions sur la liturgie et le chant furent très goûtées, et s'il parvint aussi à faire chanter un certain nombre de personnes, nous ne pouvons pas dire cependant que le chant populaire, universel, tel qu'il l'avait désiré, et qui serait en effet chose si belle, il soit parvenu à l'établir d'une manière constante et définitive.

Nous avons hâte d'arriver à son plus magnifique triomphe, à son inoubliable Carême de 1858. Il venait enfin de reconquérir, en publiant, comme nous le dirons, à travers tant d'œuvres, deux nouveaux volumes de son grand ouvrage sur l'éducation, une liberté qui depuis quelques années lui faisait défaut; d'un autre côté, son autorité sur ses diocésains, la vénération, l'affection dont ils l'entouraient étaient plus grandes que jamais; il était de l'Académie française; il avait prêché le panégyrique de Jeanne d'Arc, dont nous parlerons, où son àme s'était mêlée si intimement à l'âme des Orléanais; il voulut profiter de tous ces avantages pour son apostolat, et frapper ainsi, s'il le pouvait, un grand coup. Il reprit donc ses prédications du carême à la cathédrale. Et d'abord il voulut faire les sermons du dimanche, et il choisit pour sujet de ses instructions la prière, et le traita sous tous ses aspects. L'enthousiasme fut prodigieux. Il essaya de plus, dans la semaine, des conférences pour les hommes seulement. Il y avait longtemps que d'excellents chrétiens le lui demandaient. Des retours, en grand nombre, avaient suivi ses premières prédications; beaucoup, qui étaient ébranlés, hésitaient cependant encore; on pensait que des conférences apologétiques, à la façon de celles de Notre-Dame, décideraient enfin ces attardés du voltairianisme, ces victimes de l'éducation indifférente et sceptique des lycées. Il avait résisté jusque-là, disant qu'il y a plus de lumière et de vertu dans les paroles de la sainte Ecriture que dans toute parole humaine ; il consentit enfin.

Toutefois, avec sa prudence et son art accoutumés, il commença d'abord modestement, dans la chapelle de l'Officialité : il arriva, comme un professeur, avec des livres et des notes, s'assit à une petite table, recouverte d'un tapis, et se mit à parler comme autrefois devant son auditoire de la Sorbonne. Il fallut, dès la seconde conférence, se transporter dans un local plus vaste, à Saint-Pierre du Martroi ; et encore ne monta-t-il pas d'abord en chaire, il se plaça simplement devant la grille du sanctuaire ; mais sa parole arrivant difficilement aux extrémités de l'auditoire qui remplissait toutes les nefs, le chœur, les chapelles, le troisième jour, il parla du haut de la chaire; puis l'auditoire augmentant toujours, il fallut aller à Sainte-Croix, et la vaste cathédrale elle-même ne suffisait pas aux flots toujours grossissant des hommes de toutes les conditions qui se pressaient pour l'entendre. Il traitait du sacrifice : de sa notion, de son origine, de son universalité, des traditions antiques relatives à ce grand fait, du sacerdoce, de la chute originelle, de la croix. Dans cette dernière conférence, tenant d'une main le livre des Prophètes, montrant de l'autre le crucifix du tabernacle, il eut un de ces mouvements de grand orateur qui enlèvent une assemblée. Un frémissement, dit un journal orléanais, courut sur tout l'auditoire.

Voyant cette ville dans sa main, pour ainsi dire, et voulant arriver aux grands résultats, il eut alors une idée hardie, mais dont le succès fut complet : ce fut d'essayer, pendant la semaine sainte, dans la cathédrale même, une retraite d'hommes, comme à Notre-Dame. Toute la ville accourut. Laissons parler un témoin oculaire[1] : « Dès le premier jour, les auditeurs affluèrent par milliers de tous les points de la cité, et cette vaste nef se trouva impuissante à contenir tous ceux qui l'envahissaient, et qui durent aller s'abriter dans les bas-côtés, sous l'orgue, et jusque dans les extrémités du chœur. Et cette multitude

---

1. M. Léon Lavedan, dans le *Moniteur du Loiret*.

alla croissant chaque soir, au point que les portes durent
être refusées à plus de mille personnes... Le peuple était
le plus empressé. Pendant toute la semaine sainte et sur
la demande des ouvriers eux-mêmes, les fabriques ont
ouvert et fermé une heure plus tôt... Ceux qui ont assisté
chaque soir à la sortie de cette multitude peuvent dire de
quels flots les rues étaient inondées : la vaste place de
Sainte-Croix en était toute noire, pour nous servir d'une
expression pittoresque que nous avons entendue, et les
grandes artères de la cité semblaient des déversoirs où se
ruait le trop-plein d'un fleuve débordé. »

Devant ce vaste auditoire, l'évêque ravi s'écriait : « Qui
vous a amenés ici? Quelle force vous a arrachés de vos
demeures, de vos réunions, pour vous assembler en ce
lieu? J'ai jeté dans la rue un petit papier annonçant que
la parole de Dieu serait prêchée dans cette cathédrale,
voilà tout; c'est là la violence que j'ai employée, et vous
êtes accourus de toutes parts. »

« Il se surpassa dans cette retraite. » Il prêcha d'abord
un de ses plus éloquents discours sur le salut; puis un
autre sur la mort. Au milieu de ce sermon, au moment
où il rappelait l'incertitude de l'heure finale, on entendit
tout à coup sonner le timbre de la cathédrale; alors, lui :
« Oh! oui, celle-ci vous l'avez entendue, Messieurs; mais
la dernière! la dernière! *Ultima latet!...* » Ces cris d'âme
lui étaient habituels. Puis il donna sur l'Enfant prodigue,
ses égarements et son retour, deux sermons qui ont laissé
des traces profondes dans la mémoire des Orléanais. Enfin,
le vendredi saint, il redit son magnifique sermon sur la
croix. Et pendant qu'il se prodiguait ainsi aux hommes,
l'infatigable évêque prêchait tous les jours des Conférences aux dames à Saint-Euverte.

Quelque chose qui frappa vivement les Orléanais dans
cette retraite, ce fut le *Miserere* et le *Stabat* chantés,
comme d'une seule voix, par toute cette foule. Nous disions tout à l'heure quelle importance il attachait au chant,
surtout au chant des fidèles, de la foule. Son instinct
d'apôtre ne le trompait pas : il voulut donc faire chanter,
à ces réunions; et, comme un missionnaire, il présidait

lui-même le chant. Ces six mille voix, s'élevant à la fois
sous les voûtes de cette basilique, ébranlaient, quoiqu'on
en eût, les âmes elles-mêmes.

Avant son sermon du vendredi saint, il engagea, par
un de ces *avis* qu'il savait si bien donner, son vaste auditoire à conclure, à se préparer à la Pâques par la confession. Il rappela que tous les prêtres de la cathédrale seraient, comme ils l'avaient été toute la semaine, dès le
matin, jusqu'à onze heures du soir, jusqu'à minuit, s'il le
fallait, à leur poste, à leurs confessionnaux, dans leurs
chapelles parfaitement éclairées ; et lui-même aussi ; qu'il
entendrait tout le monde, les cochers, les valets de chambre, les ouvriers aussi bien que les autres. On le prit au
mot, et il confessa, le lendemain, dans la chapelle du
Mois de Marie, jusqu'à minuit.

Et le jour de Pâques, quel spectacle dans cette cathédrale de Sainte-Croix ! « Chercherons-nous à dépeindre
cette grande scène? dit encore le narrateur que nous citons : elle est de celles qui ne se retracent pas. » L'évêque
avait livré le sanctuaire et le chœur aux communiants. Ce
qu'on admira surtout, dans cette foule d'hommes de tout
âge, de toutes conditions, ce furent, rangés des deux
côtés de l'autel, plus de cent grenadiers de la garde,
qui portaient presque tous sur leur poitrine la médaille et la décoration de Crimée. Pendant près d'une
heure et demie, l'évêque d'Orléans lui-même distribua
le pain eucharistique aux âmes que son cœur avait
gagnées.

Et ce ne fut pas là un mouvement passager : cette
grande chose, la retraite des hommes, fut définitivement
fondée à Orléans. « L'évêque d'Orléans a donc été, non
seulement un orateur admiré, mais un prédicateur auquel
il a été accordé la plus précieuse récompense du ministère évangélique : la conversion des âmes. Il a fait à
Sainte-Croix ces réunions d'homme inconnues avant lui.
C'est sa parole entraînante qui les a suscitées, soutenues,
et implantées définitivement dans les mœurs et les habitudes d'Orléans. Grâce à lui, à son zèle ardent, à son
active et constante sollicitude, se trouve créé dans notre

ville un auditoire digne de Notre-Dame... Ce fut le couronnement de sa prédication. »

Orléans, on le conçoit, était fier de son grand orateur. « Nos édiles, à toutes les époques, ont adressé un appel écouté à sa bonne volonté inépuisable. Nous étions fiers de le montrer aux étrangers que le désir bien légitime de l'entendre attirait plus nombreux. Il apportait ainsi un concours inappréciable à nos diverses solennités locales : Jeanne d'Arc, le concours régional, l'inauguration de nos fontaines publiques, l'ont tour à tour inspiré. Il rehaussait l'éclat de nos fêtes par l'éclat de sa parole... Notre cité, qui a la mémoire du cœur, lui en conservera un durable souvenir. » ·

Voilà ce que l'évêque d'Orléans tenta, dans les premières années de son épiscopat, pour la conversion de ses diocésains. Plus tard, quand d'innombrables et nécessaires travaux, plus encore que la fatigue de l'âge, lui interdirent ces prédications suivies, ce grand labeur apostolique, il ne priva pas pour cela de sa parole les âmes dont il était le pasteur. Jusqu'à la fin de sa vie il leur prodigua, sous une autre forme, le pain de la parole. Il fera plus, et ce grand art de la prédication, dont il était sous les yeux de son clergé un si vivant modèle, il essayera de le lui enseigner dans un livre magistral. Est-ce tout? Non, et les femmes chrétiennes aussi, qui peut-être, à un autre point de vue, n'ont pas moins besoin d'être évangélisées que les hommes, n'étaient pas oubliées de lui : il aimait, nous le disions tout à l'heure, à leur prêcher des retraites, et surtout à leur faire des conférences : prédications familières qu'il poursuivit pendant plusieurs années consécutives. Est-ce tout, enfin? Non, car cette parole qui charmait sa ville épiscopale, il dut nombre de fois, sous l'empire de nécessités inexorables, la faire retentir hors de son diocèse. Nous aurons à dire cela en son lieu, et il faudra embrasser tout cet ensemble d'un regard pour se faire une idée exacte de l'action évangélique totale de l'évêque d'Orléans.

CHAPITRE VI

SON ŒUVRE PASTORALE

(Suite)

Développement des bonnes œuvres dans son diocèse
Œuvres de piété, de charité, de zèle
Multiplication des communautés de Sœurs
Restauration matérielle des paroisses
Construction et réparation des églises et des presbytères
L'Œuvre des tabernacles et la loterie diocésaine
1850-1858

Les *OEuvres* sont une partie importante de l'administration diocésaine. Comment donc oublier, mais aussi comment raconter l'élan imprimé par Mgr Dupanloup à toutes les œuvres, dans la ville et le diocèse d'Orléans ?

Quand on écrira l'histoire de l'Eglise en ce siècle, on signalera, comme un trait qui caractérise notre temps, sa fécondité en œuvres de toute nature. D'autres époques auront vu un plus grand essor de doctrine ; aucune peut-être un pareil déploiement de charité. Or, l'esprit de Dieu qui a soufflé en ce sens dans l'Eglise de France a passé aussi sur Orléans, et le beau mouvement de la charité catholique qui incline l'une vers l'autre pour les rapprocher et les unir les diverses classes de la société, y est, on peut le dire, admirable. Œuvres d'hommes ; œuvres de jeunes gens ; œuvres de dames et de jeunes filles ; œuvres de charite ; œuvres de piété ; œuvres d'intérêt local ; œuvres d'intérêt universel : toute cette belle organisation existe aujourd'hui dans cette ville chrétienne. Mais que ne doivent pas à l'évêque d'Orléans les œuvres orléanaises ! Il fallait d'abord maintenir les œuvres existantes : car un grand ennemi des choses humaines, c'est le temps ; au début d'une œuvre, on est tout feu ; puis, peu à peu, l'ardeur se

ralentit, et l'œuvre languit et périclite ; il devient nécessaire d'y souffler de nouveau la flamme. Il fallait créer de
plus des œuvres nouvelles, pour répondre aux besoins
nouveaux. Les œuvres, nous l'avons vu, furent une des
branches de son administration diocésaine ; un vicaire
général leur fut spécialement préposé. Mais de plus, les
rapports personnels de l'évêque avec chacune d'elles, le
soin extrême qu'il mettait à leur choisir de bons directeurs,
de bonnes directrices, ses fréquentes apparitions dans leurs
réunions, sa puissante parole, la sollicitude dont on le
savait animé à cet endroit, les relevèrent, et y firent circuler
une plus active vie. Souvent aussi l'évêque d'Orléans réunissait chez lui, en conseil, les chefs des différentes œuvres
orléanaises, pour conférer avec eux sur ces œuvres, et
activer incessamment leur zèle. En somme, sauf une ou
deux exceptions, pour des œuvres placées dans des conditions spéciales, l'Œuvre des militaires par exemple, qui
ne mourut pas, qui fut supprimée par les ombrages du
pouvoir, à l'époque des luttes de Msr Dupanloup pour la
souveraineté pontificale, aucune de celles qu'il trouva à
Orléans ne périt pendant son épiscopat ; toutes refleuri-
rent ; mais de plus, pendant près de trente ans qu'il gou-
verna l'Eglise d'Orléans, que d'œuvres nouvelles il vit éclore
sous ses yeux et comme à son souffle ! Ici encore nous ne
pouvons que donner quelques indications.

Une des principales œuvres de piété dont il a été le pro-
moteur fut l'Adoration perpétuelle, instituée par les Statuts
synodaux des 28 et 29 septembre 1852. Persuadé que si
cette œuvre était inaugurée avec solennité dans sa cathédrale, d'abord elle y serait parfaitement accueillie du clergé
et des fidèles, et ensuite elle s'introduirait sans peine dans
les autres paroisses de la ville épiscopale et dans le diocèse
tout entier, il voulut que cette inauguration fût splendide.
Quelques objections craintives lui furent bien faites, la
pénurie de la fabrique, par exemple : il passa outre, et prit
sur lui la plus grosse part de la dépense. Il annonça donc
ce *Triduum* d'adoration, avec l'art qu'il savait mettre
dans ses recommandations pastorales ; puis déploya dans

la cathédrale une pompe extérieure qu'on n'y avait pas
encore vue. Il fit tendre le sanctuaire, de la voûte au pavé,
de magnifiques draperies rouges, ornées des emblèmes
eucharistiques : c'était un don qu'il faisait à sa cathédrale ;
à toutes les colonnes de la vaste nef, des oriflammes furent
suspendues ; la nef elle-même, ornée de sapins et de feuillage, était comme une avenue magnifique, conduisant à
l'autel tout resplendissant de lumière. Il anima cette solennité de sa parole. Ce fut alors qu'il prêcha cette octave si
goûtée sur le saint Sacrement. Tout Orléans fut entraîné,
à la douce surprise et joie du vénérable curé, prêtre très
pieux, mais un peu timide, et inaccoutumé à ce grand
mouvement.

L'exemple de la cathédrale fut imité dans les autres
paroisses, et cette année même, ces solennités eurent lieu
dans presque tout le diocèse : et à partir du premier dimanche de l'avent, de la nouvelle année ecclésiastique
1853-1854, l'œuvre fut établie dans le diocèse entier.
« C'est sur votre foi, Nos chers Coopérateurs, sur votre
dévouement, sur votre industrieuse piété, que je compte
par-dessus tout, écrivait-il à son clergé, dans une circulaire du 20 mai 1853. Il n'y en a pas un parmi vous qui
ne puisse, pour l'ornement de son église et de son autel,
ce que j'ai vu avec une si douce consolation se faire par
des prêtres zélés dans les paroisses les plus humbles, dans
les campagnes et dans les villages les plus pauvres de ce
diocèse. » « Toutefois, si les ressources vous manquent,
ajoutait-il dans une nouvelle circulaire du 4 novembre de
la même année, si vos besoins sont réels, n'hésitez pas à
me les faire connaître. La Providence ne nous manquera
pas, et toutes les fois que la gloire de Dieu, l'honneur du
sacerdoce et la dignité de nos églises le demanderont, je
serai toujours trop heureux et trop honoré de tout partager
avec vous. »

C'est dans les mêmes pensées qu'il établit dans sa cathédrale une confrérie d'hommes dite du saint Sacrement ;
et ce fut sur cette confrérie qu'il compta, et il ne fut pas
déçu, pour fonder comme complément à l'Adoration perpétuelle, l'Adoration nocturne : sorte de garde d'honneur

qu'il voulait assurer à Notre Seigneur pendant ce *Triduum*
de publique exposition pour la solitude des nuits[1].

Les œuvres populaires l'occupèrent beaucoup aussi.
C'est la première année de son épiscopat, en 1850, que,
avec ses encouragements et ses conseils, à côté de la Société de secours mutuels de *Saint-François Xavier*, seule
œuvre d'ouvriers qui existât alors à Orléans, fut créée, par
le pieux et généreux abbé Miron[2], la *Societé* dite de *Persévérance*, dont font partie trois cents braves pères de
famille. Cette œuvre admirable eut les prédilections de
Mgr Dupanloup. Les grandes réunions pour la remise des
diplômes avaient lieu d'ordinaire à l'évêché. Quand il fut
question d'agrandir enfin l'étroite salle où elle tenait ses
séances, chez les frères de Saint-Bonose, non seulement
il y contribua pour sa part, non seulement il pressa l'exécution de ce projet, il fit plus: il sollicita par un mandement spécial la générosité orléanaise à cet effet[3]. Et quels
accents il savait trouver, quand il parlait des ouvriers, du
peuple! Comme on sentait qu'il les portait dans son cœur!
que c'étaient ses enfants préférés!

1. On trouve dans les *Œuvres pastorales* de l'évêque d'Orléans les
document ssuivants, témoignages de sa piété envers le très saint Sacrement et de ses efforts pour en promouvoir le culte : *Statuta synoda-
lia de cultu S. S. Sacramenti*, 1re série, t. II, p. 179. — *Statuta syno-
dalia de perpetua S. S. Sacramenti adoratione. Ibid.*, p. 150. — *Lettre
pour l'exécution du statut synodal concernant l'Adoration perpétuelle
du très saint Sacrement. Ibid.*, p. 196. — *Lettre relative aux lampes
qui doivent brûler nuit et jour devant le saint Sacrement. Ibid.*,
p. 206. — *Lettre aux fidèles d'Orléans pour les remercier de leur zele
à l'occasion des fêtes et de la procession du très saint Sacrement.
Ibid.*, p. 212. — Deuxième série : *Instruction pastorale sur les moyens
pratiques de renouveler et de propager la dévotion au très saint
Sacrement*, t. II, p. 1-107. — *Lettre et ordonnance relatives au culte
du très saint Sacrement. Ibid.*, p. 107-149. — Nous savons que, depuis
la publication de notre ouvrage, ces deux derniers documents en particulier ont été mis par des directeurs de retraites entre les mains
d'ecclésiastiques retraitants, et lus par eux avec une extrême édification.

2. Aujourd'hui capucin.

3. Mandement sur les Sociétés ouvrières chrétiennes d'Orléans
(*Œuvres pastorales*, 2e série, t. III, p. 389).

En même temps que l'œuvre de *la Persévérance* naissaient à Orléans deux œuvres, qui en sont comme le complément : l'œuvre de *Saint-Joseph*, que fréquentent trois
cents jeunes gens, et dont le nom appelle nécessairement
ici celui du généreux chrétien qui lui donne depuis l'origine et aujourd'hui encore tant de temps et tant de cœur,
M. Ludovic des Francs ; et l'œuvre du *Patronage des ap-
prentis*. A quoi il faut ajouter les classes d'adultes : quelle
joie ce fut pour l'évêque d'Orléans lorsque, après l'acquisition de la maison des Minimes, il put installer cette dernière œuvre dans son évêché même, dans une partie des
bâtiments occupés précédemment par le Petit Séminaire
de Sainte-Croix !

Ainsi le jeune ouvrier à Orléans trouve sur son chemin
la charité catholique au sortir de l'enfance, dès son entrée
dans la jeunesse, et encore quand il est devenu père de
famille. Et ce qu'il y a d'admirable dans ces œuvres, c'est
le concours du dévouement laïque et du dévouement ecclésiastique : que d'hommes de foi et de cœur ont secondé
là le zèle des bons frères et des bons prêtres préposés à
ces œuvres ! quelle somme incalculable de bien est sortie
de là pendant trente ans !

L'éducation chrétienne de la jeunesse ne pouvait pas
ne pas être au premier rang des sollicitudes de ce grand
ami de la jeunesse.

C'est à lui qu'Orléans doit le magnifique pensionnat du
Sacré-Cœur. En 1851, s'étant rencontré à Rome avec
Mme Barrat, il lui fit connaître son désir de posséder
dans sa ville épiscopale une institution dirigée par des
dames de sa congrégation. Mme la supérieure générale y consentit avec joie, et elle écrivit à une de ses
plus éminentes religieuses, Mme d'Avenas : « C'est une
fondation que je souhaite vivement. Vous en serez supérieure. Outre l'éducation, vous y guiderez les retraites pour les dames du monde, et monseigneur m'a
dit que la bonne société d'Orléans a déjà cette sainte
coutume. » L'institution fut installée splendidement dans
les bâtiments d'une ancienne chartreuse et n'a pas

cessé d'être florissante : maison précieuse pour Orléans.

Une autre œuvre qui fut, dès les premiers jours de son
épiscopat et toujours, une de ses plus vives préoccupations,
c'est la propagation des écoles de Sœurs dans les campagnes. Il trouva, pour réaliser ce dessein, un grand concours dans un homme excellent, qu'il avait le bonheur
d'avoir pour préfet, l'honorable M. Dubessey.

On sait combien après la secousse de 1848 l'esprit qui
avait envahi l'enseignement primaire effrayait les hommes
d'ordre. Tous étaient alors d'accord qu'il fallait porter le
remède là où le mal s'était révélé avec une si grande intensité. Mais, s'il est nécessaire d'avoir de bons instituteurs,
il n'importe pas moins d'avoir de bonnes institutrices. Les
hommes intelligents alors étaient loin des lamentables
idées qui ont prévalu depuis. Cette douce image de la religion et de la vertu, le dévouement sous sa forme la plus
aimable, la Sœur, n'inspirait point les défiances, les haines,
qu'une secte athée et une abominable presse sont parve-
nues à répandre de nos jours. Ce préfet ne voyait rien de
plus utile, au point de vue religieux, moral, social, que de
multiplier parmi les populations rurales des maisons de
Sœurs destinées à faire l'école, à tenir des salles d'asile,
et à visiter les malades. Il se rencontrait donc parfaitement
avec l'évêque. Cette pensée fut accueillie avec faveur par
la société orléanaise, et quand M. le préfet voulut nommer,
pour la réaliser, une commission, les noms les plus honorables s'offrirent en foule. Son successeur, M. Boselli, entra
dans ses vues, et l'œuvre fut définitivement constituée. On
attendait de l'évêque un double appui : des secours et des
Sœurs. Il adressa donc un chaleureux appel à ses diocésains
et établit en faveur de cette œuvre une quête annuelle qui se
devait faire le jour de l'Assomption dans toutes les paroisses
de son diocèse ; puis il frappa à la porte de plusieurs communautés pour obtenir des Sœurs. Mais qu'arriva-t-il?

Les Sœurs manquèrent ; malgré l'admirable développement des congrégations religieuses en France, tant leurs
services sont appréciés ! ces congrégations ne suffisaient

pas aux besoins ni aux demandes : presque partout où il
s'adressa, il reçut la même réponse : « Les sujets manquent, quoiqu'ils abondent ! De partout on nous en demande, et nous ne pouvons en donner. » Ce fut alors que
la pensée lui vint de créer, uniquement pour les paroisses
du diocèse d'Orléans, une œuvre de Sœurs orléanaises.
Voici en quels termes il l'annonçait à ses diocésains :

« Il n'appartient qu'à Dieu de donner la vocation religieuse : toutefois, comme chaque année notre diocèse
fournit un certain nombre de sujets aux congrégations
vouées aux mêmes œuvres que celle que nous nous pro-
posons d'établir, n'y a-t-il pas lieu d'espérer que Notre-
Seigneur inspirera à plusieurs jeunes personnes, appelées
à l'état religieux, la pensée de s'offrir de préférence à
notre communauté, pour servir, dans les exercices de la
charité, le diocèse même où elles ont reçu le baptême, la
foi, les sacrements et la grâce de leur vocation ? »

Cette parole, cette semence, jetée au vent du ciel, Dieu
la féconda merveilleusement : cette fondation des Sœurs
de Saint-Aignan est une des grandes œuvres de son épiscopat. Elle commença, comme d'ordinaire les œuvres de
Dieu, modestement. Emues par l'appel de l'évêque, quatre
jeunes filles se présentèrent comme novices, et furent reçues provisoirement dans une petite maison du faubourg
Saint-Marceau, que possédait alors l'Œuvre des prêtres
âgés et infirmes ; puis, l'ancienne supérieure d'une communauté du diocèse de la Rochelle, qui avait été indiquée
à Mgr Dupanloup par un de ses vicaires généraux, vint,
avec l'agrément de Mgr de Villecour, accompagnée d'une
assistante et d'une maîtresse des novices, se mettre à la
tête de ces quatre jeunes filles : c'était le 16 novembre 1853,
fête du grand évêque orléanais, saint Aignan, dont elles
prirent le nom. L'évêque d'Orléans eut le bonheur d'être
secondé dans cette fondation par le prêtre qu'il lui fallait.
Homme de piété, d'activité, de zèle intelligent, de grand
sens sacerdotal, tel était M. l'abbé Clesse ; sous son habile
conduite et la haute direction de l'évêque, la congrégation
prospéra. Les vocations affluèrent : une maison conve-
nable fut bâtie, et un pensionnat ouvert. Les familles

orléanaises y envoyèrent leurs enfants en grand nombre :
et bientôt la jeune communauté put, selon le but de sa
fondation, se déverser sur le diocèse ; elle y a aujourd'hui
quarante écoles, qui, toutes, ont une Sœur spécialement
destinée aux soins des malades. L'évêque eut la consolation de voir ces progrès, et aussi, les années ayant
passé et prononcé sur les règles provisoires que l'on avait
d'abord suivies, il put élaborer — doux travail au milieu
de ses grandes luttes, — et sanctionner les constitutions
définitives. Un trait qui distingue cette communauté, c'est
que, par l'exposition quotidienne du saint Sacrement, la
maison mère est comme le centre d'une œuvre d'adoration et de réparation. Dans cette fervente union à la prière,
aux anéantissements, à l'immolation du Dieu de l'Eucharistie, les Sœurs de Saint-Aignan puisent le courage et les
vertus nécessaires aux dévouements de leur sainte vocation. Nous n'hésitons pas à le dire, l'un des plus beaux
diamants de la riche couronne épiscopale laissée par
Mgr Dupanloup à son successeur, c'est cette communauté
des Sœurs de Saint-Aignan.

Du reste, la propagation des Sœurs est une des œuvres
qu'il eut toujours le plus à cœur. Voici ce qu'en disaient
les règlements : « L'étudier et la presser dans toutes les
paroisses de huit cents âmes, où il n'y a point d'institutrices, et à plus forte raison là où la population est plus
nombreuse. — Et aussi dans les paroisses moins popu-
leuses. — C'EST UNE ŒUVRE CAPITALE. » Il serait difficile de
dire le nombre d'écoles et d'enfants qu'il parvint à confier
à ces pieuses maîtresses : profitant de toutes les occasions
favorables, stimulant le zèle des curés et la générosité de
ses religieux diocésains ; promettant et donnant lui-même
des secours. L'Œuvre des campagnes et celle de Saint-
François de Sales, qui s'établirent à Orléans, vers le milieu de son épiscopat, offrirent à MM. les curés de précieuses ressources pour ces fondations. Il en couvrit son
diocèse. Et sa sollicitude ne les perdait jamais de vue.
Témoin les lettres pastorales qu'il écrivit plus d'une fois
pour encourager ces institutrices dévouées dans leur
humble mais si importante mission, et leur donner des

instructions pratiques précieuses sur le bien qu'elles pouvaient opérer.

Outre les nombreuses congrégations enseignantes appelées par lui dans le diocèse, trois autres fondations considérables lui sont dues : les Petites Sœurs des Pauvres, les
Sœurs de l'Immaculée-Conception pour les malades ; les
religieuses de Notre-Dame-de-Charité du Bon-Pasteur.

• Au reste, les saintes épouses du Christ, qu'elles fussent
vouées à l'enseignement ou à la charité, ou à la pénitence
et à la prière, étaient, on peut le dire, l'objet de ses prédilections épiscopales. Dans un de ses discours, le panégyrique de Mgr Menjaud, il a exprimé avec une touchante
éloquence son sentiment à cet égard : « Il est, disait-il,
une création aimable et sacrée que l'Eglise catholique
seule a la vertu de produire sur la terre. Aucune philosophie ne l'a jamais conçue, et nulle puissance humaine
ne l'essaya jamais : gracieuse et touchante apparition de
la religion aux yeux des peuples, nommée d'un des noms
les plus doux à l'oreille de l'homme : et, de fait (c'était vrai
alors), aimée et populaire, malgré les sourdes préventions
et les préjugés haineux : création unique au fond, dans
son idée si simple et si grande, mais indéfiniment variée
dans les formes extérieures, la religion aimant à répéter
et à diversifier sans fin cette gracieuse image d'elle-même :
elle a nom la Sœur. Quelque habit qu'elle porte, qu'elle
fasse l'école au village, ou visite l'indigent des villes, ou
soigne le malade dans les hôpitaux, ou s'immole, hostie
vivante, victime d'expiation, dans l'holocauste de la prière
ou de la pénitence, c'est la Sœur, c'est toujours la Sœur :
et ce nom si doux, symbole de pureté et d'innocence, de
sacrifice et de vertu, d'amour et de désintéressement, sera
toujours, quoi qu'on fasse, cher et sacré au cœur des
peuples. » « Donc, ajoutait-il, affermir ou développer ces
institutions diverses de vierges chrétiennes, de femmes
consacrées à la prière ou à la charité, ce fut toujours
une grande et belle œuvre. »

Ce serait ici le lieu de dire ses sollicitudes pour toutes
les communautés de son diocèse. Quelle joie pour les
bonnes carmélites, quand elles le voyaient venir dans leur

parloir, si joyeux lui-même de leur aimable gaieté, et si édifié de leur ferveur et de leur austérité ! La Visitation surtout lui fut chère. Que de peine il se donna à une époque pour lui obtenir une supérieure éminente, dont le passage dans cette maison a été une bénédiction de Dieu ! Surgissait-il dans une communauté, ce qui peut arriver dans les maisons les plus ferventes, quelque difficulté ? Il n'avait pas de repos qu'il n'y eût porté remède. Mais c'est assez pour laisser entrevoir quelles étaient ici ses sollicitudes épiscopales, et nous pouvons bien lui appliquer en terminant ce qu'il disait du pieux archevêque de Bourges, dans le discours que nous rappelions tout à l'heure : « Paraissez ici, vous toutes, ses filles devant Dieu, avec vos vertus et vos dévouements divers, et venez rendre témoignage à votre père. »

Un mot maintenant des œuvres d'intérêt général, telles que la *Sainte Enfance* et la *Propagation de la Foi*, ces deux merveilles de la charité catholique en ce siècle. Ces œuvres ne tenaient pas, la dernière surtout, dans le tableau comparatif des diocèses de France, le rang que le diocèse d'Orléans semblait devoir occuper. Cette infériorité, plusieurs fois signalée à Mgr Dupanloup, l'affligeait, et depuis longtemps il méditait un grand effort pour les relever. Nos expéditions dans l'extrême Orient lui fournirent enfin, en 1857, l'occasion qu'il attendait. Nous combattions en effet depuis quelques années dans l'extrême Orient, avec l'Angleterre en Chine, avec l'Espagne en Cochinchine et aussi contre le Japon. Nous avions pris Canton le 28 décembre 1857, les forts de Pei-Ho le 20 mai 1858 ; nous avions fait le traité du 20 juin avec la Chine, le traité du 9 octobre 1858 avec le Japon ; pendant cette même année 1858 et en 1859, nous avions fait des prodiges avec une poignée de braves en Cochinchine, pris Saïgon, occupé Tourane, conclu enfin avec l'empire d'Annam un traité qui assurait à la France et à l'Espagne des stations importantes en Asie, et à la religion sa liberté. Mais l'Europe distraite accordait à peine un regard à ces lointains événements : l'évêque d'Orléans entreprit d'attirer l'attention de la France sur ce beau spectacle et ces grands intérêts; il acheva donc une *Lettre pastorale* qu'il méditait déjà depuis quelque temps, *pour appeler la bénédiction de Dieu sur le succès de nos expéditions et de nos négociations dans l'extrême Orient, et pour recommander l'Œuvre de la propagation de la foi* [1]. Elevée, ardente, éloquente, cette *lettre pastorale* parut si utile que le conseil général de la Propagation de la Foi la fit tirer à cent mille exemplaires. Trop inaperçue cependant au moment où elle parut, à cause des préoccupations générales, elle mérite d'être mise ici en lumière.

La guerre d'Italie venait de prendre fin subitement : « La France, s'écriait l'évêque d'Orléans, toute joyeuse de la bienvenue de la paix, et malgré les graves sollicitudes qui lui restent encore, parle de travaux, de nouvelles entreprises, de grandes affaires ; pour beaucoup, c'est le moment de chercher la fortune : n'est-ce pas l'heure aussi pour un évêque de recommander aux chrétiens leur principale affaire, l'œuvre du salut et la propagation de la vérité dans le monde, quand surtout les progrès de l'humanité et tous les grands intérêts terrestres s'y trouvent providentiellement associés ? »

La beauté de cet apostolat, ce que l'Eglise, ce que la France ont fait depuis trois siècles dans l'Orient et le monde entier; le devoir plus grand de travailler à cette œuvre, aujourd'hui que les facilités pour l'accomplir sont plus grandes que jamais; les mystérieuses vues de la Providence dans cette coïncidence des moyens humains avec les desseins de Dieu, toutes ces considérations étaient développées dans un style étincelant :

« Qui ne le voit d'ailleurs? de toutes parts les distances se rapprochent, Dieu abrège les chemins et agrandit les pas de l'homme. Tous les peuples civilisés, tous les fils aînés des nations sentent le besoin de se voir de plus près, de se rencontrer, de s'entretenir des grands intérêts de l'humanité. La vapeur et les chemins de fer ouvrent les voies les plus rapides à travers le monde entier; on perce

---

1. *Œuvres pastorales*, t. II, p. 476, 1re série.

le mont Cenis, on traverse les Pyrénées ; la volonté obsti-
née d'un Français force les portes de Suez ; un autre
Français propose l'ouverture de Panama... A qui persuadera-t-on jamais que toutes ces barrières se renversent,
que ces grands rapprochements se préparent entre les
hommes, afin seulement qu'ils puissent mieux se haïr, se
déchirer, se tuer les uns les autres ? A qui persuadera-t-on
que tout cela se fait uniquement pour porter plus vite nos
marchands et nos touristes sur tous les points du globe ?
Non, cela ne suffit pas à la prospérité, à la dignité de
l'Europe. Si les hommes vont aujourd'hui avec des pieds
de fer et des ailes de feu à leurs plaisirs et à leurs affaires,
si la parole et la pensée humaines traversent le monde avec
plus de rapidité que la lumière, je ne puis croire que les
pensées et les desseins de la Providence soient ici pour
rien, et qu'il ne se prépare pas là de grandes choses pour
les temps nouveaux...

» Tout cela, ce n'est qu'une carrière nouvelle ouverte
au dévouement ; c'est un chemin livré à l'apostolat : selon
la magnifique expression de saint Paul, ce sont les portes
de l'Orient ouvertes à la lumière évangélique : *Ostium
apertum est magnum et evidens propter evangelium
Christi...*

» O Dieu ! ô Dieu ! accomplissez vos prophéties ! Vous
disiez : « Les idoles seront brisées, *idola penitus conte-
rentur*, et la connaissance de la vérité sera abondante sur
la terre comme les eaux de la mer. » Et il y a encore tant
de millions d'idolâtres !

» Ah ! sans doute, les fils de Japhet ont été éclairés ;
mais les fils de Sem et ceux de Cham, où sont-ils ? Hélas !
hélas ! l'œuvre n'est pas faite à moitié !

» Je le sais, ce n'est pas l'œuvre d'un jour : il y faut le
cours des siècles, c'est l'œuvre de la plénitude des temps :
In plenitudine temporum...

» C'est aussi l'œuvre du zèle : c'est le grand but de l'a-
postolat évangélique...

» Inspirez-la donc, cette œuvre, ô mon Dieu ! inspirez-
la aux grandes âmes qui sont capables de la comprendre.
Si ces âmes nous manquent, faites-en, donnez-les. Don-

nez d'abord aux nations européennes des Chrysostome et des Ambroise, dont les lèvres gardent parmi nous le dépôt sacré de la vérité, et dont le noble caractère soutienne, sans fléchir jamais en face des princes hautains et des peuples superbes, la majesté de l'Evangile! Mais donnez aussi aux peuples qui soupirent après eux des François Xavier; donnez des apôtres, dont les pieds tressaillent d'impatience sur cette terre d'Europe, et dont le cœur s'élance pour faire l'œuvre apostolique dans ces mondes nouveaux qui les attendent.

» Oh! que l'Orient sera beau à voir quand les divines clartés qu'il a perdues retourneront vers lui! Et que l'Occident paraîtra radieux lorsque le soleil de la foi, s'y couchant dans sa gloire, renverra les suprêmes et plus brillantes splendeurs des derniers jours du monde vers les cimes du Sinaï, du Calvaire, de l'Ararat, vers tous les sommets sacrés de l'univers, éclairant de là toutes les plages, tous les déserts, toutes les rives de l'Afrique, de l'Asie et des îles inconnues.

» Et quel honneur pour le drapeau français, quelle joie pour nos soldats et nos illustres chefs, dont le sang généreusement répandu aura si bien servi les desseins de la Providence dans la dispensation des secrets de l'avenir, et préparé cette grande œuvre dont nous saluons de loin la gloire. »

Deux ans après, dans son mandement de carême de 1861, il revenait sur ce grand sujet, mais pour en tirer d'autres leçons. On avait combattu, on avait traité; mais la mauvaise foi, comme il était facile de le prévoir, avait tout rendu vain. Il avait fallu recommencer. Des forces plus imposantes servirent d'escorte à nos plénipotentiaires, et quelques milliers de soldats, habilement dirigés, à travers trois cents millions d'hommes, à quatre mille lieues de l'Europe, ouvrirent à nos drapeaux, jusqu'à la capitale même de l'empire chinois, un libre passage. Le 25 octobre 1860, le traité de Tien-tsin fut confirmé, complété et signé à Pékin. Cette éclatante démonstration de la supériorité des races chrétiennes sur les peuples asiatiques offrait un haut enseignement aux nations de l'Europe, à

la France surtout qui, à ce moment-là même, ingrate à
l'Evangile à qui elle devait tout, faisait dans la presse et
dans la politique une si lamentable guerre au pontife suprême de cette religion chrétienne, mère de notre civilisation. C'est ce nécessaire enseignement que l'évêque
d'Orléans voulut offrir dans cette *Instruction pastorale
sur la reconnaissance que l'Europe doit au christianisme*[1].

Peut-être y a-t-il dans cette lettre, moins étendue que
la précédente, plus de souffle encore. Quel éloquent paral·
lèle, au point de vue moral, entre les peuples chrétiens
et les peuples non chrétiens! Devant l'évidence de ce
grand fait, la supériorité morale de tous les peuples chrétiens sur tous les peuples non chrétiens, écoutons-le
s'écrier : « La vérité est que l'Evangile nous a gratifiés de
dons si nécessaires, et qui nous pénètrent si intimement,
que nous ne les sentons plus; ils sont devenus notre
seconde nature. Famille, dignité, pureté des mœurs, ré-
ciprocité des droits et des devoirs au foyer domestique,
respect de la vie, charité pour tout ce qui est faible et
souffrant, honnêteté dans les transactions, égalité raisonnable, liberté, garantie de la propriété, absence d'arbitraire, travail honoré, justice universelle, il semble que
toutes ces choses, parmi nous, vont d'elles-mêmes. Eh
bien! non, ces choses sont si peu l'œuvre de l'homme
que la moitié de l'humanité en est absolument dépourvue.
Regardez le monde... » Et après le tableau des misères
morales de l'Orient païen : « O Jésus! s'écriait-il, ô mon
Dieu! ô Marie! O saints du christianisme! ô saint Jean,
saint Joseph, saint François de Sales, sainte Thérèse,
saint Vincent de Paul! O pureté! ô charité! ô Evangile!
ô Eglise de Jésus-Christ! on tombe à genoux, on baise
vos mains, qui nous ont arrachés des abîmes de cet enfer
terrestre!... O divin Evangile, soleil qui avez desséché
tant d'immondes marécages, et fait lever tant et de si
précieux germes sur notre terre, nous ne vous bénissons
pas assez chez nous, et ajoutons-le, nous n'accomplissons

---

1. *Œuvres pastorales*, t. II, p. 534, 1ʳᵉ série.

pas comme il conviendrait le devoir de vous propager au dehors ! »

Il insistait sur ce devoir, et il ajoutait : « On s'en va répétant que le christianisme est usé : oui, comme le soleil quand la nuit tombe. On allume alors je ne sais combien de lumières pour le remplacer : pâles clartés qui laissent dans l'ombre avant tout ceux qui les portent, et répandent leurs fumeuses lueurs sur les rues privilégiées de quelques grandes villes, tandis que l'immense étendue au sein des campagnes, et la grande majorité du genre humain sur la surface presque entière du globe, n'a pour flambeau que les astres de la nuit. Grand Dieu ! que deviendrait le monde s'il n'avait pas la lumière du jour? Et que deviendrait-il aussi s'il n'avait plus que des systèmes à la place du christianisme? Ceux qui repoussent la religion du passé ont-ils une autre religion de l'avenir? Qu'ils la portent donc à l'Afrique, à l'Asie, qu'ils la portent à la Chine; ou plutôt qu'ils s'en aillent dans ces lointains pays se convaincre, par d'irrécusables contrastes, que notre religion sainte est la vérité de Dieu, la source de toute vertu, le berceau de tout progrès. Non, hors du christianisme, point de salut, hors du christianisme, point de progrès pour les sociétés humaines ! Aimer l'Eglise, c'est, dit-on, reculer de six siècles; la repousser, c'est reculer de vingt et retomber honteusement où en était le paganisme, où en est la Chine. Pour toute vengeance, je ne souhaiterais aux ennemis de l'Eglise que d'habiter, avec leurs femmes et leurs enfants, hors de la protection de nos consuls et de nos armes, quelques-uns des pays où le Christ n'est pas adoré. Mais non, j'ai horreur d'un tel vœu. Du moins, qu'ils les visitent, ces tristes contrées, et peut-être, après ce voyage salutaire, plus d'un incrédule sentira-t-il trembler sa main avant de la lever contre l'Eglise... »

Ce simple aperçu des œuvres principales dont s'occupait l'évêque d'Orléans suffit à donner une idée de sa féconde activité dans cette partie si importante du ministère pastoral et épiscopal.

Mais tout se tient et se soutient dans le ministère, et la restauration matérielle des paroisses importe à leur restauration spirituelle elle-même. L'évêque d'Orléans n'y consacra pas moins d'efforts et de sollicitudes.

« Dieu, s'écriait-il un jour prêchant dans un des plus somptueux monuments religieux de la capitale, Dieu nous a rendu nos temples, mais dans quel état ! Elle dure encore cette pauvreté déplorable qui est la ruine de la foi et des âmes, et elle durera longtemps, si l'on ne se décide à faire enfin tous les sacrifices que demandent la conscience publique, l'honneur de la religion et le salut de la société. »

Voyons d'abord les travaux faits par lui dans sa cathédrale.

Sainte-Croix d'Orléans a été, et est encore, une des belles cathédrales de France : ce qui reste du monument du treizième siècle, les onze chapelles de l'abside, et cette abside elle-même, disent encore quelle en était la splendeur première. Le fanatisme protestant, au seizième siècle, fit crouler les voûtes du chœur et des cinq nefs : Orléans releva ces ruines ; un grand jubilé, accordé par le Pape, amena, avec des pèlerins sans nombre, des ressources considérables ; Henri IV lui-même, ce fut une des conditions de son absolution, vint visiter la cathédrale, qui commençait à sortir de ses débris. Toute la partie nouvelle de l'édifice actuel est d'un gothique moins pur que celui du treizième siècle ; mais, quelques critiques de détail qu'on puisse lui adresser, qu'elle est belle dans ses grandes lignes, avec ses deux tours couronnées, la basilique orléanaise ! Mettez-vous à quelque distance, et regardez. Puis, entrez dans le vaste temple : quelles proportions superbes ! quelle étendue ! quelle élévation ! quelle majesté ! A l'émotion involontaire qui vous saisit, reconnaissez une grande œuvre de l'art chrétien.

Telle fut l'impression de Msr Dupanloup la première fois qu'il la visita : de l'extrémité de la grande nef l'embrassant du regard tout entière : « Belle cathédrale ! » s'écria-t-il ; mais il ajouta : « Un peu froide pourtant. » Du porche aux deux bras de la croix surtout, ce froid se faisait sentir. Ces murailles nues, que rien n'animait, ces

grandes verrières blanches, qu'aucun personnage, qu'aucune figure de saint ne faisait vivre, justifiaient cette
parole, puis, la parcourant, les belles chapelles de l'abside, dont nous parlions tout à l'heure, le ravirent par la
beauté de leur architecture, mais l'affligèrent par l'indigence de leur décoration. Il entra dans la sacristie : c'était
plus douloureux encore. Quant à l'extérieur, un désastre
était à craindre : la chute de la flèche était imminente.

Il avait donc pour ainsi dire tout à faire ; il fit tout,
tout le possible du moins, et ce qui était autrefois un sujet
de tristesse charme aujourd'hui le regard.

La sacristie changea entièrement d'aspect : une décoration du meilleur goût la transforma, et en fit enfin, pour
tout dire d'un mot, quelque chose de digne d'une aussi
magnifique cathédrale.

L'une après l'autre les onze chapelles de l'abside furent
réparées et renouvelées ; entièrement peintes, les colonnes,
les murailles, la voûte, l'autel ; ornées de vitraux, en gri-
sailles ou avec des sujets : l'ensemble est de l'effet le plus
radieux.

Deux autres chapelles, celles qui précèdent immédiatement le transept, l'une, la chapelle de Saint-Joseph, ou
de la bonne mort, l'autre, la chapelle des fonts, furent également peintes et enrichies de vitraux. Cette dernière fut
de plus ornée d'une fontaine sacrée, telle qu'aucune
cathédrale n'en possède de pareille, et qui est l'œuvre
remarquable d'un artiste belge renommé, M. Goyers, le
même qui fit les deux chapelles du Sacré-Cœur et de la
sainte Vierge, dans le transept.

L'idée de ces deux chapelles monumentales vint à
l'évêque d'Orléans dans un voyage qu'il fit en Belgique ;
ce sont d'immenses chapelles, en bois sculpté, dans le
style gothique, avec un corps d'autel, un retable, des
stalles et une balustrade. Peut-être ne s'harmonisent-
elles pas parfaitement avec l'architecture de l'édifice ; mais
en elles-mêmes ce sont des chefs-d'œuvre.

Une pensée d'art et une pensée de piété lui inspirèrent
l'admirable chemin de croix, sculpté dans la pierre vive
des murailles, qui vint animer si heureusement cette

partie déserte et froide de la cathédrale : et il ne se trompa pas ; il est incontestable que ce chemin de croix, le plus beau peut-être qui existe en France, a beaucoup ajouté à la piété des fidèles pour le grand mystère de notre rédemption. Et comme une idée en amène une autre, c'est ce chemin de croix qui inspira la pensée de faire resplendir dans les dix belles verrières qui sont au-dessus l'histoire héroïque et sainte de Jeanne d'Arc.

Nous avons voulu grouper ici ces travaux divers, pour que le lecteur puisse embrasser d'un seul coup d'œil ce que l'évêque d'Orléans a fait dans sa cathédrale. En y joignant les nouvelles orgues, qui furent posées après sa mort, mais avec des fonds obtenus par lui, on voit que c'est un renouvellement presque complet de sa cathédrale qu'on lui doit.

Nous allions oublier un autre ornement considérable, qui pourtant frappe d'abord la vue dès qu'on y entre : ce sont les cinq belles verrières qui couronnent le sanctuaire : les teintes en sont admirables ; il est seulement à regretter que la grande érudition dépensée dans ces vitraux, car c'est toute l'histoire de la sainte croix qui est là, le soit à peu près en pure perte, à cause de l'exiguïté des figures eu égard à la hauteur où elles sont placées ; il eût fallu moins de sujets, et des personnages plus grands ; mais ce n'est pas à lui que cette faute est imputable.

Voilà pour l'intérieur de la cathédrale. Il y avait plus à faire encore peut-être à l'extérieur. Et d'abord, nous l'avons dit, la flèche menaçait ruine. Il devint urgent de l'abattre ; mais après l'avoir abattue, il fallait la reconstruire : grande affaire. On était dans des temps difficiles, au milieu de cette guerre de Crimée qui dévorait les hommes et les millions. Néanmoins le gouvernement, le département et la municipalité s'y prêtèrent ; mais l'âme de cette grande et belle entreprise, ce fut lui. De Rome même, pendant les fêtes de l'Immaculée Conception, il excitait à cette œuvre le zèle de ses diocésains : « Si tous mes diocésains, écrivait-il à son vicaire général, M. l'abbé Valgalier, le 28 décembre 1854, veulent me donner chacun un *sol* par an, pendant cinq ans, je m'en charge : pour cela il faut seu-

lement que pas un de mes diocésains ne me refuse le
sol que je demande chaque année, pendant cinq ans. Je
compte, cela va sans dire, parmi mes diocésains ceux qui
me sont les plus chers de tous, c'est-à-dire tous les petits
enfants, même les plus jeunes.

» Il faut que dans chaque village, chacun de nos bons
curés ouvre cette petite souscription. Il va sans dire qu'on
pourra, comme dans les temps anciens, souscrire pour
un *sol* d'or ou d'argent. »

Une nouvelle flèche remplaça donc l'ancienne et ne la
fit pas regretter. Ce fut un travail considérable. Confié à
un architecte de talent, M. Boeswilwad, ce travail réussit
complètement : et même, instruit par l'expérience, l'architecte, qui avait été inspecteur des travaux de la Sainte-
Chapelle, évita un défaut que la critique avait signalé
dans la flèche, d'ailleurs si gracieuse, de la chapelle de
saint Louis : l'élan de cette flèche est arrêté vers le milieu par un ornement malheureux ; la flèche de Sainte-
Croix, au contraire, comme celle de Notre-Dame, monte
d'un jet continu, avec une élégance extrême, vers le ciel.

Mais dans ce monde de pierre qui constitue une cathédrale, dans cette forêt de clochetons qui caractérisent
Sainte-Croix, que de ruines, ou déjà consommées, ou
imminentes ! Que de fois, devant ces tours si gracieusement ornementées, mais dont les pierres trop tendres se
fendent et tombent par morceaux, nous l'avons entendu,
moins heureux de ce qu'il avait fait, qu'attristé de ce qu'il
était impuissant à faire, gémir sur l'indifférence ou l'in-
curie qui passent outre, ou s'irriter contre certains projets de démolitions barbares : singulière façon, en effet,
de réparer un édifice que de le mutiler ! Un jour de grande
solennité, c'était le 15 août 1861, un bloc de pierre énorme
se détacha de la façade et tomba à l'endroit même où,
quelques instants auparavant, les autorités civiles et militaires avaient passé ! Sur-le-champ il écrivit au ministre
une lettre pressante, et des travaux considérables à
l'extérieur de la cathédrale furent immédiatement commencés.

Que de fois il écrivit de la sorte afin d'appeler l'atten-

tion de qui de droit sur le lamentable état d'un monument trop négligé, qu'on nous pardonne ce regret et ce
reproche, et qui a pourtant tous les droits à la sollicitude
de ceux qui ont la charge de veiller aux richesses artis-
tiques et monumentales de la France. Car ce qu'il y aurait
à faire ici dépasse de beaucoup tout ce que l'évêque le
plus intrépide peut tenter. Quant à ce qu'a fait en somme
pour sa cathédrale l'évêque d'Orléans, si l'on pouvait ad-
ditionner tout l'argent qu'il y a mis, le chiffre auquel on
arriverait serait prodigieux. Et ce n'était qu'une de ses
œuvres !

Après Sainte-Croix, l'église la plus belle d'Orléans, nonobstant le lourd ornement parasite qui la dépare à l'extérieur, c'est Saint-Euverte : c'était à l'origine une modeste
chapelle (cella exigua) élevée dans les dernières années
du quatrième siècle sur le tombeau de saint Euverte,
évêque d'Orléans, prédécesseur du grand évêque saint
Aignan. Au douzième siècle une grande église remplaça
la petite chapelle. Elle couvrait le sarcophage de l'évêque
gallo-romain ; et depuis le douzième siècle jusqu'au dix-
huitième, les évêques d'Orléans y furent inhumés. Plusieurs fois ravagée et restaurée, elle était, depuis 1793,
dans le plus lamentable état ; on en avait fait le dépôt de
toutes sortes d'objets. En 1851, un décret du gouvernement autorisa la vente de cet édifice national : elle pouvait alors disparaître. L'évêque d'Orléans eut l'idée un
jour de la visiter, et, frappé de sa partie architecturale, il
se dit qu'une telle église ne périrait pas, lui évêque d'Orléans. Les Pères de la Miséricorde l'achetèrent ; puis tout
à coup il ordonne de déblayer la nef et d'y transporter
des chaises, et Orléans apprend avec surprise qu'un sermon va être prêché par l'évêque lui-même dans cette
église dévastée et abandonnée. On y accourut en foule :
c'était le 22 février 1857. L'évêque fut admirable d'éloquence et la quête fut merveilleuse. Puis immédiatement
une commission fut constituée à l'effet de recueillir des
souscriptions pour la restauration de ce beau monument,
et l'œuvre marcha avec une telle rapidité, que l'année suivante l'évêque put de nouveau réunir ses diocésains char-

més dans l'édifice consolidé, transfiguré par leur générosité et par son zèle.

Au-dessus de Sainte-Croix elle-même nous mettons sans hésiter la vieille église romane de Saint-Benoît, commencée vers l'an 1067 et définitivement terminée en 1218 : « dernier reste de la prospérité et des splendeurs de l'abbaye dont elle maintient, au sein des générations nouvelles, les glorieux souvenirs [1] » ; Saint-Benoît, qui possède, apportées là du mont Cassin au temps des invasions, les reliques insignes du patriarche des moines d'Occident. Mais en quel état, la première fois qu'il la visita, trouva-t-il cette église ! La restaurer et en confier la garde aux enfants mêmes de Saint-Benoît fut une pensée qui surgit tout d'abord dans son cœur et à laquelle M. de Montalembert, qui visita, avec lui et l'abbé Gratry, cette basilique, l'encourageait fortement. Le 26 mai 1850, il y conduisait Dom Guéranger ; malheureusement les négociations entamées avec l'abbé de Solesmes ne purent aboutir. Plus tard, cependant, il aura la joie d'y installer d'autres enfants de Saint-Benoît. Il put obtenir que le gouvernement prît enfin souci de ce magnifique monument historique, dont la restauration, bien lentement menée à son gré, et malgré ses incessantes insistances, s'est cependant poursuivie sans interruption. Puisse-t-elle enfin et bientôt s'achever !

Non loin de Saint-Benoît est une autre merveille d'un art dont il existe bien peu de monuments dans notre pays, la petite église byzantine de Germigny, bâtie par Théodulphe en 806 : une inscription authentique qui s'y lit encore en donne la date certaine. Évidemment c'est de Germigny que procède Saint-Benoît : Saint-Benoît, c'est Germigny épanoui. Encore une église sauvée par l'évêque d'Orléans.

- De date plus récente, Notre-Dame de Cléry, renommé pèlerinage, était une autre gloire du diocèse d'Orléans ; gloire déchue aussi ; et l'église et le pèlerinage avaient

1. *Histoire de l'abbaye de Saint-Benoît-sur-Loire*, par l'abbé Rocher, p. 314.

perdu leur ancien éclat : il eut la consolation de le leur
rendre ; là aussi il s'est fait une restauration admirable.

Il faudrait pouvoir dire maintenant les constructions et
réparations d'églises que, sous sa puissante impulsion, le
clergé orléanais fit pendant son épiscopat. A Orléans seulement nous pouvons citer les belles réparations de Notre-
Dame de Recouvrance, de Saint-Paul, de Saint-Pierre-le-
Puellier, de Saint-Aignan, pour ne parler que des plus
considérables : et cette belle église de Saint-Paterne que
l'on édifie en ce moment sur un si magnifique plan, et
dont il bénit la première pierre. Qui parcourrait aujour-
d'hui le diocèse d'Orléans rencontrerait de tous côtés ou
des églises neuves, du meilleur goût, quoique très écono-
miquement bâties, ou des églises réparées avec intelligence et piété : à Montargis, il verrait une merveille ! Ce
sont les fruits du zèle infatigablement soufflé à ce clergé
par cet évêque.

Après la maison de Dieu il se préoccupait aussi de la
maison du curé, du presbytère. « Vous pouvez, écrivait-il
à ses prêtres, vous résigner à être mal logés ; je ne puis,
moi, y consentir. » La santé des prêtres, en effet, y est
trop intéressée. Sa vigilance sur ce point était extrême,
et, au besoin, avec les conseils municipaux malintention-
nés ou déraisonnables, qui se refusaient aux nécessités
les plus évidentes, il usait des grands moyens : il retirait
le prêtre tant qu'on ne lui avait pas fourni un logement
au moins salubre.

Construction et réparation des églises, construction et
réparation des presbytères, tout cela se poursuivit avec
une activité extrême pendant tout son épiscopat. Un document précieux, que nous avons entre les mains, donnera une idée exacte de ce qui se fit pendant ces trente
années dans ce diocèse. Ce sont deux listes, dressées par
M. l'abbé Rahotin, l'une des églises, l'autre des presbytères, construits ou réparés, de 1850 à 1860, en dix années seulement, avec indication des sommes versées par
les communes, par les fabriques, par souscriptions volontaires et par l'Etat. Nous ne donnerons ici que le total. Il
est de 1 500 001 fr. 67. Et nous pouvons dire que ce

travail, dans la suite, loin de se ralentir, marcha plutôt
avec une vitesse accélérée. On peut donc, sans exagération, ou plutôt en restant certainement au-dessous du
chiffre véritable pour toute la durée de son épiscopat, tri-
pler ce chiffre, ce qui donnera un total de 4 500 000 francs ;
mais 5 000 000 serait encore un chiffre insuffisant. Cinq
millions, c'est bientôt dit ; mais qu'on veuille bien se rè-
présenter par la pensée tout ce qu'il a fallu, dans les
temps où nous sommes, et à travers tant d'autres œuvres,
à ces bons prêtres orléanais, de zèle, de démarches, d'efforts de toute nature, pour recueillir une pareille somme,
et l'on demeurera pénétré d'admiration pour ce travail
obscur, silencieux, infatigable ; pour le clergé qui a su
l'accomplir, pour l'évêque qui a su l'inspirer.

Pour tous ces travaux, sans doute il demandait avant
tout le zèle ; mais ce zèle, il voulait qu'il fût réglé, et selon
la science ; car les fautes commises en ces matières sont
toujours très fâcheuses et parfois irréparables ; et ce n'est
pas tout : il y a la question d'art, dont il faut nécessairement tenir compte ; mais il y a aussi les besoins du culte,
chose que le sens pastoral seul révèle, et qui sont parfois
complètement étrangères à des architectes, même chrétiens : sur ce dernier point, sur les exigences du service
divin et le bien des âmes, sur l'aménagement, si nous
pouvons ainsi dire, sur la disposition des églises et des
chapelles à ce point de vue, qui est le point de vue fondamental, les lettres pastorales de l'évêque d'Orléans contiennent des observations d'une grande justesse ; mais
pour la question d'art sa volonté était que MM. les curés
ne fissent rien d'important sans l'avis d'hommes spéciaux ; il avait donc institué un *Comité consultatif*, auquel tous les plans et devis, transmis d'abord à l'évêque,
devaient être communiqués. C'était, du reste, en tout sa
méthode de réclamer le concours des hommes spéciaux,
et de mettre à contribution toutes les capacités et toutes
les bonnes volontés.

Mais relever les pierres des temples, est-ce tout ? Dans
une foule de nos pauvres églises de campagne, quelle
indigence pour les objets les plus indispensables au culte !

Il l'avait tout d'abord soupçonnée : quand il l'eut constatée par lui-même dans ses visites pastorales, et notée paroisse par paroisse, comme nous l'avons vu, son zèle à y
porter remède fut égal à la douleur qu'il avait ressentie
en la voyant. Mgr Fayet, en 1845, avait institué à Orléans
une œuvre qui existait aussi à Paris, œuvre que la lègè-
reté d'un homme de théâtre a pu railler, mais qui n'en
est pas moins admirable, l'œuvre des tabernacles ou des
églises pauvres : il s'empressa de la développer et de lui
faire porter tous ses fruits.

Un jour, l'église de Saint-Pierre du Martroi était insuffisante à contenir la foule qui s'y assemblait ; l'évêque
avait annoncé un sermon en faveur de cette œuvre : avec
les riches offrandes de la piété orléanaise, nombre de
bijoux furent trouvés dans les bourses des dames quêteuses. On y trouva aussi une croix pastorale et un anneau : c'était l'offrande de l'évêque. On en estima le prix,
qui sur-le-champ fut ajouté à la quête, et la croix et l'anneau lui furent rapportés. Profondément touché de cette
délicatesse, il les accepta, mais voulut absolument restituer aux dames quêteuses la somme à laquelle ils avaient
été estimés.

Puis une circulaire fut adressée par lui au clergé, une
autre aux fidèles. Il eut la pensée d'adjoindre à cette
œuvre une loterie : immédiatement cinq cents dames
furent engagées dans cette loterie et reçurent de lui des
billets, avec mission de les placer, son ambition étant
d'en placer ainsi chaque année 200 000 [1]. Avec les ressources que fournissait cette loterie, et avec les offrandes
en nature, on achetait des vases sacrés et l'on confection-
nait des ornements. Un ouvroir fut institué à cette fin :
les dames, ou emportaient chez elles leur part de travail,
ou se réunissaient chaque semaine chez l'une d'elles,
Mme la première présidente de Vauzelles, pour travailler
en commun : chaque année, à l'évêché, les objets qui
constituaient la loterie, et les ouvrages merveilleux de

_____

1. Lettre à Mme la princesse Borghèse. Mais cent mille seulement, à
25 centimes, donneraient par an la somme de 25 000 francs.

ces dames, chapes, chasubles, bannières, aubes, linge
d'autel de toute sorte, étaient exposés ; MM. les archidiacres en faisaient ensuite, chacun dans son archidiaconé,
la répartition. Qu'on juge de ce que, vivifiée, fécondée
par lui, cette œuvre a dû donner aux pauvres paroisses
de son diocèse, pendant les trente années de son épiscopat ! Mais que de soins il prit pour cette œuvre ! Souvent,
tout à coup, à l'ouvroir, il apparaissait, charmant et encourageant les travailleuses par ces paroles à la fois simples et grandes dont il avait le secret ; et tous les ans,
lui-même, il publiait une circulaire pour ne pas laisser le
zèle s'affaiblir à l'endroit d'une œuvre si touchante et si
nécessaire.

Par ce rapide aperçu on peut voir que, s'il a tant fait
pour les âmes directement, pour ce qu'il appelait la restauration spirituelle de son diocèse, il n'a pas moins fait
pour sa restauration matérielle : s'appliquant constamment à lui-même ce qu'il répétait à son clergé, qu'il *ne
faut pas épargner sa peine là où Jésus-Christ a donné
son sang.*

CHAPITRE VII

SON ŒUVRE PASTORALE
(Suite)
Ses travaux pour l'éducation de la jeunesse
Transformation des Petits Séminaires
Son action personnelle sur les maîtres et les élèves
Episodes : la bifurcation et la querelle des classiques
Fondation du cours supérieur
Les tragiques grecs au Petit Séminaire d'Orléans
1850-1858

L'œuvre des Petits Séminaires, avons-nous dit, n'était pas moins à cœur que celle des Catéchismes, à l'évêque d'Orléans, et elle lui coûta plus de sollicitude encore : « Former en vingt ans une nouvelle génération de prêtres capables et nombreux », telle était son espérance dans ce labeur. Puisque, en effet, ces maisons sont celles où le clergé se recrute, l'avenir d'un diocèse est là tout entier.

Les vocations, à Orléans et ailleurs, étaient rares alors ; elles le sont encore plus aujourd'hui. On s'en plaint ; lui-même en a souvent gémi. Sans doute, il y a de ce malheur des causes multiples ; mais les Séminaires eux-mêmes n'y sont-ils pour rien ? La façon dont ils sont quelquefois gouvernés n'explique-t-elle pas, en partie, cette stérilité ? Si tant de vocations se perdent là, n'aboutissent pas, restent en route, la faute en est-elle uniquement à ceux qui, appelés, ne répondent pas ? Question redoutable. Quoi qu'il en soit, rien n'importe plus à un évêque que le bon gouvernement des Séminaires, et rien ne fut l'objet de plus grands efforts pour l'évêque d'Orléans.

A un autre point de vue, il était nécessaire que le principal auteur de la loi de 1850, ayant en mains une maison d'éducation, prouvât que le clergé n'était pas indigne de

cette liberté d'enseignement si ardemment réclamée et
enfin conquise.

Une des compensations à sa tristesse d'être évêque, ce
fut la perspective de pouvoir gouverner sans entraves et
selon ses méthodes un Petit Séminaire. Tout d'abord, il
se proposa deux choses : augmenter le nombre des élèves,
et relever les études et la piété.

Pour avoir plus d'élèves, quoique son Séminaire de La
Chapelle eût été construit dans de si grandes proportions,
il songea à en créer un autre à Orléans même. Les dépen-
dances de son vaste évêché lui parurent propres à ce dessein : il s'en priva donc sans regret, pour y installer avec
la maîtrise de la cathédrale, un véritable Petit Séminaire,
dit Petit Séminaire de Sainte-Croix, où l'on ne faisait
d'abord que les classes élémentaires, mais dont les élèves
pouvaient ensuite passer au Petit Séminaire de La Chapelle, s'ils donnaient des espérances sérieuses de vocation à l'état ecclésiastique.

Cette maison, parfaitement gouvernée par un ecclésiastique de mérite, M. l'abbé Renaudin, prit tout à coup
dans la suite de très grands développements lorsque, les
bâtiments d'un ancien couvent de Minimes étant devenus
disponibles, l'évêque d'Orléans en put faire l'acquisition
et y transporter sa maison de Sainte-Croix : le diocèse
eut alors véritablement deux Petits Séminaires, complets
l'un et l'autre aujourd'hui; car, par la force des choses,
l'évêque d'Orléans se trouva amené à permettre qu'on
fît aux Minimes, c'est le nom que prit alors le Petit
Séminaire de Sainte-Croix, toutes les classes, même la
philosophie.

Mais c'est le Petit Séminaire de La Chapelle qui appela
surtout son attention. Et d'abord, restait à payer un reli-
quat de 30 000 francs, pour les grandes mais utiles dépenses
faites par son prédécesseur : un petit billet de Mgr Dupanloup à quelques-uns de ses diocésains obtint pour réponse
60 000 francs : telle fut sa première rencontre avec la
générosité orléanaise. Et quoique ce Séminaire fût si vaste
et pût contenir plus de trois cents élèves, l'évêque d'Orléans

trouva cependant à y ajouter. C'était un grand bâtiment carré, avec une cour intérieure, entourée de cloîtres, la chapelle se prolongeant sur l'un des côtés, le côté opposé à l'entrée. L'évêque d'Orléans jeta, à droite et à gauche, deux grandes ailes, terminées chacune par une charmante chapelle, consacrées, l'une à la sainte Vierge [1], et l'autre aux saints Anges : dans sa pensée, ces deux chapelles devaient rendre, et ont rendu, les plus grands services pour les réformes qu'il méditait. De plus, les cours, formées, à chaque extrémité, par le bâtiment et par ces deux ailes, furent munies par lui chacune d'un hangar, pour abriter, mieux encore que les cloîtres, les enfants les jours de pluie : pendant les beaux jours, ils avaient leurs verts quinconces, entre la maison et la Loire.

Il en fut du Séminaire de La Chapelle comme de Saint-Nicolas : la confiance qu'il inspirait aux familles y attira en foule des élèves du plus grand nom; mais, s'il y avait lieu de s'en réjouir à plus d'un point de vue, cependant ce n'étaient pas là, si ce n'est exceptionnellement, des vocations : ce qu'il voulait avant tout, et les lacunes, les vides constatés par lui dès son arrivée dans son clergé lui étaient pour cela un constant aiguillon, c'étaient des enfants promettant de recruter un jour le sacerdoce. Il fallait donc favoriser les vocations, et c'est pour cela que, dès la première année de son épiscopat, en 1850, il fit deux choses : il créa des bourses, et il institua des concours; et une commission fut immédiatement nommée par lui pour juger ces concours et distribuer ces bourses; et, le 22 avril 1850, il publia une lettre à son clergé pour lui faire connaître ces créations, et « encourager le zèle si digne d'éloges de MM. les ecclésiastiques qui veulent bien préparer de jeunes enfants pour le Petit Séminaire ». Dès 1851, les élèves affluaient, et il était urgent d'opérer la réforme dont il avait tout d'abord reconnu la

---

1. « La première édition de mon livre (De l'éducation) a rapporté 3000 francs avec lesquels, selon un vœu que j'ai fait, je bâtis en ce moment une petite chapelle de la sainte Vierge pour mon Petit Séminaire, absolument comme si 1852 n'approchait pas. » — A Mme la princesse Borghèse, 11 novembre 1851.

nécessité, au point de vue des études de la discipline et
de la piété.

Une congrégation spéciale pour l'œuvre des Petits Séminaires lui paraissait indispensable : cette idée l'avait
fortement saisi pendant son voyage de Rome; il aurait
souhaité fonder lui-même cette congrégation : « Il faut,
écrivait-il, que je lève ce drapeau. » Il réalisa, pour sa
part, cette pensée en aidant alors de tout son pouvoir à la
résurrection de l'Oratoire, que deux prêtres éminents,
M. l'abbé Gratry et M. l'abbé Pététot, avaient eu l'heureuse
inspiration de rendre à l'Eglise de France.

A défaut de congrégation, il comprit qu'il fallait tout
d'abord transformer le personnel dont il disposait, et il
fit pour ses professeurs comme pour ses catéchistes : ce
fut dans de fréquents entretiens avec eux sur leur œuvre
qu'il la leur révéla aussi en quelque sorte, et qu'il les
enflamma du feu sacré que sa parole avait le don d'allu-
mer toujours. « Nous sortions de ces entretiens, nous a
écrit l'un d'eux [1], transportés; et nous ne pouvions nous
empêcher de nous dire : « Quel homme! quel maître! »
Puis il en vint aux mesures décisives.

La première de ces mesures fut, comme à Saint-Nicolas,
l'établissement du *niveau des classes*, chose inconnue au
Petit Séminaire de La Chapelle; le *niveau*, c'est-à-dire la
hauteur où chaque classe doit se maintenir, pour conserver son nom, et la moyenne que chaque élève doit atteindre pour y être admis ou y rester.

Il s'agit ensuite d'organiser et de réglementer toutes
choses. La rédaction de ces *règlements*, ou plutôt leur
adaptation au Petit Séminaire de La Chapelle, fut pour
l'évêque d'Orléans un grand labeur. Ce que nous avons dit
du Petit Séminaire de Saint-Nicolas nous permet d'être
bref ici. Au fond, c'étaient les mêmes méthodes. Trois
grandes préfectures, ce fut là le capital de la réforme,
furent établies, et le préfet des études, le préfet de disci-

---

1. M. l'abbé Renaudin.

pline, le préfet de religion, furent constitués, chacun dans son département, les grands auxiliaires du Supérieur.

Il y avait, dans les règlements relatifs aux études, deux directoires d'une particulière importance, le *Temporale*, qui fixait la place et le temps assignés à chaque cours ; et l'*Ordo discendi et docendi*, qui indiquait jour par jour tout le travail qui devait être donné aux élèves par les professeurs. Eh bien, chaque année l'évêque d'Orléans se faisait communiquer ce *Temporale* et cet *Ordo discendi et docendi*, et il les examinait à fond, depuis la philosophie jusqu'au cours préparatoire à l'étude du latin, en discutant les moindres détails, corrigeant et rectifiant de sa main ce qui lui semblait mal combiné, ou bien jetant çà et là son point d'interrogation, quand il avait un doute, et priant le préfet des études de revoir attentivement son travail jusqu'à ce que lui-même, l'ayant examiné de nouveau, l'approuvât définitivement [1].

Tous les moyens d'émulation en usage à Saint-Nicolas furent transportés à La Chapelle, et notamment l'Académie.

De même pour la piété : elle fut hautement mise en honneur ; et tout, confessions, catéchismes, fêtes, retraites, mois de Marie, congrégations, port de l'habit ecclésiastique, dans certaines conditions, certains jours, et par certains élèves, fut réglementé avec la dernière précision. Tout était au grand jour, et ni la timidité, ni la dissimulation, ne pouvait avoir là aucune place.

De bons règlements, organisant fortement toutes choses, et des hommes pleins de zèle pour les appliquer, c'est beaucoup sans doute. Il reste cependant, pour qu'une réforme soit, non pas seulement décrétée, mais faite, à surveiller constamment l'exécution de ces règlements, et à ne laisser s'insinuer d'aucune façon, dans la pratique, la négligence ou la routine. C'est là surtout le devoir d'un Supérieur. Or le véritable Supérieur du Petit Séminaire

---

1. Note à nous communiquée par M. l'abbé Godefroy, longtemps préfet des études à La Chapelle, aujourd'hui curé de Montargis, et prélat romain.

de La Chapelle, en fait comme en droit, nous pouvons le
dire, c'était lui; en ce sens que, sans entraver en aucune
sorte, mais en activant sans cesse l'initiative du Supérieur,
il se faisait un devoir de l'éclairer et de le diriger, se tenait
pour cela au courant de tout, surveillait tout, donnait
l'impulsion à tout. Obligé, par sa santé, de mettre un
exercice physique régulier dans sa vie, et le faisant, par
devoir, par conscience, avec cette énergie de volonté qui,
quand elle s'était imposé une règle, s'y conformait avec
persévérance, il trouvait dans La Chapelle, située à une
suffisante distance d'Orléans, le moyen tout à la fois de se
donner cet exercice indispensable, et de suivre d'aussi
près que possible la marche de son Petit Séminaire. Il y
allait donc à peu près tous les jours, dans l'après-midi,
ordinairement à pied, et en suivant les bords de la Loire,
et ne partait pas sans avoir vu le Supérieur, ou quelques-uns des professeurs, ou quelques-uns même des
élèves. Evêque, il avait plus d'autorité encore, on le conçoit, pour traiter avec ses auxiliaires dans l'éducation de
la jeunesse chrétienne, que quand il était simplement
Supérieur de Saint-Nicolas.

Les deux hommes, les deux Supérieurs, qui furent ses
plus effectifs coopérateurs dans cette œuvre de transformation de son Petit Séminaire, ce furent M. l'abbé Place et
M. l'abbé Hetsch.

M. Place (aujourd'hui archevêque de Rennes) était un
de ses enfants de Saint-Hyacinthe. Avocat d'abord, lorsque,
âgé d'environ trente ans, il eut l'inspiration de quitter le
barreau pour l'Eglise, et qu'il se rendit à Rome pour y
faire ses études théologiques, c'est comme « son fils chéri »
que l'abbé Dupanloup l'avait recommandé à Mme la princesse Borghèse; et quand il fut ordonné prêtre, en 1850,
l'évêque d'Orléans, qui savait son mérite exceptionnel, lui
envoya des lettres de grand vicaire honoraire, et l'appela
auprès de lui; quelque temps après, il le mit à la tête de
son Petit Séminaire. Homme d'organisation et de pratique,
de ponctuelle exécution des choses, il rendit, dans ces premières années de la réforme, les plus grands services.

L'abbé Hetsch, qui avait été son collaborateur, lui suc-

·céda. C'était une précieuse recrue de l'évêque d'Orléans.
Wurtembergeois et protestant d'origine, ayant reçu dans
son pays cette large culture d'esprit que donnent les universités allemandes, intelligence élevée, cœur droit et généreux, âme enthousiaste, il cherchait avec passion, dans
toutes les voies, la vérité, et, de déductions en déductions,
surtout en scrutant cette grande idée d'unité qui lui semblait tout dominer dans la science comme dans la foi, il en
était arrivé au plein jour du catholicisme ; et, attiré à ce
moment décisif de sa vie, par cette lumière qui brillait à
Orléans, il était venu se mettre entre les mains de cet
expérimenté directeur d'âmes qui s'appelait Mgr Dupanloup : l'évêque l'avait déterminé à entrer dans·son Grand
Séminaire, puis l'avait attaché au Séminaire de La Chapelle,
auquel il a donné, pendant plus de vingt ans, les trésors
d'un dévouement infatigable. Peut-être avait-il besoin,
comme Supérieur, d'un *alter ego* doué de plus de nerf et
de vigueur que lui-même ; mais, pour parler au cœur des
enfants et répandre la flamme, il était admirable.

Une très belle biographie de lui vient d'être publiée[1] ; les
détails sur l'intimité que l'affection de l'évêque et la rare
docilité du pieux prêtre avaient établie entre ces deux
hommes attachés à la même œuvre, mais de natures
si différentes, y abondent et nous permettent d'ajouter
quelques traits au tableau que nous n'avions d'abord qu'es-
quissé.

Soit par des entretiens presque quotidiens, soit par de
petits billets ou de longues lettres selon les occurrences,
soit dans des retraites qu'il lui faisait faire·sous sa direction,
soit dans une plus grande intimité pendant les vacances,
quand il pouvait l'emmener avec lui, l'évêque d'Orléans
cherchait à façonner, à pétrir pour ainsi dire ce prêtre
d'élite, pour tirer de ses éminentes qualités tout ce qu'elles
pouvaient donner, et réaliser de concert avec lui, telle qu'il
la concevait, la grande œuvre de l'éducation de la jeunesse.
Quoi de plus charmant et de mieux saisi sur le vif, que ce

---

1. Par l'auteur des *Derniers jours de Mgr Dupanloup*. Paris, chez
Poussielgue.

tableau tracé par le biographe de l'abbé Hetsch : « Un jour (c'était pendant une des apparitions de M⁣ᵍʳ Dupanloup à La Combe, chez ℕ. Albert Du Boys), on avait campé à l'entrée d'une forêt, où l'évêque avait disparu avec l'abbé Hetsch. Un temps assez long s'était écoulé, lorsque le soleil couchant, à l'heure où ses rayons obliques rasent presque la terre, pénétra dans ces obscures profondeurs, qui furent tout à coup illuminées. On aperçut alors le maître et le disciple. M⁣ᵍʳ Dupanloup était debout, appuyé contre un sapin, la tête nue, le regard étincelant, la main levée dans un geste noble et ferme qui lui était familier. Il parlait ; l'abbé Hetsch, assis à ses pieds, semblait suspendu à ses lèvres. On eût dit que son âme s'élançait vers celle de l'évêque, et que ce jour-là cet Elisée sentait tomber sur lui un rayon de l'esprit d'Elie. » « Nous devons, lui écrivait un jour l'évêque, faire de La Chapelle une maison modèle, dépositaire des anciennes traditions de la vraie et bonne éducation. » Leurs vues théoriques sur l'œuvre s'accordaient assez : ce à quoi surtout il fallait former l'excellent Supérieur, nature plus méditative qu'agissante. c'était l'action ; il le sentait lui-même : « Le souffle initiateur me manque, écrivait-il un jour à l'évêque ; je ne connais en ce monde qu'un seul homme qui puisse me le donner... Adieu, bien-aimé seigneur et père, à *Dieu*, dans toute la force du mot. Après lui, c'est vous que j'aime, que je vénère, et sur qui je m'appuie le plus. » Il fallait en effet, pour profiter de ce précieux secours, une âme pénétrable à cette lumière et à cette flamme : cette noble et affectueuse docilité, l'humble Supérieur l'avait, sans abdiquer, car ni l'affection, ni la vraie obéissance ne l'exigent, sa personnalité et son action propre. L'évêque lui écrivait des choses comme celles-ci : « Il ne suffit pas qu'un Supérieur soit père par le cœur, il faut qu'il soit homme pour former des hommes. Et, dans l'homme, il n'y a pas seulement le cœur, mais la raison, le discernement, le bon sens, et enfin l'action directrice et même créatrice. » « L'important, lui disait-il une autre fois, se peignant lui-même sans y penser, c'est de mettre les hommes en mouvement et d'en tirer parti. Il faut répandre la vie, stimuler l'action autour de soi, faire le mieux possible ce qu'il y a à faire, et entraîner, forcer par là les autres à le faire de leur côté. »

Mais l'évêque ne s'en tenait pas à ces conseils généraux, quoique très pratiques ; c'était surtout dans le détail des choses et les difficultés quotidiennes qu'il lui venait en aide ; et si le temps lui avait manqué pour conclure, le Supérieur faisait quelques pas avec lui sur les bords de la Loire, un carnet à la main, et : « Ecrivez, » lui disait l'évêque ; et par 1°, 2°, 3°, etc., il lui dictait, avec la dernière précision, ce qu'il avait à faire dans telle ou telle délicate occurrence, ce qu'il avait à dire à tel professeur, à tel enfant, à telle famille.

« Rien ne leur coûtait à tous deux, ni temps, ni efforts, ni démarches, pour sauver un enfant en péril ; et ils s'ingéniaient pour environner le coupable de salutaires influences et pour les faire agir sur lui : mais en même temps ils livraient eux-mêmes des assauts répétés à son cœur. Alors, penchés ensemble sur la même feuille de papier, ils écrivaient, et tour à tour corrigeaient, effaçaient et ajoutaient, jusqu'à ce qu'ils eussent trouvé l'image saisissante, le trait incisif, qui pouvait le plus sûrement ébranler ou toucher le rebelle. » Le pieux historien à qui nous empruntons ces détails a bien raison d'ajouter : « En voyant Msr Dupanloup refaire ainsi jusqu'à trois ou quatre fois une lettre destinée à un enfant, aurait-on pu reconnaître le grand improvisateur qui surprenait toujours les ennemis de l'Eglise par la rapidité de ses coups ? » Mais, ajouterons-nous, ce qu'il est impossible de ne pas voir la, et au plus haut degré, c'est ce que peut le zèle dans le cœur de prêtres véritables.

Naturellement, pendant les mois d'été qu'il passait à La Chapelle, ses rapports avec le Petit Séminaire étaient encore plus suivis. Son plaisir était d'avoir à sa table l'un après l'autre tous ces messieurs.

Que dirons-nous de ses soins pour former les jeunes maîtres ? A eux non plus, car leur coopération n'importait pas moins, il n'épargnait pas les conseils ; souvent même, après les leur avoir donnés de vive voix, il les leur envoyait par écrit, afin d'y mettre plus de précision encore; mais que d'habileté, que de ménagements, que de délicatesse il savait porter dans ces avertissements! mêlant toujours l'encouragement au regret ou même au blâme: et ne faisant, s'il le fallait, une blessure, qu'en y appliquant aussitôt le baume d'une affection dont il était impossible de douter. Ce qui nous paraît surtout remarquable ici, et caractéristique de sa manière, c'est la suite qu'il apportait à ce travail de formation, commençant par étudier à fond celui à qui il voulait rendre, dans son intérêt et celui de la maison, ce grand service ; et après qu'il avait pénétré sa nature, ses qualités et ses lacunes, choisissant les moments opportuns, point si capital pour le succès d'un conseil! puis, revenant sur les révélations qu'il lui avait faites, appelant persévéramment son attention sur ce qu'il lui demandait, jusqu'à ce qu'il lui eût fait porter tous les fruits dont il le croyait capable. *Ab uno disce omnes.*

Il avait confié l'importante charge de préfet des études à un jeune professeur de rhétorique. Il le suivit de près pendant toute la première année ; puis, à la rentrée suivante, pendant la retraite qui précédait toujours pour les professeurs cette rentrée, il eut avec ce jeune prêtre, sur la façon dont il pouvait et devait remplir ses fonctions, une de ces longues, bonnes et paternelles conversations, où il allait au fond des choses et faisait la lumière totale. Le lendemain, le jeune prêtre lui ayant écrit pour lui exprimer sa reconnaissance et sa bonne volonté, il s'empressa de lui répondre :

« Mon bon et cher ami, je suis encore plus touché de votre bonne lettre que de notre conversation d'hier : j'y reconnais la droiture de votre conscience et de votre cœur.

» Je le répète, mon ami, je crois que le bon Dieu vous destine à rendre d'importants services dans son Eglise, et je vous ai dit hier ce qui peut vous aider beaucoup à répondre aux desseins de Dieu et à votre vocation.

» Chacun a ses inconvénients et ses faiblesses : vous avez le grand bonheur de connaître les vôtres, et le courage, non seulement d'entendre la vérité, mais de l'aimer et de la pratiquer : demandez au bon Dieu de vous en

faire de plus en plus la grâce ; c'est la plus grande qu'il
puisse vous faire. »

L'année suivante, ce jeune prêtre, qui était un homme
de beaucoup de mérite, était non seulement préfet des
études, mais encore préfet de religion : l'évêque, après
l'avoir observé de près à l'œuvre, et avoir eu encore avec
lui de nombreux entretiens, lui adressa une longue
lettre, qui entrait dans tous les détails des choses avec
une précision et une compétence où se laissaient voir et
sentir au plus haut degré le maître, l'éducateur, l'homme
d'autorité qu'il était.

De telles lettres n'étaient pas écrites sans avoir été profondément réfléchies et méditées ; et comme il n'entendait pas que ce qui lui avait demandé un tel soin et avait
une telle importance, pour la maison, pour le jeune prêtre
lui-même, fût pris par lui en médiocre considération et
promptement oublié, une nouvelle lettre, quelques jours
après, venait rappeler toute sa plus sérieuse attention sur
ces avertissements salutaires :

« Mon cher ami, je vous ai écrit l'autre jour une lettre
très sérieuse ; je l'ai écrite à votre conscience ; je l'ai écrite
à votre cœur. J'y rappelle votre méditation attentive et
dans le détail. Vous savez mon estime et mon affection
pour vous. Je vous en ai donné des preuves. Je demande
au bon Dieu de vous éclairer sur tout cela. Vous pouvez
beaucoup pour sa gloire et pour le service des âmes ;
mais permettez-moi de vous le redire, vous avez besoin
de mettre la vôtre dans les conditions essentielles du ministère pastoral. »

Combien de lettres de ce genre n'a-t-il pas écrites, indépendamment de tant de conseils donnés de vive voix !

Au reste, ses attentions à ses jeunes professeurs, à leur
santé, à leurs besoins, allaient à des délicatesses et des
soins de détail qu'on imaginerait difficilement ; le récit
suivant que nous devons à l'un d'eux en pourra donner
quelque idée :

« Pendant nos vacances de 1855, nous avions pris,
M. Baunard et moi, sur une invitation pressante de sa
part, notre grade de bachelier ès lettres : la préparation

nous avait fatigués, à son avis du moins. Nous étions revenus à La Chapelle pour assister à la retraite des professeurs, qui précède toujours la rentrée des classes. Il nous invite l'un et l'autre à dîner, et après le repas, pendant lequel il n'a cessé de vanter les avantages d'un séjour *sur les bords de la mer*, il nous emmène dans son cabinet. Là, nous remettant à chacun un billet de cent francs, avec une lettre de recommandation préparée à l'avance pour un excellent curé de ses amis : « Vous allez, nous dit-il, prendre ce soir même le train express pour Paris, et cette nuit pour Dieppe ; ma voiture va vous conduire à la gare. Vous passerez *sur les bords de la mer*, ajouta-t-il en souriant, les huit jours qui vous restent. Ce sera votre retraite. Venez, que je vous embrasse, et bon voyage ! »

Nous serions trop incomplet si nous ne disions quelque chose de son action auprès des élèves, surtout de ceux en qui il devinait une vocation. Pour combien d'entre eux fut-il, à ce moment décisif où le jeune homme, incertain, anxieux, s'interroge sur l'avenir et croit entendre la parole de Dieu, la lumière qui éclaire, l'affection qui encourage, l'autorité qui décide tout. Un exemple, ici encore, ouvrira une échappée de vue sur ce côté très fécond de son action sacerdotale. Un jour un jeune homme lui fait, timidement, une demi-confidence : le vigilant évêque ne laisse pas cette lueur s'éteindre ; quelques jours après le jeune homme reçoit le billet suivant : « Mon cher ami, en me faisant vos adieux vous m'avez dit quelques paroles qui m'ont profondément touché. Donnez-moi des nouvelles de votre santé, de votre âme, de vos pensées et de votre avenir. » Ainsi provoqué, le jeune homme s'ouvre cette fois tout entier. L'évêque partait pour Einsiedeln : c'était à l'approche de la grande fête du millénaire de la vieille abbaye bénédictine. Au retour il ne l'oublie pas et lui écrit : « Mon bon et cher enfant, je ne saurais vous dire assez combien je suis touché de votre bonne lettre, et de la filiale confiance que vous m'y témoignez. Depuis ce temps, vous n'êtes pas sorti de mon cœur et je vous ai bien porté dans mon souvenir à Notre-Dame des Ermites dont j'arrive. Où en est votre âme, votre cœur, et, je le dirai même, puisque vous me le permettez, votre vocation ? Ce que vous m'en dites me frappe extrêmement. Nous en recauserons dès votre arrivée au Petit Séminaire. » Et à partir de ce moment, pendant deux ans, car cet évêque, toujours si pressé quand il fallait l'être, savait, surtout dans l'œuvre des âmes, attendre l'heure de Dieu, c'est une attention, une vigilance, une sollicitude, tendre, délicate, patiente, pressante enfin et décisive. A certains moments choisis, au lendemain d'une retraite, par exemple, l'évêque intervient tout à coup et le jeune homme reçoit les quelques lignes que voici, courtes, car cet homme d'action ne bavardait pas, mais si pleines dans leur concision, et si sûres d'être commentées par le généreux cœur auquel elles s'adressaient :

« Mon bon et cher enfant, j'aurais voulu vous voir à la fin de votre retraite, mais le temps m'a tout à coup manqué. Donnez-moi des nouvelles de votre âme ; vous savez combien tout ce qui vous touche m'intéresse. » Et quand enfin, ainsi suivi et poursuivi, le jeune homme est mis sur la voie et est entré au Grand Séminaire, la correspondance ne s'interrompt pas, l'évêque ne le perd pas de vue, et quand vient le moment du premier engagement irrévocable, la veille du sous-diaconat, un petit billet, autographe cette fois, c'est-à-dire écrit de cette main qui alors ne pouvait que très peu écrire à cause de la fatigue des yeux, arrive au pieux jeune homme, avec une aube superbe, et ces paroles, heureuse application au sous-diaconat d'un très beau texte des Psaumes : *Sacerdotem Dominus induit vestimento lœtitiœ, sicut sponsum decoratum monilibus suis* ; le seigneur revêt son futur prêtre d'un vêtement de joie, comme se pare de ses diamants un époux. » Lorsque M. Borderies lui avait donné à lui-même, pour la même circonstance, un beau bréviaire, il avait écrit : « Ces choses sont bien bonnes avec les jeunes gens. » Il s'en souvenait. Et enfin, à la veille du jour suprême de la grande ordination sacerdotale, la même main écrivait au même jeune homme : « Mon cher enfant, toute la grâce et toute la vertu sacerdotales sont dans ces deux paroles, qu'il faut dire à Notre-Seigneur dans toute la

puissance et la vérité de votre âme : *Deus meus es tu.
Tuus sum ego.* Je vous bénis bien affectueusement en son
nom. » Le commentaire ajouté par le jeune homme au
bas de ce billet prouve que ces paroles pénétraient dans
cette âme comme dans la terre attendrie la rosée ; on le
voit bien aujourd'hui à Orléans !

Par cette organisation nouvelle, et ces admirables règlements, et ces incessantes interventions personnelles,
tout fut donc, en quelques années, transformé dans son
Petit Séminaire : Saint-Nicolas renaissait, plus brillant
et plus beau, sur les bords de la Loire ; le même esprit,
la même âme inspirait, vivifiait tout.

Cette puissante organisation des études classiques au
Petit Séminaire de La Chapelle était d'autant plus remarquable que ces études furent alors, de deux points opposés, et par des innovations de nature bien diverse, fortement attaquées pendant ces années-là, par ce qu'on a
appelé la bifurcation, d'une part, et, de l'autre, par une
bruyante insurrection contre ce qu'on nommait avec
mépris les classiques païens.

Quel était, au fond, le vrai motif de M. Fortoul, en
remplaçant la philosophie par quelques questions de
logique, et en établissant la bifurcation, chose barbare
autant que le mot ? Etait-ce simplement pour faire droit
aux critiques qui, pendant les controverses pour la liberté
d'enseignement, s'étaient élevées contre la philosophie
universitaire ? Et en poussant si vite les jeunes gens vers
les études et les carrières scientifiques, au risque d'amener,
par l'abaissement des études littéraires, l'abaissement
même de l'esprit français, obéissait-on simplement à un
besoin du temps, à un courant d'opinion, à la nécessité
reconnue d'une réforme ? Ne serait-ce pas aussi, qu'au
lendemain de la loi de 1850, la concurrence du clergé
sur le terrain des sciences, pour l'enseignement desquelles on le croyait moins préparé, paraissant moins
redoutable que sur celui des lettres, on espérait empêcher, par cette prédominance accordée aux études posi-

tives, le mouvement qui poussait en foule les jeunes
•gens dans nos collèges libres? Quoi qu'il en soit, la mesure était fatale, et le ferme esprit de l'évêque d'Orléans
en aperçut avec promptitude et netteté tous les périls.
Sans doute, rien n'est plus misérable qu'une mauvaise
philosophie, mais la philosophie elle-même n'en est pas
moins le couronnement nécessaire d'une éducation vraiment libérale; et la religion, loin de redouter la vraie
philosophie, l'appelle à son aide, afin d'enraciner, dans
les esprits cultivés, par des convictions réfléchies, les
croyances naturelles, qui sont les préambules et les bases
de la foi. Il lui semblait, du reste, glorieux pour l'Eglise
que les écoles du clergé fussent, dans ce discrédit de la
philosophie, son asile et son refuge. Loin donc d'admettre
cette mutilation de l'enseignement philosophique, qui
déshonora pendant quelques années, sous l'Empire, les
programmes universitaires, il la combattit énergiquement
au Conseil supérieur de l'instruction publique; et, quant
à lui, non seulement il la repoussa de son Petit Séminaire, non seulement il y maintint dans leur intégrité les
études philosophiques, mais encore il voulut que la philosophie se fît, dans son Petit Séminaire, en latin; et il
essaya même, mais sans y réussir, de convertir à cette
idée M. Cousin [1]. Et, pour ne rester en arrière d'aucune
des exigences contemporaines, il fortifia aussi dans son
Petit Séminaire, mais sans adopter la funeste mesure de
la bifurcation, l'enseignement des sciences. On pouvait
être reçu, en quittant La Chapelle, bachelier ès sciences
aussi bien que bachelier ès lettres.

Il ne fléchit pas davantage devant une insurrection
contre les lettres classiques, provoquée à cette époque
par un prêtre de plus de zèle que de mesure, l'auteur
du *Ver rongeur*, M. l'abbé Gaume, et soutenue bruyam-
ment, et avec des intempérances de langage autant
que de logique, par quelques organes religieux.
Nous avons exposé ailleurs, avec les détails nécessaires,
cette controverse; nous ne ferons ici qu'en indiquer

---

1. Lettre inédite de M. Cousin à Mgr Dupanloup.

sommairement le caractère, les phases principales, la conclusion.

A entendre les novateurs, les auteurs classiques étant païens, paganisaient la jeunesse : et là était la cause du mal dont souffraient les sociétés modernes. Il fallait donc, selon eux, à ces maîtres corrupteurs substituer des classiques chrétiens, si l'on voulait former des générations vraiment chrétiennes. Ces exagérations, où il y avait toutefois quelque part de vérité, et qu'on ramena plus tard à des termes moins excessifs, n'allaient pourtant à rien moins qu'à discréditer, si on les eût fait passer dans la pratique, les écoles du clergé, et à ruiner, avant même d'avoir pu les recueillir, les fruits de la loi de 1850; au fond c'était une manière de combattre encore cette loi, qui, en maintenant à l'Université, disait-on, le droit de faire les programmes, maintenait le paganisme dans l'enseignement. Et, de plus, l'honneur de l'Eglise, des grands ordres et des grandes congrégations, Bénédictins, Jésuites, Oratoriens, qui avaient élevé depuis trois siècles la jeunesse selon ces méthodes, avec l'approbation des évêques et des papes, se trouvait aussi mis en cause par ces témérités. Troublés par ces polémiques, les professeurs des Petits Séminaires d'Orléans demandèrent à leur évêque une ligne de conduite. Pour répondre à ces désirs, il leur adressa, en l'année 1852, — et il l'avait déjà fait en 1850, — sur l'enseignement des lettres classiques, une longue et belle lettre, dont le retentissement fut considérable, et dans laquelle il maintenait hautement ses règlements et ses méthodes, et dégageait pour sa part le clergé de toute solidarité avec ces thèses compromettantes.

L'*Univers*, qui s'était montré particulièrement agressif contre les classiques anciens, ne s'arrêta pas devant ces lettres pastorales; nonobstant le caractère officiel de ces instructions données par un évêque à des prêtres de son clergé, dans la plénitude de son droit le plus incontestable et l'accomplissement de son devoir le plus certain. Quelques journaux de province, échos de l'*Univers*, répétèrent ses critiques, en les exagérant encore.

Qu'avait-il fait cependant? Sans entrer dans le fond et

les détails de la question agitée, il avait simplement déclaré aux professeurs de ses Petits Séminaires qu'ils pouvaient, en sûreté de conscience, conserver aux auteurs
anciens, dans leur enseignement, la place que les plus
saints évêques, les plus savantes congrégations, leur ont
constamment assignée; que, dans les auteurs profanes,
tout n'est pas *païen*, et que c'est un étrange abus de mots
que d'appeler *païennes* les beautés littéraires de l'ordre
naturel; il avait pris soin d'ailleurs d'ajouter que, dans
l'enseignement de ces auteurs, il ne fallait négliger aucune
des précautions nécessaires; qu'il les fallait soigneusement choisir; n'employer, comme on le faisait, que des
éditions et des textes expurgés; donner, du reste, toutes
les explications convenables; enfin, les enseigner chrétiennement : il avait fait, en outre, dans le programme
donné à ses professeurs, une large part à l'Ecriture sainte,
aux Pères de l'Eglise et aux auteurs modernes.

C'est-à-dire qu'il avait sagement évité les deux excès
entre lesquels oscillait la controverse ; il n'avait été exclusif ni dans un sens, ni dans l'autre : il admettait, mais
avec les tempéraments convenables, les grands auteurs
de l'antiquité profane, parce qu'ils sont et demeurent
d'éternels modèles de style et de goût, et qu'on aurait
déshonoré les collèges catholiques en les bannissant; et il
faisait aux auteurs chrétiens une part équitable, plus
grande même que ne l'avait faite autrefois saint Charles
Borromée.

Mais, nonobstant l'évidence des textes, selon son con-
tradicteur, « l'évêque d'Orléans regardait comme *un danger pour la foi* la pensée de faire *une plus large part* dans
l'éducation aux classiques chrétiens: » — volontaire ou
non, l'altération des lettres pastorales, l'évêque d'Orléans
dira la calomnie, était flagrante ici : — et il instituait
dans ses Séminaires « un système d'éducation dont le
paganisme *formait la base* ». Selon d'autres journalistes,
ses instructions n'étaient qu'*un véhément plaidoyer en
faveur de la renaissance du paganisme*. Il ne savait *ni
ce qu'il voulait ni où il allait.* Il ne distinguait pas suffisamment *entre la morale païenne et la morale chré-*

tienne, entre Socrate et l'Evangile : bref, on finissait par l'assimiler à *un fils de Voltaire.*

Il eût voulu rester sous le coup de ces accusations qu'il ne l'aurait pas pu. Il y avait plus ici que cette querelle des classiques, qui donnait depuis si longtemps de quotidiennes occasions aux ennemis de l'Eglise de déblatérer contre elle; il y avait une injure à l'autorité épiscopale elle-même : cette invasion du laïcisme dans l'Eglise était, à ses yeux, chose de grave conséquence. Ainsi du reste lui parlaient plusieurs évêques considérables, entre autres l'archevêque de Paris. Il se décida donc à un acte grave, il opposa aux attaques de l'*Univers* un mandement.

Il traitait dans ce mandement les deux faces de la question : les classiques, et surtout l'invasion du journalisme laïque dans l'administration épiscopale.

« C'est sans contredit, disait-il, une des plus grandes affaires que l'Eglise de France ait eues depuis longtemps. L'Eglise, il y a deux ans à peine, a pris sur le terrain de l'enseignement une place que vingt années de luttes lui ont conquise; que des ennemis ardents et jaloux ne cessent de lui disputer; qu'elle ne saurait conserver par violence, mais seulement par sagesse, à force de zèle intelligent et de dévouement utile; que la moindre faute enfin pourrait, en des commencements si délicats, lui faire perdre; et il s'agit pour elle d'examiner, de décider la ligne à suivre et les moyens à prendre pour se maintenir dans une position si importante et si péniblement acquise, afin d'y répondre dignement à la confiance du pays, et d'y faire véritablement le bien de la jeunesse...

» Mais pour résoudre une telle affaire, la sagesse des évêques a paru insuffisante à quelques écrivains : ce sont ces écrivains qui décideront, eux qui traceront la ligne à suivre, eux qui ouvriront la marche; et tout devra marcher après eux, même les évêques... La question est donc de savoir si les rédacteurs de l'*Univers,* et de quelques autres journaux *religieux*, ses correspondants, auront le droit de venir, à la place du Pape, ou du concile de la province, contrôler nos instructions pastorales, et s'établir en face de nous, de nos vénérables collègues et du Saint-

Siège, comme les défenseurs de la foi compromise, et les censeurs de l'épiscopat... Nous disons qu'en attaquant *nommément*, *formellement*, *directement*, dans leurs feuilles, notre personne et notre lettre aux supérieurs et professeurs de nos Séminaires, ces journalistes ont fait une entreprise téméraire, contraire à l'esprit et aux règles de l'Eglise, attentatoire à l'ordre hiérarchique, entachée de laïcisme, et tendant à mettre la division entre nous et nos prêtres... »

En conséquence, il interdisait, non pas à ses diocésains, ni même à son clergé, comme quelques-uns l'ont cru, mais simplement à ceux auxquels il avait adressé les instructions attaquées par l'*Univers*, de s'*abonner* à ce journal.

« Nous défendons à tous les supérieurs, directeurs et professeurs de nos Séminaires diocésains, de s'*abonner* au journal l'*Univers*, et leur enjoignons de cesser, dès ce jour, la continuation des abonnements déjà faits. »

Certes, c'étaient là de graves questions. Il ne resta pas isolé dans cette lutte. L'épiscopat s'émut et de nombreuses adhésions arrivèrent à l'auteur du mandement. L'archevêque de Paris, quand parurent les articles de l'*Univers* contre la lettre aux professeurs, lui avait écrit : « C'est à Paris un cri unanime d'indignation contre l'*Univers*... Courage donc, monseigneur, vous ne serez pas seul sur la brèche; » et quand parut le mandement : « C'est solide, c'est clair, c'est éloquent. La petite question, celle des classiques, et la grande question, celle du respect de l'autorité, et des périls que fait courir à l'Eglise la téméraire audace de quelques journalistes catholiques, y sont traitées de main de maître. »

Le rédacteur en chef de l'*Univers* répondit par une lettre dans laquelle il se déclarait : « blessé au fond de l'âme ». Il affirmait d'ailleurs qu'il n'avait pas cru attaquer des instructions pastorales, mais un écrit tombé dans le domaine de la controverse; il protestait « de son obéissance et de son respect envers l'épiscopat » ; il protestait aussi « contre l'accusation de déloyauté et de calomnie ». Du reste, sauf un persiflage dont il reconnut l'inconvenance, il ne retira rien. Mais il se déclara « prêt

à se retirer » lui-même avec tous ses collaborateurs, si
les évêques jugeaient qu'il ne pouvait plus continuer utilement son œuvre.

Cette déclaration était habile. Immédiatement, elle dé-
plaçait la question et en faisait naître une autre, en donnant à penser que l'existence même du journal averti et
censuré était en cause. Une autre diversion non moins
habile fut d'évoquer, à cette occasion, le spectre du gallicanisme : par là, on divisait l'attention, on soulevait des
ombrages contre l'évêque d'Orléans et contre les évêques
ses adhérents ; on réveillait, à Rome surtout, en faveur
du journal en question, de vives sympathies. Enfin, on
affecta de dire très haut que, sur cette question des classiques, les évêques étaient loin d'être d'accord.

Il importait donc de dissiper tous ces nuages. Et
d'abord une *Note*, publiée dans l'*Ami de la religion*,
comme émanant « des autorités les plus graves », déclara
que, « ni directement, ni indirectement, et à aucun degré,
il ne s'agissait ni de gallicanisme, ni d'ultramontanisme ».

Puis, l'archevêque de Paris, Mgr Sibour, l'archevêque de
Besançon, Mgr Mathieu, qui se trouvait alors à Paris, et
l'évêque d'Orléans rédigèrent une Déclaration qui leur
paraissait de nature à obtenir les adhésions de leurs collègues, et à terminer enfin cette malheureuse discussion.

Quarante-six évêques adhérèrent à cet acte ; plusieurs
autres, sans les signer, firent savoir qu'ils les approu-
vaient. Aucun évêque, que nous sachions, ne prit la défense des thèses de l'*Univers ;* mais la Déclaration, à un
autre point de vue, suscita des dissidences : les évêques
de Moulins et de Montauban, l'un dans une lettre à l'évêque
d'Orléans, l'autre dans des observations à ses collègues,
critiquèrent, surtout au point de vue de la procédure, la
Déclaration : l'archevêque d'Avignon et l'archevêque de
Reims écrivirent dans le même sens ; Mgr Pie, dans une
lettre privée à l'évêque d'Orléans, se borna à faire « quelques réserves ». L'acte le plus considérable fut une lettre
de l'évêque d'Arras, Mgr Parisis, à M. Veuillot. L'évêque
d'Arras disait que, malgré ses fautes et ses torts, l'*Univers* n'avait pas mérité de périr ; et il ajoutait qu'il ne

croyait pas qu'on pût le condamner « pour des opinions libres ». Mais ce n'était pas seulement des opinions libres, à leurs yeux fort dangereuses, que les évêques lui reprochaient, et Mgr Parisis oubliait « la grande question, la question d'autorité épiscopale ». Les évêques ne demandaient pas non plus que l'*Univers* disparût, mais qu'il s'amendât. M. Veuillot en fit la solennelle promesse : « S'il m'est arrivé quelquefois, répondit-il à Mgr Parisis, de franchir les limites nécessairement indécises (mais elles ne le sont pas toujours !) où la liberté d'un écrivain catholique doit se restreindre, je n'ai guère hésité à revenir sur mes pas. J'hésiterai encore moins à l'avenir, et, sous ce rapport, j'ose prier Mgr l'évêque d'Orléans de croire que sa sévérité n'aura pas sur moi une influence moins souveraine que votre bonté. »

Du reste, les réformateurs eux-mêmes, oubliant leurs vastes prémisses, finirent par réduire leur thèse à trois points : 1° l'expurgation plus sévère des auteurs païens ; 2° l'introduction plus large des auteurs chrétiens ; 3° l'enseignement chrétien des auteurs païens. Pour reculer jusqu'à ce point il eût certes mieux valu ne point tant s'avancer, et, comme le disait Mgr de Nevers dans la condamnation de son propre vicaire général, l'auteur du *Ver rongeur* : « Si l'on se fût contenté d'émettre avec modération ce vœu inoffensif, aucun évêque n'aurait songé à réclamer. »

En somme, l'honneur des écoles du clergé fut sauvegardé, et l'autorité épiscopale vengée ; mais la division latente créée au sein de l'épiscopat français apparut au grand jour. A qui la faute et la responsabilité ? Qui avait soulevé ces questions irritantes ? Est-ce l'évêque d'Orléans ? Et, attaqué dans une question de cette nature, pouvait-il, lui, se taire [1] ?

_____

1. Ces discussions se renouvelèrent l'année suivante à propos de Donoso Cortés. L'évêque d'Orléans n'y fut mêlé qu'indirectement. Ce fut Mgr Sibour qui prit en mains l'affaire. Une encyclique pontificale mit fin à la polémique. — Nous en avons suffisamment parlé ailleurs. Plût à Dieu que les recommandations du saint Père n'eussent point été oubliées !

Cette défense des Lettres classiques, il la poursuivit avec éclat, et dans un éloquent discours sur les Humanités, prononcé par lui dans ce but à la distribution des prix de son Petit Séminaire, en 1854 ; et l'année suivante, et d'autres années encore, par des solennités littéraires qui s'élevaient à la hauteur d'un événement scolaire, et appelaient tous les regards sur son Petit Séminaire, comme sur un lieu où brillait encore, dans le déclin universel dont on se plaignait, la lumière rallumée des fortes études classiques. Il eut l'heureuse pensée de faire représenter par ses élèves les chefs-d'œuvre de la scène grecque. Tout à coup on apprit que le 25 juin 1855 on jouerait à La Chapelle, et dans sa langue, un des chefs-d'œuvre de Sophocle, *Philoctète*, qui a si heureusement inspiré Fénelon. Quoi ! il était encore en France une maison où le grec, la terreur des modernes écoliers, ferait les honneurs d'une fête littéraire, et cette maison c'était un Petit Séminaire ! Tout Orléans accourut, et les dames elles-mêmes n'étaient pas les moins empressées. Munies de traductions, avec le texte grec en regard, grâce au jeu excellent des jeunes acteurs, elles suivaient parfaitement le drame. L'Académie française, dans la personne de ses plus éminents représentants, MM. Villemain, Patin, Saint-Marc Girardin, d'autres encore, visita La Chapelle Saint-Mesmin. D'autres illustres personnages acceptèrent l'hospitalité de l'évêque d'Orléans, et purent un moment, l'imagination aidant, se croire transportés à Athènes. Ce premier succès fut si grand que deux ans après (juillet 1857), un autre chef-d'œuvre de Sophocle, *OEdipe à Colone*, fut représenté à La Chapelle et réussit encore plus. Un Athénien, le président même de l'Aréopage, honorait, autant qu'il étonnait, l'assemblée de sa présence. Ces autres Athéniens, membres du grand Aréopage des lettres et du goût, que nous nommions tout à l'heure, s'y trouvèrent de nouveau. Parmi les personnages étrangers de distinction on remarquait Mme la duchesse de Montmorency. Les décors de la scène étaient parfaits. Le président de l'Aréopage disait qu'il reconnaissait Colone : un ami de l'évêque d'Orléans, qui avait résidé plusieurs années en

Grèce, y avait présidé [1]. Les *pallium* et les *peplum* étaient portés avec aisance et avec grâce : des membres de l'Institut en avaient donné les dessins. Les jeunes acteurs furent encore admirés pour leur intelligence des beautés supérieures qu'ils interprétaient : Antigone et Ismène arrachèrent plus que des applaudissements, des larmes. Les beaux chœurs de Mendelssohn, d'une musique tantôt douce et suave, tantôt comme animée d'un souffle guerrier, tantôt profondément mélancolique, pleine du courroux des dieux et des misères de l'homme, ravirent.

« Il faut bien bénir Dieu de ce qui s'est passé là, » écrivait le lendemain, avec simplicité, l'évêque d'Orléans à son ami M. Cochin. Et en effet, qu'on ne s'y trompe pas : par ces prouesses classiques, qui forçaient l'Université elle-même d'applaudir [2], par ces éclatantes démonstrations, que nous verrons se répéter souvent, ce n'était pas du bruit qu'il cherchait, qu'il voulait, mais deux choses plus sérieuses : mettre dans sa maison l'émulation, l'ardeur pour les fortes études ; et honorer l'Eglise et son enseignement, par ces preuves incontestables de sa fidélité au culte des grandes Lettres. Il faisait ainsi tout à la fois œuvre d'éducateur, et œuvre d'évêque.

A la fin de l'année scolaire 1858, l'abbé Hetsch écrivait à Mgr Dupanloup : « Il me semble que cette année aura surtout contribué à fixer parmi nous les grands principes pour l'éducation morale et religieuse. Reste la haute éducation intellectuelle. *Hic labor ! Hoc opus !* C'est sur ce point qu'il faut désormais porter notre principal effort. A votre retour, nous arrêterons le plan de campagne à suivre pour l'année prochaine. »

Ce plan de campagne avait pour but d'introduire à La Chapelle des cours d'études supérieures. Il avait toujours semblé à l'évêque d'Orléans que le passage était brusque et périlleux pour les jeunes gens entre la vie si surveillée du collège et la pleine liberté où ils se trouvaient jetés aussitôt leurs premières études finies ; c'est ce qui lui in-

1. M. Lenormant.
2. Voy. la *Revue de l'enseignement public*, juillet 1857.

spira l'idée de ces cours supérieurs qui pendant deux ans,
après la philosophie, serviraient aux jeunes gens de tran-
sition d'une vie à une autre, et seraient en même temps,
par un développement plus grand de leurs facultés littéraires, une préparation excellente aux études spéciales
qu'exigent les diverses carrières. Il se mit donc à rédiger
le programme de ces cours : il y faisait ressortir éloquemment les avantages de ce complément de haute éducation
littéraire, qui pouvait avoir comme résultat honorable la
licence et le doctorat, et comme profit plus sérieux encore
une culture, une distinction d'esprit supérieure ; lui-
même s'était réservé de faire le cours littéraire d'écriture
sainte, et il le fit assidûment pendant trois années. Ces
cours donnèrent d'heureux résultats [1]. La fondation des
Universités libres en a rendu le maintien moins nécessaire.
Par là l'évêque d'Orléans préludait en quelque sorte à ce
qu'il lui sera donné de faire un jour dans les assemblées
politiques pour l'enseignement supérieur.

1. Voy. pour plus ample développement sur cette innovation, à laquelle plusieurs vocations précieuses ont été dues, la *Vie de M. l'abbé
Hetsch.*

CHAPITRE VIII

SON ŒUVRE PASTORALE
Travaux de l'évêque d'Orléans pour l'éducation de la jeunesse
(Suite)
Son grand traité *De l'Éducation*
Episode : Sa réception à l'Académie française
1854

Le grand art de l'éducation, où l'évêque d'Orléans fut
un maitre si consommé, il l'a enseigné d'une façon magistrale aussi. Son livre sur ce sujet est son œuvre capitale, celle qui lui assure un rang à part et éminent dans
notre littérature. Nous devons donc nous y arrêter quelques moments.

Mais avant d'exposer les idées théoriques et pratiques
de l'évêque d'Orléans en matière d'éducation et d'enseignement, il nous faut donner quelques détails sur la composition et la publication de cet ouvrage pour en mieux
faire apprécier la forme et le fond, les hauts mérites et
aussi certains défauts.

Pendant de longues années l'éminent auteur le porta
dans sa pensée; mais les travaux et les luttes qui rempli-
rent sa vie ne lui permirent pas de l'écrire dans un tranquille loisir, et de fournir d'un trait cette grande course.
Le plan et l'ordonnance générale du livre se ressen-
tent de ces interruptions. Il devait se composer de deux
parties : *De l'Education en général*, et *De la haute Education intellectuelle,* et chacune de ces grandes divisions
devait avoir trois volumes. Les deux premiers qui parurent, l'un en 1850, l'autre en 1857, retardé par toutes ces
œuvres épiscopales que nous avons racontées, traitaient
en effet de l'*Education en général.* C'est là surtout que
l'évêque d'Orléans expose ses plus hautes et plus larges

vues. Le tome troisième, dont le sujet était les *Hommes de l'Education*, devait présenter un caractère plus spécial et plus directement pratique. L'évêque d'Orléans l'ajourna pour courir à la défense des Humanités alors discréditées et menacées, et il publia, en même temps que le second volume de l'*Education en général*, le premier de la *Haute Education intellectuelle*, qui a pour objet les *Humanités*. Puis les luttes pour la souveraineté pontificale étant venues à leur tour se jeter à la traverse de ce travail, l'évêque d'Orléans ne put donner au public qu'en 1863 le volume des *Hommes de l'éducation*, troisième de la première partie, et en même temps le tome II de la seconde partie, qui traite de l'*Histoire*, de la *Philosophie* et des *Sciences*. A ce moment, la première partie est donc complète. Il ne reste plus qu'à terminer la seconde par une conclusion générale. L'évêque d'Orléans publia ce dernier volume quelques années après, à un point de vue et sous une forme qu'expliquent, comme nous allons l'indiquer tout à l'heure, ses préoccupations de ce temps-là.

On peut dire que dans cet ouvrage l'évêque d'Orléans a versé sa tête et son cœur. On a écrit, avec un barbarisme heureux, que ce livre n'était pas seulement un livre pensé, mais *vécu*[1]. En effet, il n'y a pas là simplement ses méditations, ses théories sur ce grand art; il y a aussi sa pratique, ses expériences ; ayant été toute sa vie, selon le mot si juste de M. de Salvandy, depuis et même avant son sacerdoce, pendant vingt-cinq ans, « un corps enseignant à lui tout seul ».

« Ce livre, Monsieur, continuait M. de Salvandy, il ne faut pas vous attendre à ce que j'en parle froidement : il m'a été une consolation, une joie, un repos. Il est venu éclairer dans mon cœur mes sentiments envers l'enfance ; dans ma raison, mes opinions sur l'homme; dans mon âme, mes espérances inépuisables à l'égard de mon pays et de l'humanité... Comme vous faites l'homme selon la véritable nature humaine, et par conséquent selon l'éternelle loi divine, vous le formez pour continuer la famille

1. M. Caro.

avec honneur, la société avec dévouement, la patrie avec amour ».

Entrons dans les détails.

Dans l'introduction, que Ꮰ. de Ꮰontalembert proclamait un chef-d'œuvre, l'auteur expliquait ses raisons d'écrire sur un tel sujet. A un moment de crise solennelle, où toute âme généreuse travaillait au relèvement de la France, il voulait y travailler, lui, en apprenant à élever la jeunesse, qui est l'avenir ; car, pour relever un pays, « il faut des hommes » ; or, « les hommes, c'est Dieu qui les donne, mais c'est l'éducation qui les fait ».

Le tome Ier renfermait cinq livres : le premier traitait de l'*Éducation en général :* là, du sommet où il se tenait, découvrant tous les horizons de son vaste sujet, il définissait l'éducation, et de cette définition déduisait tout son ouvrage. Pour lui l'éducation, « c'est l'art de faire des hommes », en d'autres termes, « c'est la continuation de l'œuvre divine dans ce qu'elle a de plus noble, la création des âmes ». Il en concluait qu'elle devait former l'homme, tout l'homme, et ne laisser aucune de ses facultés sans culture.

Voilà l'idée mère qui contient tout son système. La développant en détail, il établissait que l'éducation est : 1° une œuvre d'autorité et de respect, le maître et l'enfant y devant tous deux concourir ; 2° une œuvre de développement et de progrès ; 3° une œuvre de force ; 4° une œuvre de politesse ; et cela, quelles que soient les formes diverses de l'éducation.

Le livre IIe traitait de l'*enfant* et du *respect qui est dû à la dignité de sa nature.* C'est ici que son amour pour l'enfant débordait ; il l'avait étudié avec ces yeux illuminés du cœur, qui font tout voir, il le connaissait à fond. Nulle part il n'est plus lui-même que dans ces chapitres, intitulés : l'Enfant, ses qualités, ses défauts, ses ressources ; — l'Enfant, mes expériences ; — l'Enfant gâté, chapitre exquis ; — l'Enfant, quelques conseils pour sa première éducation. Un critique, plus hostile que favorable, a reconnu là lui-même « des vues d'une justesse et d'une profondeur que peut seule donner l'expérience d'un prêtre [1] ».

Le livre suivant, qui traite des *Moyens d'éducation*, entrait à fond dans la pratique de l'œuvre. Ces moyens sont : la religion, la discipline, l'instruction, à laquelle il ne faut pas sacrifier l'éducation ; les soins physiques. Ces moyens, en effet, embrassent la nature de l'enfant tout entière, et n'en négligent aucun côté. C'est ici que, rencontrant l'absurde et désastreux système de Jean-Jacques, qui veut qu'on élève l'enfant jusqu'à vingt ans sans lui parler de Dieu, il l'écrasait.

Dans le IVe livre, revenant à l'enfant, il traite du respect qui est dû à la liberté de sa nature, à la liberté de son intelligence, à la liberté de sa volonté , à la liberté de sa vocation.

Le Ve livre, enfin, traite des *Diverses sortes d'éducation*. A ce dernier point de vue il distinguait l'éducation populaire ; l'éducation industrielle, commerciale, artistique ; la haute éducation intellectuelle ; mais il voulait pour toutes la même base, les mêmes principes moraux et religieux. L'idée capitale de ce livre était la distinction établie par l'auteur entre l'éducation essentielle et l'éducation professionnelle : « Ces deux éducations, disait-il, ne sont pas opposées l'une à l'autre ; bien au contraire, elles se fortifient, se perfectionnent, s'achèvent l'une par l'autre. Négliger l'une au profit de l'autre, ce serait les affaiblir, ce serait souvent les ruiner toutes deux à la fois. » « Mais, ajoutait-il, avec un sens profond, l'intégrité de l'éducation n'en réclame pas le dernier perfectionnement ; et, de même qu'il y a dans le genre humain, dans la société, diverses classes d'hommes placés dans des conditions sociales différentes, il doit y avoir aussi diverses espèces d'éducations ayant certaines différences entre elles, quoique ayant toutes aussi ce fonds commun et essentiel qui, dans sa haute généralité, se doit trouver en toute bonne éducation. C'est par là qu'on élèvera l'homme pour la

---

1. M. Buisson, inspecteur général de l'instruction primaire, *Dictionnaire de pédagogie*.

société, sans danger pour lui ni pour elle. C'est ainsi qu'à tous les degrés de la hiérarchie sociale, on formera de bons citoyens, des hommes complets, dans la mesure et l'étendue qui sont nécessaires à chaque individu, à chaque classe. » Ce qu'il combattait ici, c'était « l'instruction ÉGALE POUR TOUS. La nature invincible des hommes et des choses y résistera jusqu'à la fin. » Le dernier livre s'achevait par d'importantes considérations sur l'éducation nationale.

Le second volume contenait aussi cinq livres, et traitait de ce que l'auteur appelait le *Personnel de l'éducation :* Dieu, — les parents, — l'instituteur, — l'enfant et le condisciple.

Dieu : la part de Dieu dans l'éducation, la religion considérée comme grand moyen d'éducation, en même temps que comme grand devoir à remplir, ce sujet était traité avec un accent particulièrement ému ; et, dans sa conviction de la supériorité de cette éducation sur toute autre, l'auteur livrait en quelque sorte les secrets du clergé et de sa puissante action sur la jeunesse.

L'évêque d'Orléans avait jugé lui-même d'une si haute importance le livre sur *les parents,* qu'il le fit imprimer à part sous ce titre : *le Mariage chrétien.* Quelles admirables pages sur l'origine de la famille et les devoirs des pères et mères ! quels graves et hauts enseignements ! « Les réflexions sur la dernière éducation de la jeunesse, sur les déchéances de l'autorité paternelle, a dit l'écrivain universitaire que nous citions plus haut, sont d'un moraliste aussi sagace qu'expérimenté, qui a reçu les confidences des familles, suivi de près le développement des caractères chez l'enfant et chez le jeune homme, et saisi au fond des cœurs que la religion lui ouvrait le secret des misères et des ruines qui s'y préparent. »

L'idée fondamentale du troisième livre sur l'*instituteur* est que, tenant la place des parents, et continuant leur œuvre, il en doit remplir tous les devoirs. Il lui faut pour cela l'autorité personnelle ; — la vertu ; — la fermeté et la douceur ; ce qui amène l'auteur à traiter des punitions, du système pénitentiaire et du travail ; — enfin le dévouement, l'amour, l'intelligence de son œuvre.

Le quatrième livre revient à l'*enfant*, à la loi du respect, et achève d'approfondir ce grand sujet.

Le cinquième livre enfin, qui traite du *condisciple*, agite l'importante question de l'éducation privée et de l'éducation publique.

Le troisième volume a pour titre : *les Hommes d'éducation*.

« Bien que l'auteur ait principalement et presque exclusivement en vue les établissements ecclésiastiques et par conséquent le personnel tout spécial de ces maisons religieuses, on retrouve dans le portrait qu'il fait du Supérieur une foule de traits qui conviennent à tout chef d'institution. Le choix des collaborateurs, le soin de les former, pour l'enseignement et pour la discipline, les qualités essentielles (d'être l'homme de la règle, l'homme des conseils, l'homme d'action, enfin l'homme de prière), donnent lieu à une suite de recommandations empreintes d'une sagesse profonde. Les conseils qui s'adressent aux maîtres sont d'un intérêt moins général ; ils sont minutieusement appropriés au régime des établissements ecclésiastiques. Notons un chapitre de haute pédagogie morale, sur le système des *fonctions simultanées*, qui, au lieu d'enfermer étroitement chaque maître dans ses fonctions spéciales, l'un dans la discipline, l'autre dans l'enseignement, impose à chacun le devoir de prendre part et de s'intéresser à toutes les parties de l'éducation. Pour réaliser, pour soutenir une telle continuité de dévouement, l'auteur ne connaît qu'une puissance au monde, la religion.

» L'avant-dernier livre revient sur l'étude de la nature de l'enfant, et entre plus avant dans l'examen de ses défauts les plus graves (surtout au point de vue des mœurs) et des moyens de les corriger. On y retrouve des observations psychologiques très judicieuses[1]. »

Tel est ce grand traité de l'*Education en général*. Le

---

1. M. Buisson, *Dictionnaire de pédagogie*.

premier volume de la seconde partie, ou de la *Haute Education intellectuelle*, avait pour sujet les *Humanités;* tant
attaquées à l'époque de la Révolution, elles étaient de
nouveau en péril, menacées à la fois, comme nous l'avons
dit, par l'invasion des sciences et par la bifurcation. Il
fallait les défendre. L'auteur y expose les méthodes classiques traditionnelles : à ce point de vue, rien de plus lumineux, de plus utile, que ses conseils. Depuis, de profondes modifications, quelques-unes nécessaires, d'autres
d'une utilité bien douteuse, ont été apportées à l'enseignement des langues et des littératures anciennes : l'avenir
dira si l'éducation de notre jeunesse, si l'esprit français
s'en trouvent mieux.

Le second volume traitait de l'*Histoire*, de la *Philosophie* et des *Sciences*. Ce volume répond suffisamment à
ceux qui affecteraient d'enfermer l'évêque d'Orléans exclusivement dans les Humanités : il y développait des vues
générales admirables sur ces trois grandes provinces de
l'éducation intellectuelle et du savoir humain. Puis, re-
descendant de là dans les détails des questions, il en arrivait, sur la part qu'il convient de faire à ces diverses
études, à des conclusions pratiques dont la sagesse et la
mesure sont telles, que l'avenir, nous croyons pouvoir le
dire, leur appartient. Voilà des écrits dont l'intérêt ne
passe pas, et où les hommes que les questions d'éducation
préoccupent, les pères de famille, tous ceux qui peuvent
avoir à décider de l'avenir d'un jeune homme, trouveront
toujours à apprendre. Ils sont même, dans leur partie
théorique, d'une portée plus élevée et plus étendue; car
des vues que l'auteur expose, sur l'essence de la philosophie et des sciences, sur leurs rapports avec la foi, sortent, comme conclusions, ces grandes thèses qui sont les
nôtres, à savoir l'accord, l'harmonie, dans une distinction
réciproque, non seulement de la philosophie et des sciences positives avec la religion, mais encore de toutes les
choses humaines avec les choses divines, avec le christianisme.

Le troisième volume paraissait sous une forme particulière, avec le titre de *Lettres aux hommes du monde*

sur les études qui leur conviennent. Et voici pourquoi. Dans les luttes qu'il soutenait alors contre l'impiété, dont il signalait à la jeunesse et à tous les progrès menaçants, l'évêque d'Orléans avait été frappé du péril particulier qui naît, dans une telle situation, des études mal faites et surtout de l'oisiveté intellectuelle. Un esprit mal armé contre les sophismes partout répandus, comment résistera-t-il ? mais aujourd'hui la jeunesse, comment est-elle armée pour traverser cette crise de la foi? Ces chers jeunes gens à qui M. de Montalembert disait, avec un poète :

> Donnez-moi vos vingt ans, si vous n'en faites rien !

Qu'en faisaient-ils? Rien, en effet, la plupart du temps. Quelle déperdition lamentable de facultés, de talents et de vies ! Même les hommes qui font quelque chose, qui ont une carrière, tirent-ils d'eux-mêmes tout ce qu'ils devraient donner? Préoccupé de ces pensées, et pour combattre ces périls, l'évêque d'Orléans fit deux choses : d'abord, il eut l'inspiration de créer, dans sa ville épiscopale, une Academie, c'est-à-dire un actif foyer d'études et de travaux. Non qu'Orléans manquât de sociétés savantes ; Orléans est une ville lettrée; mais à côté de sa Société Archéologique et des autres, il y avait place encore pour une Société, moins speciale, plus ouverte, embrassant dans son large programme des matières variées, et surtout ayant un esprit non seulement chrétien, mais apologétique. Il fut compris : une élite de jeunes gens et d'hommes distingués répondit à son appel ; il offrit pour lieu des séances son évêché, et comme la Société nouvelle naissait à l'ombre pour ainsi dire de sa cathédrale, il lui en donna le nom : il l'appela l'Académie de Sainte-Croix ; il en accepta la présidence honoraire, l'inaugura lui-même, dans un discours élevé et délicat où l'évêque et l'académicien se faisaient sentir au même degré; puis il la laissa aller elle-même. En même temps, pour lui donner l'impulsion, en lui ouvrant des horizons et des vues, et surtout, dans une pensée plus large, pour secouer, dans une portion trop nombreuse de nos contemporains, cette torpeur intellectuelle qui le faisait gémir, il adressa au président de la, jeune Académie, M. F. Baguenault de Puchesse, une série de *Lettres sur les études qui conviennent aux hommes du monde.* Le succès de ces lettres le surprit lui-même et le consola. Il sentit qu'il avait touché à une plaie vive et répondu à un besoin profond. C'est cet écrit qui, retravaillé, développé, devint le volume dont l'évêque d'Orléans fit la conclusion générale de tout son ouvrage. Il continuait par là auprès des jeunes gens et des hommes mûrs son apostolat par l'éducation.

Nous n'avons fait que présenter ici ce grand ouvrage pédagogique dans son ensemble. Mais les innombrables vues, justes, fines, profondes, délicates, élevées, que l'auteur jette à toutes les pages, en développant tant de hautes questions amenées par son sujet, voilà ce que la lecture seule du livre peut faire connaître : livre entraînant, éloquent, magistral, quelque critique de détail qu'on puisse faire, et où sans cesse la flamme déborde, parce que l'auteur, profondément convaincu, veut convaincre, et qu'il est là, comme toujours, un apôtre, un évêque.

Si, en ce qui touche le plan, la conception du sujet, l'ordonnance des matières, on peut dire que toutes les parties n'en sont pas peut-être disposées dans un ordre rigoureux, et ne s'enchaînent pas toujours d'une façon sévèrement logique ; si on peut signaler aussi, dans les deux premiers volumes surtout, un style trop constamment oratoire, et trop d'abondance dans certains développements : ce n'en est pas moins une œuvre puissante et vaste, embrassant le sujet dans toute sa hauteur et toute son étendue, illuminant l'œuvre de l'éducation tout entière du sommet à la base ; aussi large comme théorie que positive comme pratique, et nonobstant les réserves que nous faisions, un livre de premier ordre et d'un maître de la langue française. Mais quels qu'en soient les mérites littéraires, l'ouvrage vaut surtout comme doctrine. Cette doctrine est originale assurément ; non pas en ce sens que l'évêque d'Orléans invente tout ce qu'il enseigne ou raconte ; non, il est l'homme des traditions plus que des innovations ; mais même ce qui a été dit ou fait avant lui, il se l'approprie par la façon dont il le conçoit ou le pratique, il y met pour ainsi dire son empreinte, le cachet de sa forte personnalité.

Educateur chrétien, son idée fondamentale, évidemment, est celle de tous les éducateurs chrétiens. A la base de l'éducation, il met Dieu, la religion. C'est le système contraire, l'abominable sophisme de Rousseau, combattu avec une si chaleureuse indignation par l'évêque d'Orléans, qui triomphe aujourd'hui. On appelle cela neutralité, respect de la conscience et de la liberté. Mensonge odieux ! On en verra les conséquences. Nous pourrions en appeler au passé, car le système a déjà porté ses fruits : nous en appelons à l'avenir.

Mais en admettant que l'idée fondamentale de l'évêque d'Orléans et des éducateurs chrétiens est la vraie, et que la religion doit être maintenue à la base de l'éducation, qu'elle en fait partie essentielle et en est l'inappréciable auxiliaire, dans l'application de ce principe, l'évêque d'Orléans n'est-il pas allé trop loin? Et au lieu d'une éducation religieuse, n'est-ce pas une éducation monacale qu'il voudrait? On l'a dit. On rend hommage aux mérites éclatants de son ouvrage : « Ils attestent des qualités brillantes et sérieuses, de nobles aspirations, une grande compétence, une chaleur d'âme, une abondance et une vivacité de style qui ne sont point communes »; mais en même temps on l'accuse « de prétendre élever les enfants d'après une vue très étroite de la vie humaine en général, et de leur avenir en particulier »; avec « tout ce qu'il a d'apprêt et de convention, d'afféterie et de fausse sensibilité », son régime religieux doit aboutir à former, « non pas des chrétiens, non pas des catholiques comme ceux que rêvaient Bossuet et Fénelon, mais des hommes de sacristie, et, ce qui est pis, des hommes de parti », et son livre, enfin, ne respire « ni cet esprit démocratique, ni ce respect des institutions fondamentales de la société moderne, ni cette largeur de fraternité et de patriotisme qui doivent, à tous les degrés, distinguer profondément l'éducation cléricale de l'éducation française¹ ».

---

1. M. Buisson, *Dictionnaire de pédagogie.*

Ces derniers mots disent tout le secret de ces accusations : ce n'est pas la vérité ni la justice, c'est l'esprit de parti qui les fait; car elles frappent, non pas seulement l'auteur du livre de l'*Education*, mais avec lui tous les éducateurs ecclésiastiques : elles supposent qu'il y a et qu'il doit y avoir antagonisme entre l'*éducation française* et l'*éducation cléricale*. Que veut-on dire?

S'il en était ainsi, le clergé serait indigne d'enseigner. Mais non, cet antagonisme n'existe pas. Prenons en effet ces accusations l'une après l'autre.

Où donc, à quelle page de son livre l'évêque d'Orléans trahit-il « une vue trop étroite de la vie humaine et de l'avenir des enfants » ? C'est là un vain mot, une accusation en l'air, démentie par tout l'ouvrage. Quel écrivain, au contraire, a une plus haute idée des devoirs que le temps présent, que la patrie, que la société imposent? Qui a jamais inculqué avec plus de force qu'il faut des hommes, des hommes distingués, pour toutes les carrières? Et les mots de patrie et de patriotisme ne reviennent-ils pas dans ses pages aussi souvent que les mots de Dieu et de religion?

On parle « d'afféterie, de fausse sensibilité » ? Nous avons déjà eu occasion de répondre à ce reproche[1].

Ses élèves, « des hommes de sacristie » ! Que veut-on dire? Des prêtres? Eh ! sans doute, il en a formé ; c'était son but premier et direct. Mais des chrétiens pour le monde, il en a formé aussi, et qui ont fait, et qui font encore assez bonne figure dans le monde. Il y a, du reste, longtemps qu'on a réfuté cette assertion : « On disait votre éducation trop ascétique, trop tendre peut-être pour la rude discipline de la vie publique. Eh ! qu'on regarde nos armées ! Combien ne verra-t-on pas de vos disciples d'hier, qui croissaient, il y a quelques jours encore, sous les plis de votre manteau, aujourd'hui soldats, matelots même, officiers quelquefois, figurant chaque jour, malgré leur jeunesse, dans les glorieuses récompenses ou dans les héroïques sacrifices ; nobles enfants qui n'ont pas vécu et qui

---

1. Premier volume de cet ouvrage, ch. VIII.

ont su mourir! » Et l'Académie française couvrait d'applaudissements ces paroles de M. de Salvandy. Et la dernière
guerre est venue apporter à l'évêque d'Orléans, et à d'autres éducateurs ecclésiastiques de la jeunesse, le même glorieux témoignage.

Ses élèves, des « hommes de parti » ! Ici l'accusation va
trop directement contre l'évidence des textes, contre sa
doctrine la plus notoire sur l'éducation nationale, doctrine
qui anéantit absolument le prétendu antagonisme posé
entre l'*éducation française* et l'*éducation cléricale*. Il
importe d'aller ici nettement au fond des choses, car c'est
d'un côté très important de l'éducation telle que l'entendait
l'évêque d'Orléans qu'il s'agit.

Si, par une *éducation française*, on n'entend pas une
éducation antichrétienne, eh bien, quand on oppose
cette *éducation française* à l'*éducation donnée par le
clergé*, on ne sait pas ce que l'on dit. Où donc l'évêque
d'Orléans, dans cet ouvrage ou ailleurs, s'est-il montré
l'ennemi « de nos institutions modernes » ? L'éducation
nationale, mais c'est son drapeau !

« Je regarde comme un devoir sacré, pour tout instituteur, a-t-il dit, d'élever les enfants dans l'amour de leur
patrie, dans le respect pour ses lois ; de leur inspirer le
zèle pour ses intérêts, le dévouement pour sa gloire. Je
considérerais comme un grand mal, je ne dis pas seulement d'étouffer, mais d'altérer, de près ou de loin, ces
nobles sentiments dans le cœur de la jeunesse.

» Nous croyons, à cet égard, n'avoir besoin des leçons
de personne, nous ne reconnaissons à personne le droit
de se proclamer, sur ce point, meilleur que nous... L'amour
de la patrie sera toujours, pour nous, un devoir inviolable
et sacré, une seconde religion. »

Il veut donc que l'éducation soit *nationale*, mais il ne
veut pas qu'elle soit *politique ;* c'est bien différent.

« Il est un autre point sur lequel ma conviction n'est
pas moins ferme, c'est que l'éducation ne doit pas être
politique...

» Eh quoi! les pères ne s'entendent pas encore ! Dans
ce domaine d'une ardente controverse, la sagesse, l'expé-

rience n'ont pu encore amener la lumière et concilier les intérêts et les opinions contraires ; et il y aurait des instituteurs assez imprudents pour jeter la jeunesse dans l'arène des disputes publiques, et exciter ainsi à plaisir, dans ces jeunes âmes, un trouble profond qui ne s'apaisera peut-être jamais!..

» L'éducation vraiment nationale est celle qui placera la jeunesse dans une sphère si fort au-dessus des agitations politiques, qui fera des hommes si distingués par le caractère, si nobles par l'esprit, si généreux par le cœur, si indépendants par l'élévation de leurs principes, qu'à leur apparition dans le monde ils se montreront équitables, indulgents pour tous sans distinction de partis, et ne refuseront jamais à personne, sous quelque prétexte que ce soit, la vérité, la charité, la justice, la sage liberté. »

Evidemment ce n'est pas là une éducation contraire à « l'esprit moderne », à « cette largeur de patriotisme », dont on proclame, avec autant de légèreté que d'injustice, le clergé incapable ! Poursuivons.

« Nationale *dans le cœur,* l'éducation doit être aussi nationale *par la forme...*

» Chaque nation a une physionomie qui la distingue ; le souvenir et l'image s'en doivent retrouver dans l'éducation, et, pour rendre ma pensée avec le plus de simplicité et de clarté possibles, un jeune Français ne doit pas être élevé comme un Allemand, ou un Espagnol, ou un Italien ; son éducation doit être toute française, et faire retrouver en lui la physionomie noble et heureuse de la patrie.

» Voilà le seul sens dans lequel pourrait être vraie et raisonnable cette parole : Il faut que la jeunesse soit moulée à l'effigie de la nation. »

Ce patriotisme toutefois, d'après l'évêque d'Orléans, ne doit être ni exclusif, ni négatif.

« J'aime ma patrie plus que ma famille, disait autrefois Fénelon, mais j'aime le genre humain plus que ma patrie. Qu'entendait-il par ces paroles ? C'est qu'il y a quelquefois des dévouements plus étendus que ceux mêmes du patriotisme ; que la charité catholique embrasse dans son ardente expansion l'humanité tout entière, et qu'elle tend à faire de tous les peuples répandus sur la surface de la terre — ce qui ne peut être hors du christianisme qu'une utopie — la grande famille humaine fondée sur le sublime et profond principe de la fraternité chrétienne... Et la patrie n'en souffre pas : c'est sa gloire ; et le nom français doit sa puissance en Orient, et ce qu'il a conservé encore de grandeur dans les solitudes de l'Amérique, à ces héroïques dévouements de nos missionnaires et de nos guerriers. »

« ... Je ne voudrais pas non plus que l'éducation nationale fût une reproduction servile du génie de la nation en toute chose. Chaque nation a ses qualités et ses défauts. L'éducation vraiment nationale doit tendre à corriger dans un enfant les défauts de sa nation, et à en développer les qualités... »

On le voit donc, devant les textes les accusations s'évanouissent comme de la fumée. Et il reste que cet antagonisme posé entre l'éducation française et l'éducation donnée par le clergé n'est pas, n'a pas de raison d'être ; il reste que le clergé est digne autant que qui que ce soit d'enseigner la jeunesse, et il ne renoncera jamais à ce noble dévouement : « C'est, écrivait éloquemment l'évêque d'Orléans, sa tâche inaliénable, et je dirai sa gloire. »

En résumé donc, l'ouvrage de Msr Dupanloup sur l'éducation est un grand livre. Surtout au point de vue de la doctrine pédagogique, nul dans ce siècle, on peut le dire, n'est au-dessus de lui. Sur ce qu'est au vrai l'éducation, son caractère, son but, ses moyens ; ceux sur qui elle est faite, et ceux qui la font : les parents, les maîtres, les enfants, la famille et le collège, il jette les plus vives lumières. Humaniste, et trop exclusivement peut-être attaché aux méthodes classiques traditionnelles, il a des rivaux et des maîtres. Mais moraliste, éclairé par ses méditations de philosophe, et par ses expériences d'instituteur et de prêtre, il est de ceux qui ont pénétré le plus avant dans tous les replis, dans toutes les délicatesses de l'œuvre ; et il a vu et dit des choses que peu ont vues et dites comme lui. Bref, dans cet ouvrage, qui demeurera, la postérité verra son plus grand titre littéraire. « La postérité, a écrit un évêque, qui, jeune prêtre quand la loi de 1850 fut votée, un des premiers mit la main à l'œuvre, et a aussi laissé sa trace dans l'éducation française, Mgr Besson, évêque de Nîmes[1], la postérité l'appellera peut-être le Quintilien de l'Evangile, le mettant au-dessus de Rollin et même de Fénelon, sans rien ôter à la gloire de ces deux grands maîtres. Rollin lui paraîtra inférieur, parce qu'il a donné, dans son *Traité des études*, plus de place à l'enseignement qu'à l'éducation. Fenelon, dans son merveilleux roman du *Télémaque*, a écrit pour les modernes dans le style des anciens, mais c'est surtout aux rois que s'adressent ses remontrances et ses conseils. L'évêque d'Orléans, dans un plan plus vaste et plus simple, a tout réuni et tout embrassé. C'est l'histoire de la famille telle que notre siècle devrait la restaurer. C'est l'idéal du collège, tel que notre zèle devrait le faire. »

Le premier volume seulement de ce grand ouvrage avait paru lorsque l'Académie française appela l'illustre évêque dans son sein.

Il y a dans notre pays un lieu où les grandes réputations, les grands talents, semblent appelés naturellement aux premiers honneurs de l'esprit français, c'est l'Académie française. Elle ne pouvait point ne pas avoir les yeux sur l'évêque d'Orléans. Il avait là de nombreux amis et de vives sympathies. « Je me sens confus, lui écrivait M. de Montalembert, après avoir lu son premier volume de l'*Éducation*, quand je pense que je suis de l'Académie française, et que vous n'en êtes pas encore. » Il y avait aussi pour l'Académie de grandes traditions interrompues à reprendre.

Toujours à l'Académie il y avait eu des évêques. Fondée par un cardinal, elle avait reçu dans son sein, avant la Révolution, des prélats, tels que Bossuet, Fénelon, Massillon ; et, depuis le Concordat, Mgr Frayssinous, le cardinal de Bausset, Mgr de Quélen . sans compter tant d'autres prélats et ecclésiastiques dont s'étaient honorées

1. Lettre à M. l'abbé Lagrange.

les Lettres françaises. L'Eglise a donc sa place naturelle à l'Académie. Le souffle qui avait passé sur la France en 1830 avait pu un moment emporter ces souvenirs : les sympathies reconquises par l'Eglise les ramenaient comme d'eux-mêmes. On pouvait regarder comme un des bénéfices de l'attitude prise par cette partie du clergé et des catholiques que représentait l'évêque d'Orléans les dispositions nouvelles, et favorables à l'Eglise, qui régnaient maintenant dans cette illustre compagnie littéraire.

Au reste, le prince ne pouvait voir avec déplaisir une candidature si justifiée. Lorsque, en 1852, M. Vitet était allé lui faire connaître l'élection de MM. Alfred de Musset et Berryer : « J'ai lu, dit le prince, les livres de M. Alfred de Musset, mais je crois que M. Berryer n'a rien écrit. — C'est vrai, répondit M. Vitet; c'est le grand orateur que nous avons nommé. — Et vous avez très bien fait! Mais, continua le Président, je trouve qu'il manque quelque chose à l'Académie. — Quoi donc, prince? — Il vous manque un orateur sacré. — C'est vrai, dit M. Vitet : qui donc nous faudrait-il? Par exemple, l'évêque d'Orléans?— Mais oui, dit le Président; certainement. » Et, après une pause : «Et pourquoi pas l'abbé de Ravignan[1]? » On a donc eu raison de le dire : « Le P. de Ravignan n'avait qu'à se laisser faire, et il était académicien[2]. » Mais l'humble religieux ne voulut être que jésuite. Quand il s'agit au contraire de son cher évêque d'Orléans, il ne vit qu'une chose : l'éclat qui en rejaillirait sur l'Eglise.

Ce fut M. le duc de Noailles qui eut l'honneur de lui faire les premières ouvertures par une lettre que terminaient les paroles suivantes : « Il serait heureux pour la religion, Monseigneur, honorable pour l'Académie, et précieux pour les amis que vous y comptez, de vous y voir siéger au milieu de nous... »

M. le duc de Noailles exprimait par ces dernières paroles la vraie raison qui ne pouvait permettre à un évêque aussi zélé pour la gloire de la religion de se refuser obstinément

---

1. Lettre de M. l'abbé Debeauvais à l'évêque d'Orléans, 1er mars 1852.
2. M. H. de Lacombe.

à un honneur qui devait rejaillir sur elle. Et de plus, que l'évêque d'Orléans succédât à ℈. Ancelot, ce qui ne fut pas, ou à ℈. Tissot, dont il occupa en effet le fauteuil, c'était là chose « insignifiante » : en réalité il succédait à Mgr de Quélen ; car c'était l'évêque, lettré sans doute, mais l'évêque que l'Académie choisissait pour renouer en sa personne la chaîne, interrompue depuis la mort de Mgr de Quélen, des évêques membres de l'Académie, et renouveler au sein de la première société littéraire de la France et du monde l'antique alliance de l'Eglise et des Lettres. Telle était la haute signification de son élection. La médiocrité du prédécesseur réel ne la faisait que mieux ressortir encore. Il y avait du reste entre ℈gr de Quélen et lui des analogies qui n'avaient point échappé à l'Académie, et que son interprète, ℈. de Salvandy, fit délicatement ressortir dans sa réponse au nouvel élu : « ℈. de Quélen, lui dit-il, fut le dernier évêque qui siégea dans cette enceinte : prélat de glorieuse et intrépide mémoire, qui vous fut cher, dont vous avez dignement raconté les héroïques vertus le jour où vous preniez votre charge pastorale, en lui dédiant votre épiscopat ! Il est ici votre véritable prédécesseur, et l'on dirait que cela devait être ainsi, car il fut pour vous ce que le vénérable cardinal de Périgord avait été pour lui. Il distingua votre enfance, il encouragea votre vocation, il dirigea votre sacerdoce. Saint-Sulpice, où il avait été formé lui-même, comme presque tout l'épiscopat français, Saint-Sulpice, où le savoir s'égale à un zèle apostolique qui n'a failli dans aucune épreuve, lui promit en vous une lumière de l Eglise. »

Il fut élu le 18 mai 1854, au premier tour de scrutin, par dix-neuf voix sur trente-deux votants, et reçu le 9 novembre 1854.

Ce fut une séance particulièrement mémorable, un grand jour pour la religion et pour les Lettres : de belles choses y furent dites à leur commun honneur, et dans le plus magnifique langage. Rarement du reste la coupole de l'Institut avait vu réunie sous ses voûtes plus nombreuse et brillante assemblée. Entre ℈. de Montalembert radieux, et M. le comte Molé, ses parrains,

apparut le nouveau récipiendaire, « dont le maintien
digne et plein de modestie, la figure ouverte et respirant
une rare bonté, eut bientôt captivé l'auditoire [1] ». Le sujet
du discours était tout indiqué par ce qui avait fait cette
élection : l'alliance de la religion et des Lettres. Dans les
brillants développements qu'il donna à cette pensée tour
à tour apparaissait l'éducateur de là jeunesse, proclamant
qu'elle avait été son premier amour, et qu'elle en serait
le dernier ; le défenseur des Lettres humaines, en montrant l'harmonie avec les Lettres sacrées, et les rattachant
à la même origine qui est Dieu ; enseignant à saisir dans
leurs grands interprètes les cris révélateurs de l'âme humaine, et l'expression impérissable des éternelles vérités ;
le moraliste profond qui, en rattachant le dictionnaire tout
entier aux fondements mêmes de l'ordre moral, *avait vu,
d'un coup d'œil si pénétrant, la chaîne cachée qui lie aux
mots les choses, et quelquefois aux choses d'un pays celles
du monde ;* l'évêque enfin et surtout ; l'évêque, préoccupé
des âmes jusque dans un discours académique ; y laissant
éclater, avec son art de les traiter, cette large condescendance. qui n'est pas l'indifférence, mais la charité ; noble
et évangélique sentiment dont il était animé pour son
siècle, et d'où lui venaient ces vives sympathies que son
siècle lui renvoyait.

« Les Lettres sont l'expression même de l'esprit humain
tout entier, parce qu'elles ne revêtent pas seulement des
formes du langage les idées abstraites de l'intelligence et
les conceptions de la raison pure, mais parce que, dans
l'ordre moral comme dans l'ordre physique, elles repro-
duisent aussi la beauté telle qu'elle se montre à l'imagination, avec son plus ravissant idéal ; parce qu'elles savent
se rendre les interprètes de tout ce qu'il y a de plus élevé,
de plus grand, de plus vertueux dans les sentiments du
cœur humain ; parce que, enfin, c'est par elles que le vrai,
le beau, le bien, tels que la main divine les imprima dans
l'âme de l'homme, trouvent au dehors leur manifestation
la plus éclatante et la plus parfaite. »

---

1. Le *Journal des Débats,* n° du 10 novembre 1854.

Il ne s'élevait pas à une moindre hauteur en montrant la mission providentielle des Lettres, et comment les grands siècles littéraires entrent dans l'ordre et les desseins de Dieu dans l'histoire ; et ici il ne pouvait pas ne pas saisir l'occasion qui s'offrait à lui de dégager une fois de plus l'Eglise de toute solidarité avec les théories qu'il avait déjà si éloquemment combattues :

« Reconnaissons-le, alors même que la nuit païenne couvrait la terre, les grands siècles littéraires firent briller d'admirables clartés : la philosophie, les lettres, l'éloquence, la poésie, dans ce qu'elles eurent de vérité et de beauté ; tous ces hommes, en tant qu'ils avaient reçu du ciel les dons de l'intelligence, et que la lumière de Dieu brillait dans leur génie ; je dirai plus, les généreux efforts que firent plusieurs d'entre eux pour percer la nuit, pour découvrir, par delà l'horizon de leur siècle, quelque chose des clartés divines, tout cela est digne d'admiration et de respect. Je puis et je dois déplorer l'abus qu'ils firent souvent de leurs hautes facultés ; je puis et je dois compatir à l'impuissance de leurs efforts ; mais je ne puis ni mépriser en eux, ni flétrir les dons du Créateur. Je ne me sens pas le courage de réprouver, d'avilir, sous le nom de paganisme, ce qui fut dans ces grands siècles le suprême effort de l'humanité déchue pour ressaisir le fil brisé des traditions anciennes, et retrouver la lumière que Dieu y faisait encore briller, comme un dernier et secourable reflet de sa vérité, *afin de ne pas se laisser sans témoignage au milieu des nations*, et de montrer que la créature tombée n'était pas éternellement déshéritée des dons de son amour. » Des applaudissements ayant salué ces paroles, il s'arrêta et dit avec simplicité : « Je suis heureux, Messieurs, de ces applaudissements, car c'est à une parole des saints livres qu'ils s'adressent ; » puis il continua:

« Non, les vers que citait saint Paul à l'Aréopage n'étaient pas des vers païens ; pas plus que les splendeurs du jour au matin, et les ravissantes beautés du ciel de Parthénope, lorsque cette lumière si pure et ces clartés rayonnantes inspiraient à Virgile de chercher par delà les cieux mortels une lumière plus brillante encore et plus pure, un soleil et des astres nouveaux : *Solemque suum, sua sidera norunt ;* lorsque les tristesses de la terre, *Lacrymæ rerum,* jetaient dans son âme des aspirations indéfinissables vers un monde meilleur, faisaient ressentir dans ses vers comme un tressaillement sublime de la nature émue de ses longues douleurs, comme une vaste et puissante inquiétude de la terre et des cieux en travail du libérateur desiré. »

Alors venait ce beau passage, si vraiment chrétien et sacerdotal :

« C'est précisément parce que j'ai l'honneur et le bonheur d'être chrétien, c'est parce qu'à ce titre je suis, selon la langue de l'apôtre, fils de la lumière, que je sais avec confiance en revendiquer les rayons partout où ils se trouvent.

» Oui, la lumière est à nous, tous les siècles nous la doivent et nous l'envoient, et voilà pourquoi je ne l'outrage nulle part ; je la recherche, je l'aime. Je la célèbre partout où je la découvre ; je la recueille avec amour, ne fût-ce qu'une étincelle, une flamme égarée ; et ma joie est grande quand je puis la ramener au foyer primitif et divin ! Je suis le disciple d'un maître qui ne veut pas qu'on éteigne le flambeau qui fume encore ; selon la belle recommandation de l'Eglise, je me souviens de ma condition, et je respecte le roseau pensant, tout brisé qu'il est : j'aurais horreur de le fouler aux pieds. Débris moi-même d'une grande création tombée, je ne méprise aucun débris ; et sans crainte de mêler ici le langage de Virgile à celui du christianisme, j'aime à redire ce beau vers :

Haud ignara mali miseris succurrere disco. »

Suivaient de profondes considérations sur la puissance des mots, et par conséquent sur l'importance et la valeur du dictionnaire :

« Dans les grandes luttes de la pensée humaine, les opinions, les partis contraires, ont leurs mots, comme dans les luttes des nations les armées ont leurs étendards...

» Ce n'est pas sans de grandes catastrophes que la

source des grands mots s'altère dans un pays et dans un siècle.

» Mais Dieu ne le permet que pour un temps, et pour châtier les nations qui ont trahi la vérité et la justice.

» Tôt ou tard le dictionnaire finit par se réconcilier avec le bon sens.

» Mais, ce qu'il faut savoir, c'est que ce n'est jamais sans une grande souffrance au sein de l'humanité que les idées sur lesquelles la société repose viennent à être troublées, et que les idées fausses, qui leur sont contraires, usurpent leur place. Pour que l'idée vraie rentre alors dans ses droits, il faut parfois l'intervention du ciel même ; il y fallut un jour une révélation, un Jésus-Christ, des apôtres et des martyrs : le triomphe de la vérité est à ce prix. »

Ainsi, au commencement de ce siècle, on n'osait pas même prononcer le nom adorable de Dieu à l'Académie : ce jour-là un évêque y proclama Jésus-Christ !

Il fallait bien en arriver à l'éloge obligé de son prédécesseur. C'était déjà un éloge indirect de M. Tissot, qui devait tout à Virgile, que ce nom et ces beaux vers de Virgile partout répandus dans le discours du récipiendaire ; mais, enfin, il fallait aborder cet honnête latiniste lui-même, qui avait été terroriste dans sa jeunesse, et voltairien toujours. On se demandait comment l'évêque franchirait ces deux écueils. Il franchit le premier avec Virgile :

« Virgile ! qui inspirait à M. Tissot un retour si naturel sur lui-même et sur l'emportement des temps qui venaient de finir, par ce vers si touchant de sa première églogue :

> En quô discordia cives
> Perduxit miseros !

» Virgile ! où il lut le dégoût des agitations populaires, *insanumque forum,* presque toujours accompagnées de *ferrea jura...* »

Rien de plus, et il passait, comme d'un coup d'aile : et de même de M. de Salvandy ; et quant au second écueil, quant au voltairien :

« Je parle ici, disait l'évêque, devant des hommes à qui

l'expérience de la vie a enseigné ce qu'elle m'a appris à
moi-même, et l'on me croira si je dis qu'en lisant les
ouvrages de mon prédécesseur, je n'y ai point cherché nos
dissentiments : c'était au moins inutile. Je n'aime point la
contention avec les vivants : j'en aurais horreur avec ceux
qui ne sont plus. Non, j'ai cherché dans M. Tissot ce qui
aurait pu être notre rapprochement possible, s'il m'avait
été donné de le rencontrer en ce monde.

» J'ai fait avec lui ce que je fais avec toute âme qu'il
plaît à Dieu de placer sur ma route : ce que je cherche
d'abord, ce n'est pas ce qui sépare, mais ce qui rapproche ;
ce n'est pas la querelle, c'est l'accord ; ce sont les points
de départ communs ; puis, j'aime alors à marcher de concert à la conquête d'un accord plus parfait dans la vérité. »

Nulle parole de l'évêque ne souleva de plus unanimes
et enthousiastes applaudissements que ce passage. Et
comme ces applaudissements saluaient les sentiments qui
avaient toujours été les siens, dans les luttes publiques
comme dans la vie privée, la conduite qu'il eût voulu faire
prévaloir dans le clergé et parmi les catholiques, il fut
démontré avec éclat ce jour-là par quelle attitude en effet
l'Eglise peut appeler à elle les meilleures sympathies de
la France, ou s'attirer au contraire une assurée et redoutable impopularité.

Et dans le courant de cette belle harangue académique,
qui allait coulant comme un fleuve, que de traits fins et
charmants, que d'allusions promptement saisies par cet
auditoire, le premier du monde par l'intelligence, le tact
et le goût ! Quand, par exemple, le reconnaissant évêque
s'écriait : « Les serviteurs de Dieu sont nombreux sur la
terre ; et, à toute heure du temps, aux époques de grande
rénovation sociale, il y en a plus qu'on ne le voit, plus
qu'on ne le sait, qui travaillent par ses ordres, pour sa
gloire, à leur insu : seulement, il faut prendre garde de
jamais les insulter ! » Quel remerciement, quel encouragement délicat à plus d'un membre de l'Académie elle-
même, dont chacun des auditeurs prononçait le nom tout
bas ; et quelle leçon à d'autres !

La réponse de M. de Salvandy égala, si elle ne surpassa

pas ce discours. Il ne le dissimula pas : « C'est, en effet,
l'évêque, dit-il, que nous avons appelé au sein de l'Académie, l'évêque respectable et cher à l'Eglise, toujours
prêt à combattre comme un soldat, je me trompe, comme
un pontife, pour sa cause ; et en même temps nous avons
voulu honorer en vous le disciple, le maître enthousiaste
de ces belles études qui sont le plus noble instrument de
l'homme et le plus puissant. »

Avec lui donc, M. de Salvandy proclamait de nouveau
la nécessaire alliance de la religion et des Lettres ; et cela
en des termes qui méritent d'être cités après les siens :

« Oui, la religion et les Lettres doivent être unies ; ce
sont deux puissances des régions spirituelles, quoique
diverses ; toutes deux se servent de la pensée et de la parole
pour entraîner et gouverner le monde : l'une qui vient
tout droit de Dieu ; l'autre qui n'en vient que par le détour
de la liberté de l'homme, tout ensemble capable des plus
grands essors et sujette à tous les vents de la passion et
de l'erreur ; par cela même s'applaudissant, quand elle
est sensée, de trouver un point fixe, dans l'ordre religieux,
pour s'y appuyer, et affermir ainsi le sol sous les pas des
peuples, au lieu de s'employer follement à l'ébranler ! »

Et, insistant sur ces pensées, il ajoutait : « Il faut le dire
aux préjugés qui ont été si funestes et qui luttent encore :
quelque chose manque dans une société civilisée, partout
où la religion est absente. L'homme est incomplet et
mutilé, quand ce sentiment, ce principe, cette clarté, sont
étouffés et sommeillent en lui. L'esprit humain, loin de
s'élever plus haut, on l'a trop vu, se corrompt et s'abaisse
quand il abjure cette salutaire assistance. La patrie n'a ni
toutes ses forces, ni toutes ses lumières, ni toutes ses grandeurs, quand il lui arrive, par peur ou passion, de ne pas
se faire honneur de cette grande hiérarchie que l'histoire
appelle l'Eglise de France, et qui a été une part si considérable de sa puissance et de son génie. Ceux qui appuient
de l'intérêt des libertés humaines ces aveugles répudia-
tions, n'ont qu'à regarder autour d'eux. Les grands
exemples du monde, par ce qui a péri, par ce qui a
vécu, attestent qu'il faut les fortes institutions religieuses

aux fortes institutions politiques, quand on les veut durables. »

Puis, M. de Salvandy, arrivant au récipiendaire lui-même, retraçait sa rapide et brillante carrière, et, après avoir fait ressortir délicatement ce qu'il y avait d'analogies entre Mgr de Quélen et lui : « Aujourd'hui, poursuivait-il, vous venez le restituer à l'Académie, veuve trop longtemps de grands et doctes pontifes. Renouez, Monsieur, renouez avec confiance la chaîne interrompue : elle ne pouvait se rétablir (j'emploie votre image) par un plus digne et plus ferme anneau : car il est trempé tout à la fois aux eaux vives de la religion, aux pures sources des Lettres ; et la religion ne l'a prêté aux Lettres qu'en le gardant tout entier. »

Du grand ouvrage sur l'*Education*, « ce monument de la plus haute pédagogie qui fut jamais, » disait-il, M. de Salvandy faisait le plus splendide éloge ; mais ses plus beaux traits, semblait-il, c'était pour peindre l'évêque d'Orléans lui-même qu'il les avait réservés :

« L'administration facile, vive, qui donne sans compter, est une des qualités de vos écrits que je devrais dire noble, belle, que j'appellerai charmante. Il est si rare de savoir cette chose si simple ! C'est qu'il y faut un esprit désintéressé de soi et un cœur intéressé aux autres. Vos travaux de l'ordre le plus sévère trahissent partout cette heureuse disposition. Un autre s'y révèle qui a peu cours aujourd'hui, et qui, en effet, devait se conserver au pied du sanctuaire, c'est l'inspiration, l'enthousiasme, ce que vous venez de nommer *le feu sacré*, cette flamme naturelle qui vient de l'âme ou du cœur, en perpétue la jeunesse !... L'enthousiasme a un mérite, c'est de ne visiter que des esprits ou des cœurs élevés, et de ne naître que de nobles amours, de celui, par exemple, des bonnes causes, joint à la foi en leur puissance... Vous ne méprisez pas les hommes ; vous augurez bien de notre temps, malgré sa part des misères du monde. Fils très aimé de cette Savoie de saint François de Sales, que nous n'avons pas restituée tout entière en 1815, car nous vous avons gardé, vous attendez beaucoup de notre patrie ; vous l'aimez passionnément ; pour parler de *cette France généreuse et terrible,* dites-vous, *douée, à ses riques et périls, d'une éternelle jeunesse, et qui ne fait jamais tout craindre sans laisser tout espérer,* vous trouvez toujours des accents d'une tendresse pleine de fierté. Ministre des espérances éternelles, vous ne connaissez pas le découragement des âmes disproportionnées à leur tâche, les impatiences des caractères médiocres et des esprits courts. Vous avez une habitude de chercher de préférence les hauteurs et de les trouver, qui vous font voir de plus loin. Tout cela vous donne les vastes horizons, les pensées sérieuses, le digne langage, la richesse de couleur, que votre imagination prodigue, mais sans s'épuiser. En toute chose, vous aimez le grand ; c'est le signe des nobles natures. Aussi peut-on vous prendre pour guide avec certitude, on ne risquera pas de descendre ; votre pensée s'élève toujours ; elle élève les sujets, les lecteurs, parfois même les adversaires, et, à la suivre, il n'y a pas de péril...

» En vous lisant, on apprend bien vite que c'est votre besoin naturel des grands essors qui a fait votre destinée... Vous êtes prêtre, vous l'êtes dans votre existence entière, et c'est vous qui avez defini le sacerdoce, *l'apostolat qui prêche, qui combat, qui se dévoue. qui se sacrifie.* Vous avez oublie un mot : QUI ENSEIGNE... Oubli étrange ! car c'est un autre emploi perpétuel de vos forces et de vos lumières qu'il me reste à considérer. C'est un second apostolat, qui a tenu tant de place dans votre vie, qu'il aurait suffi à la remplir tout entière. Vous avez été, pendant plus de vingt-cinq années, un corps enseignant à vous seul, menant de front les deux missions du ministère évangélique et de l'éducation de la jeunesse, de manière qu'on eût pu vous croire tout entier à chacune d'elles, et vous nous avez dit le principe et la fin de cette laborieuse vocation tout à l'heure, dans cette séance, par une parole qui vous a paru toute simple, et qui a fait tressaillir sur ces bancs toutes les mères, qui est allée au fond de nos âmes à tous, et y a porté, avec un religieux recueillement, bien des clartés : c'est que l'*enfance a été le premier amour de votre vie et en sera le dernier.* Ah ! il n'y a que le prêtre catholique dans ce monde qui puisse trouver dans le fond de son cœur ce cri sublime ! »

Telle fut cette séance, également glorieuse, nous le répétons, à la religion et aux Lettres. « Je me souviens, a écrit le cardinal Lavigerie[1], qu'après sa réception à l'Académie il répétait avec des transports : « Je leur ai » fait applaudir l'Évangile ! Je leur ai fait acclamer Jésus- » Christ ! » Il ne voulait pas permettre qu'on vît autre chose dans son discours. » Et tel il fut là dès le premier jour, tel il y sera jusqu'à la fin. Bossuet, au dix-septième siècle, avait fait voir un évêque à la cour ; l'évêque d'Or- léans, au dix-neuvième, fit voir un évêque à l'Académie.

1. Lettre du cardinal Lavigerie à M. l'abbé Lagrange.

CHAPITRE IX

SON ŒUVRE PASTORALE
(Suite)
Discours de circonstance
Jeanne d'Arc et l'évêque d'Orléans
Panégyrique de l'héroïne par l'évêque
1855

Dans le recueil de poésies que la Muse de la France en
deuil vint déposer sur son glorieux tombeau, quand la
mort l'y eut couché, on lit celle-ci :

AUX PORTES DU CIEL

De pied en cap armée, au seuil du Paradis,
Agitant devant elle une touffe de lis,
Une sainte priait, et regardait la terre.
Geneviève survint, et lui dit : « O guerrière,
Loin de nos chœurs sacrés que faites-vous céans ? »
Jeanne lui répondit de sa voix douce et fière :
« J'attends l'évêque d'Orléans. »

ANTOINE DE LATOUR [1].

Les grandes mémoires aussi, pour un peuple qui comprend la gloire, sont des monuments et de tous les plus
sacrés et les plus chers. Il y a dans nos annales un nom
qui appartient, on peut le dire, à Orléans, nom qui est
devenu inséparable du sien, et qui, depuis quatre siècles,
vit, immortel, au cœur de cette cité généreuse ; une
figure dont la beauté pure et douce rayonne d'un éclat
sans pareil ; une héroïne que la poésie envie à l'histoire :
c'est la Pucelle d'Orléans, c'est Jeanne d'Arc. Dès que la
Providence eut lié sa destinée à celle de cette noble ville,

1. *Le Tombeau de M*ᵍʳ *Dupanloup*, p. 158. Orléans, chez Herluison.

vers cette héroïne, qui est en même temps une sainte, le
nouvel évêque d'Orléans tourna ses regards; à elle toute
son âme fut pour ainsi dire ravie; et dès les premières
paroles qu'il adressait à ses diocésains, il la saluait avec
enthousiasme. Trop d'analogies existaient entre elle et lui
pour qu'il n'en fût pas de la sorte; par sa pureté sans
tache, sa tendre piété, son intrépidité chevaleresque, son
double amour de Dieu et de la patrie, et cette auréole de
martyre qui couronne toutes ces gloires, la vierge de Domrémy devait parler au cœur de cet évêque, si pieux et pur
aussi, et si vaillant, dont la vie s'est consumée, comme
celle de Jeanne, au service de l'Eglise et de la France; et
il était réservé à ce prince de la parole d'élever à l'héroïne,
par son éloquence, un monument plus durable que le
bronze et l'airain.

Mais, avant de raconter comment il fut amené à prononcer ce panégyrique qui fait époque dans l'histoire
d'Orléans et dans la sienne, il est nécessaire d'expliquer
ses rapports avec ses diocésains, avec les autorités civiles
et administratives de sa ville épiscopale, et aussi son attitude vis-à-vis des pouvoirs publics : cet évêque, d'ailleurs, qui a tant fait pour les meilleurs intérêts de son
pays, et dont les dernières années ont été employées à le
servir dans les assemblées politiques, où ses diocésains
l'envoyèrent, n'appartient-il pas presque autant à la patrie
qu'à l'Eglise?

Son patriotisme d'abord, nous l'avons vu, s'était allumé
au foyer de l'ancien légitimisme : tous ceux qui l'aimè-
rent ou qu'il aima, tous ceux qui protégèrent sa jeunesse,
étaient des serviteurs dévoués de la monarchie revenue
de l'exil après les désastres de la patrie et de l'Eglise :
cette flamme ne s'éteignit jamais dans son âme; mais, prêtre avant tout, il ne fut jamais ce qu'on appelle un homme
politique, ou, pour parler plus justement, un homme de
parti : le service de l'Eglise et des âmes, qui au fond ne
peut que s'accorder toujours avec le devoir patriotique
bien compris, domina en toute occasion sa conduite. C'est
pourquoi, ni sous la monarchie de Juillet, ni sous la Ré-

publique dé 1848, ni sous l'Empire,. il ne fut, à proprement parler, un homme d'opposition, excepté quand il fallait combattre pour les intérêts catholiques ; et moins que jamais, lorsqu'il fut devenu évêque ; car, il faut-bien le comprendre, autres sont ici les droits des simples fidèles, autres les devoirs des évêques pasteurs des peuples. L'Eglise, dans un temps et dans un pays de révolutions, les laisse passer sans y prendre part ; elle subit les gouvernements que les conflits des hommes amènent, mais ne descend pas dans l'arène des partis, ni ne s'inféode à aucun ; et elle poursuit à travers tout, sur cette scène mobile, son œuvre éternelle, l'œuvre des âmes. Ce n'est pas là indifférence ou scepticisme, mais sagesse et nécessité. Par elle-même, cette obéissance aux pouvoirs n'implique la proclamation ni l'abdication de rien ; c'est simplement l'obéissance. L'Eglise peut donner plus, mais ne doit pas plus à un gouvernement. Le degré de sa sympathie dépend, évidemment, de celle qu'on a pour elle-même. Elle n'est ni factieuse, ni ingrate ; mais il importe qu'elle reste digne.

C'est ce que fut l'évêque d'Orléans en face du coup d'Etat. Certes, ce n'était pas là le dénouement qu'il souhaitait. Pour lui, la sécurité, la stabilité et le salut définitif de la France, était dans un principe, non dans un coup de force heureux ; et, tandis que des démarches étaient tentees par les hommes politiques auprès de M. le comte de Chambord, maître de ses preférences, il faisait des vœux pour la fusion, préliminaire indispensable à ses yeux, non en droit, mais en fait, d'une restauration ; et, dès ce moment, il déplorait, comme il le fit plus tard, les exigences qui, de part et d'autre, mettaient obstacle à un acte qui eût doublé, en les ralliant, les forces divisées du parti monarchique.

Telles étaient, au moment du coup d'Etat, les pensées de l'évêque d'Orléans. Le 2 décembre le jeta dans une profonde angoisse, et dans ses notes intimes il s'est épanché en réflexions douloureuses sur « la part de la force dans les choses humaines » ; sur « ces coups de vent qui abattent toute une nation aux pieds d'un homme ». Il

était alors à Paris. Consulté par M. de Montalembert, il
lui avait conseillé, ainsi que le P. de Ravignan, de ne
point adhérer avec éclat au 2 décembre. Et quant à lui,
heureux de n'être pas, comme quelques-uns de ses amis,
obligé de·jouer un rôle sur ce périlleux théâtre des
drames politiques, il rentra à Orléans, plus avide que
jamais de se plonger dans la solitude et le travail pour
Dieu. Evêque, obligé de tout subordonner à sa mission
épiscopale, — c'est un hommage que la presse hostile
elle-même a été forcée de lui rendre, — « il sut garder sa dignité et se renfermer dans les devoirs de sa
charge[1]. » De retour de Paris, le 6 décembre : « Ce qu'il
me faut, écrit-il, c'est de vivre comme dans une Thé-
baïde, loin de tous ces bruits et de ces agitations, uniquement occupé à l'œuvre de Dieu. » Il ajoute : « Quelle
joie et quelle douceur de cette solitude, de cette paix, de
ce silence, de mon travail repris, et de sainte Thérèse ! »
En effet, il lisait, avec un charme infini, sainte Thérèse,
et écrivait, nous le dirons, la vie d'une sainte carmélite
française, Mme Acarie, en même temps qu'il poursuivait,
avec l'ardeur que nous avons vu, toutes ses œuvres diocésaines.

Il se tint donc debout, calme et digne. Après le
plébiscite du 20 décembre (non après le coup d'Etat),
le nouveau pouvoir demanda des prières au clergé,
comme avait fait la République elle-même ; l'évêque d'Orléans se contenta de transmettre officiellement ces demandes officielles. Parut le décret du 23 janvier 1852, qui
confisquait les biens de la famille d'Orléans ; on disait
qu'une part en serait affectée à l'augmentation du trai-
tement des évêques : « Je ne puis assez dire, s'écria
l'évêque d'Orléans à cette nouvelle, mon mépris pour ce
cadeau. »_Et entrevoyant là une compromission redoutable
pour le clergé, il ne put se défendre d'une initiative dont
la hardiesse est voilée à peine par l'extrême convenance
du langage ; il écrivit au Président :

---

1. *La République française*, 15 octobre 1878.

« Monsieur le Président,

» On m'assure que, dans une pensée bienveillante, vous avez conçu le projet d'élever les traitements ecclésiastiques.

» Permettez-moi de vous communiquer à cet égard, et en mon nom personnel, quelques réflexions.

» Dieu, qui voit vos intentions, Monsieur le Président, vous en tiendra compte.

» Dieu sait aussi que l'épiscopat n'a prévenu par aucune sollicitation la pensée du Chef du gouvernement à cet égard.

» Mais les hommes sont souvent injustes. Les préventions et les préjugés contre le clergé ne sont point entièrement tombés. On nous accusera ; nous en souffrirons, et la religion avec nous.

» Nous sommes dans des temps malheureux. Il ne faut pas qu'on puisse reprocher au clergé d'avoir, en de tels temps, ajouté, même pour une faible part, aux charges publiques.

» Sans doute, dans une situation meilleure, nous pourrions faire de plus abondantes aumônes, et exercer envers nos prêtres une plus large hospitalité. Mais, au-dessus de ce bien, il y a un bien plus élevé et plus nécessaire, c'est celui de la considération et de la dignité de notre caractère et de nos personnes si étroitement liées dans l'esprit des peuples avec le respect de la religion elle-même. Voilà ce qu'un devoir et un intérêt supérieurs nous obligent par-dessus tout à ménager, et ce sont là, Monsieur le Président, des pensées que vous ne pouvez manquer de comprendre et de partager.

» Si vous voulez donner suite à la grave pensée qui vous préoccupe, et venir efficacement au secours de la religion, sans la compromettre, il est des services qu'elle réclame depuis longtemps dans le visible intérêt des peuples : relever tant de pauvres églises en ruines, établir de nouvelles succursales, créer des vicariats dont beaucoup de paroisses de campagne ont un si grand besoin : voilà des œuvres de l'intérêt religieux le plus vrai et le plus populaire.

» Vous comprendrez, Monsieur le Président, les motifs

qui me dictent ces réflexions dans l'intérêt commun de
l'Eglise et de l'Etat, et vous daignerez excuser ce qui
pourrait paraître indiscret dans ma démarche.

» Je suis avec respect, etc. »

Lorsque, au mois de septembre de la même année, le
Président entreprit, dans les départements, ce voyage qui
fut comme la préface de l'Empire, il ne mit pas dans son
programme de s'arrêter dans la ville de cet évêque. Mais
comme il y devait repasser à son retour, le 18 octobre, il
descendit de son wagon pour recevoir à la gare les autorités. L'évêque n'eut pas le mauvais goût de s'abstenir.
Accompagné de ses vicaires généraux, il se trouva près du
wagon du Président, et simplement il s'inclina devant lui
au passage : « Monseigneur, lui dit le prince, j'espère avoir
un jour l'honneur d'être reçu par vous dans votre cathédrale, à la tête de votre clergé. » De nouveau l'évêque
s'inclina sans répondre[1].

Mais telle n'était pas l'attitude de tous les catholiques :
il y en eut qui, dans leur enthousiasme, se firent, non pas
seulement les adhérents, mais les théoriciens, les doctri-
naires du césarisme, reniant, conspuant ces libertés politiques qui avaient été pendant tant d'années leur drapeau,
et compromettant l'Eglise elle-même avec un parti, victorieux d'un jour, nullement sûr du lendemain : enthousiasme
qui devait recevoir d'un si prochain avenir de si cruels
démentis.

. L'évêque d'Orléans voulut arrêter le clergé sur cette pente,
et, sans condamner ce qu'il peut y avoir de libre dans les
conduites politiques, signaler ce qu'il peut s'y rencontrer
aussi pour l'Eglise de dangereux. Tout à coup, pas le sur-
lendemain, mais le lendemain même de la proclamation
de l'Empire, et sans laisser le temps de se produire aux
manifestations qu'il voulait empêcher, *le 3 décembre* 1852,
il publia, quoi? Un dithyrambe en l'honneur du nouveau
souverain? Non, un solennel avertissement à ce souverain
et aux catholiques ; et, par une de ces intuitions qui lui
étaient familières, dès le premier jour du règne, en aperce-

---

1. *Le Moniteur du Loiret.*

vant le péril, il•avait pris pour sujet de cette instruction pastorale, *la Liberté de l'Eglise*. Certes, au moment où le pouvoir personnel s'établissait dans notre pays, faire à cette liberté sainte un rempart de sa parole, et dire à ce souverain, maître de nos libertés : « Celle-là du moins, n'y touchez pas ! » et aux catholiques trop prompts à se prosterner : « Prenez garde, celle-là aussi est dans ses mains ! » c'était sage et prévoyant.

Et quel noble langage ! « L'attitude toujours calme et digne, toujours forte et pacifique, et quelquefois stoïque de' l'Eglise, pour maintenir et revendiquer cette liberté sacrée qui fut toujours le premier de ses biens ; » voilà ce que d'abord il rappelait. Et les combats de l'Eglise de France pour sa liberté : pendant la Terreur révolutionnaire, « où une croix de bois, des calices de verre et des prêtres d'or, lui suffirent encore une fois pour sauver les âmes » ; — sous cet Empire « qui voulut la relever sans la rendre libre » ; — même sous la Restauration, qui, « généreuse d'ailleurs envers l'Eglise, n'osa pas lui donner la seule chose qui ne la compromettra jamais, la liberté » ; tels étaient les premiers témoignages qu'il invoquait. Puis, à côté des belles paroles des anciens Pères, de Tertullien, de saint Ambroise, de saint Cyprien, de saint Augustin, sur cette inaliénable liberté, il plaçait les revendications non moins fortes des Bossuet et des Fénelon ; et revenant à la situation présente, et rappelant noblement ce que le gouvernement qui venait d'être renversé, la République de 1848, avait fait pour la religion, les libertés qu'elle lui avait rendues : la liberté de l'enseignement, la liberté de ses conciles, la liberté de son Pontife, il en arrivait enfin aux grandes leçons :

« Bien différentes des puissances temporelles, que trop souvent les faveurs de la fortune enivrent et perdent, l'Eglise a toujours su, dans son immuable sagesse, gouverner sa prospérité. Les leçons qu'elle offre là-dessus aux autres, elle se les donne à elle-même ; les faveurs des princes comme les acclamations des peuples, ne la trouvent jamais ingrate, mais jamais non' plus trop confiante.

» Elle sait qu'il n'y a pas loin de l'entrée triomphante

de Jérusalem au Calvaire, ni de l'*Hosanna* au *Crucifigatur !*

» De ces grands souvenirs elle conclut que les prospérités sont aussi pour elle des épreuves que son immortel époux lui envoie, et pour lesquelles il lui demande et lui impose des vertus comme pour les temps de l'adversité ; et, jetant les yeux sur ces glorieuses annales, elle voit qu'il n'y eut pas moins d'honneur pour elle à garder sa liberté pure et sa dignité inaltérable sous Constantin qui la protégeait, qu'à se montrer héroïque et invincible sous Dioclétien, son persécuteur.   .

» Cette Eglise sainte n'est pas autre à cette heure qu'elle fut dans tous les temps.

» Quoi qu'il arrive, l'œuvre de Dieu est toujours la sienne ; c'est la seule dont l'Eglise sera chargée sur la terre ; l'on ne songera jamais à lui en demander une autre : elle répondrait qu'elle est sans mission pour y travailler.

» Et à Dieu ne plaise qu'en remplissant le devoir de la charité et de la prière, elle paraisse s'associer à aucune passion, flatter aucun parti, insulter aucun malheur !...

» Dans tous les évènements permis par la Providence, et au milieu desquels l'Eglise prie, il y a, par le fait, toujours à prier. Il y a toujours un bien possible, une espérance légitime, des grâces importantes à demander. »

Si le pouvoir nouveau n'eût pas été fondé à s'irriter de ce langage, il etait impossible aussi qu'aucun vaincu du coup d'Etat en fût blessé. Quand un évêque a parlé de la sorte, d'autres peuvent avoir une autre attitude, l'honneur de l'Eglise est sauvé ! M. de Montalembert lui écrivit : « Je viens de lire avec une admiration sans bornes et sans réserve votre mandement sur la liberté de l'Eglise à l'occasion de la proclamation de l'Empire. La vérité, la justice, la dignité, l'opportunité éclatent à chaque ligne. Ce grand acte vous a placé à la tête de l'épiscopat français. »

« M. de Montalembert, a écrit un de ses amis [1], avait eu vingt jours d'illusion ; mais, enfin, il n'avait point renié la liberté, il ne l'avait point insultée, il s'était abstenu de

---

1. M. Foisset, *Vie du P. Lacordaire*, t. II, p. 192.

toute théorie absolutiste. » D'autres faisaient autrement.
Lorsque, en 1855, pour faire contrepoids à cette école,
M. de Montalembert et quelques-uns de ses amis, MM. de
Falloux, Foisset, Cochin, de Broglie, qui avaient travaillé
toute leur vie à rapprocher de l'Église la société moderne,
entreprirent de réorganiser le *Correspondant*, l'évêque
d'Orléans les couvrit notoirement de son patronage, les
honora de ses conseils et plus d'une fois de ses communi-
cations. Plus d'une fois aussi il partagea les attaques dont
ils étaient l'incessant objet. On sait maintenant la vérité
sur cette réunion d'Augerville, où M. Berryer, pour recevoir l'évêque d'Orléans, pendant une tournée pastorale,
avait réuni plusieurs de leurs amis communs, MM. de Montalembert, de Falloux, de Salvandy, ainsi que MM. Thiers,
Mignet, Vitet, tous membres de l'Académie française. On
a raconté ces entretiens : les curieuses révélations de
M. Berryer et de M. Thiers sur la révolution de 1830 ; les
déclarations si nettes de celui-ci en faveur de la monarchie ; les adjurations pressantes de M. de Falloux pour
qu'il eût le courage de dire à son pays ce qu'il venait de
déclarer à ses amis ; et la réponse, enfin, de M. Thiers à
ces instances : « Je suis monarchiste autrement que vous,
à certains égards, mais autant que vous ; je suis convaincu
de la supériorité du système monarchique ; je suis convaincu surtout que le tempérament français et le système
républicain sont incompatibles ; quand il ne s'agira plus
que de s'entendre sur les nuances, vous me verrez faire
pour la monarchie ce que vous m'avez vu faire pour la
religion avec vous, avec mon vénérable ami, l'évêque
d'Orléans. » Et en prononçant ces mots, M. Thiers se levait
pour serrer les mains de M. Dupanloup, qui fondait en
larmes. « J'affirme, poursuit M. de Falloux[1], dont nous
citons le récit, que, en ce moment, M. Thiers était sincère ;
j'affirme que sa conviction et son langage n'ont pas varié
jusqu'à la terrible année 1871. »
Que devint, dans les récits d'une certaine presse, cette
réunion ? Une intrigue orléaniste, l'*intrigue d'Augerville*.

---

1. *Mgr l'évêque d'Orléans*, par M. de Falloux.

« Augerville offrait naguère l'hospitalité à M. Thiers et à
M. de Falloux, sous prétexte de fêter la présence de l'évêque
d'Orléans. Les apparences étaient inoffensives, mais dissi-
mulaient un complot ; le but était de vaincre l'opposition
de M. Thiers à l'entrée de M. de Falloux à l'Académie. La
résistance était tenace ; pour en triompher, il fallait un
grand holocauste. M. Dupanloup et M. de Falloux n'hési-
tèrent point : ils s'engagèrent à faire campagne en l'honneur du drapeau tricolore ; M. Thiers promit son vote. »
Or l'élection de M. de Falloux avait eu lieu, et M. Thiers
n'avait pas voté pour lui. Le plus plaisant était que les
journaux les plus scandalisés en apparence étaient précisément ceux qui avaient donné le plus de gages à l'Empire.
L'évêque d'Orléans n'accorda à cette indignité que le sourire triste qu'il donnait aux choses de ce genre, accoutumé
qu'il était, depuis longtemps, aux iniquités de la polémique.
On inventera plus tard, avec la même vérité, le complot
de La Roche-en-Breny, et le scandale d'Orléans. Mais reve-
vons à notre sujet.

Cette attitude d'un évêque, ni courtisan, ni factieux, ni
rétrograde, ami de son pays et de son temps, était comprise
et respectée. Et, d'ailleurs, on le savait, quelles que fussent
ses préférences personnelles, il plaçait au-dessus de tout
la France ; ne refusait pas au gouvernement de justes
éloges, quand il pouvait louer sans flatter ; de la même
voix dont il va tout à l'heure célébrer Jeanne d'Arc, il
exaltera avec les accents du plus pur patriotisme les victoires de nos soldats en Crimée[1].

Venu à Orléans au moment où la France, incertaine
encore de ses destinées, attendait avec anxiété l'avenir, il
avait trouvé, dans l'administration, nonobstant quelques
insultes passagères de la presse républicaine locale, des
égards auxquels il sut répondre, et qu'au lendemain du
2 décembre, il n'était pas obligé de repousser. On aura
beau parler de séparation de l'Eglise et de l'Etat, par la
nature des choses, surtout sous un régime concordataire,

---

1. Circulaire du 14 septembre 1855.

en une multitude d'occasions sans cesse renaissantes, le concert avec les autorités laïques est indispensable au bien, et la lutte n'est légitime, que quand elle est nécessaire. L'attitude du pouvoir ne l'y obligeait pas, et sa nature conciliante ne l'en éloignait pas moins. Aussi l'avons-nous vu unir avec empressement ses efforts à ceux de MM. Dubessey et Boselli, pour le bien commun, dans cette œuvre tutélaire des écoles de Sœurs ; et s'entendre aussi avec le gouvernement, avec le conseil général, avec la municipalité orléanaise, pour la reconstruction de la flèche de Sainte-Croix. Ses relations avec la magistrature étaient empreintes du même esprit de concorde, de convenance et de dignité, peut-être avec une nuance de cordialité de plus. Il ne manquait jamais, quand, il se trouvait à Orléans, d'assister à la séance de rentrée de la cour. Le premier président, M. de Vauzelles, pour n'en pas nommer d'autres, fut pour lui un ami : l'affectueuse et réciproque estime du magistrat pour l'évêque et de l'évêque pour le magistrat, était connue. Et ces rapports, toujours si dignes, avec simplicité, n'étaient pas seulement politesse et usage du monde, le savoir-vivre avec le charme le plus séduisant des manières : l'évêque, le pasteur, qui voulait aller jusqu'à l'âme, s'y faisait sentir toujours ; mais avec quelle délicatesse ! C'était là une forme aussi de son apostolat, et non pas toujours la moins récompensée. Qu'on nous permette de citer ici une parole que nous recueillîmes de ses lèvres un jour que, se croisant avec un membre de la Cour sur la place de Sainte-Croix, il avait été salué par lui avec ce respect particulier des magistrats orléanais envers leur évêque : « Mon ami, nous dit-il, et avec quel accent ! voyez-vous, c'est là une âme que j'aurai. »

Le bénéfice de ces attentions et de ces délicatesses de la vie privée se retrouvait dans les grandes circonstances.

Orléans, disions-nous, est la ville de Jeanne d'Arc ; ces deux noms ne se séparent pas. Cependant, sa place principale, celle où apparut pour la première fois la Pucelle, sur son cheval blanc, au milieu des acclamations de la

foule, et d'où elle se rendit à la cathédrale, pour tout commencer par la prière, ne montrait aux étrangers qu'une
statue insuffisamment digne de la ville et de son héroïne.
Le patriotisme orléanais réclamait un autre monument.
Un artiste de talent, M. Foyatier, le lui donna; c'est une
statue équestre de la Pucelle victorieuse : le regard au
ciel, par un mouvement plein de noblesse, elle abaisse
son épée devant Dieu. Plus tard, un autre artiste compléta
le monument par des bas-reliefs pleins de vie, qui retracent sur les quatre faces du piédestal les principales scènes
de cet épisode héroïque de notre histoire. Il s'agissait d'i-
naugurer ce monument. A cette occasion, on songea à
rendre leur antique éclat aux fêtes de la Pucelle, depuis
quelques années interrompues. Le programme combiné
entre le maire, M. Genteur, et l'évêque, fait que rien ne
ressemble à ces fêtes dans aucune ville, comme, en effet,
nulle héroïne ne ressemble à Jeanne d'Arc; c'est une
journée de la vieille France dans la France nouvelle. La
veille, du lieu où s'élevait autrefois le fort des Tourelles,
dont la prise par Jeanne d'Arc décida la délivrance d'Orléans, part une procession militaire aux flambeaux, qui
suit le chemin parcouru par Jeanne elle-même, jusqu'à
Sainte-Croix, où elle vint chanter le *Te Deum* de la victoire : alors, de l'hôtel de ville voisin sort la municipalité,
la bannière de Jeanne d'Arc en tête; l'évêque apparaît sur
le perron de la cathédrale avec le clergé; le maire lui remet la glorieuse bannière : c'est comme l'embrassement
de la patrie et de la religion! A ce moment-là, les deux
tours s'illuminent de la base au sommet; les clairons son-
nent : c'est dans la foule un frémissement d'enthousiasme
indescriptible. Le lendemain, après la messe solennelle et
le panégyrique traditionnel, la pompe orléanaise se dé-
ploie, magnifique, dans les rues de la cité. Ce jour-là, on
y avait ajouté une cavalcade historique, qui devait représenter, avec les costumes du temps, la Pucelle et ses
héroïques compagnons, Dunois, La Hire, Xaintrailles et les
autres. Il est évident que d'une telle fête la religion ne
peut être absente, ou plutôt que le sentiment religieux
fait ce jour-là partie intégrante du patriotisme. Mais qui

prononcerait le panégyrique? Il n'y avait pas à le chercher. Toutefois, les premières démarches du maire auprès de l'évêque ne suffirent pas à le déterminer : il refusa même formellement. On crut en deviner le motif. La célèbre comédienne, ᴹˡˡᵉ Rachel, avait été invitée aussi à venir jouer, le soir, le rôle de la Pucelle dans la tragédie d'Alexandre Soumet. On supposait qu'il agréait peu à l'évêque de voir ce nom et le sien cités ensemble parmi les attractions de ces fêtes. Heureusement la comédienne déclina cet honneur. Alors, à la sollicitation de). Genteur, et sur le désir exprimé par le garde des sceaux,). Abattucci, diocésain de Mᵍʳ Dupanloup, le premier président,). de Vauzelles, fit, auprès de l'évêque, une nouvelle instance. Nous donnons cette lettre tout entière ; elle nous dispense d'en dire plus sur le respect et l'affection avec lesquels on le traitait :

« Paris, 11 avril 1845.)onseigneur,). le maire d'Orléans, qui est en ce moment à Paris, ainsi que moi, vient d'apprendre que vous renonciez au triomphe oratoire que vous promet le panégyrique de Jeanne d'Arc. Il est venu me trouver : jugez si je dois en être fier, et surtout profondément touché ! Parce qu'il connaît, comme bien d'autres, mon tendre et respectueux attachement pour vous, n'a-t-il pas été s'imaginer que j'avais place dans un cœur occupé par tant de saintes affections, et que je pouvais m'en prévaloir pour vous prier de revenir sur une résolution qui affligerait tout le monde ; et voilà que je me laisse naïvement persuader et que j'accepte une mission peut-être indiscrète.

» Indiscrète ! je dis bien, car j'ai commencé par chercher la cause de cette renonciation, et j'ai cru l'avoir trouvée dans la participation annoncée d'un talent tout profane à une fête que vous voulez toute religieuse. Si j'ai pénétré quelque chose de cette susceptibilité pieuse, qui, chez vous, s'exprime comme la pudeur, par le silence, je puis vous rassurer, car j'apprends que, par un concours de circonstances dont je dois vous épargner le récit, votre voix serait seule admise, le 8 mai prochain, à glorifier publiquement Jeanne d'Arc : son nom ne retentirait qu'à l'Eglise.

» Eh quoi! Monseigneur, refuseriez-vous de remercier par votre présence en chaire la Providence qui exauce ainsi votre vœu secret? N'appartient-il pas d'ailleurs exclusivement à l'évêque d'Orléans, dans la solennité qui se prépare, de célébrer la jeune lille qui, par sa dévotion à Marie, a mérité d'être appelée, comme elle, *intemerata Virgo*, et de devenir, après elle, un modèle de la chasteté chrétienne? Et puis, quel sujet pour un orateur tel que vous! Trois scènes : Domrémy, Orléans, Rouen. Trois drames : une idylle, une épopée, une tragédie. Et pourtant une seule héroïne, avec ces trois caractères : la bergère, la guerrière, la martyre. Admirable trilogie, que l'éloquence doit ravir à la poésie, puisque celle-ci n'a pas pu s'en emparer dignement jusqu'à ce jour. Et qu'on ne dise pas que le sujet est épuisé! La bouche ne se lasse pas de dire, les oreilles ne se lassent pas d'entendre, les belles et nobles choses que le cœur ne se lasse pas d'aimer. Dans la région où vous place la religion, aux yeux de laquelle tous les hommes sont frères, sans distinction de nationalités, il vous serait plus facile qu'à un orateur profane de concilier les exploits de Jeanne avec la charité que nous devons toujours aux Anglais, et la courtoisie que nous leur devons plus particulièrement aujourd'hui, où elle est à la fois de bon goût et de sage politique.

» Enfin, si vous ne vous rendiez pas à ces raisons, je me rappellerais qu'un jour vous nous avez bien éloquemment enseigné que la prière doit être quelquefois violente pour être efficace. Alors laissant de côté des aménités de langage qui vous sont trop familières pour vous toucher beaucoup, je vous ferais dans le style barbare, mais pressant du Palais, la sommation suivante :

» La ville d'Orléans, poursuite et diligence de son maire, par le ministère de son Premier Président, faisant fonction d'huissier pour la solennité du cas, met en demeure l'évêque de l'aider à payer sa dette envers Jeanne d'Arc sa libératrice, lui remontrant qu'il est solidaire avec elle, et que lui seul a de quoi payer.

» Sur ce, Monseigneur, je suis en vénération votre bien humble serviteur et ami, si vous le permettez. »

L'évêque d'Orléans reçut cette lettre en tournée pastorale ; il répondit :

« Auvilliers, le 19 avril 1855. Monsieur le Premier Président et trop bienveillant ami, vous voyez bien que je me laisse vite entraîner par vous aux indiscrétions de mon cœur ; mais aussi comment résister à vos paroles ? Je n'avais pas d'autre motif pour renoncer à ce panégyrique que ma fatigue et l'accablement de mes occupations. Je vous le dis à vous en toute simplicité, les Anglais ici ne m'ont préoccupé en rien, pas plus que M. Tissot ; mais encore faut-il avoir le temps, et je ne l'avais pas, à ce point qu'avant de quitter Orléans pour faire ma visite pastorale, je n'aurais pas pu donner deux heures à la méditation de ce panégyrique. Mais vos aimables instances et celles de M. le maire m'ont vivement touché, et je me suis mis ces jours-ci, en allant d'un village à l'autre, à étudier de nouveau votre Jeanne d'Arc, et je dois avouer que c'est un sujet incomparable. Si l'on avait pu se contenter d'un simple récit, je n'aurais pas refusé de le faire, et dans le fait un évêque ne pourrait guère refuser de raconter à ses diocésains ce que Dieu a fait de si grand pour eux. Mais c'est un discours qu'il faut, et voilà ce dont je suis incapable. Et encore, si je me chargeais de ce récit, resterait-il une grande délicatesse envers M. Deguerry, qui s'est chargé de me remplacer.

» Vous voyez mes difficultés, et cependant vous voyez aussi tout ce que peuvent sur mon cœur les *sommations* du vôtre... »

La fête fut admirable ; « mais, ce qui domina tout, dit un témoin oculaire, ce qui restera, c'est le panégyrique de Jeanne d'Arc prononcé par l'évêque d'Orléans. Merveilleux discours qui nous a, durant cinq quarts d'heure, attachés, émus, soulevés, indignés, attendris tour à tour ». D'une grâce touchante dans la peinture de l'enfance de Jeanne, l'Idylle ; dans le tableau des combats, l'Epopée, intrépide, ardent, comme un guerrier, au point qu'un brave général présent dans l'auditoire laissa échapper ce mot : « Quel soldat! s'il nous commandait à Sébastopol, nous ne serions pas si longtemps à le prendre! » et enfin, dans le drame final, le Martyre, pathétique, émouvant : tel il fut dans ce discours qui, en somme, comme il l'avait promis, n'était qu'un récit, mais quel récit! avec une introduction superbe, et une conclusion plus magnifique encore; surtout il y avait cette action, qui était si belle toujours, mais qui le fut plus que jamais ce jour-là, tant son âme de grand orateur, sous la secousse de ces scènes héroïques, était elle-même émue et palpitante[1].

Voici l'exorde de ce discours :

« La sainte religion des aïeux, le culte des grands souvenirs n'a pas péri parmi vous, et depuis quatre cent vingt-six ans, vous apprenez à vos fils à prononcer avec respect le nom de la fille généreuse qui sauva vos pères.

» Que dis-je, avec respect? C'est l'enthousiasme, c'est la reconnaissance et l'amour, c'est la compassion qui sont aujourd'hui dans les cœurs pour cette pieuse et héroïque mémoire.

» Sous la noble inspiration de vos premiers magistrats, vous avez voulu faire revivre tous les souvenirs, toutes les figures, tous les noms, toutes les gloires, tous les panonceaux du temps passé; et la glorieuse bannière de Jeanne d'Arc brille aujourd'hui à nos regards plus resplendissante que jamais sous les voûtes de notre basilique.

» Soyez-en bénis! C'est une grande chose que vous faites, et la France, la France entière, dont Orléans fut le cœur, le dernier appui et comme le dernier battement au jour de la grande détresse nationale, la France applaudit à vos fêtes, y envoie d'illustres représentants et vous regarde avec joie.....

» C'est un modeste récit que je vous ai promis et que je

---

1. « Vous ne vous figurez pas, nous disait un jour M. le premier président de Vauzelles, le coup qu'il me donna par un seul mot, quand, après le récit triomphal des gloires de Jeanne, subitement il dit, d'une voix comme étouffée : «... Nous marchons vers Rouen ! »

viens vous faire, tel que je l'ai lu, pour vous le raconter, dans les vieux historiens français et étrangers. Car, vous le savez, Messieurs, nulle histoire n'eut jamais une authenticité pareille.

» Ce récit, il est vrai, révèle les plus grandes choses qui furent jamais, et aussi les plus touchantes. J'ai beau chercher dans mes souvenirs, je ne trouve rien de comparable, rien d'analogue dans les annales d'aucun peuple.

» Orléans a eu deux fois au moins dans sa vie cette gloire d'être la dernière et heureuse fortune de la France : c'est la ville des miraculeuses délivrances ! Et deux fois ce fut un évêque, une vierge, saint Aignan et Jeanne d'Arc, qui la sauvèrent tour à tour des hommes du Nord.

» Et cependant, ne craignez pas, Messieurs, les délicatesses de mon glorieux sujet. Non, l'Angleterre n'a rien à redouter de moi. C'est une grande et courageuse nation. Elle se glorifie, avec raison, comme nous, de descendre en partie de ces races blondes qui se vantaient autrefois de ne rien craindre, sinon que le ciel tombât sur leur tête et que l'Océan envahît leurs terres ; et pour dire simplement la vérité, Suffolk, Salisbury, Glacidas lui-même, comme Xaintrailles, La Hire et Dunois, étaient de rudes et vaillants hommes de guerre. Mais Dieu fut le plus fort, et Jeanne, sa fille choisie, les vainquit tous.

» Les Anglais seraient donc encore nos ennemis aussi bien qu'ils sont alliés, que les descendants du Prince Noir et de Talbot pourraient m'entendre ici : tout au plus sentiraient-ils peut-être à l'accent de ma voix que le vieux sang français n'a pas oublié de couler dans nos veines, comme ils ont pu s'en apercevoir sous les dures murailles de Sébastopol, aux rives de l'Alma et sur les coteaux d'Inkermann. »

Un passage d'une beauté véritablement supérieure dans ce discours, c'est celui où l'évêque d'Orléans explique pourquoi il est heureux que la gloire de Jeanne d'Arc ait été couronnée par le martyre : il montre là l'application d'une grande loi de l'ordre moral, en harmonie, comme toujours, avec le dogme chrétien :

« Ah ! si Jeanne d'Arc avait fini dans l'opulence et les délices, si elle était devenue une grande princesse, ou bien si, selon le vœu naïf de son cœur, elle était revenue à Domrémy, nous aurions eu une princesse telle quelle, ou une pieuse bergère de plus, le chant d'une merveilleuse épopée entre deux idylles... Au lieu de cela, nous avons une grande chose, un enseignement admirable... un poème divin, tel que Dieu sait les faire.

» Car, il le faut entendre, dans l'humanité, depuis sa chute, il n'y a pas une seule grande chose sans la croix... La vertu, toujours heureuse, toujours couronnée, toujours triomphante, n'est pas le plus grand spectacle que la terre puisse offrir au ciel ; il y faut ce je ne sais quoi d'incomparable et d'achevé que le malheur donne à la vertu.

» Et voilà pourquoi ici la vraie grandeur est à Rouen : la grâce est à Domrémy, la gloire est à Orléans, l'éclair du triomphe à Reims ; puis, le lendemain, la tristesse, les douloureux pressentiments, et enfin la véritable immortalité n'est qu'à Rouen. »

Voici la dernière page de ce discours :

« On voit quelquefois, Messieurs, sur la terre un beau phénomène.

» Après une soirée orageuse, quand la tempête a cessé, quand la foudre ne sillonne plus la nue, quand le ciel retrouve sa sérénité, on aperçoit quelquefois tout à coup une étoile brillante qui semble tomber rapidement des cieux et s'abîmer dans l'horizon avec une vive clarté.

» Ici, sous le ciel de Rouen, ce fut autre chose.

» Quand la tempête eut éclaté, quand le feu eut été mis au bûcher, quand la foudre fut tombée sur la victime, quand son dernier regard fut venu, à travers les flammes, se reposer et mourir sur la croix de Jésus-Christ, qu'une main charitable lui montrait de loin, quand enfin le dernier cri de ce cœur et le dernier mouvement de ces lèvres expirantes eurent redit trois fois le nom de l'éternel amour : Jésus! Jésus! Jésus! alors, comme au Calvaire, les bourreaux pleurèrent.

» Mais la flamme impuissante essaya vainement de consumer ce cœur, qu'une pureté virginale et une pauvre croix de bois avaient si bien gardé!

» Alors l'étoile remonta aux cieux; le signe divin apparut à tous les regards; le cœur revint sur la terre de France à ceux qui l'avaient perdu; l'épouvante et la fuite s'attachèrent à tous les pas de l'étranger sur le sol de la patrie, jusqu'à ce que, refoulé de province en province, il disparut enfin à l'horizon des mers! Et la bannière nationale flottant définitivement sur les murs de Calais, les injures de Poitiers, de Crécy, d'Azincourt furent vengées, et la France, remise au rang des nations indépendantes par la main d'une jeune fille, recommença le cours de ses glorieuses destinées, qui ne sont pas encore achevées; et demeurant la fille aînée de l'Eglise catholique, tandis que d'autres grandes nations tombaient, elle se prépara à marcher désormais à la tête des peuples européens, reine du monde civilisé.

» Tel fut le fruit du sacrifice.

» Et maintenant, il faut mettre fin à ce discours.

» Fille généreuse, recevez cet hommage d'un évêque d'Orléans; c'est avec une grande joie que je vous l'ai rendu. A cette heure, je vous quitte, et avec regret; mais nous ne sommes plus étrangers l'un à l'autre : nous nous retrouverons, nous nous reconnaîtrons quelque jour[1]. Nous avons servi tous deux, tour à tour, cette noble ville, ce peuple aimable et bon, généreux jusqu'à l'enthousiasme au jour de l'honneur. Vous avez sauvé les aïeux de ceux qui sont mes fils en Jésus-Christ... Plusieurs ne le sont encore qu'en espérance, mais ils le seront tous un jour, je l'espère, en vérité. Je crois avoir leurs cœurs : quand me donneront-ils leurs âmes pour Dieu? Leurs âmes! Ah! c'est bien pour elles qu'on donnerait volon-

---

1. Ces paroles peuvent servir de commentaire anticipé au monument qu'on lui prépare, et dont ne sera pas absente la bannière de Jeanne d'Arc.

tiers mille vies, si on les avait, comme une goutte d'eau ! »

Orléans put ajouter une journée mémorable à ses annales, et les Lettres françaises comptèrent un chef-d'œuvre de plus.

L'année suivante, il invita à porter la parole dans cette fête un fils de la Grande-Bretagne, Mgr Gillis, évêque d'E-dimbourg, dont le discours fut un chef-d'œuvre aussi, et depuis lors la série des panégyriques, reprise par l'évêque d'Orléans, a toujours continué.

Il fera plus ; car Jeanne d'Arc n'est pas seulement une héroïne, c'est une sainte ; condamnée, non par l'Eglise, mais solennellement, officiellement réhabilitée par elle, par un jugement de son chef suprême, il reste à en faire une réhabilitation plus haute, et à poser définitivement sur son front cette couronne de la sainteté : l'évêque d'Or-léans reprendra de nouveau, à ce point de vue, le panégyrique de la Pucelle, et il travaillera à introduire à Rome la cause si chrétienne et si française de sa canonisation.

CHAPITRE X

SON ŒUVRE PASTORALE
(Suite)
Autres écrits et discours de circonstance
Lettre pastorale sur la mort de Mgr Sibour
Discours à la Madeleine en faveur des églises pauvres
Oraison funèbre du P. de Ravignan
Discours pour la bénédiction de la grotte de Saint-Mesmin
Et de la croix de Micy
Et pour l'inauguration du collège ecclésiastique de Combrée
1857-1858

Cette grande parole, qui enthousiasmait sa ville épiscopale, n'y pouvait rester renfermée; il lui fallait bien, de temps à autre, céder à d'impérieuses circonstances, et faire entendre au dehors, sans toutefois en sevrer ses diocésains, cette éloquence qu'on enviait à Orléans. Il se trouva donc amené, dans le cours des années 1857 et 1858, époque de ses grandes prédications dans sa cathédrale, et plus tard encore, nous le verrons, à prononcer ou à écrire, sur les sujets les plus divers, des discours ou des lettres pastorales célèbres que nous devons mentionner successivement.

Le 3 janvier 1857, il passa tout à coup sur Paris et sur la France comme l'éclair sinistre d'un crime inouï : dans l'église de Saint-Etienne du Mont, pendant les douces fêtes de sainte Geneviève, l'archevêque de Paris, Mgr Sibour, tombait frappé par le poignard d'un assassin; et cet assassin, ô honte! ô douleur! c'était un prêtre! il est vrai, repoussé du sanctuaire et chassé de nos rangs. La consternation de l'évêque d'Orléans, à cette nouvelle, fut d'autant plus grande que l'auteur du crime avait été un de ses élèves à Saint-Nicolas. Les meilleures éducations trouvent des natures rebelles, et celle-là, s'il ne l'avait pas transformée, il l'avait devinée et dénoncée : « C'en est un, avait-il dit, qu'il ne faut jamais ordonner : il a l'âme basse. » Sa douleur éclata en un cri déchirant[1].

C'est le 4 février 1858 qu'il prêcha à la Madeleine son célèbre discours sur les pauvres églises de campagne.

Pour bien saisir l'à-propos et la portée morale des graves avertissements qu'il y donnait, il faut se rappeler le moment où il parlait. L'Empire était à son apogée. La victoire avait suivi nos armes. L'empereur, au congrès de Paris, après la guerre de Crimée, en 1856, avait été l'arbitre de l'Europe. La prospérité matérielle du pays était au comble ; et, de plus, l'avenir de la dynastie paraissait assuré, et le Saint-Père lui-même n'avait point dédaigné d'être le parrain de l'héritier présomptif de la couronne impériale. Pourtant, à qui regardait de près, plus d'une ombre déjà se laissait apercevoir dans ce ciel radieux. Ce congrès de Paris, pacificateur en apparence, avait posé, par la question romaine imprudemment soulevée, un germe menaçant pour l'avenir ; et ce luxe éblouissant cachait mal ou plutôt accélérait la plaie morale qui rongeait les fibres vives de la nation. Et comme toujours la ruine des croyances suivait la ruine des mœurs ; l'impiété, contenue encore, mais frémissante, n'attendait, pour éclater au grand jour, qu'une occasion qui n'allait lui être que trop tôt offerte ; les mauvaises doctrines faisaient leur chemin dans l'ombre. L'œil vigilant de l'évêque voyait ces choses, alors que la foule, qui ne regarde guère au delà du jour présent, ne soupçonnait pas même ces réalités redoutables ; et dans ce discours, il ne craignait pas de soulever un coin du voile, faisant, de ces éternels principes que la sagesse païenne elle-même a proclamés, à un prochain avenir, des applications, hélas ! trop tôt justifiées.

---

1. L'historien de Mgr Sibour, M. Poujoulat, a reproduit ces éloquentes paroles.

« L'impiété, disait-il, mêlant aux oracles des prophètes
de Dieu ceux des poètes profanes eux-mêmes, est fatale
aux peuples; elle en précipite la ruine :

> Di multa neglecti dedere
> Hesperiæ mala luctuosæ!

Tout le noble auditoire tressaillit quand il s'écria : « La
barbarie est à vos portes, et au milieu de vous ; la barbarie est dans l'impiété ; et les forces sociales, je l'affirme,
sont médiocres pour la résistance. »

Graves avertissements, prélude de ses luttes futures :
et il avait qualité pour parler de la sorte, et faire entendre
à son siècle cette parole magistrale, ces accents de pro-
phète : mais, hélas! qui écoute les prophètes?

Ces belles paroles retentissaient encore, que de nouveau
sa voix s'élevait dans la capitale pour un sujet bien différent.

Le 26 février suivant, son saint ami, le P. de Ravignan,
quittait ce monde pour aller à Dieu. Le deuil fut universel. Quelques personnes auraient souhaité que les obsèques du vénéré prêtre fussent célébrées dans cette église
de Notre-Dame où sa voix avait retenti tant de fois; son
Ordre eut raison de préférer l'humilité du religieux à sa
gloire, et il fut décidé que la cérémonie funèbre aurait
lieu à Saint-Sulpice, dans le plus modeste appareil : la
grande pompe, c'était l'assemblée. Mais aucune parole ne
se ferait-elle entendre? Un ami de Mgr Dupanloup, M. Cochin, crut que le plus intime ami du saint religieux et le
plus éloquent des évêques de France ne pouvait pas être
muet devant ce cercueil. Après avoir obtenu les autorisa-
tions nécessaires, la veille, le mercredi, 3 mars, à sept
heures du soir, il expédiait un télégramme à l'évêque
d'Orléans, lui faisant savoir que la cérémonie aurait lieu
le lendemain, et qu'on serait charmé qu'il voulût bien y
venir et parler. Le lendemain, l'évêque prenait à neuf
heures du matin le train express de Paris, jetant pendant
la route, en tous sens, des notes rapides sur une feuille
de papier. M. Cochin l'attendait à la gare et l'amena à

l'église. Tout à coup, à la fin de la messe, on le vit, avec autant d'étonnement que de joie, monter en chaire. Le son que son âme rendit alors, dans la spontanéité de cette parole, fut plus que jamais son vrai son, pur et sublime. Dès la première parole, il avait saisi l'immense assemblée : « Il est là !... Il est mort ! et il nous parle encore ! *Defunctus adhuc loquitur !* » Sous le coup de la vive émotion qu'il éprouvait, tout ce qu'il y avait en lui éclata : la douleur, la sainte espérance, l'ardent amour de Dieu, et de l'Eglise, et de la France ; la tendresse, la générosité, la vaillance, la sainteté ; tout ce qui s'échappait de ce cercueil, tout ce qui se pressait au fond des cœurs, sa parole le rendit, avec une vérité, quelquefois une simplicité, une profondeur, une flamme, que ceux-là seuls qui l'ont entendu pourraient dire. Berryer en larmes courut à la sacristie embrasser l'évêque : il y en a qui réputent ce discours son chef-d'œuvre.

Nul orateur, assurément, ne s'oublia jamais plus lui-même que l'évêque d'Orléans ce jour-là : néanmoins, que de traits, dans la peinture qu'il faisait de son saint ami, qui le peignaient lui-même ! Quand il s'écriait : « C'est dans le ministère apostolique qu'il put rassasier cette faim et cette soif, ce zèle de la justification des âmes, qui dévorait son cœur : avec quelle tendresse il accueillait les repentirs, ouvrant ses bras aux cœurs brisés, et se rassasiait de cette justice, dont la soif altérait son âme, de cette justice divine, souveraine et infiniment miséricordieuse, vraie passion de sa vie, et dont on ne pouvait l'entretenir, même un instant, sans voir et sentir en quelque sorte des flammes s'échapper de son âme et s'élever vers le ciel ! » était-ce du P. de Ravignan ou de lui-même qu'il parlait ? Quand, rappelant « ces grandes et mémorables luttes qu'il soutint si courageusement pour la liberté de l'enseignement et de l'Eglise », il ajoutait : « Il le faut avouer, nul ne contribua plus puissamment au bon succès que le P. de Ravignan : le respect, la vénération, la confiance qui s'attachaient à son nom décidèrent bien des choses », n'était-ce pas lui, encore lui ? Et quand enfin, lui appliquant la louange que Bossuet donnait autrefois au grand maître de Navarre, il s'écriait : « La France n'a jamais eu une âme plus française que la sienne! » n'était-ce pas lui encore, toujours lui?

Après avoir glorifié ainsi un ami mort, l'évêque d'Orléans s'en alla visiter silencieusement un autre ami mourant, M. l'abbé de Moligny, lequel, en effet, ne tarda pas à lui laisser un deuil de plus au cœur. En s'y rendant, il entra chez Mᵐᵉ la marquise de C... : « Ah! lui dit cette dernière, comme je suis heureuse de vous voir! car, il y a quelques jours, j'ai été sur le point de vous faire appeler; je me suis sentie bien malade. — Je l'ai su, répondit-il, et c'est pour cela que je suis venu. — Mais qui vous a dit cela? — M. le docteur Cruveilhier. — Et comment vous l'a-t-il dit? — Vous voulez le savoir? Eh bien, il m'a dit que vous n'étiez pas dangereusement malade, mais que vous l'aviez été, et que vous pouviez retomber et mourir. Je viens donc vous confesser, et comme je connais votre âme, vous n'aurez qu'à répondre à mes questions. » « Vers trois heures de l'après-midi, continue Mᵐᵉ la marquise de C..., dont nous citons le récit fait à nous-même, je m'étais levée et j'étais près du feu, lorsqu'on m'annonça le cardinal Morlot, qui, sachant aussi que j'avais été malade, venait prendre de mes nouvelles. « Je voulais, me dit le cardinal, vous raconter bien des choses, mais Mᵍʳ Dupanloup sort de chez vous, et il vous a tout dit. — Il m'a dit simplement qu'il venait du service du P. de Ravignan, et qu'il allait voir M. l'abbé de Moligny. — Il ne vous a pas dit autre chose? — Il m'a dit qu'il venait d'enterrer le P. de Ravignan, et qu'il allait embrasser une dernière fois l'abbé de Moligny; mais qu'auparavant il fallait me confesser. » Surpris autant qu'édifié, le cardinal alors raconta la grande chose que venait de faire, à Saint-Sulpice, cet évêque, qui s'en allait ainsi, modeste, à ses œuvres, comme s'il n'eût rien fait.

Celui à qui nous devons cette oraison funèbre du P. de Ravignan [1], M. Cochin, n'a été jusqu'ici qu'entrevu par

---

1. Nous la lui devons deux fois : c'est lui qui l'obtint, et c'est lui qui la recueillit.

nous; mais nous ne le quitterons plus guère désormais;
nous le retrouverons presque constamment aux côtés de
l'illustre évêque, dont il fut un des plus tendres amis et
des plus secourables, quoique venu plus tard dans son
amitié, à cause de son âge, que le P. de Ravignan, M. de
Montalembert, M. de Falloux, qui étaient, eux, les anciens
compagnons d'armes : M. Cochin fut aussi leur ami,
comme il le fut du P. Lacordaire, d'Ozanam et du P. Gratry, et aussi de M. le duc de Broglie et de l'abbé Perreyve.
C'est à la grande Commission pour la loi sur la liberté de
l'enseignement que l'évêque et lui s'étaient rencontrés,
et, sur-le-champ, comme il est dit dans l'Ecriture : *Conglu-
tinata est anima David animæ Jonathæ*, il y eut une
attraction mutuelle de tous les deux l'un vers l'autre.
L'évêque, et nous ne lui prêtons pas cette pensée, vit
comme un rayon sur le front de ce jeune homme, si vif et
charmant d'esprit, si noble d'âme, si ardent dans sa foi, si
épris pour le bien, pour tout bien ; héritier d'un nom cher
au peuple de Paris, et qu'il devait rendre encore plus cher;
pris de bonne heure par la charité catholique, et appliqué
depuis constamment par elle à ses œuvres ; introducteur,
à Paris, des Petites Sœurs des Pauvres ; fondateur de belles
œuvres populaires ; membre du Conseil général des conférences de Saint-Vincent de Paul et de la Propagation de
la foi ; généreux serviteur, enfin, de ces deux grandes
causes : Dieu et la patrie. Quand l'évêque d'Orléans écrivit,
dans l'oraison funèbre des victimes de Castelfidardo, ces
paroles : « Il y a des êtres prédestinés à être les témoins,
les répondants du bien, de l'honneur, de la justice. Si vous
voulez les rencontrer en ce monde, ces nobles prédestinés,
cherchez-les sur les hauteurs. Il y a quelque chose en eux
qui n'est pas dans le commun des hommes et qui vous
les signalera : vous les reconnaîtrez à leur front, à leur
regard. Il y a sur leur front un signe d'honneur, et dans
leur regard une flamme de vie ». « Est-ce que, nous dit-
il, vous ne voyez pas ce rayon sur le front de M. Cochin
et de M. de Montalembert ? » Type véritablement accompli
de cette jeune génération chrétienne que le souffle de Dieu
fit éclore après la tourmente de 1830, une des plus sym-

pathiques physionomies de ce groupe d'hommes généreux qui ont dévoué sous nos yeux leur vie à dissiper le fatal malentendu soulevé entre l'Eglise et notre siècle : tel était 1. Cochin. L'évêque d'Orléans le rencontrait encore au *Correspondant*, et au Comité pour la défense de l'enseignement libre, dont il était un des membres les plus actifs. A partir du moment où nous sommes, leur correspondance devint plus active, plus intime, plus tendre, et nous y puiserons souvent.

Un autre mémorable discours fut encore prononcé par lui cette même année 1858. La Loire, deux ans auparavant, en 1856, avait fait d'affreux ravages sur tout son cours ; les campagnes riveraines de l'Orléanais furent désolées. L'évêque était dans ses montagnes quand se produisit le désastre. Aussitôt que les chemins rompus le lui permirent, il accourut. Sur ses ordres, envoyés par le télégraphe, les vicaires généraux avaient déjà ouvert l'évêché aux inondés, et pris les premières mesures : l'arrivée de l'évêque imprima une activité nouvelle aux secours. Il se rendit immédiatement dans les paroisses qui avaient le plus souffert, et après qu'il eut vu les ruines faites par le fléau, un cri éloquent sortit de son âme, faisant à la charité orléanaise un de ces appels toujours entendus.

Et quelques jours après, nouvel appel : il y avait des orphelins ; il y avait aussi des enfants que leurs parents ruinés ne pouvaient plus élever : à tous ces enfants il offrait des asiles ; aux petits garçons, l'orphelinat de Nazareth, dirigé par les Frères des écoles chrétiennes, et aux filles les deux maisons de la Grande Providence et de la Sainte-Enfance.

La Loire avait rongé ses bords, et fait des dégâts considérables à la falaise qui porte la vieille église mérovingienne de La chapelle Saint-Mesmin, voisine du Petit Séminaire. Saint Mesmin est un grand nom dans l'histoire de l'Eglise d'Orléans ; c'était le neveu et le successeur de ce saint Euspice auquel une charte célèbre avait concédé, pour y bâtir un monastère, tout le territoire compris entre

la Loire et le Loiret, ce fameux monastère est celui de Micy,
qui fut un des foyers de lumières dans les Gaules, et d'où
sortirent en foule des évêques et des saints, entre autres
Théodulphe. Et précisément, un archéologue distingué du
pays, M. Pillon, venait de découvrir le tombeau oublié de
ce saint : du rapprochement ingénieux de deux textes, il
avait conclu que ce tombeau avait dû être non sur la rive
gauche du fleuve où s'élevait le monastère, mais de l'autre
côté, sur la rive droite, et sous la chapelle érigée là depuis en son honneur. Ayant donc sondé la falaise, il découvrit la grotte soupçonnée; seulement le fanatisme
protestant avait passé là, comme ailleurs, et la grotte était
vide; mais deux piliers mérovingiens qui soutenaient les
roches, et d'autres indices ne permirent pas de douter de
la découverte; et ainsi s'expliqua l'antique légende du
dragon dont saint Mesmin avait délivré le pays : le dragon,
c'était le paganisme; sa grotte, le vieux sanctuaire drui-
dique. Du monastère que le marteau de 93 avait démoli,
il ne restait plus que la place, marquée par un bouquet
d'arbres et quelques pierres. L'évêque ne voulut pas laisser périr ces grands souvenirs, et il conçut la pensée d'é-
lever avec ces débris un monument qui rappellerait l'ancienne splendeur du monastère de Micy, et de restaurer
la grotte. Or l'ingénieur en chef de la Loire, M. Collin, se
trouvait être, en même temps qu'un ami très intime de
l'évêque, un zélé archéologue et un excellent chrétien; il
entra avec enthousiasme dans la pensée de Mgr Dupanloup, et de la réparation qu'il devait exécuter aux rives
endommagées du fleuve il fit, dans cette grotte et aux
flancs de la falaise, une œuvre d'art admirable, simple et
grande; un escalier monumental y conduit, en même
temps qu'à l'église et au village; et de l'autre côté du
fleuve il éleva, avec les vieilles pierres du monastère,
une croix, monumentale aussi, ornée à son piédestal et
sur ses quatre faces d'inscriptions glorieuses. L'évêque
remna toute sa ville à cette occasion.

Son identification, si l'on nous permet ce mot, mais
Orléans ne le démentira pas, avec sa ville épiscopale, était
devenue complète : ce panégyrique de Jeanne d'Arc, où

son cœur s'était si bien mêlé à celui de la cité, ses entraî-
nantes prédications à la cathédrale, ce zèle pour les âmes,
dont celles mêmes qui ne se rendaient pas encore n'en
demeuraient pas moins profondément touchées, toutes
les œuvres qu'on lui voyait accomplir à Orléans et dans le
diocèse, cette récente et magnifique retraite d'hommes,
suivie de cette belle communion pascale, ses rapports
personnels avec ses diocésains, empreints de tant de
charme et de bonté, et enfin, s'il faut tout dire, sa gloire,
dont les Orléanais, avec raison, étaient fiers, lui donnaient
un ascendant presque souverain. De plus, Orléans, depuis
quelques années, grâce au zèle et aux travaux de sa sa-
vante Société archéologique, était dans une sorte de ferveur de restauration pour ses vieux souvenirs. Il avait
dépensé 300 000 francs pour rendre à son hôtel de ville
son ancienne splendeur ; relevé, de concert avec l'évêque,
la flèche de sa basilique ; sauvé l'église et le tombeau de
Saint-Euverte ; la belle petite église de Saint-Jacques, un
bijou de l'art de la Renaissance, et la crypte mérovingienne
de Saint-Avite, sous le jardin du Grand Séminaire ; érigé
enfin cette statue équestre de Jeanne d'Arc, en attendant
celle de Pothier : la découverte de M. Pillon, les beaux
travaux de M. Collin, avaient pour eux toute la faveur du
public. Quand donc l'évêque annonça, et comme il savait
le faire, pour le 13 juin 1858, la bénédiction de la grotte
et de la croix, ce fut dans la ville une joie très vive. Le
matin, un soleil radieux dora le fleuve que couvraient en
foule des barques pavoisées ; tout Orléans était accouru.
Celle qui devait porter l'évêque les éclipsait toutes ; des
deux côtés du fleuve dix-huit paroisses étaient rangées
avec leurs bannières ; le Petit Séminaire, avec sa musique,
était là : debout sur la rive, au haut de l'escalier monumental, l'évêque parla ; son discours, plein de la poésie de
la fête et du lieu, fut magnifique ; et puis, après avoir
béni la grotte, il s'embarqua, et, au chant des cantiques
qui retentissaient au loin sur l'onde, il alla consacrer la
croix dite de Micy. Le soir il y eut, sous les arbres du
Petit Séminaire, illuminés aux feux de Bengale, un grand
banquet. Cette journée laissa un long souvenir dans les

âmes orléanaises. Depuis, quand un de ces étrangers qui
le venaient visiter si souvent à La Chapelle, apercevait tout
à coup, en se promenant avec lui sur la terrasse, cette
croix qui s'élève solitaire en face sur le rivage, et lui demandait : « Qu'est-ce cela, monseigneur ? » l'ami de l'auteur des *Moines d'Occident*, œuvre non encore éclose,
mais dont il suivait du cœur la lente préparation, était
charmé d'avoir à rappeler l'antique monastère qui floris-
sait sur ces bords.

Cette éloquence de l'âme, qui était à un si haut degré
la sienne, n'éclata pas moins dans une autre circonstance
où l'on avait désiré qu'il interprétât les sentiments de
tous, dans une fête de l'éducation chrétienne, comme on
aurait pu l'appeler : nous voulons parler de la bénédiction
de la nouvelle chapelle du collège de Combrée (Maine-et-
Loire), le 25 juillet 1868. Les personnages les plus éminents de la contrée, entre autres le bienfaiteur de cette
maison, M. de Falloux, à qui elle avait dû, avant le vote
de la loi de 1850, d'être de plein exercice, sept prélats,
archevêques et évêques, un abbé régulier et cinq cents
prêtres, une foule immense, étaient là. L'âme de l'évêque
d'Orléans reçut de ce spectacle, et de la grande chose qui
s'était accomplie dans cette maison d'éducation chrétienne, cette commotion d'où jaillit l'éloquence : à-propos
charmants, louanges délicates, hautes leçons, saint enthousiasme de l'œuvre et du saint prêtre qu'il glorifiait,
tel fut ce discours.

Mais de plus grandes choses nous appellent, et nous
pourrions vraiment dire, comme le poète, en abordant ce
véritable chant d'épopée :

> Paulo majora canamus !

CHAPITRE XI

LUTTES POUR LA SOUVERAINETÉ PONTIFICALE
Première phase et première étape : les annexions
Guerre de 1859
Insurrection des provinces pontificales
Dictature provisoire de Victor-Emmanuel
Écrits divers de l'évêque d'Orléans pendant cette période
1859-1860

L'évêque d'Orléans approchait de sa soixantième année. Arrivée à ce haut sommet, loin d'avoir atteint son apogée, cette existence illustre allait jeter plus d'éclat que jamais. Les dix années qui vont s'écouler de la guerre d'Italie au Concile, et que remplira surtout, aux yeux du grand public, la lutte pour la souveraineté pontificale, marquent le point culminant de sa renommée. Résumons d'abord en quelques mots les événements.

Le 1er janvier 1859, au milieu du ciel serein de l'Europe, un coup de tonnerre se fit entendre : c'étaient simplement quelques paroles de l'empereur à M. de Hübner, ambassadeur de Vienne à Paris ; une guerre entre la France et l'Autriche, au sujet de l'Italie, guerre que l'opinion publique assurément ne réclamait pas, apparut à l'horizon. L'émotion fut extraordinaire : des complications formidables étaient possibles, des explosions révolutionnaires étaient certaines. L'empereur, à la rentrée des Chambres législatives, se hâta de rassurer l'opinion ; mais, quelques jours après, Victor-Emmanuel ouvrait la session du Parlement piémontais par des paroles belliqueuses, et déclarait n'être pas insensible au cri de douleur qui lui arrivait de tous les points de l'Italie. Le mariage du prince Napoléon avec une princesse de Savoie était un symptôme singulièrement révélateur encore. Interprétant, dans le *Correspondant*, avec sa hauteur habituelle de vues, les alarmes des catholiques, M. de Falloux dénonça les inévitables périls que cette guerre ferait courir au Saint-Siège comme aux intérêts français, et adjura l'empereur de s'arrêter. « Ceux qui cherchent, disait-il, à pousser la France dans une telle voie ne sont les amis ni du gouvernement impérial, ni de l'Italie, mais les complices de la démagogie européenne... Ce n'est pas le complément de l'expédition de 1849 que l'on demande au gouvernement impérial, c'est la revanche contre le Président, contre les votes et l'héritage de la discussion et de la tribune libres[1]. » En effet, le but avoué de l'empereur était l'affranchissement de l'Italie : pas un cœur catholique en France qui ne battit pour cette cause; mais ses deux alliés, le Piémont et la révolution, en avaient un autre, l'unification de l'Italie, c'est-à-dire le renversement de la souveraineté pontificale : le pouvait-il ignorer ?

Non, il n'était pas un aveugle qui allait sans savoir où. Pendant la guerre de Crimée, un événement se produisit, qui surprit beaucoup de gens : c'était l'inutile admission du Piémont à cette guerre; qu'avaient besoin en effet la France et l'Angleterre des services du Piémont? Mais cette participation lui donnait droit, la guerre terminée, d'être présent au congrès qui serait chargé de régler les conditions de la paix. Et pourquoi? Une autre surprise vint bientôt le révéler : tout à coup, vers la fin du congrès, le représentant du Piémont, M. de Cavour, présenta aux plénipotentiaires un *Memorandum* qui n'était rien moins qu'une inqualifiable agression contre le pape. Ainsi se terminèrent ces conférences. On aurait pu, on aurait dû comprendre alors, et prévoir dès 1856 ce qui menaçait d'éclater en 1859. De là date la déviation de la politique apparente de l'Empire vis-à-vis de l'Eglise. Ce fut en Italie « la première étincelle d'un irrésistible incendie[2] ».

1. *Itinéraire de Turin à Rome.*
2. *Il Risorgimento*, journal de M. de Cavour.

Les bombes d'Orsini, le 14 janvier 1858, hâtèrent l'explosion. L'entrevue de Plombières, entre l'empereur et M. de Cavour, décida tout. Cependant les cabinets négociaient, et pendant quelques mois, selon les phases diverses de la diplomatie, l'opinion flotta, inquiète et troublée, de la guerre à la paix et de la paix à la guerre.

Cette guerre, pleine de périls si manifestes, était si odieuse à l'évêque d'Orléans, qu'au commencement, il se refusait à y croire, et fermait pour ainsi dire les yeux sur les indices les plus significatifs. Quand il n'y eut plus possibilité de douter, sa tristesse fut profonde et ses angoisses indicibles. Il y chercha une diversion dans les travaux du zèle, et ce fut alors qu'il fit au clergé de la ville d'Orléans ces conférences sur les catéchismes dont nous avons parlé. Et quand le carême approcha, il désirait vivement reprendre ces prédications aux hommes, que Dieu avait si manifestement bénies l'année précédente, et qui étaient non moins vivement désirées par les Orléanais. Nous le voyons encore, le samedi avant le premier dimanche de ce carême, examiner lui-même, avec grand soin, dans sa cathédrale, les places réservées aux hommes, et s'assurer si toutes les dispositions étaient bien prises pour le bon ordre matériel de la station. Mais le soir il se trouva si abattu, que, quand nous allâmes, le lendemain, pendant les vêpres, comme il nous l'avait demandé, l'avertir que le plus magnifique auditoire d'hommes l'attendait, nous le trouvâmes alité, et il nous répondit, mais avec des larmes dans les yeux : « Impossible ! » Puis, après un moment de silence : « Ah ! mon ami, voir ainsi le fruit pendre à la branche, et ne pouvoir étendre la main pour le saisir ! » Un prédicateur de bonne volonté le suppléa pour cette fois, car il se flattait encore qu'un peu de repos à La Chapelle vaincrait ce profond malaise. Il n'en fut rien. Il renonça à son carême ; et ce fut alors qu'il écrivit, sur ce grave sujet, *la fin de ma vie*, les réflexions suivantes :

« J'ai fait des réflexions bien sages sur moi, sur ma

vie, sur la fin de ma vie. *Notum fac mihi, Domine, finem meum, ut sciam quid desit mihi.*

» C'est la fin de ma vie qu'il s'agit de régler, les années de ma vieillesse, si je dois en avoir. Peut-être, s'il plait à Dieu, puis-je avoir encore dix ans à employer au service des âmes, et rendre utiles tous les travaux passés.

» Mais à condition que j'établirai ma vie et que je passerai ces années dans la paix, dans la sérénité.

» Je n'ai plus à inventer, mais à consolider, à résumer, à faire pratiquer, sans violence, avec fermeté et douceur.

» Oui, la paix, la douceur, la sérénité, dans le travail et les affaires. Les années rendent cela bien nécessaire; autrement je tomberai et finirai tout à coup, et tristement.

» Rien ne me presse, nul ne me pousse, ne m'oblige. On sera plus content de moi, plus heureux autour de moi, si j'établis ma vie dans la sérénité.

» Il faut bien choisir mes occupations, élaguer, élaguer les détails, faire travailler chacun et tirer de chacun le meilleur parti possible.

» Achever ce qui est commencé, ne rien faire de nouveau.

» Je m'intéresse trop vivement, trop naturellement, trop humainement à mille choses qui me consument.

» Il faut faire de mon mieux, en paix, et remettre le bon succès à la sainte volonté de Dieu, à sa divine providence.

» Jamais le bon Dieu ne me demande de me troubler, de m'agiter. *Sollicita es, et turbaris erga plurima :* Oh ! comme c'est dit pour moi !

» Il faut prendre mon parti de ce que je ne puis faire, ni faire faire, ni empêcher, *une fois que tout le possible est fait :* alors ce n'est pas négligence, mais simple soumission à la volonté de Dieu.

» Il ne faut pas vouloir tout embrasser, tout sauver, tout faire à la fois. Il y a de l'orgueil dans ce zèle, c'est affecter la toute-puissance; il faut s'en tenir à ce qu'on peut, *faire tout ce qu'on peut,* tout le bien qui est dans la mesure de ses moyens, et dès lors dans la volonté de Dieu, et puis s'en remettre du succès à la Providence.

» Pour cela, il faut laisser fonctionner les choses établies selon leur bon train naturel ; il faut consolider, enraciner. Ce n'est pas à moi à recueillir les fruits, je les prépare. Je sème, d'autres moissonneront.

» Il faut continuer, achever tout ce que j'ai fait dans ce diocèse jusqu'à présent. Faire pratiquer en paix, avec suite et sénérité, et dans l'ordre.

» La douceur paisible, gracieuse et silencieuse avec chacun : et toujours la sérénité dans les hauteurs, et la paix de Dieu.

» A ces conditions, peut-être y aura-t-il pour moi *Senectus in misericordiâ uberi.* »

Ainsi cet évêque, qui s'est tant dépensé dans l'action, au seuil de la vieillesse, et sous l'atteinte d'une fatigue profonde, médite de modérer cette ardeur toujours jeune qu'il sent encore bouillonner en lui, et de s'établir dans la paix et la sérénité de Dieu, afin d'achever et d'enraciner tant d'œuvres commencées et fondées. Mais non, non, pauvre évêque, le temps du repos n'est pas venu et ne viendra jamais pour vous ; grand soldat de l'Eglise, écoutez : la trompette, comme dit saint Paul, n'a pas jeté un signal douteux : Rome est en péril ! pour vous aussi c'est donc la guerre et les combats.

Oui, Rome est en péril, car tout a échoué et la guerre éclate. On s'empressa, pour les endormir et les paralyser, si l'on ne veut pas que nous disions pour les tromper, de rassurer les catholiques, qu'on allait blesser au cœur après s'être appuyé jusqu'alors sur eux : « Le gouvernement prendra toutes les mesures nécessaires pour que l'indépendance et la sécurité du Saint-Père soient assurées. » Telle fut la réponse du gouvernement impérial à l'interpellation d'un député catholique au lendemain du départ des troupes. « Le prince qui a donné à la religion tant de témoignages de déférence et d'attachement, qui a ramené le Saint-Père au Vatican, VEUT que le chef suprême de l'Eglise soit respecté dans TOUS SES DROITS DE SOUVERAIN

TEMPOREL. » Telles furent les paroles adressées spontanément aux évêques par le ministre des cultes. Et dans sa
proclamation du 3 mai, où il annonçait la guerre, l'em-
percur lui-même disait : « Nous n'allons pas en Italie
fomenter le désordre ni *ébranler le trône du Saint-Père.* »
Et combien d'assurances de cette nature nous furent
prodiguées!

Vaines paroles, on le voit aujourd'hui. Mais avant le
démenti prochain des faits, qu'y répondre? La situation
des catholiques de France était effroyable; celle du Saint-
Père l'était encore plus. En 1849, ayant donné le signal
des réformes aux princes italiens, et élevé la voix en faveur de l'indépendance italienne, il était populaire en
Europe, et sa dépossession pouvait n'être qu'un fait révolutionnaire. En 1859, passé depuis le congrès de 1856 à
l'état d'accusé, et menacé par une idée pleine de prestige,
qu'on n'arrête pas facilement après l'avoir déchaînée,
l'unité italienne, il avait en outre contre lui, non pas
seulement la révolution, mais deux souverainetés, l'une
franchement alliée à la révolution, l'autre sa dupe ou
sa complice. Il faut voir et dire les choses sans amer-
tume, mais sans illusion : autrement, à quoi bon l'histoire?

Le péril du Saint-Père était donc suprême, et l'évêque
d'Orléans ne devait pas tarder d'être appelé à combattre.
En attendant, Dieu voulait lui ménager un repos bien nécessaire avant les luttes qui allaient venir. Le jour de
Pâques, 24 avril, à deux heures de l'après-midi, le tam-
bour battait à Orléans, et la garnison, à qui l'évêque avait
procuré pendant la semaine sainte le bienfait d'une petite
retraite — le matin quatre cents soldats avaient communié
dans la chapelle de Saint-Joseph, — partait pour l'Italie.
L'évêque partit lui-même pour la Savoie [1]. A Ambérieux, il

---

1. Bien entendu, on ne manqua pas de dire qu'il allait porter de
l'argent aux Autrichiens. Cela alla même si loin que le procureur impérial, M. Choppin, un ami de l'évêque, crut devoir intervenir, et appliquer la loi à un personnage qui se faisait avec acharnement l'écho de
ces bruits calomnieux. L'évêque l'ayant appris demanda et obtint la
grâce du personnage.

rencontra l'armée et fut obligé de s'arrêter jusqu'au lendemain. Il avait gardé le souvenir d'un petit spectacle qu'il eut là, chez le bon curé : dans la cour du presbytère un aigle, à qui on avait coupé les ailes, montait tout le jour un à un les degrés d'un escalier, et se lançait du haut en bas pour se donner l'illusion de voler. « Pauvre oiseau ! disait l'évêque ; mais que d'hommes ont ainsi les ailes coupées, et, faits pour planer, mais ne le pouvant plus, retournent leur vol, comme cet aigle, et s'abattent dans les bas-fonds ! » Sa joie de revoir la Savoie, quoiqu'il la revît à peu près chaque année, était extrême. C'était la première fois que, arrivé près de lui depuis quelques mois seulement, nous l'accompagnions. Nous voyons encore le rayonnement de son visage pendant que d'Annecy, où Mᵍʳ Rendu nous avait reçus avec son aménité ordinaire, nous allions à Menthon en suivant cette route charmante qui côtoie le lac ; il était heureux de nous montrer, par un beau soleil de printemps, ce pays, le sien, vraiment admirable ; ce lac, qui resplendissait ; tous ces sommets, qu'il désignait par leur nom. Il passa tout un mois à Menthon et un autre à Lacombe.

Pendant ce temps-là, les événements en Italie marchaient avec une rapidité foudroyante ; les victoires succédaient aux victoires et aussi les révolutions prévues aux révolutions. A Florence, à Parme, à Modène, elles éclatent ; dans quatre provinces pontificales, l'écusson du Saint-Père est renversé, et partout la dictature provisoire est offerte à Victor-Emmanuel, qui l'accepte. Et l'empereur laisse faire ! Guerre douloureuse, où le patriotisme qui applaudissait aux victoires de notre drapeau et à l'affranchissement d'un peuple était comprimé dans ses élans par les triomphes de la révolution, et le spectacle du plus étrange démenti donné à la parole d'un souverain victorieux. En même temps, la plus odieuse guerre se faisait dans la presse contre le Pape. Mais soudain la paix, avant que le but proclamé de la guerre eût été atteint, l'Italie libre des Alpes à l'Adriatique, vint surprendre l'opinion aussi brusquement que l'avaient fait les bruits de guerre. Devant les coalitions menaçantes, l'empereur s'arrêta. C'est à La-

combe que l'évêque d'Orléans avait appris la victoire de
Solférino ; c'est à Orléans qu'il apprit les préliminaires de
Villafranca. Ces stipulations ne surprirent pas moins que
la paix elle-même : elles établissaient une Confédération
italienne sous la présidence honoraire du pape.

L'évêque d'Orléans ne fut pas de ceux dont la joie parut
alors sans mélange et dont la confiance fut rassurée. Une
Confédération italienne sérieuse aurait pu être une solution ; mais une Confédération italienne sans Venise et avec
l'Autriche, c'était impossible. En produisant cette idée
trop tôt, l'empereur la faisait volontairement ou involon-
tairement avorter. Toutefois, à l'exemple du Saint-Père,
qui fit chanter à Rome un Te Deum [1], l'évêque d'Orléans
publia, le 6 août, un Mandement sur la paix [2] : pages remarquables ; malgré les alarmes persistantes, le souffle
du patriotisme y frémit, sous l'émotion de nos victoires,
dont l'évêque ne peut se défendre de faire retentir les
noms :

« Certes, il n'est pas défendu aux peuples ni aux princes
chrétiens de se montrer sensibles à la gloire des succès
guerriers. Quelque habitués que nous soyons nous-mêmes
à cette gloire, départie avec une si étonnante prodigalité
par la Providence à notre pays plus qu'à nul autre peuple
du monde, depuis nos plus antiques origines, c'est une
de celles qui excitera toujours le plus d'émotion dans les
cœurs français. Quel incomparable honneur n'est-ce pas
pour notre nation de pouvoir compter tant de grands capi-
taines, tant de princes intrépides, tels que ceux dont les
noms remplissent nos histoires depuis Clovis jusqu'à nos
jours, et dont la succession glorieuse n'a jamais défailli
parmi nous : témoin tant de champs de bataille, théâtres
de nos anciens triomphes et de nos victoires contemporaines, en Orient, en Occident, en Europe, en Afrique, dans
le monde entier, depuis Tolbiac jusqu'à Sébastopol, Ma-
genta et Solférino ! Et quel honneur encore, quel invincible rempart n'est-ce pas pour un pays qu'une armée

1. Lettre de N. S. P. le Pape au Cardinal-vicaire, 15 juillet 1859.
2. Œuvres pastorales. t. II, p. 457, 1re série.

comme la nôtre, composée de ces prodigieux soldats qui viennent de faire aujourd'hui l'admiration de l'Europe et l'étonnement de nos ennemis !... »

- Mais après les éloges venaient les leçons, discrètes mais non voilées. « Nation très chrétienne et fille aînée de l'Eglise, que veut faire de toi dans ce siècle, où il semble que tant d'événements merveilleux se préparent, celui qui depuis quinze siècles a déjà fait pour toi dans le monde de si grandes et souvent de si saintes choses? O Dieu ! c'est le secret de votre conseil. Ce que nous pouvons démêler ici de plus assuré, c'est que si l'avenir répond au passé, la capitale partie de la vocation de la France, c'est d'être le bouclier de la sainte Eglise catholique, la filiale protectrice du Saint-Siège et l'apôtre armé de la civilisation, pour ouvrir les voies à l'Evangile par toute la terre... »

Puis, après une peinture magnifique de la Papauté et de sa mission civilisatrice et pacificatrice dans le monde, « de cette institution sacrée que de viles et inintelligentes passions voudraient abolir ou découronner », l'éloquent évêque rappelait que « tous les vrais et grands politiques l'entourèrent toujours, et aujourd'hui encore, d'amour et de respect ». Puis, par une allusion facilement compréhensible, il ajoutait : « Dieu sait le secret des cœurs, mais ceux qui ont besoin de la protection divine pour leur avenir pourront la trouver là. » Et en effet quelle autre leçon faire en ce moment à cet empereur victorieux et après un traité en apparence favorable au Pape, sinon par voie d'allusion respectueuse mais transparente?

Cependant les plénipotentiaires de la France, de l'Autriche et du Piémont étaient assemblés à Zurich pour élaborer un traité sur les bases de Villafranca; mais, tandis qu'ils négociaient en ce sens, les Italiens agissaient dans un autre. Après les révolutions venaient les votations; une comédie de suffrage universel s'organisait sous la pression des baïonnettes piémontaises : l'empereur désavouait tout et laissait tout faire.

Ainsi donc, en vain le gouvernement impérial multipliant les assurances; pas plus que les déclarations et les proclamations, les traités n'arrêtaient rien. Les conventions de Zurich, signées par l'empereur, étaient déchirées sous ses yeux par le Piémont; l'idée de la Confédération s'en allait en fumée; la dépossession violente des souverains et la dictature provisoire de Victor-Emmanuel menaçaient de devenir définitives. L'épiscopat et les catholiques paraissaient joués indignement; l'angoisse oppressait les âmes; mais le prestige du souverain contenait toute plainte, tout murmure. L'évêque d'Orléans contemplait, navré mais impuissant, cette marche des choses; tout ce qu'il y avait dans son âme de loyauté, de délicatesse, de fier sentiment de l'honneur catholique et de l'honneur français, était froissé, comprimé. Comme tout le monde cependant, il se taisait : Se taira-t-il toujours?

Pendant cette oppression des consciences, et ce silence devant le puissant empereur, tout à coup retentit dans Paris un cri qui fit tressaillir le lendemain la France entière, c'était une *Protestation* de l'évêque d'Orléans ; ou plutôt c'était la conscience publique faisant enfin explosion par la voix indignée d'un évêque :

« Il m'est impossible de me taire, et de ne pas enfin protester, pour ma part, contre les attentats que le Saint-Père et le Saint-Siège apostolique continuent à subir sous nos yeux.

» Je ne puis comprimer plus longtemps dans mon âme les émotions que soulève un pareil spectacle, et que tous les cœurs catholiques, je le sais et je le sens, éprouvent comme moi. Et quel cœur aurions-nous, si nous ne souffrions pas à l'heure qu'il est? ou plutôt si nous souffrions en silence tant d'indignités? »

Ainsi débutait la protestation de l'évêque d'Orléans ; — puis, après avoir tracé en traits énergiques le tableau de ce qui se passait en Italie depuis la paix, et fait voir là, non le mouvement spontané d'un peuple, mais la pression piémontaise, mais l'œuvre de ces révolutionnaires dont les armes françaises avaient, à une autre époque, délivré Rome opprimée; après avoir montré, dans la

comédie des votations, cette majesté du peuple abaissée
et exploitée dans le mensonge, — l'éloquent évêque établissait, avec le cortège imposant des plus irrécusables
autorités, l'institution providentielle du pouvoir temporel
de là Papauté, sa nécessité comme garantie indispensable
de l'indépendance et de la souveraineté du Saint-Siège;
puis il rappelait, l'histoire en màin, que la souveraineté
du Saint-Siège, loin d'être incompatible avec l'indépendance de l'Italie, avait toujours été l'asile et le rempart
des libertés italiennes, et il dénonçait le crime politique
du Piémont qui, depuis dix ans, au lieu de faire alliance
avec la Papauté, n'avait cessé de la combattre et n'avait
voulu s'appuyer que sur la révolution; enfin, avec une
perspicacité que les événements n'ont que trop confirmée,
il faisait voir dans la spoliation partielle que l'on permettait, la ruine totale qu'on déclarait ne pas vouloir :

« Vous dites : On lui ôtera simplement les Romagnes.
Mais, permettez que je vous le demande : De quel droit?
Et pourquoi pas le reste, s'il vous plaît?

» Dans vos rêves d'unité italienne, pourquoi les villes
que vous lui laissez auraient-elles un autre sort que Bo-
logne et Ferrare?... Pourquoi ne vous contenteriez-vous
pas de laisser au Pape Rome seulement, avec les jardins
du Vatican? Vous l'avez dit, nous le savons...

» Oui, pourquoi, si vous êtes révolutionnaires et anticatholiques, vous arrêtez-vous tremblants devant votre
principe de spoliation, et, si vous êtes catholiques, pourquoi le posez-vous?...

» Où allez-vous? Où vous conduit ce détestable principe?... Quoi donc? Qu'y a-t-il ici, et que faut-il que nous
pensions? Est-ce de votre part un calcul habile, et ne
pouvant pas, ou n'osant pas aujourd'hui davantage, at-
tendez-vous le reste du temps et de la violence des événements? Mais qui voulez-vous qui en soit dupe ?

» Nous ne le sommes que trop peut-être de l'inaction
des honnêtes gens, de la lenteur des uns, pendant la
marche rapide des autres, de ceux qui veulent précipiter
les événements, dans l'espoir qu'on sera bien un jour
forcé de compter avec les faits accomplis ! »

Ces mots avaient une grande portée. Il y avait encore, même parmi les catholiques, des gens, ou timides et à courte vue, ou gênés par leur attitude adulatrice envers le pouvoir, qui ne demandaient pas mieux que de dormir et de ne pas voir. Mais, pour quiconque regardait et comprenait, la perte des Romagnes était un fait immense et décisif; une question de vie et de mort pour le pouvoir pontifical. D'une main énergique et vigoureuse, l'évêque d'Orléans arrachait les voiles, secouait les consciences, perçait à jour le système des endormeurs. Enfin, après avoir été ainsi motivée, venait la protestation elle-même :

« Fils dévoué de cette sainte Eglise romaine, mère et maîtresse de toutes les autres, je proteste contre l'impiété révolutionnaire qui méconnaît ses droits, et vent ravir au Pape son patrimoine.

» Comme évêque catholique, je proteste contre l'humiliation et l'abaissement qu'on voudrait faire subir au premier évêque du monde, à celui qui représente l'épiscopat dans sa plénitude.

» Je proteste au nom du Catholicisme, dont on voudrait diminuer la splendeur, la dignité, l'indépendance, en attaquant le Pasteur universel, le vicaire de Jésus-Christ.

» Je proteste comme Français : qui n'est humilié, comme Français, de voir, malgré les conseils contraires et les protestations de l'empereur, cette misérable suite de nos victoires et du sang précieux de nos soldats?

» Je proteste au nom de la reconnaissance, qui me montre, dans l'histoire, les souverains Pontifes comme le lumineux symbole de la civilisation européenne, comme les bienfaiteurs de l'Italie, et, au jour des plus grands périls, les sauveurs de sa liberté.

» Je proteste au nom du bon sens et de l'honneur, qui s'indignent de la complicité d'une souveraineté italienne avec les insurrections et les révoltes, et de cette conjuration des basses et inintelligentes passions contre des principes reconnus et proclamés dans le monde chrétien par tous les vrais et grands politiques.

» Je proteste, au nom de la pudeur et du droit européen, contre la violation des majestés ; contre les passions brutales, qui ont si souvent inspiré les plus lâches attentats.

» Et, s'il faut tout dire : Je proteste au nom de la bonne foi, contre cette ambition mal contenue, mal déguisée, ces réponses évasives, cette politique déloyale dont nous avons le triste spectacle !

» Je proteste au nom de la justice contre la spoliation à main armée, au nom de la vérité contre le mensonge, au nom de l'ordre contre l'anarchie, au nom du respect contre le mépris de tous les droits !

» Je proteste dans ma conscience et devant Dieu, à la face de mon pays, à la face de l'Eglise et à la face du monde : que ma protestation trouve ou non de l'écho, je remplis un devoir. »

Elle trouva un écho dans le monde entier. Les évêques de France y adhérèrent en foule par des lettres publiques, ou élevèrent la voix pour protester à leur tour. Quelques jours après son apparition, l'*Ami de la religion* écrivait : « La protestation de Mgr Dupanloup a eu un retentissement immense : non seulement les journaux et les revues périodiques de Paris et des départements l'ont publiée ; elle a été encore reproduite par la presse d'Angleterre, d'Irlande, d'Espagne, de Belgique, d'Italie, de Suisse, d'Allemagne, de Grèce et de Portugal. Nul doute que les feuilles catholiques de l'Orient, de l'Amérique du Nord et du Sud, ne nous arrivent bientôt avec cette éloquente défense de la souveraineté pontificale. A Rome, on en prépare une édition en toutes les langues pour l'adresser aux différents peuples catholiques. »

A quel point il avait remué les âmes dans le monde entier, il en eut bientôt une autre preuve dans la pluie de lettres qui lui arrivaient de toutes parts. « Je reçois, écrivait-il à J. de Montalembert, le 8 octobre 1860, des lettres de tous les coins de la France : j'en suis stupéfait. »

Ce vaillant athlète allait lui-même élever la voix : « Allons, monsieur de Jontalembert, à la rescousse ! » criait ironiquement le *Siècle*. L'illustre ami de l'évêque d'Or-

léans, le preux chevalier de l'Eglise, n'avait pas besoin de
ces sommations: bien qu'atteint déjà du mal opiniâtre
qui devait l'emporter; il était en train d'écrire, et l'évêque
d'Orléans lui-même lui avait suggéré ce sujet : *la France
en 1849 et en 1859*. Il s'était arraché, pour voler au secours du Pape, à son cher travail sur les moines, et il
appelait à grands cris l'évêque d'Orléans, et ses autres amis
du *Correspondant*, à la Roche-en-Breny, parce que le moment était venu de défendre le Pape. Certes, c'était bien
l'avis de l'évêque d'Orléans. « Je suis à bout de forces,
écrivait-il à son ami : ce que j'ai publié depuis deux mois,
Hautes Etudes, Paix, Chine, Protestation, n'est que la plus
petite partie de mon travail depuis mon retour de Savoie.»
Et cependant immédiatement après sa Protestation, comprenant qu'une aussi vaste question que celle de la souveraineté pontificale ne pouvait être traitée seulement à
coups d'écrits rapides, traits lancés dans la mêlée, mais
qu'il fallait l'étudier sous tous ses aspects et l'éclairer sous
toutes ses faces, par un écrit permanent qui pût demeurer
et parler toujours, il avait tout quitté pour mettre la main
à un grand ouvrage sur ce sujet. Quelques jours donc
après sa Protestation, il partait pour la Roche-en-Breny,
visitait en passant un ami, M. le comte Jaubert, au domaine de Givry, ralliait à Azy M. Cochin, qui, malheureusement, pris de la fièvre dans une halte chez Mme de Chas-
tellux, ne put aller plus loin ; mais le prince de Broglie
fut fidèle au rendez-vous, et de Dijon M. Foisset se
hâta d'accourir. M. de Falloux, malade aussi, manqua ;
M. de Meaux s'y trouvait. Quelle ardente passion pour
l'Eglise chez tous ces hommes ! surtout chez ce vaillant
Montalembert qui, malgré une crise terrible, s'obstinait à
écrire. C'est au milieu des plus vives souffrances qu'il
acheva et lut à ses amis ce travail qui se terminait par
cette page admirable, dont l'évêque d'Orléans écrivait à
M. Cochin : « Vous serez content du travail de notre ami
malade; bon gré, mal gré, la fin émeut. »

« Il se peut bien qu'il périsse» ce vieil et saint édifice qui
a résisté depuis onze siècles à tant d'orages ; il se peut que

le principat sacré aille rejoindre, dans une ruine commune,
tout l'ancien droit de l'Europe, si opiniâtrément attaqué
et si misérablement défendu. Cela est possible ; tout est
possible ici-bas. Nul d'entre nous ne lie indissolublement
l'existence de la Papauté à celle du pouvoir temporel ; quoi
qu'il arrive, elle survivra, et avec elle notre foi et notre
filial amour. La Providence saura bien trouver d'autres
voies pour que son indéfectible mission soit accomplie :

Fata viam invenient.

» Mais aussi, si l'on détruit cette condition si ancienne,
si utile et si légitime de la suprême autorité spirituelle,
si les souverains et les révolutionnaires se mettent d'accord, les uns pour l'ébranler, les autres pour la renverser,
nous aurons toujours droit de dire, jusque dans la plus
lointaine postérité, qu'ils ont mal fait. Ce sera à la fois
une faute et un crime, une ineptie et une injustice. Ce
sera un mauvais but atteint par de mauvais moyens. Ce
sera la plus éclatante violation, dans un siècle qui en a
tant vu, du droit des gens, du droit public des nations
civilisées. Ce sera la victoire de l'astuce et de la violence
sur l'honneur, sur la faiblesse trahie, sur la bonne foi
bafouée. Il est de mode, parmi nos grands publicistes, si
compatissants pour les forts et si dédaigneux pour les
faibles, de se moquer des larmes et des foudres du Pape.
Ah ! nous le savons, les larmes du Pape ne touchent que
ses enfants dociles, et ses foudres n'effrayent que ceux
qu'elles ne menacent pas. Elles n'en sont pas moins les
larmes de l'innocence et les foudres de la justice. Ni les
unes ne demeureront toujours stériles, ni les autres toujours impuissantes. On ne nous fermera la bouche ni
longtemps, ni toujours. Mille voix, dans l'Eglise et dans
l'histoire, répéteront le *Non licet* de l'Evangile. Entendez
bien : *Non licet*. Ce n'est rien, et c'est tout. Cela
n'empêche rien dans le moment, cela détermine tout
dans l'avenir, au jugement de Dieu comme au jugement
des hommes. Cela n'a pas empêché Hérode de faire ce qui
lui a semblé bon ; mais, après tout, qui voudrait avoir

été Hérode? Cela n'a pas empêché Pilate de laisser triompher les passions d'un peuple aveugle et coupable, sauf à s'en laver les mains. Mais qui donc voudrait être le Pilate de la Papauté? »

Si terriblement démasqué, le gouvernement recourut aux rigueurs ; il traduisit en police correctionnelle M. de Montalembert ; il *avertit* le *Correspondant;* il interdit la publication des mandements dans les journaux, bien entendu « par respect pour la religion », et en rappelant la confiance témoignée jusque-là par les évêques. C'est vrai, cette confiance, chez quelques-uns, avait été bien longanime ; mais les catholiques enfin étaient debout. La lutte fut mémorable : si la clairvoyance n'a pas été aussi prompte chez tous, le dévouement a été le même. Pour défendre l'indépendance menacée du chef de l'Eglise, la souveraineté temporelle du Pape, cette antique et vénérable institution que les âges passés ont léguée au nôtre, cette œuvre du génie catholique et français, ils ont fait ce qu'ils ont pu : ils ont combattu avec les armes qu'ils avaient dans les mains, le droit, la raison, l'honneur, le courage et l'éloquence ; ils ont succombé sous les coups d'une coalition inouïe entre la souveraineté et la révolution, sous les efforts persistants de l'hypocrisie et de la violence, de la ruse et de l'audace ; vaincus dans les faits, vainqueurs devant les consciences honnêtes. Et certes, sur cette terre où tant de tristes choses affligent les yeux et le cœur, c'est un grand et beau spectacle, que la lutte de la justice et de la raison désarmées contre la force et l'iniquité triomphante. Ce spectacle, la France catholique l'a donné au monde. Et, dans cette lutte, dont nous ne pouvons retracer ici que les grandes lignes, l'évêque d'Orléans apparaît au premier rang, toujours debout sur la brèche, à chaque nouvel attentat poussant un nouveau cri.

Tout à coup la question entra dans une phase nouvelle. Les conventions de Villafranca et de Zurich étant lettre morte ; et les votations italiennes manifestement dérisoi-

res ; et l'annexion des Romagnes au Piémont étant démon-
trée si odieuse et si périlleuse, un congrès des puissances
signataires du traité de Vienne fut annoncé, pour régler
définitivement les affaires d'Italie. L'évêque d'Orléans
accueillit avec joie cette nouvelle, ne croyant pas possible
à l'Europe assemblée de sanctionner la violation du droit
européen. Il avait confiance aussi dans le négociateur que
le Pape devait, disait-on, envoyer à Paris. « Le cardinal
Antonelli, répétait-il, est si séduisant et si habile ! » Mais
voici que, inopinément, le 23 décembre, paraissait à Paris, après avoir eu pour premier éditeur le *Times*, une brochure anonyme, à laquelle l'opinion attribuait une haute
origine, et qui prétendait dicter à l'avance au congrès ses
décisions. Faisant une théorie de la spoliation, la perfide
brochure posait en principe la nécessité du pouvoir temporel, et puis le déclarait incompatible avec les idées modernes ; elle abaissait le droit devant l'autorité des faits
accomplis ; allant même plus loin que les faits accomplis,
elle proposait de réduire à la seule possession de Rome
la souveraineté pontificale, au nom d'un principe qui entraînait la dépossession totale. En résumé, une théorie
qui déshonorait la Papauté, une conclusion qui la dé-
pouillait, avec un congrès européen pour exécuteur :
c'était toute la brochure. Bien épais étaient les voiles qui
ne tombèrent pas alors, bien naïves les illusions qui per-
sistèrent. Au fond, le prince Napoléon avait dit le dernier
mot de la politique impériale : Rome, avec les jardins
du Vatican. Hélas ! et l'on devait aller plus loin encore.

Le jour même où paraissait le mystérieux et redoutable
écrit, un des amis de l'évêque d'Orléans, M. Lavedan, lui
en faisait parvenir un exemplaire et en même temps lui
en signalait le véritable auteur. L'évêque reçut cette brochure la veille de Noël à deux heures de l'après-midi, au
moment où il allait entrer à sa chapelle pour confesser.
Elle contenait en peu de pages bien des choses. « C'est
effroyable, s'écria-t-il, après l'avoir lue et résumée, mais
il y a moyen de tuer cela sur place. » Sur-le-champ le
travail fut commencé. Nous nous souvenons de l'extraordinaire émotion de l'évêque le soir, et avec quel accent

il répétait, pendant que, après notre collation, nous nous promenions à grands pas dans la salle synodale, enveloppés de nos manteaux, et les fenêtres ouvertes, malgré le froid : « Cette brochure, Messieurs, c'est l'enfer ! c'est l'enfer ! » Avec une certitude irrécusable, cette fois, le plan des ennemis, la catastrophe finale, apparaissait dans toute son horreur. Toute la nuit fut consacrée à ce travail ; le lendemain, cependant, le pieux évêque ne voulut pas se priver de cet office de Noël qu'il aimait tant ; ce fut là, à son trône, que dans l'émotion où le jetait le contraste de cette divine religion de Jésus-Christ avec les passions qui la poursuivaient dans son chef visible, lui vint tout à coup l'idée de la péroraison, et qu'il nota au crayon, sur les marges de la brochure, les dernières paroles, les mots décisifs :

« Croyez-vous donc que le sang français ait oublié de couler dans nos veines et que nos cœurs ne battent plus dans nos poitrines ? Prenez-y garde, vous finirez par nous blesser : je ne sais si nous avions besoin d'être réveillés, mais vous réussissez à merveille à nous ouvrir les yeux...

» Ce matin, saint jour de la naissance du Sauveur du monde dans une étable, tandis que je méditais ces tristes choses, j'entendais des voix innocentes et pleines de vie redire dans ma cathédrale : *Gloria in excelsis Deo !* et je me disais avec joie : Cela se chantera toujours sur la terre. Mais à ces paroles : *Et in terrâ pax hominibus bonæ voluntatis,* je me disais avec douleur : les hommes n'ont pas la paix et ne la donnent pas, parce qu'ils ne sont pas des hommes de bonne volonté. Daigne le ciel leur donner enfin cette bonne volonté sincère et ce courage qui leur manque pour accomplir l'œuvre de Dieu et leur propre destinée !...

» En finissant, je demanderai à l'auteur, s'il le veut bien, de se faire connaître tout à fait. On n'écrit pas de telles pages sans dire son nom ; on n'essaye pas de telles entreprises sans lever son masque. Il faut un visage ici, il faut des yeux dont on puisse connaître le regard, un homme enfin à qui on puisse demander compte de ses paroles. »

Du reste, l'auteur de la brochure était mené, pour ainsi dire, à coups d'épée dans une argumentation que l'anonyme même permettait de rendre plus vive ; tous ses sophismes étaient dévoilés, toutes ses contradictions mises à nu. Cette discussion des *principes*, — du *but*, — des *moyens*, — terminée, de l'écrit anonyme il ne restait plus rien. Et c'en était fait désormais de cette politique à double face qui ne pouvait plus continuer, du moins en gardant son masque. Le soir de Noël, tout était fini. Pendant la nuit, deux typographes, à l'insu l'un de l'autre, pour dépister la police, imprimaient chacun une partie de cette réponse ; le lendemain matin, nous partions pour Paris avec ces deux moitiés, et nous les faisions insérer le jour même dans plusieurs journaux : de telle sorte que le public put lire la réfutation de la brochure presque aussitôt que la brochure elle-même. L'écrit avait pour titre : *Lettre de Mgr l'évêque d'Orléans à un catholique sur la brochure* LE PAPE ET LE CONGRÈS. La soudaineté de cette réponse ajouta à son effet, qui ne fut pas moindre que celui de la Protestation ; elle fut aussi comme un signal. Quelques jours après, Mgr Pie lisait, du haut de la chaire de sa cathédrale, une condamnation de la brochure ; Mgr Gerbet en publiait une réfutation calme, élevée, lumineuse ; et tous les évêques de France, sans exception, la confondaient dans leurs mandements. De courageux écrivains la criblèrent aussi. Néanmoins, vaincue dans la polémique, elle triompha dans les faits. Immédiatement elle renversa la table déjà dressée du congrès, et les événements se précipitèrent vers le terme fatal qu'elle avait marqué. Lord John Russel a eu raison de dire — mais l'Angleterre n'y a pas été pour rien — que cette brochure *a fait perdre au Pape plus de la moitié de ses Etats.*

On ne pouvait plus espérer d'avoir l'Europe pour complice dans un congrès ; il fallut bien qu'il y eût enfin « un visage ici, un homme à qui on pût demander compte de ses paroles ». Le 31 décembre tout à coup parut une lettre impériale : l'empereur avait imaginé : quoi ? de faire

exécuter le Pape par le Pape lui-même! Il lui demandait
donc de céder volontairement les provinces occupées par
le Piémont et la révolution, lui faisant espérer en retour,
sans la promettre, la garantie des Puissances pour le
reste de ses Etats.

Au fond, c'était une sentence d'incapacité qu'on demandait au Pape de rendre contre lui-même, et, manifestement, le plus inutile et le plus dérisoire des sacrifices. Un
empereur victorieux faisait cela, et voilà où aboutissait
cette parole solennelle et tant d'autres : « Le prince qui a
ramené le Saint-Père au Vatican VEUT qu'il soit maintenu
dans tous ses droits de souverain temporel. »

La situation des évêques devenait singulièrement délicate ; mais celle du Pape, tenu à Rome « sous la garde
respectueuse de nos armes » et ainsi sommé par son gardien, était de plus en plus effroyable. Il n'y avait pas à
hésiter, et, avant même que l'Encyclique du 19 janvier 1860
eût fait connaître au monde la réponse du Pontife, certain à l'avance de cette réponse, et pour la justifier devant
l'opinion, l'évêque d'Orléans prit de nouveau la plume,
et dans un écrit court et substantiel, grave et calme, sous
la forme d'une *Seconde lettre à un catholique*, il prit et
retourna sur toutes les faces cette question de cession
volontaire et de démembrement. Il est impossible, nous
pouvons le dire, d'avoir plus raison :

« Ce n'est pas là, disait-il, une solution; c'est un expédient qui ne sauve rien et compromet tout.

» Ce serait le sacrifice, en pure perte, d'un droit incontesté et d'un principe capital :

» Ce serait, dans les circonstances où ce démembrement serait demandé, ou plutôt imposé, une déchéance
morale, et bientôt la ruine complète, inévitable.

» Bon gré, mal gré, ce serait un gage non d'ordre et de
paix, mais de trouble et de guerre.

» On n'échapperait par là aux difficultés du moment
que pour les retrouver dans un avenir prochain, bien autrement embarrassantes.

» En effet, ce n'est pas l'étendue des Etats Pontificaux

qu'on reproche au Pape, c'est tout autre chose : en démembrant ses Etats on n'enlève pas aux sujets qu'on lui laisse leurs griefs, vrais ou faux, contre lui ; au contraire, on les sanctionne, et par là même on les aggrave : la situation reste au fond ce qu'elle était, devient même pire : c'est le Pape avec une province de moins et une faiblesse de plus, au milieu des mêmes ennemis, des mêmes dangers, de plus grands encore.

» Il ne faut donc pas se laisser tromper par de faux semblants de générosité et de conciliation, ni, par impatience ou découragement, prendre pour un accommodement utile ce qui ne serait qu'un sacrifice superflu et désastreux. »

La démonstration se poursuivait ainsi, avec cette tristesse contenue, et aussi avec une clarté saisissante :

« On ne peut avoir deux poids et deux mesures, permettre à un peuple ce qu'on refuse à un autre ; proclamer ici un principe qu'on tremblerait d'appliquer ailleurs. Depuis quand le mécontentement fomenté par la cupidité ambitieuse des uns et l'esprit révolutionnaire des autres, a-t-il donné un droit à l'insurrection et à la séparation ? Et où conduirait l'introduction de ce droit nouveau dans le code international de l'Europe ?...

» Non, non, il faut voir les conséquences du principe que l'on pose. C'est parce qu'il y a ici un grand droit impliqué dans un grand principe, que je défends inflexiblement et le droit et le principe...

» Quant à la garantie espérée de l'Europe, de deux choses l'une : l'Europe a, ou n'a pas, le droit et le pouvoir de garantir au Pape ses Etats contre l'insurrection. Si l'Europe a ce droit et ce pouvoir, pourquoi n'en userait-elle pas aujourd'hui ? Et si elle ne l'a pas, comment pourra-t-elle en user plus tard ? Si elle a ce droit à l'égard du tout, comme il n'est pas douteux, il m'est impossible de voir comment elle ne l'aurait pas à l'égard d'une partie ?

» Toute la question se résume en une grande question de droit public : car, je ne me lasse pas de le redire, c'est jusque-là qu'il faut s'élever, c'est sur ces hauteurs, c'est

sur ce point capital qu'il faut porter le regard. Si les provinces qu'on veut arracher au Saint-Siège ou dont on lui
imposera l'abandon, parties intégrantes d'un Etat restauré
par la France et reconnu par l'Europe, peuvent se séparer
de cet Etat et s'annexer violemment à un autre ; si ce
droit est reconnu et sanctionné par les souverains eux-
mêmes, nous ne dirons pas seulement : C'est le principe
de l'Etat pontifical qui périt ; nous dirons encore : C'est
la révolution qui entre triomphante dans le droit public
européen ; c'est la base des traités qui est ébranlée ; c'est
le principe tutélaire du pouvoir, le fondement de l'ordre
social qui est renversé ; c'est la souveraineté qui est humi-
liée et dépouillée par la souveraineté ; et cela, dans cette
Europe où le sol, miné par les révolutions, tremble encore, et où les passions anarchiques comprimées sont toujours frémissantes. »

A peine, en terminant, l'éloquent évêque laissait-il
échapper quelque émotion :

« Mon cher ami, bien que je veuille espérer et que j'espère, je suis triste en vous écrivant ces choses. Ma tristesse est sans doute une tristesse religieuse, une douloureuse émotion de ma conscience en voyant ce qui se
prépare contre l'Eglise ; mais c'est aussi une tristesse
d'honneur.

» Oui, tout ce que j'ai de plus délicat et de plus sensible
dans l'âme est blessé en voyant triompher le fait brutal,
immoler le droit, sacrifier le faible.

» Que l'Angleterre y pousse et y applaudisse, si c'est son
rôle, à la bonne heure ; mais que la France y consente et
y adhère, c'est autre chose : elle n'y est pas accoutumée.

» Si c'est là servir la liberté et le progrès du genre humain, à votre aise, poursuivez. Le Saint-Siège l'a entendu
autrement, et vous a rendu parfois de meilleurs services.
L'immortel prédécesseur de Pie IX, le Pontife à qui l'Europe doit la victoire de Lépante et le triomphe de la civilisation chrétienne sur la barbarie musulmane, saint Pie V,
serait bien étonné de voir l'Europe consacrer en même
temps, au prix du plus généreux sang versé, l'intégrité de
l'Empire turc et le démembrement de l'Etat Pontifical.

» Il faut reconnaître que ce dix-neuvième siècle si vanté aura vu d'étranges contrastes.

» Tout n'y aura pas été justice, vérité et honneur. »

On s'attendait, de la part de « l'orateur des évêques », comme disait le *Siècle*, à de nouvelles foudres ; on fut atterré de ce calme et de cette modération. Le gouvernement ne put ni frapper ni répondre. La meilleure preuve du coup profond porté à la combinaison nouvelle par cette brochure, ce fut la conspiration du silence que la presse officieuse et révolutionnaire essaya, vainement d'ailleurs, autour d'elle, après avoir poussé des cris si furieux contre les deux précédents écrits. Ne pouvant répondre à ses raisons, on ne l'essaya pas, mais on chercha à dénaturer ses intentions, et l'on affecta de dire qu'il portait dans cette controverse, lui qui s'était toujours si soigneusement tenu à l'écart des questions politiques pour s'enfermer dans ses devoirs d'évêque, « plus d'ardeur politique que d'alarme religieuse ». Non, non, c'était le cri de la conscience catholique, d'accord du reste avec le sentiment patriotique, qu'il avait une fois de plus fait entendre. Sous tout gouvernement, il aurait fait ce qu'il faisait. Et les protestations des évêques du monde entier, était-ce donc aussi le cri des anciens partis ? Car les protestations des évêques et des catholiques contre le dépouillement de la Papauté éclataient de toutes parts : en France et hors de France ; bon gré mal gré tous les regards étaient tournés vers Rome, toutes les âmes occupées de ce vieillard désarmé qui siégeait au Vatican, et en qui se personnifiait la majesté de tant de grandes choses.

C'est ici le lieu de rappeler les illustres auxiliaires que sa cause trouvait en France, publicistes, philosophes, hommes d'Etat.

Emu dans sa conscience d'honnête homme et effrayé dans ses prévisions d'homme politique, M. Villemain écrivit cette admirable brochure : *la France, l'Empire et la Papauté*. Qu'on nous permette ici un souvenir. Le lendemain du jour où avait paru la Protestation, nous étions allé trouver, de la part de Mgr l'évêque d'Orléans, pour

une affaire, M. Villemain. Très curieux de savoir comment
l'illustre académicien avait apprécié cet acte et cet écrit,
mais très surpris aussi de ce qu'il ne nous en disait pas
un seul mot, nous prîmes l'initiative. Mais il n'était pas
sorti, n'avait vu personne, n'avait lu aucun des journaux
qui l'avaient publiée. Nous lui offrîmes l'*Ami de la religion*, et vainement, pendant qu'il lisait tout haut, devant
nous, la Protestation, vint-on plusieurs fois l'interrompre, il voulut aller jusqu'au bout. Arrivé à ce passage :
« Oui, si vous êtes révolutionnaires et anticatholiques,
pourquoi vous arrêtez-vous tremblants devant votre principe de spoliation ; et si vous êtes catholiques, pourquoi
le posez-vous ? » il s'arrêta, et avec un visage tout enflammé du feu de l'inspiration : « Ah ! monsieur l'abbé,
nous dit-il, si j'étais membre du Corps législatif ou du
Sénat, armé de cette protestation, je monterais à la tribune, et je leur dirais... » Et il se mit à improviser devant nous, avec une incomparable éloquence, la plus magnifique défense de la Papauté. De retour à Orléans le
soir, nous racontâmes la chose à l'évêque, ajoutant : « Si
M. Villemain voulait écrire ce qu'il a dit devant nous, ce
pourrait être d'un grand effet. » « Je l'y déciderai, » nous
répondit Monseigneur. Et le lendemain même, M. Villemain lui-même écrivait à l'évêque son admiration pour
cet écrit « qu'on ne peut lire tout bas, disait-il, parce
qu'il élève le cœur avec la voix ». Voilà comment M. Villemain publia sa brochure. Ecrite avec tout l'éclat de son
admirable style, et la vigueur d'un talent toujours jeune,
sa belle thèse de droit public saisit vivement l'opinion, et
démontra, sans réplique possible, que la justice, la conscience, l'ordre social européen, et la vraie politique française étaient blessés, plus encore que la religion, dans les
attentats dont le Pape était victime.

Au nom de la philosophie spiritualiste, on entendit protester M. Cousin, et cette protestation, on la devait encore
à l'évêque d'Orléans. Le 2 février 1860, après l'élection à
l'Académie du P. Lacordaire, à laquelle il avait pris une
grande part, M. Cousin, rencontrant sur l'escalier de
l'Institut le glorieux défenseur de la souveraineté pontifi-

cale, l'aborda, et là, en présence de plusieurs académiciens, avec cette verve éloquente qui lui était habituelle, — M. Cousin était aussi un de ces hommes qui sont toujours éloquents, — il ne craignit pas d'exprimer sa sympathie la plus haute pour la cause du Pape, sa réprobation la plus complète pour la cause adverse. « Consentiriez-vous, lui demanda l'évêque, à écrire ce que vous venez de dire, et m'autoriseriez-vous à le publier ?— Très volontiers, » répond M. Cousin ; et, le lendemain, l'évêque d'Orléans recevait, écrite de la main de M. Cousin, la conversation de la veille, et il l'insérait dans son volume, *De la souveraineté pontificale*, qu'il était en train de composer. Voici cette page :

« La philosophie matérialiste et athée peut être indifférente, elle doit même applaudir à la diminution et à la dégradation de la Papauté, car la Papauté ne lui est guère nécessaire pour apprendre aux hommes que l'âme est un résultat du corps, et qu'il n'y a point d'autre Dieu que le monde. Mais la philosophie spiritualiste envisage d'un œil bien différent ce qui se passe. Si elle n'est point aveuglée par le plus sot orgueil, elle doit savoir qu'en dehors de l'école, dans le genre humain, le spiritualisme est comme représenté par le christianisme, que le christianisme lui-même est excellemment représenté par l'Eglise catholique, et qu'ainsi le Saint-Père est le représentant de tout l'ordre intellectuel et moral.

» Je tiens cette suite de propositions comme inattaquable, et je me chargerais de les établir victorieusement contre qui que ce fût, pourvu que l'adversaire admît Dieu, c'est-à-dire un Dieu véritable, doué d'intelligence, de liberté et d'amour. Voilà pourquoi, Monseigneur, si vous voulez bien me passer cette expression un peu familière, j'ai besoin, pour le genre humain, d'une Papauté assez forte pour être indépendante, et pour exercer efficacement son saint ministère... Je la veux forte, dût quelquefois en souffrir un peu votre très humble serviteur et confrère. Oui, que Rome mette à l'index mon livre *Du Vrai, du Beau et du Bien*, il n'importe ; moi, je lui demeure fidèle, et je la défends à ma manière, au nom même de la philosophie. — Que serait-ce si je vous parlais comme libéral, tel que je l'ai toujours été à la face de mon pays? Et que serait-ce encore si je vous parlais comme un vieil et fidèle ami de l'Italie? Mais je ne veux pas vous retenir sur cet escalier. Je vous prie, si vous écrivez à Rome, de me mettre aux pieds du Saint-Père, et de lui dire que, malgré mon indignité, je prends la liberté, dans cette déplorable circonstance, de me ranger parmi ses plus déclarés défenseurs. »

M. Guizot ne tenait pas un autre langage; M. Thiers parlait encore plus hautement. Mais, il faut le dire, nous n'avions pas pour nous dans la presse les gros bataillons.

Seule, une grande voix catholique n'avait pas encore été entendue, si ce n'est au début de la guerre d'Italie, et encore les adversaires essayaient-ils d'en triompher, c'était celle du P. Lacordaire. Cette voix se fit enfin entendre, grâce, en partie du moins, à l'évêque d'Orléans.

Rappelons en quelques mots leurs relations antérieures.

L'évêque d'Orléans n'était pas lié avec le P. Lacordaire comme avec M. de Montalembert. L'*Avenir* les avait d'abord séparés, puis ils s'étaient retrouvés. Mais depuis les dissentiments de l'*Ami de la religion* avec l'*Ère nouvelle,* en 1849, un certain froid ne laissait pas que de régner entre eux; plus, pensons-nous, chez le P. Lacordaire que chez l'évêque d'Orléans. Cependant, quand le P. Lacordaire put lire les belles paroles que l'évêque avait prononcées pour lui dans l'oraison funèbre du P. de Ravignan, il s'empressa de lui écrire : « Sorèze, 3 mars 1857. Monseigneur, je viens de lire le témoignage que vous m'avez rendu du haut de la chaire de Saint-Sulpice et dans l'occasion solennelle du P. de Ravignan. Ces paroles m'ont touché beaucoup... Permettez-moi de vous en remercier. Il me semble, à considérer vos idées émises sur bien des matières graves, que nous nous touchons aujourd'hui par beaucoup de points, comme aussi par des amis et des adversaires communs... » A cette lettre l'évêque répondit par une invitation pressante au Père de venir prêcher à Orléans. Il avait déjà, dans les premiers jours de son épiscopat, fait entendre à ses diocésains son saint ami le P. de Ravignan ; il eût été charmé de produire aussi devant eux le rival ou plutôt le glorieux compagnon d'armes de l'éloquent jésuite à Notre-Dame. Si le Père eût pu accepter, c'est lui, probablement, qui aurait eu l'honneur de fonder à la cathédrale de Sainte-Croix cette belle retraite d'hommes qu'y institua cette année même, ainsi que nous l'avons raconté, l'évêque d'Orléans. « Mais par suite de la direction que j'ai prise à l'école de Sorèze, lui répondit le Père, il ne m'est pas possible de me livrer de nouveau à la prédication... Chaque chose a son temps. Ma carrière apostolique est terminée. En travaillant pour l'éducation de la jeunesse, je crois employer utilement mes derniers jours, et achever l'œuvre du rétablissement de l'Ordre de Saint-Dominique en France. » Le Père ajoutait : « ... Nous avons vécu dans des temps difficiles, où il était aisé de ne pas se rencontrer. Aujourd'hui, l'avenir est peut-être plus sombre encore ; mais du moins on se connaîtra mieux dans la mêlée. » L'évêque insista et l'invita à vouloir bien au moins prononcer le panégyrique de Jeanne d'Arc. Pour les mêmes raisons, le Père se récusa. « Vous avez d'ailleurs fait si bien pour elle, disait-il en s'excusant, qu'il est inutile d'aspirer à faire mieux. » Quand, après la mort de M. de Tocqueville, la candidature du P. Lacordaire à l'Académie se produisit, l'évêque d'Orléans ne se montra pas moins empressé à l'accueillir que MM. de Falloux et Montalembert. « J'ai été, disait-il devant celui-ci à un confrère récalcitrant, presque toute ma vie en dissentiment avec le P. Lacordaire par l'esprit ; mais je ne connais pas au monde de plus noble cœur, ni un homme mieux fait pour honorer l'Académie[1]. » Mais tout à coup il parut hésiter, et il fit part à MM. de Montalembert et Cochin de ses scrupules. Le 15 janvier 1860, il écrivit à celui-ci :

« Depuis hier, j'ai rencontré deux hommes très graves,

---

1. Lettre de M. de Montalembert au P. Lacordaire, du 29 décembre 1859.

admirateurs tous deux de notre candidat, et qui m'ont
dit : « Comment peut-on le nommer après sa lettre sur
le Saint-Siège? » Cela m'avait déjà été dit plusieurs fois
depuis un mois. Je répondais : « Soyez tranquilles,
il fait quelque chose. » Hier et ce matin, je n'ai rien pu
répondre. Croyez-moi, ce n'est pas un, mais cent, qui
parleraient ainsi. Nous ferions le contraire de notre
pensée, si nous ne tenions compte de ce qu'il y a ici de
grave. »

Le même jour M. Cochin lui répondit :

« ... Je crois que vous pourriez obtenir quelque chose
après l'élection; mais *avant*, est-il juste de rien demander?

» Avec la franchise que vous avez la bonté de permettre, je vous redirai ma consciencieuse impression :

» Vous avez présenté et accepté le P. Lacordaire, tel
qu'il est, après sa lettre.

» Il me semble que l'honneur exige qu'après l'avoir
engagé, on ne lui demande aucune condition dont on ne
l'ait antérieurement prévenu.

» D'autre part, son honneur doit lui imposer de ne pas
faire un acte qui lui semblerait exigé et consenti pour
acheter une voix; un acte qui, dans ces conditions, n'aurait aucune valeur au point de vue du bien religieux que
vous en attendez.

» Croyez-moi, Monseigneur, il y a dans ce qui vous a
été dit plus d'une trace de cette opinion inintelligente des
meilleurs catholiques, qui regardent comme un scandale
la candidature d'un moine. J'ai entendu dire exactement
la même chose de la candidature d'un évêque, lorsque
vous étiez sur les rangs.

» Vous qui croyez que la religion doit s'élever, en tous
les genres, à la puissance par le mérite et la vertu, avez-
vous un autre homme, aurez-vous une autre occasion
pour faire asseoir la religion à l'Académie?

» Demain les ordres religieux peuvent être proscrits par
le pouvoir. Est-il un meilleur moment de les faire adopter
par ce que l'esprit humain a de plus élevé?... »

Au reste, suivant sa coutume d'aller franchement au

fond des choses, l'évêque d'Orléans écrivit au P. Lacordaire lui-même; le P. Lacordaire répondit :

« Sorèze, 19 janvier. Je n'ai jamais séparé dans ma pensée deux choses qui ont rempli l'âme des plus grands Papes, l'amour de l'Italie et l'amour de la Papauté. Je regarde l'Italie comme un sol prédestiné, une terre divine, le lieu trois fois grand où il a plu à Dieu de placer la chaire du Vicaire de son fils, Notre-Seigneur Jésus-Christ. C'est pourquoi j'ai toujours porté dans mon cœur la passion de l'Italie avec la passion de l'Eglise dont le Saint-Père est le chef, et le sort de l'une et de l'autre, inséparable dans mes affections, m'a toujours paru aussi inséparable dans la nature des choses. A ce point de vue, dans deux lettres privées, que vous me rappelez, j'ai applaudi à une guerre qui semblait promettre l'affranchissement de l'Italie *sans menacer la Papauté* (ç'avait été là précisément son illusion), mais en faisant toutes mes réserves sur les *intentions occultes* qui pourraient donner à cette entreprise *un cours inattendu* (hélas ! il n'était pas inattendu !). Ces réserves sont expresses, et de telle nature que la publication de mes deux lettres ne pourrait avoir lieu sans m'exposer à des poursuites. Dès lors comment les appliquer à une situation nouvelle? Comment conclure du désir hautement avoué de l'indépendance italienne, à la spoliation du temporel de la Papauté? »

Le P. Lacordaire fit plus : après avoir lu l'article de ⅃. Cochin du 25 janvier, *la Question italienne et l'opinion catholique en France*, il écrivit :

« 25 janvier 1860. Je vous remercie d'avoir désavoué l'abus qu'on a fait de deux lettres mal connues, et qui écrites au début de la guerre italienne, lorsque rien encore n'arrêtait mes vœux et mes espérances, ne pouvaient s'appliquer à une situation par trop évidente et trop regrettable »; et il autorisa ⅃. Cochin à publier cette lettre. Alors non seulement l'évêque vota pour le P. Lacordaire, il lui gagna même des voix, notamment, et non sans peine, la voix de ⅃. Thiers.

⅃ais le lendemain de l'élection, il écrivait de nouveau à ⅃. Cochin : « 3 février 1860. Si le P. Lacordaire vous écrit une lettre meilleure encore, j'en bénirai Dieu. Qu'il se hâte de faire quelque chose qui soit digne de lui, et réponde à toute son âme. Je le souhaite autant pour lui que pour l'Eglise. »

Le 25 février suivant paraissait la brochure : *De la liberté de l'Eglise et de l'Italie;* et bien qu'il y ait une réserve à faire sur un point grave[1], elle proclamait de hautes vérités, que les Italiens feraient bien aujourd'hui encore de méditer, que l'empereur se fût bien trouvé de comprendre :

« Italiens, votre cause est belle, mais vous ne savez pas l'honorer, et vous la servez plus mal encore. Qu'avez-vous fait? Pour un vain système d'unité absolue, qui n'intéresse en rien, je l'ai fait voir, votre nationalité ni votre liberté, vous avez élevé entre vous et deux cents millions de catholiques une barrière qui grandit chaque jour. Vous avez mis contre votre espérance plus que des hommes, vous y avez mis le Christianisme, c'est-à-dire le plus grand ouvrage de Dieu sur la terre. Sachez-le bien, c'est Dieu qui a fait Rome pour son Eglise. Vous avez donc mis contre vous une volonté éternelle de Dieu. Vous la trouverez un jour, n'en doutez pas. »

---

1. M. Foisset ne manque pas de la faire (*Vie du P. Lacordaire,* t. II, p. 385).

CHAPITRE XII

Mais, tout à coup, nouvel incident : un journal officieux, le *Constitutionnel*, qui n'avait osé ni insérer la *Seconde lettre à un catholique*, ni la réfuter, publiait, comme « une réponse à cette lettre », avec une puérile solennité de mise en scène, et sous ce titre bien connu : *Lettre de l'évêque d'Orléans aux Supérieur et Professeurs de son Petit Séminaire*, une prétendue lettre, écrite, disait-il, « dans une pleine indépendance, en dehors de toute pression du pouvoir », et par « un des plus illustres prélats de l'Eglise de France » : le pouvoir temporel y était complètement sacrifié. « Nous allons voir, s'écria ironiquement le *Siècle*, ce que l'évêque d'Orléans va répondre. » Oui, mais le document datait de 1810 ! Le plaisir de mettre en contradiction l'évêque actuel d'Orléans avec un de ses prédécesseurs empêcha d'apercevoir l'insigne maladresse qu'il y avait à opposer un tel évêque à un tel évêque, et un tel temps à un tel temps. En 1810, s'il y avait en France des évêques assez courageux pour avoir, un an après, les honneurs du donjon de Vincennes, de tristes défaillances s'étaient produites chez quelques autres, comme en 1859 quelques illusions : mais opposer précisément un de ces évêques serviles du premier Empire à l'évêque actuel d'Orléans, c'était choisir bien mal. On l'obligea donc à regarder de près et le document et l'homme : et que trouva-t-il ? Hélas ! ce que le premier Empire avait voulu faire des évêques, et ce qu'il avait fait de quelques-

uns : la *Lettre* écrite, disait-on, « dans une pleine indépendance, en dehors de toute pression du pouvoir », était,
au contraire, un insigne monument d'adulation ; « une
profession de foi » provoquée par le pouvoir lui-même,
et dont le signataire avait adressé lettres sur lettres au
ministre pour lui demander : « Monseigneur, en ai-je dit
assez, ou devrais-je en dire davantage? Je vous supplie
de dissiper cette crainte. » Entre autres choses déplorables, il y était dit de Pie VI détenu alors à Savone, avec la
rigueur que chacun sait, qu'il était *mille fois plus libre*
que sur son trône. Et quant à l'auteur du document, « un
des plus illustres évêques de l'Eglise de France », comme
disait l'écrivain officieux, il se trouva que cet évêque
était, au contraire, un vieillard octogénaire, médiocre esprit, caractère plus médiocre encore, fasciné à un degré
inimaginable par les gloires impériales, qui avait fléchi
déplorablement et flatté servilement.

Ces douloureuses constatations faites par l'évêque d'Orléans, nous vîmes alors, comme au vieux Matathias, ses
reins trembler. « Ah! nous dit-il, puisqu'on nous en a
donné l'occasion, il faut venger avec éclat l'honneur épiscopal ! » L'honneur ! ah! quand ce sentiment aurait disparu de cette terre, dans les âmes sacerdotales au moins
il devrait trouver un dernier asile! L'évêque d'Orléans
résolut donc de faire, de sa réponse, tout à la fois une
nouvelle démonstration de la nécessité du pouvoir temporel, en confondant les pauvres arguments du pauvre
document, et en inondant la question de nouvelles lumières ; et surtout un acte de justice vengeresse. Il y a
des temps qui ont besoin de ces leçons, et à l'évêque qui
a porté plus haut peut-être que personne les fières et
saintes susceptibilités de l'honneur, il appartenait de les
donner.

Le malencontreux document fut donc immédiatement
anéanti par une réponse foudroyante, et il n'en resta rien,
qu'une marque indélébile attachée désormais à l'étole de
tous les Rousseau de la terre. Il déshonora cette pièce par
la simple histoire qu'il en fit; et tant sur la question de la
souveraineté temporelle du Pape que sur celle des libertés

gallicanes, dont elle traitait aussi, il la confondit, par
d'invincibles arguments, et par les autorités gallicanes
elles-mêmes que son auteur invoquait sans les connaître.
« Cela fait, je ne tarderai pas, ajoutait-il, à expliquer toutes
ces choses dans le détail nécessaire. Je prépare, et si les
événements le permettent, je ferai prochainement paraître
un livre sur cet important sujet. J'écris ce volume sur la
brèche, et je le ferai peut-être paraître sur des ruines ;
mais qu'importe ? ces ruines seraient sacrées pour moi,
et je m'y ensevelirais volontiers, avec mon livre et ma
pauvre plume, sûr de ma cause et de l'avenir. Car, sachez-le bien, les ruines que vous pouvez nous faire ici
sont des ruines immortelles ; elles garderaient cette fois,
comme toujours, un germe de résurrection ; et quant à
moi, si un jour Dieu daigne me recevoir dans une vie
plus heureuse et meilleure, où je rencontrerai enfin la
vérité, la justice et l'éternel honneur, j'aurai la consolation de penser que mes successeurs, dans cinquante années, en priant Dieu pour mon âme, ne seront point condamnés à se défendre eux-mêmes contre moi, et à venger
l'Eglise de mes trahisons et de mes lâchetés. » Plus loin,
il ajoutait : « Tenez, savez-vous pourquoi, entre autres
raisons, je n'aime pas le despotisme ? C'est qu'il a le funeste pouvoir d'avilir les âmes, et, par un juste retour,
d'inspirer aux despotes, pour les hommes, un mépris
égal à leur servilité. »

Cette exécution, c'est le mot, avait été pour lui très
douloureuse ; aussi voulut-il, en terminant, élever son
âme à d'autres pensées. Nous n'oublierons jamais ce dont
nous fûmes alors témoin. Nous étions auprès de lui, à son
bureau. « Mon ami, nous dit-il, quand il fut arrivé au
terme de la discussion, et qu'il s'agit de conclure, ne res-
tons pas sur ces tristesses : tâchons de terminer par quelque chose de consolant. Il y a une belle chose à opposer
aux défaillances de ce temps-là, c'est la conduite de l'é-
piscopat français en face du schisme constitutionnel. Ce
fut bien beau, ajouta-t-il ; quatre évêques seulement, sur
cent trente-cinq, s'oublièrent. » Et, ce souvenir subitement évoqué saisissant vivement son âme, un torrent de

larmes s'échappa soudain de ses yeux. Nous regardions, silencieux, et avec un respect indicible, ces gros pleurs tomber sur son papier, et nous gardons encore la feuille maculée de ces larmes.

Ainsi, dans un moment où le Pape et le clergé étaient humiliés, moqués, trompés, cet évêque relevait les courages, en faisant passer sur les âmes comme un souffle d'honneur et de vaillance. Et cette risible machine de guerre tourna à la confusion complète de ceux qui l'avaient imaginée, et de ceux qui, étourdiment, y avaient applaudi.

Mais à la faute qu'on avait faite en lui donnant l'occasion d'un tel triomphe, on ajouta celle de lui en ménager un plus grand encore. On le traduisit devant la justice. Ce fut le *Siècle*, qui, pris au piège, et très déconfit d'avoir comblé de ses éloges démocratiques un tel document et un tel évêque, imagina ce moyen de se sauver du ridicule. Il s'y enfonça encore plus. Altérant audacieusement une parole de l'évêque, il déclara, lui, insulteur quotidien des évêques, son honneur offensé, et il invoqua la protection des tribunaux.

Depuis trois mois que l'évêque d'Orléans était entré dans cette lutte, après chacun de ses écrits, le *Siècle* l'avait couvert d'injures, lui et ses vénérables collègues : accusant les évêques de *calomnier du haut de leur grandeur*, de se livrer à des *excitations coupables ;* de ne servir que les intérêts *d'un parti*, de *semer l'irritation et la haine*, de *prêcher une croisade contre la constitution*, etc. Et il avait traité l'évêque d'Orléans en particulier de *prêtre infidèle*, de *fougueux ligueur, que n'effrayait pas l'odeur de la poudre* et qui ne *reculait pas devant le carnage*, pour faire *triompher la légitimité :* il avait osé traduire ainsi un écrit pacifique où l'évêque répétait à chaque page qu'une intervention par les armes n'était pas nécessaire ; que la ferme proclamation du droit, par l'empereur ou par l'Europe, suffirait. Et de plus ces fiers libéraux n'avaient cessé de faire appel contre les évêques à la répression. Chaque jour on les entendait dénoncer nos œuvres de charité, nos sociétés de Saint-Vincent de Paul, la liberté de l'enseignement : comme il le leur fut dit en face à l'audience : « Ils attaquaient toutes les libertés ; partout ils voulaient placer leurs adversaires sous l'oppression du silence. » Et pour un seul mot dit en passant, eux qui pouvaient parler tous les jours, ils faisaient un procès !

Voici les paroles de l'évêque : reprochant au rédacteur du *Constitutionnel* de n'avoir pas osé publier sa dernière brochure : « Je crois, disait-il, que c'est précisément parce que mes arguments sont irréfutables, que vous ne les avez ni réfutés ni publiés, ni vous ni d'autres ; sauf le *Siècle*, toutefois, dont la réfutation n'a été qu'une calomnie. Puissants adversaires, qui ne savent lutter contre leurs contradicteurs qu'en étouffant leur voix dans l'oppression de la calomnie ou du silence. Mais j'ai tort, Monsieur, de vous comparer au *Siècle*. Laissons ce journal. »

Après avoir mis expressément hors de cause le *Siècle* : « Laissons ce journal », s'adressant ensuite au rédacteur du *Constitutionnel*, l'évêque le sommait de publier sa dernière lettre et de la réfuter : « Vous avez de l'honneur : si je me trompe, publiez ma lettre et réfutez-la. » Qu'est-ce que cela faisait au *Siècle*, qui, lui, précisément, avait publié la lettre ? Le journal révolutionnaire et voltairien n'en disait pas moins, et en soulignant l'expression comme si elle eût été textuelle : « L'évêque d'Orléans nous a appelés des *gens sans honneur !* » Plus mal inspiré encore, le gouvernement ne craignit pas de mettre la main dans cette affaire. On découvrit une nièce de Mgr Rousseau, pauvre dame octogénaire, à qui on persuada que, son oncle ayant été diffamé, c'était un devoir pour elle d'en venger la mémoire ; et, comme les deux prétendus délits, l'outrage au *Siècle* et la diffamation envers Mgr Rousseau, avaient été commis dans le même écrit, les deux causes furent conjointes et appelées en même temps. Le *Siècle* aurait voulu se donner le plaisir de voir un évêque sur les bancs de la police correctionnelle ; il dut y renoncer, et retirer sa citation ; car en vertu d'une disposition formelle de la loi, à raison de sa dignité, l'évêque n'était justiciable que du Conseil d'Etat ou de la Cour, jugeant sans appel, à la requête du procureur général : ce fut la Cour qui fut saisie.

On espérait que l'évêque, traîné devant les tribunaux, y laisserait son prestige ; c'était lui dresser un piédestal et le couronner d'une auréole.

En effet, les sympathies envers lui éclatèrent de toutes parts. Le barreau orléanais lui députa plusieurs de ses membres, et deux des principaux avocats de ce barreau, M. Quinton, bâtonnier de l'ordre et M. Robert de Massy, ancien bâtonnier, tinrent à honneur de l'assister dans son procès. Le clergé orléanais se montra admirable : « Quel que soit l'arrêt qui intervienne, disait dans une adresse présentée au nom de tous le doyen du Chapitre, nos cœurs ne garderont qu'un seul souvenir, qui y demeurera profondément gravé : celui de votre zèle, de votre amour pour l'Eglise, et de votre courage épiscopal. » Mgr Dupanloup aurait pu décliner la compétence et l'audience, et les conseils en ce sens ne lui manquèrent pas. Il accepta la justice de son pays. Et, dans sa réponse au clergé orléanais, il en expliqua les motifs : « Je ne refuse pas plus d'audience, dit-il, que je ne décline la compétence, parce que avant tout j'accepte le droit commun de mon pays et j'honore ses juges. J'ai été conduit à me servir, pour la défense de l'Eglise, des moyens de la société moderne : la parole et la presse ; et je suis de ceux qui, tant qu'il reste un terrain légal, quelque étroit et même quelque dangereux qu'il puisse être, y entrent pour la défense de leur cause, et n'en sortent pas pour la défense de leur personne. » Il ajouta : « Je n'accepte d'ailleurs ici aucune discussion sur le droit et les convenances des évêques ; je n'engage en rien leur cause ; je ne crée aucun précédent contre eux, et leurs droits enfin ne peuvent être en rien ici débattus en ma personne ; car, si je suis prêt à subir tout débat, c'est sur l'usage que j'ai fait, non du droit des évêques, mais du droit des citoyens. » C'est avec cette dignité et cette intrépidité que l'évêque moderne, sans amoindrir en rien la majesté épiscopale, et sans abdiquer non plus la liberté du citoyen, se présentait devant ses juges.

Un incident surgit, qui troubla pendant quelque temps l'opinion publique. Il avait dit : « Mais pourquoi avez-

vous choisi Mgr Rousseau? Si, dans ce grand débat, il
fallait invoquer contre moi mes prédécesseurs, on pouvait mieux faire. J'en ai eu de meilleurs encore : j'ai eu
M. Raillon, qui administra après lui le diocèse d'Orléans,
malgré le Pape. »

Quelques personnes s'étonnèrent qu'il eût fait intervenir dans ce débat un évêque qui ne paraissait pas être en
cause. Certes, il avait ses raisons. Il se souvenait, et il
prévoyait, afin de prévenir. Dans la situation nouvelle que
les événements avaient faite au gouvernement français
vis-à-vis du Pape, on pouvait craindre que les futures
élections d'évêques ne fussent pas toujours an gré de
Rome, et qu'en cas de pareils conflits le gouvernement
n'eût recours à une mesure déjà employée en semblables
occurrences, à savoir de faire administrer un diocèse par
un prêtre non agréé du Pape en obtenant d'un Chapitre de
le nommer vicaire capitulaire. C'est ce qui était arrivé
précisément pour le successeur de Mgr Rousseau. Ayant
cette crainte, l'évêque d'Orléans était bien aise de dire d'a-
vance à tout le monde que cela était impossible. Mais un
petit-neveu de M. Raillon, M. le baron Molroguier, ayant
protesté contre l'accusation portée à la mémoire de son
grand-oncle, et prétendu qu'il avait administré le diocèse
d'Orléans, non pas malgré le Pape, mais sur l'ordre du
Pape : « Et de cela, disait avec assurance M. le baron
Molroguier, j'ai la preuve écrite », les journaux hostiles
firent grand bruit de ce démenti ; tellement que les défenseurs de Mgr l'évêque d'Orléans désirèrent que le terrain
fût déblayé de cet incident avant l'audience. Force lui fut
donc de reprendre la plume. Ce qui adoucit pour lui l'ennui de cette nouvelle polémique, c'est qu'elle lui offrait
l'occasion de faire ressortir encore plus la leçon qu'il avait
voulu donner, et, en élevant la question au-dessus d'un
débat personnel, d'établir une doctrine que les temps où
l'on se trouvait pouvaient rendre d'une capitale importance.

Il établissait donc, et d'une façon péremptoire, la vraie
doctrine, longtemps contestée en France, sur la question
de savoir si un évêque nommé, et non institué, peut ad-

ministrer un diocèse comme vicaire capitulaire, et concluait « qu'il n'y a aucun moyen de se passer du Pape pour
le gouvernement de l'Eglise ». Chemin faisant, les défaillances sacerdotales de ce temps-là étaient encore par lui
hautement et sévèrement châtiées. Quant au fait de l'administration irrégulière de M. Raillon, il était démontré
avec une abondance de preuves écrasante.

L'effet de cet écrit fut considérable. « Ceux mêmes qui
avaient le plus blâmé votre lettre sur vos trois prédécesseurs ont été entraînés, lui écrivait M. de Montalembert,
par la logique invincible, la souveraine éloquence, et la
noble modération qui caractérisent celle-ci. » « Béni soyez-
vous, cher Monseigneur, lui écrivait Mgr de Ségur lui-
même, pour *tout* ce que vous avez fait. Je prie Notre-Seigneur qu'il donne à tous ses évêques un cœur aussi
généreux que le vôtre. » « Vous raffermissez les colonnes
du temple, » lui criait un autre évêque. « Mgr d'Orléans,
répétait M. Cousin émerveillé, c'est un athlète, un véritable athlète. » « Je lisais dernièrement, dans le second
volume des Mémoires du cardinal Pacca, sur la captivité
de Pie VII, lui écrivait M. de Corcelles, quelques pages
qui répondent éloquemment aux cœurs pusillanimes de
ces temps et du nôtre, à ceux qui contestent aux évêques
le droit de réprimander les grandes défaillances envers
l'Eglise. Que j'en ai vu, disait le digne compagnon du
Souverain Pontife, après les attentats de 1809, de ces prélats, *in bello cervos, in pace leones...* Le grand cardinal
Pacca serait aujourd'hui sans charité et sans justice, aux
yeux de ces prétendus modérés et libéraux, mais l'histoire
qu'il a dû écrire l'a mis lui-même à sa place, comme elle
aura aussi de belles pages pour les combats de notre cher
évêque d'Orléans. »

Les débats s'ouvrirent le 15 mars 1860. Une foule
immense et sympathique stationnait aux abords du palais
pour l'acclamer, si bien qu'il chercha le lendemain, pour
entrer et sortir, les passages dérobés. La cour était prési-
dée par M. Devienne. On vit assidûment à l'audience,
pendant les trois jours que durèrent ces débats, MM. de
Montalembert, de Falloux, Cochin, Albert de Broglie, avec

une foule d'autres amis; des ennemis aussi étaient là : le prince Napoléon lui-même crut pouvoir s'y montrer. L'évêque parut devant ce prétoire, simple et grand, dominant de toute la majesté de la cause qu'il représentait les tristes passions qui l'avaient amené là. Ȝ. Senard, défenseur du *Siècle*, paraissait du reste accomplir à contre-cœur cette besogne, que Ȝ. Jules Favre avait refusée.

Ȝ. Berryer retrouva ses grands élans. Un frémissement courut dans l'auditoire lorsque le grand orateur, se tournant vers l'évêque, s'écria : « Laissez-moi donc, Monseigneur, vous faire apparaître à cette audience avec l'escorte de tout l'épiscopat français ; » et après avoir cité des lettres adressées, en effet, à l'évêque d'Orléans par des évêques de tous les diocèses, et même de tous les pays, il conclut par ces paroles : « Accusé à votre barre d'avoir apporté trop de passion dans la lutte, il est remercié; félicité, béni, il est couronné comme vrai défenseur de l'Eglise par tout l'épiscopat français. »

Ȝais la principale plaidoirie fut celle de Ȝ. Dufaure, qui démontra avec une puissante logique à l'encontre des héritiers de Mᵍʳ Rousseau, les droits et la liberté de l'histoire.

« Non, l'histoire ne peut être utile, ne doit être conservée, qu'à la condition d'être libre, et l'homme public doit savoir, il est bon qu'il sache qu'il n'a pas seulement à se préoccuper de l'opinion de ceux qui l'entourent, opinion trop souvent égarée, trop souvent factice, trop souvent injuste. Il est bon, quel qu'il soit, qu'il sache qu'après lui, en dehors de toutes ces influences locales, bien au delà de toutes ces passions contemporaines, il y aura une justice, la justice de la postérité. Elle ne s'exerce que par la voie de l'histoire libre : ne supprimez pas ce grand encouragement pour les bons, ce salutaire effroi pour les méchants... »

« Les applaudissements éclatèrent dans l'enceinte de la Cour. Telle était l'émotion des auditeurs, quel que fût leur rang, que nul de ceux qui en avaient la charge ne pensa à les réprimer [1]. »

1. *Revue des Deux Mondes*, 1ᵉʳ juillet 1882 : *M. Dufaure, sa vie et ses discours*, par Ȝ. Georges Picot, de l'Institut.

L'émotion fut bien autre encore quand l'évêque parla. La cause avait été admirablement plaidée à tous les points de vue juridiques; lui, il fit entendre surtout l'évêque; et nous ne croyons pas que, jamais, dans la conscience d'un grand devoir rempli, accusé ait parlé plus dignement et plus fièrement devant ses juges. « Soyez sûr que ce procès, lui avait écrit M. de Montalembert, vous vaudra, avec quelques désagréments momentanés, beaucoup de gloire vraie et durable. Mais il faut l'aborder franchement. Pas de faux-fuyants, pas de reculades, sous quelque forme que ce soit. » Certes, il n'y en eut sous aucune forme : jamais accusé n'ouvrit plus à fond son âme devant ses juges, et ne leur dit avec plus d'assurance : Voilà ce que j'ai fait et pourquoi je l'ai fait : prononcez.

Il exposa d'abord les raisons de sa présence à ce prétoire :

« Un évêque qui vient ici, Messieurs, y paraît dans un double sentiment : avant tout, le respect de cette égalité devant la loi, de cette justice pour tous, qu'un de mes adversaires n'avait pas besoin de me rappeler avant-hier, car ma présence y rend hommage... et j'aperçois au-dessus de vos têtes, Messieurs, l'image de celui qui donna ces bienfaits au monde.

·» En second lieu, je laisse hors de cette enceinte ce qu'on nomme ma dignité d'évêque, mais j'y apporte toute ma conscience, et c'est elle qui me décide non pas seulement à répondre sur ce qu'on m'a demandé, mais à dire spontanément ce dont nul ne me demande compte, mes intentions et mes pensées, sans chercher si mes paroles m'exposent ou m'excusent.

» J'ai voulu défendre l'autorité spirituelle du chef suprême de l'Eglise dans sa souveraineté spirituelle...

» Mais vous l'avez fait, me dit-on, vous le faites avec trop d'émotion...

» Avec trop d'émotion! Eh bien, Messieurs, que Dieu voie et me juge! Voyez-moi et jugez-moi vous-mêmes. »

Et alors, renvoyant à ces hommes qui étaient là près de lui leurs plus odieuses paroles, ces paroles qui avaient passé impunies et comme triomphantes devant leur million de lecteurs, ces insultes à l'Eglise, aux prêtres, aux évêques, à ce Pontife payé pour ses bienfaits de tant d'ingratitude et outragé par eux dans ses malheurs : « Ces malheurs, s'écriait-il, je ne les redis pas ici, le monde entier les connaît, et l'avenir en racontera la gloire... » — « outragé... comme on n'outrage pas; » il leur infligea, pendant un long moment, le supplice de les couvrir ainsi de leur propre honte, devant la justice française, puisqu'ils s'étaient amenés eux-mêmes si imprudemment sous le coup de sa parole devant des magistrats français.

« Et vous parlez d'honneur ! s'écria-t-il. Croyez-vous donc, parce que nous sommes prêtres, que nous n'avons ni cœur ni âme?

» Parce qu'il y a en nous un double honneur, l'honneur humain et l'honneur sacerdotal, croyez-vous donc que chaque jour vous puissiez le blesser à coups redoublés, sous les yeux de vos cinquante mille abonnés et de ce million de lecteurs dont votre défenseur parlait tout à l'heure, sans que nous le sentions, sans que nous puissions pousser un cri?... Les martyrs mouraient en silence; mais quand on outrageait en eux leur foi, leurs frères, leur père, leur mère, Dieu, ils élevaient la voix et protestaient!... Et rien n'a pu éteindre cette voix, et la conscience du genre humain est demeurée avec eux.

» Vous vous étonnez de mon émotion... Mais cette Eglise, insultée par vous chaque jour, vous ne savez donc pas que je n'en suis pas seulement l'évêque; j'en suis le fils; c'est ma mère! Et quand un fils voit sans cesse sous les yeux du monde entier outrager indignement ce qu'il a de plus cher au monde, vous voulez qu'il ne sente rien, qu'il ne dise rien, et qu'il n'y ait pas même un cri contre vous dans son âme indignée !

» Eh bien, Messieurs, je vous l'ai dit, vous le savez maintenant. Voilà ce qui m'a ému ; voilà ce qui a jeté, amassé au fond de mon âme, ces émotions dont vous me demandez compte. Mais si je n'avais pas été ému, si je ne l'étais pas à cette heure encore, m'estimeriez-vous ? L'émotion de l'honneur blessé dans ses respects les plus délicats

n'est-elle pas sacrée? Qui jamais osa en discuter les accents?... qui peut les juger?... »

Il eût été impossible aux juges, sous l'émotion extraordinaire de ces paroles, de prononcer, si telle eût été leur
pensée, une condamnation. C'était le 17 mars ; l'audience
fut remise au lundi 19, pour l'arrêt.

Le *Siècle* fut débouté de ses trois plaintes, et humilié
devant la France. La plainte des héritiers Rousseau fut
déclarée non recevable. Juridiquement cela voulait dire
que quand la mémoire du mort est seule en cause, l'action
correctionnelle n'est pas admise. Plus tard, il est vrai, le
procureur général, M. Dupin, essaya de faire prévaloir
devant la Cour de cassation une autre doctrine, et n'accrut
pas, par cette intervention, son renom d'indépendance.
Mais cela n'est pas de cette histoire. Bref, et malgré la
sévérité de certains considérants, qui n'étaient pas faits
pour déplaire au pouvoir, l'évêque d'Orléans sortit de cette
épreuve plus grand encore et plus honoré. Les catholiques
voulurent consacrer le souvenir de cette grande lutte, et
un comité, à la tête duquel était M. le prince Albert de
Broglie, lui offrit une croix pectorale en or, avec une
inscription qui rappelait la date mémorable de son procès.
« Ne la refusez pas, lui écrivait M. Cochin, c'est chose
faite d'élan et touchante à voir. » Ce fut celle que désormais il porta de préférence. Son successeur, après sa mort,
l'offrit à Léon XIII, qui se montra heureux de ce souvenir
du grand athlète de la Papauté.

Au milieu de toutes ces traverses, que devenait son
volume? Il le poursuivait avec une ardeur infatigable
dans l'intervalle des polémiques. » J'écrivais, a-t-il dit, en
combattant ; je bâtissais d'une main l'édifice laborieux de
ce livre, et de l'autre j'étais réduit à repousser des assail-
lants nombreux, des attaques sans cesse renouvelées. »
Debout avant cinq heures du matin, son oraison faite et sa
messe dite, dès avant sept heures jusqu'à midi, il travaillait
sans désemparer ; et cela tous les jours. L'œuvre avançait :
toute la partie dogmatique et historique était écrite ; là
l'évêque d'Orléans exposait l'origine divine du Pontificat,

ses admirables prérogatives, sa puissance spirituelle enfin. Puis il établissait combien est nécessaire à l'exercice de cette puissance spirituelle une pleine indépendance, c'est-à-dire une souveraineté ; alors, ouvrant l'histoire, il montrait les préparations providentielles de cette souveraineté, puis son établissement définitif. Elle naît pour ainsi dire d'elle-même, de la force des choses. Charlemagne la reconnaît ét la fonde : c'est l'œuvre glorieuse de la France. La suivant à travers les âges dans ses luttes et ses triomphes jusqu'à nos jours, il confirmait, par l'exposé de son influence et de ses bienfaits, cette parole de J. de Maistre : « Les Papes ont été au moyen âge les véritables génies constituants de l'Europe. »

Les bienfaits qui résultent de la dernière phase de son existence dans les temps modernes étaient résumés dans cette page éloquente :

«... La Papauté, si elle n'est plus aujourd'hui comme autrefois l'aréopage politique de l'Occident, demeure du moins, avec plus d'éclat que jamais, et avec plus de liberté, dans une pleine indépendance, le tribunal suprême des consciences, la plus grande autorité morale du monde. Sa dignité, sa liberté, son action religieuse et civilisatrice s'abritent librement sous une couronne, sous une souveraineté temporelle, suffisante aux besoins de sa mission dans le monde, insuffisante à son ambition, si elle était tentée d'en avoir, et nullement menaçante pour aucune autre souveraineté. Établie sur le respect de tous et par les garanties formelles du droit public dans une neutralité honorable, jouissant d'une suprématie spirituelle aussi complète et aussi incontestée que jamais, son indépendance, mieux comprise, a été reconnue une nécessité pour l'équilibre européen et la paix du monde, et Rome est devenue un territoire sacré, interdit à toute ambition conquérante, asile inviolable du Pontife suprême. Ainsi ont cessé dans le monde moderne les malheureux conflits entre les deux puissances qui ont tant de fois et si longtemps désolé le Bas-Empire et le moyen âge ; ainsi ont été distingués dans le catholicisme, et dans le catholicisme seulement, les deux ordres spirituel et tem-

porel ; ainsi les catholiques ont échappé à la tyrannie qui
a absorbé et dominé partout autour d'elle, en Occident
comme en Orient, à Londres comme à Saint-Pétersbourg
et à Constantinople, le pouvoir spirituel. L'accord si
longtemps cherché s'est fait enfin. Les Pontifes sur leur
trône, et les princes sur le leur, et le monde moderne se
repose à l'ombre de cette concorde. »

Suivaient les beaux chapitres déjà esquissés en 1848 :
Rome, l'Italie et l'Europe sans le Pape ; toutes les hautes
raisons qui commandent aux Italiens de ne point rompre
leurs liens séculaires avec la Papauté étaient là éloquemment développées ; après quoi venait ce que nous pourrions
appeler la partie contemporaine et polémique de l'ouvrage.

Là l'auteur racontait, comme fera l'histoire, l'origine,
les causes, les faits divers, qui avaient amené la situation
actuelle, et les rôles qu'ont joués dans ces grands et tristes
événements la France, le Piémont, l'Angleterre. La France,
si généreuse et si politique en 1849, si imprévoyante et
si oublieuse de ses traditions et de ses intérêts en 1859,
ce contraste le frappait tellement qu'il l'avait signalé, nous
l'avons vu, à M. de Montalembert, auquel il écrivait, en
traitant lui-même ce sujet : « J'avoue que j'aurai un plaisir
particulier à vous rendre hommage, à vous et à quelques
autres. » Ce chapitre, et trois autres sur le Piémont, —
sa politique vis-à-vis de Rome depuis douze ans, et les
trois périodes pendant lesquelles elle se prépare, se démas-
que et s'accomplit, — écrits sous le feu des événements
et plusieurs fois modifiés pour répondre à la face chan-
geante des choses, étaient achevés: Ceux qui suivent, sur
le rôle de l'Angleterre dans la question romaine, s'écrivaient au moment même du procès : quelles révélations
dans cette partie de l'ouvrage, et quelles lumières pour
les Italiens sincères et les Anglais de bonne foi ! Quelle
démonstration irréfutable de l'astuce et de la violence
avec lesquelles tout s'est passé alors en Italie, aux applaudissements coupables de l'Angleterre !

Mais les événements marchaient plus vite que lui, et
l'ouvrage, comme il l'avait craint, devait être publié sur
des ruines. Avant qu'il eût pu être terminé, les attentats

étaient définitivement consommés. Tandis qu'il le poursuivait, démontrant l'impossibilité des combinaisons successivement essayées, la dépossession du Pape par un congrès, la cession volontaire des Romagnes, la risible combinaison rejetée à Turin comme à Rome, d'un vicariat de Victor-Emmanuel, l'Angleterre ayant de nouveau proposé un plébiscite, de nouveau on fit voter les provinces annexées, comme si ce second vote, fait dans les mêmes conditions que le premier, n'eût pas été aussi radicalement invalide et nul ; mais en même temps on fit voter Nice et la Savoie. Les stipulations de Plombières triomphaient enfin. L'empereur recevait son salaire.

Le vaillant évêque n'en continua pas moins son œuvre. Dans un magnifique chapitre, intitulé *la Question européenne*, il mit en lumière avec une grande abondance de documents irrécusables les vices radicaux de cette seconde votation, et la profonde atteinte par là portée au droit européen, au droit des gens, à la sécurité des Etats.

Le volume s'achevait par cette grande démonstration du profond ébranlement que faisait subir au droit des gens dans la vieille Europe la révolution italienne telle qu'elle était en train de s'accomplir d'un bout à l'autre de l'Italie, avec la coupable alliance ou connivence de souverainetés, qui minaient ainsi de leurs propres mains la base sur laquelle reposent toutes les souverainetés ; et aussi par quelques explications péremptoires sur les réformes dont on faisait un si grand bruit.

Ce volume est donc à la fois un ouvrage de circonstance et un livre d'un intérêt permanent ; il discute les événements contemporains, et leur imprime la flétrissure que leur réserve l'histoire ; il discute surtout les doctrines, les principes engagés dans la question : et voilà pourquoi c'est « un travail approfondi, qui pourra, s'il plaît à Dieu, demeurer et parler toujours ». Eternellement on pourra le consulter sur la question de la souveraineté pontificale : ce n'est pas seulement, comme le disait l'auteur, « un rempart, mais encore un arsenal ».

De ce grand labeur, il reçut bientôt la plus douce récompense qu'il pût souhaiter : Pie IX, rendant à l'épiscopat tout entier un hommage mérité, comme l'a fait l'évêque d'Orléans lui-même dans l'introduction de son ouvrage, lui écrivit : « Rien ne pouvait être plus doux à notre cœur que de voir nos Honorables Frères les évêques se tenir, au fort de la tempête, debout comme un mur d'airain, pour protéger la maison d'Israël. Cette consolation, vos travaux et vos luttes nous l'ont apportée, Vénérable Frère, alors qu'après avoir été *un si intrépide défenseur de l'autorité et des droits de ce Saint-Siège et de la discipline de l'Eglise*, vous avez publié sur notre pouvoir temporel et sur la souveraineté pontificale *un livre plein de vérité et de lumière*, de sorte que, *parmi tous ceux qui, en ce même temps, se sont dévoués à cette laborieuse tâche*, NUL NE PARAÎT DEVOIR VOUS ÊTRE COMPARÉ [1]. »

1. *L'évêque d'Orléans devant le Saint-Siège et l'épiscopat*, par l'abbé Chapon, p. 227.

CHAPITRE XIII

Dans sa réponse à la brochure *le Pape et le Congrès*, l'évêque d'Orléans avait écrit, et non sans intention, ces paroles : « Une aumône! Ah! si le Père des fidèles doit en être réduit là, il la recevra plus noblement de la main des pauvres que de vous! Cinq cents évêques, qui, dans le monde entier, hier, ont fait pour lui entendre leur voix, recueilleraient encore au besoin l'antique denier de saint Pierre, et le monde catholique lui donnerait même des soldats, s'il le fallait. »

Un héros, condamné au repos par ses opinions politiques, se promenait de long en large dans sa chambre pendant qu'on lisait devant lui ces paroles : « Si l'on fait quelque chose pour le Pape, dit-il simplement, j'en suis. » C'était M. de Pimodan.

On fit, en effet, quelque chose. Comme l'évêque d'Orléans se trouvait à Paris pour son sermon de Saint-Roch, un matin, un ecclésiastique romain se présente à la rue Monsieur pour le voir. On lui répond que l'évêque ne recevait personne à cette heure-là. L'ecclésiastique décline son nom : « Mgr de Mérode. » Sur-le-champ il est introduit. Mgr de Mérode, beau-frère de M. de Montalembert, était un prélat connu pour son dévouement à Pie IX. Ancien officier de notre armée d'Afrique, quoique Belge, il avait gardé, sous l'habit ecclésiastique, une âme vaillante. Il venait apprendre à l'évêque d'Orléans une grande nouvelle : il avait décidé le général de Lamoricière, déjà pressenti par N. de Corcelles, à mettre son épée au service du Pape. Ce fut en France, et dans tout le monde catholique, un tressaillement de joie et d'orgueil à la nouvelle de ce magnanime dévouement. « Il n'y a que deux hommes en France, Lamoricière et l'évêque d'Orléans, » disait, dans son admiration, un général français. Lamoricière, auprès de Pie IX, c'était la France, la vraie France, fidèle à toutes ses traditions. Politiquement, la pensée du Saint-Père, de se protéger lui-même, était d'une grande portée : elle enlevait aux ambitions liguées contre lui l'espérance d'insurrections nouvelles et de mensongères votations. L'armée que le Saint-Père pouvait réunir, insuffisante sans doute à repousser la force par la force, suffirait pour contraindre à déposer les masques, et tacher de sang à jamais la main des spoliateurs. Elle suscita, d'ailleurs, les plus beaux dévouements qu'aura vus ce siècle. « Quand je pourrai élever mon nom au bout de mon sabre, avait dit le général de Lamoricière, j'aurai des soldats. Je sais comment, en huit jours, on fait des zouaves. » « Allez, dit à un jeune volontaire une princesse vénérée, défendre un saint sous la conduite d'un héros. » Voilà comment surgit l'armée pontificale.

Le denier de Saint-Pierre aussi fut recueilli, et les circulaires ministérielles n'y purent rien. Un des premiers, l'évêque d'Orléans, qui, le premier déjà en avait eu l'idée en 1849, l'organisa dans son diocèse, et publia une lettre éloquente pour le susciter partout. Que de fois il éleva la voix pour cette œuvre ! Hélas ! et son dernier cri, son dernier appel, sera encore pour elle! Plus d'une fois Pie IX a rendu hommage à la générosité orléanaise.

Le Piémont ne tarda pas à concevoir des ombrages contre la petite armée pontificale. Ces ombrages sont la gloire des volontaires catholiques. N. de Cavour résolut de les écraser au plus vite. Il avait expérimenté la complaisance de la France ; d'ailleurs, il en avait payé le prix : à quoi bon dissimuler ? La plus audacieuse violation du droit des gens ne l'arrêta pas. On lâcha Garibaldi contre la Sicile et contre Naples, afin d'envelopper Rome de tous côtés : en plein jour, dans les ports du Piémont, dans ses villes, les enrôlements furent reçus, l'expédition s'organisa : jamais complicité ne fut plus évidente, et n'en fut pas moins ; comme toujours, impudemment niée. Les vapeurs qui portaient Garibaldi et ses bandes passèrent à travers la flotte de l'amiral Persano, qui avait ordre de le poursuivre, mais de façon, disaient les instructions, à le laisser s'échapper. De la Sicile, l'audacieux aventurier se jeta sur les provinces napolitaines. La trahison vint à son aide, et les vaisseaux anglais aussi. Le jeune roi s'enferma dans Gaëte. Pendant ce temps-là, le Piémont massait soixante mille hommes sur la frontière des Etats Pontificaux.

Cependant l'empereur visitait la Savoie, et recevait les félicitations, même des évêques !

M. de Cavour enfin jeta le masque. Le manifeste par lequel il expliquait à l'Europe son agression demeurera comme un monument d'une rare audace, assurée de l'impunité. Quelques jours auparavant avait lieu, à Chambéry, la fameuse entrevue entre l'empereur et Cialdini !

Ceux qui, des hauteurs de Lorette, regarderont les sommets voisins, que couronnaient, avec une artillerie formidable, les soldats de Cialdini, seront peut-être stupéfaits de ce que « ce Lamoricière », loin de « fuir », ait osé combattre avec sa poignée d'hommes. Mais c'est ici qu'il faut redire le mot célèbre, qu'il est des défaites triomphantes à l'envi des victoires : Castelfidardo resplendit, comme un point lumineux, à travers les hontes de ce temps, et le généreux sang qui a coulé sur ces collines éternellement élèvera la voix pour dire au monde le vrai mot de ce qui s'est fait là, de ce que le Piémont a osé, de ce que la France a permis, de ce que l'Europe a souffert : *Latrocinium.* Cette tache restera indélébile sur l'unificacation italienne.

L'évêque d'Orléans se trouvait à Lacombe quand arriva la nouvelle de cette bataille. Aussitôt la pensée de rendre un grand hommage aux vaincus, et de faire entendre au monde la protestation de l'honneur catholique et français, surgit dans son âme, et sur-le-champ il envoie l'ordre d'annoncer un service solennel à sa cathédrale pour le 9 octobre suivant. Chez Mme de Montbriant, où il s'arrêta deux jours, il traça les grandes lignes de cette oraison funèbre et en écrivit l'exorde. Le lendemain soir, à Bligny, il communiquait ce plan à M. Foisset. Arrivé le 6 octobre à Orléans, le 9 il montait en chaire, au milieu d'une foule immense. M. Berryer était dans l'auditoire; on le vit fondre en larmes aux premières paroles de l'évêque :

« Nous venons déposer sur leur tombe lointaine non pas des larmes, mais des louanges, avec nos prières ; et sur ce qui reste d'eux ici-bas, sur le dépôt vénéré de leurs cendres bénies, redire à leurs âmes immortelles : Vous êtes bien heureuses, car ce qu'il y a encore ici-bas d'honneur et de gloire pure s'est reposé sur vous, avec la vertu de Dieu. »

Il ne put tout dire dans cette chaire. « J'ai rarement rien fait dans ma vie, écrivait-il après le discours à M. du Boys, qui m'ait donné autant de peine, non pas tant à cause de ce que j'ai dit, que de ce que je n'ai pu dire, et dont j'étouffais. Je m'en suis tenu à la grandeur morale, et n'ai presque rien dit sur les indignités et les horreurs dont nous sommes témoins et victimes.» Néanmoins, les auteurs et les complices de l'attentat reçurent la flétrissure méritée, et les *héros* et les *martyrs* — telle était la division du discours, — furent glorifiés magnifiquement. Faisons sentir, au moins par quelques extraits, le souffle d'honneur chrétien et français que le fier évêque fit ce jour-là encore passer sur les âmes :

« Je ne sais, Messieurs, mais en méditant sur cette grandeur morale, quelque chose de profond, de sacré, de divin, comme un respect religieux, me saisit devant ces jeunes courages... O collines de Castelfidardo, qui avez bu leur sang et garderez leurs os, votre nom hier encore était inconnu, désormais il est immortel ! Ah ! c'est que, bon gré mal gré, la gloire pure laisse sur la terre des traces resplendissantes que rien n'efface. Les trépas généreux consacrent à jamais les lieux où sont tombés les héros. Pourquoi faut-il qu'après tant de siècles les âmes palpitent encore au nom des Thermopyles ? Parce que là trois cents soldats à qui la Grèce avait confié la cause de sa liberté ne reculèrent pas devant des milliers de barbares... O collines de Castelfidardo, vous fûtes pour ces nobles jeunes gens les Thermopyles de l'honneur ! Ils étaient là au poste du dévouement, et ils y moururent. Le vieil honneur du sang français, l'honneur du sang chrétien, ils l'ont soutenu jusqu'au bout. Ils sont tombés, mais ils n'ont pas été vaincus. Leur constance jette un reflet immortel sur leur glorieux désastre... et, comme une bouche étrangère et protestante le disait naguère, « ce sont les derniers martyrs de l'honneur européen ».

Et voici comme il expliquait ce martyre, après avoir glorifié cet héroïsme : qui ne le reconnaîtrait lui-même à ces traits ?

« Il y a, entre le bien et le mal, entre la vie et la mort, un duel éternel sur la terre : *Mors et vita duello conflixere mirando.* Dans ce duel, il y a des êtres prédestinés à être les témoins, les répondants du bien, de l'honneur, de la justice.

» Si vous voulez les reconnaître en ce monde, ces nobles prédestinés, cherchez-les sur les hauteurs ! Il y a quelque chose en eux qui n'est pas dans le commun des hommes et qui vous les signalera : vous les reconnaîtrez à leur front, à leur regard.

» Il y a sur leur front un signe d'honneur, et dans leur regard une flamme de vie.

» Ils marchent à l'écart, sur les sommets, loin des bassesses, loin des cupidités, loin des ambitions, loin des égoïsmes.

» La foule les admire ou les maudit : n'importe, ils vont toujours.

» Et la justice vient en eux ; ils la voient dans sa pure et sereine lumière ; et elle leur dit : « Veux-tu être mon témoin, mon second ?... » Et eux, ces glorieux prédestinés, répondent dans leur cœur : « Oui, je le veux. »

Martyrs ? Mais « qu'ont-ils donc attesté du monde ?

» Oh ! ils ont attesté ces grands principes que l'humanité ne peut laisser oublier ni prescrire sans que tout se trouble sur la terre, à savoir :

» Que la force ne constitue pas le droit ;

» Que la parole humaine est sacrée, et que la violer c'est un crime ;

» Que la politique n'a jamais le droit d'appeler le bien mal et le mal bien ;

» Que la félonie et la trahison seront toujours méprisées par tout ce qui a un cœur d'homme ;

» Qu'il y a une vertu dans le dévouement, une fécondité dans le sacrifice, une force dans l'honneur, » etc.

Il y avait quelque chose de Bossuet dans la péroraison :

« David autrefois maudissait les collines de Gelboé, où étaient tombés les forts, les vaillants d'Israël... O colline de Castelfidardo, sur toi aussi sont tombés les vaillants d'Israël, plus forts que les lions, plus prompts que les aigles, aimables et beaux dans leur vaillante jeunesse... Et cependant ne sois pas maudite. Leur sang t'a consacré. Sur toi leur épée s'est brisée, sur toi leurs corps ont été déchirés, sur toi ils sont morts. Eh bien, malgré cela, je te bénis, je te glorifie : tu seras à jamais une colline glorieuse, immortelle ; car c'est sur toi que sont tombés les héros, en faisant leur devoir pour la religion et pour la justice... Et comme on va visiter les champs fameux par les antiques batailles, on ira voir les lieux où ils sont tombés, ces braves, en baiser la poussière, y respirer la foi, l'honneur, le courage, et recueillir là le souffle de vie et d'immortalité qui s'en échappe... Moi aussi, un jour, si Dieu le permet, j'irai visiter ces lieux chers et sacrés ; ce sera mon dernier pèlerinage ici-bas ; j'irai là bénir Dieu de nous avoir donné, dans ces jours terribles, une belle consolation et une belle lumière ; j'irai relever mon cœur de ses tristesses, et fortifier mon âme de ses épuisements... j'irai apprendre d'eux à conserver en moi la flamme du zèle pour l'Eglise et pour les âmes, feu sacré qui doit brûler toujours au cœur d'un évêque... j'irai, sur leur tombe, ranimer mon ardeur éteinte et retremper mon âme pour mes derniers combats. »

Malgré les adulations et les servilités, l'Empire sentait sur lui la tache du sang impunément versé par le Piémont. La réprobation unanime de la conscience catholique était plus importune qu'on n'affectait de le croire. De courageuses paroles, du reste, avaient retenti à la tribune du Corps législatif et même au Sénat. Et il fallait bien voir aussi que la situation du Saint-Père était affreuse. Le Piémont voulait Rome, et il le disait : « Il nous faut pour capitale la Ville éternelle, s'était écrié, après son glorieux succès, M. de Cavour, et nous y serons dans six mois. » Endormir, tromper encore les catholiques, était-ce possible? Mais égarer l'opinion publique, et faire retomber sur le Pape lui-même la responsabilité de ses malheurs un écrivain, non plus anonyme cette fois, mais officiel, M. le vicomte de la Guéronnière, directeur de la *Presse*, fut chargé de l'essayer, dans une brochure intitulée : *Rome, la France et l'Italie*, dont on fit grand bruit, et qui n'était qu'une justification spécieuse de la politique impériale en même temps qu'une perfide accusation du Pape et des catholiques. L'écrivain officiel prétendait « définir les responsabilités », et, naturellement, il les faisait toutes retomber sur nous. Deux évêques, Msr Gerbet, Msr Pie, et des écrivains catholiques, M. Poujoulat et d'autres, lui répondirent. Mais, déjà, le premier de tous, l'évêque d'Orléans avait parlé, et, après son écrit, le plus vif, le plus incisif, le plus clair, le plus pressant, le plus politique peut-être de tous ceux qu'il avait jusque-là publiés, l'habile brochure de M. de la Guéronnière, ses arguments, son historique, ses conclusions, étaient absolument anéantis. C'était plus qu'une réfutation, c'était un châtiment. Ce qu'il n'avait pu dire en chaire, dans son oraison funèbre, il en soulagea, enfin, son âme; et les horreurs de l'invasion piémontaise furent stigmatisées en traits de feu. La duplicité de la politique qui perdait le Pape fut de nouveau dévoilée, sans qu'une illusion quelconque pût subsister. C'est dans cette lettre (nous prions qu'on en veuille bien remarquer la date, février 1861) que le perspicace évêque écrivait ces paroles, trop prophétiques : « L'unité italienne, mère très prochaine et très menaçante de l'unité allemande. » Oui, nous défendions les intérêts français, en même temps que les intérêts catholiques : pour une

idée étrangère, ou par haine de l'Eglise, les adversaires les
sacrifiaient.— Qu'on lise au moins ici une page de cet écrit :
« Qu'avons-nous vu ? Des sommations faites au Saint-
Père pour désarmer ses défenseurs au moment même où
les envahisseurs appelaient tous ses peuples aux armes ;
cette lâche agression sans déclaration de guerre ; ces
ultimatum présentés après l'invasion des territoires ;
cette transformation du droit le plus simple d'un souverain, qui se défend, en insulte au sentiment national ;
ces prétextes de troupes étrangères quand on a soi-même
des légions hongroises, anglaises et polonaises sous ses
drapeaux ; ces reproches d'émeutes qu'on a excitées et
de répressions qu'on a provoquées ; ces proclamations,
mêlant aux plus grossiers outrages des ordres d'exter-
mination ; ces mots de misérables, de sicaires, avides d'or
et de pillage, jetés à des volontaires français ; un roi et
son premier ministre parlant de hordes papales com-
mandées par *ce Lamoricière ;* cette attaque, par surprise,
d'une petite armée, par une armée dix fois plus nombreuse ; ce vainqueur qui se vante d'avoir fait fuir Lamoricière ; ces insultes aux prisonniers français traînés à
travers les villes italiennes ; ces douze heures de bombardement au mépris de toutes les lois de la guerre et de
l'honneur, d'une place qui capitule et que le drapeau par-
lementaire est impuissant à protéger ; cet envahissement
en pleine paix d'un royaume allié ; ces embarquements
en plein jour dans les ports du Piémont, ces enrôlements
publics dans toutes ses villes ; cette comédie diplomatique d'un ministre qui, tant que le succès est douteux,
nie effrontément sa complicité ; ce débarquement de Garibaldi, protégé par des vaisseaux anglais ; cette fusillade
des prisonniers de Milazzo pour donner un salutaire
exemple ; cette proclamation de la loi agraire, ce partage
des biens communaux « aux combattants et aux victimes
de l'ancienne tyrannie » ; les 15 000 forçats de Castella-
mare mis en liberté sur leur parole d'honneur ; ce décret,
non encore rapporté, qui proclame sacrée la mémoire de
l'assassin Agésilas Milano ; toutes ces atrocités enfin,.
comme on dit même au Parlement anglais, et ce hideux

spectacle d'anarchie et de déprédation; dans les Etats
napolitains, ce jeune roi qui tend vainement au Piémont
une main loyale ; qui demande aux rois de l'Europe, dont
seul il soutient l'honneur, un secours, et n'en reçoit que
de vains conseils, et puis je ne sais quels grands cordons :
qui proclame l'amnistie, les institutions les plus généreuses, arbore le drapeau italien, mais voit la trahison
piémontaise partout autour de lui : dans la flotte, dans
·l'armée, dans le ministère qu'on lui a désigné, et presque
dans sa famille ; un oncle qui l'accuse devant l'Italie ; un
général Nunziante qui passe à l'ennemi et sollicite ses soldats à la défection ; un Liberio Romano, cette rare figure
de traître, qui accepte de François II le ministère de l'intérieur, pour y organiser toute trahison; qui proclame
François II *son auguste maître,* et bientôt après fait des
adresses au très invincible Garibaldi, rédempteur de l'Italie ; mérite et reçoit de la main de Garibaldi l'épée d'honneur qui lui convenait, ce même portefeuille qu'il tenait
de François II ; puis ce secours donné par l'artillerie piémontaise à l'invincible Garibaldi battu sur le Volturne; et
au moment où, désabusé de sa confiance et rendu à son
courage, le jeune roi va résolument combattre les troupes
de la révolution, le roi piémontais lui-même, sans déclaration de guerre, et tandis que les ministres respectifs·
étaient encore accrédités auprès des deux cours, venant
en aide à Garibaldi: le mensonge de la complicité tacite
faisant place enfin à l'audace de la confraternité des
armes; le droit public ne protégeant plus rien ; puis cette
entrevue du révolutionnaire et du roi qui lui tend la main
et lui dit : « Merci », lui qui, au jour du péril, l'a désavoué devant l'Europe ; lui, fils de ce Charles-Albert qui
refusa la couronne de Sicile, qu'on lui offrait indûment ;
puis, cette entrée à Naples, côte à côte, dans la même
voiture, du hardi forban en blouse avec le roi ; puis, toute
cette votation, avec les trois urnes, sous la terreur des
baïonnettes et du stylet; l'état de siège dans les provinces, afin de bien constater l'unanimité des suffrages;
tout mouvement contre le mouvement piémontais puni
de mort; le cri de vive François II, puni de mort; des

soldats de François II, uniquement pour avoir été fidèles
à leur roi, punis de mort; les colonnes piémontaises lan-
cées en tous sens dans le pays, pour y porter la terreur et
la mort; d'effroyables ordres du jour; Cialdini ordonnant
de fusiller sans merci les paysans parce qu'ils sont fidèles
à leur prince, au Pape, à leur religion, à leur pays ; Pinelli,
plus sauvage encore : « Il faut, dit-il, écraser le vampire
sacerdotal..... Soyez inexorables comme le destin......
Contre de tels ennemis, la pitié est un crime... » En conséquence, d'effroyables fusillades; des prêtres, des magistrats, emprisonnés et fusillés; avec les fusillades, les
bombardements; après le bombardement d'Ancône, le
bombardement de Capoue, le bombardement de Gaete,
un des plus effroyables dont l'histoire des sièges fasse
mention; les bombes s'attaquant spécialement aux maisons, aux églises, aux hôpitaux; les officiers de l'ancienne
marine napolitaine traduits devant les conseils de guerre
piémontais parce que chez eux un dernier reste d'honneur
se refuse à bombarder leur roi et leur jeune reine; la
trahison mettant fin à ces horreurs, et à une défense héroïque, par l'explosion des poudrières : voilà, Messieurs,
quelque chose des atrocités qui ont passé sous nos yeux;
voilà ce qu'a fait le Piémont : Lui devions-nous tant d'impunité ?... »

D'autant plus irrité contre les évêques et les catholiques qu'il se sentait plus coupable, le gouvernement impérial entra alors dans une voie fatale : la guerre au
clergé; guerre qui encouragea et activa une autre guerre
plus profonde, la guerre à la religion et à Dieu. Les fautes
s'enchaînent; ces lamentables entreprises contre le Pape
jetaient l'Empire entièrement hors de ses voies. Cette
guerre au clergé se manifesta par une série de mesures
administratives vexatoires, et par des tracasseries envers
les personnes, « mesquines » et misérables, au jugement
même de ceux qui étaient condamnés à en être les instruments. Le 20 février 1861, tous les fonctionnaires, et les
magistrats eux-mêmes, recevaient du préfet du Loiret,
par voie de circulaire confidentielle, l'ordre de cesser toute

relation avec l'évêque. Le gouvernement lui faisait cet
honneur, ainsi qu'aux évêques de Nîmes, de Moulins et
de Poitiers, de le mettre en interdit. Espérer par là fermer
la bouche à un tel évêque sur de telles questions, c'était
bien peu le connaître; faire cela à Orléans, c'était se
tromper aussi sur la société orléanaise, et se heurter à
une chose puissante dans cette ville, la vénération des
Orléanais pour leur évêque. « Mgr Dupanloup, c'est l'aveu
même échappé au préfet qui fut chargé de continuer ces
tristes mesures, régnait absolument sur toute la société
orléanaise, qu'il entraînait par l'invincible attraction de
ses hautes vertus et de son immense talent. La population entière aimait et respectait son évêque [1]. » C'était se
tromper enfin sur la magistrature d'Orléans. Au fond, le
gouvernement ne frappait que ses propres fonctionnaires;
grande faute toujours que d'humilier et de blesser ceux
qui vous servent. Qu'arriva-t-il?

M. Cousin avait raison de lui écrire : « Quelle lettre
que celle de votre préfet! Est-ce que tout Orléans ne va
pas se précipiter chez vous? »

L'évêque d'Orléans ouvrait, depuis quelque temps, ses
salons le dimanche à tous ses diocésains, sans exception,
disant que sa maison était celle de tout le monde; et on y
venait en foule. A la réception qui suivit la remise de la circulaire confidentielle, il y eut à l'évêché une affluence inaccoutumée ; et personne chez le préfet : si bien qu'on dut le
faire partir immédiatement pour une autre destination.

Les magistrats orléanais n'acceptèrent pas ces ordres,
intimés à eux par l'autorité administrative, et entendirent
conserver leur indépendance traditionnelle, et la liberté
de leurs relations. Leur chef, M. Dubois (d'Angers), premier président, s'honora par une conduite simple et
ferme, tout à fait digne d'un magistrat. Il continua à voir
l'évêque, sans affectation, mais sans crainte. Le 10 mars,
quatre cents personnes étaient réunies dans la grande
salle de l'évêché pour assister à une séance littéraire,
donnée par les jeunes gens du cours supérieur ; au mi-

---

1. L'État et le Clergé, par M. de Coëtlogon, ancien préfet du Loiret.

lieu de la séance, on vit apparaître M. le premier président : il fallut le regard et le geste énergique de l'évêque
pour empêcher les applaudissements d'éclater. Quand eut
lieu la distribution des prix du lycée, le préfet fit défendre d'envoyer à l'évêque l'invitation d'usage. Mais à celle
du Petit Séminaire le premier président et nombre de
magistrats assistèrent comme de coutume. Vint l'audience
de rentrée de la Cour : ordre du garde des sceaux de n'y
point inviter l'évêque. M. le premier président se trouvait
alors à la campagne, et avait même chez lui un ami,
M. Piou, premier président à Toulouse, un magistrat de
la vieille roche aussi. Ne voulant pas qu'un autre que lui
à Orléans eût ici la responsabilité, il part sur-le-champ,
signe lui-même l'invitation destinée à l'évêque, et reprend
le chemin de fer. Il y avait donc, quoi que l'on ait dit,
des magistrats sous l'Empire.

Quant à l'évêque, sa seule peine dans cette affaire était
le « trouble profond » que ces « mesquines tracasseries »
jetaient dans sa ville épiscopale. Ce trouble fut plus grand
que jamais aux approches d'un concours agricole régional, qui devait réunir à Orléans les préfets de sept départements. Comment de ces fêtes pacifiques exclure l'évêque
et un tel évêque? Son absence eût trop éclipsé et refroidi
les pompes officielles. Singulièrement embarrassé, le
préfet négociait près de l'évêque et du ministre. L'évêque,
écrivait-il au ministre, n'était pas ce que sa vive opposition eût pu faire penser, un irréconciliable; et l'Empereur, faisait-il dire à l'évêque, n'était pas non plus pour
l'Eglise ce que croyait l'évêque d'Orléans. Ne pourrait-on
pas s'expliquer? Pourquoi l'évêque n'accepterait-il pas
une entrevue? Pourquoi l'Empereur n'accorderait-il pas
une audience? Très disposé à pousser la condescendance
jusqu'aux dernières limites possibles, mais pas au delà,
l'évêque d'Orléans fit part du tout à M. Cochin.

« 5 mai 1861 (en tournée pastorale). Mon cher ami,
» ... Les tristes procédés de l'ancien préfet mettent
notre chère ville d'Orléans en de vrais embarras...
» Le nouveau préfet a fait faire des démarches auprès
de moi.

» Sauf aucune condition quelconque, je n'ai aucune répugnance à voir personne, et à dire pour l'Eglise ce qu'il me paraîtra utile de dire à chacun.

» Je n'aurais même aucune difficulté à voir l'Empereur ; il faut seulement que les choses se fassent de façon que rien ne soit compromis, ni pour moi, ni pour la cause que je défends.

» Il va sans dire que j'ai absolument refusé toute promesse et tout engagement préalables.

» Les instances extraordinaires qui me sont faites pour aller chez l'Empereur tiennent peut-être à un changement, ou du moins à un temps d'arrêt dans la politique.

» Voyez tout cela, et veuillez m'en dire immédiatement votre avis, et celui de nos deux amis... (M M. de Falloux et Montalembert).

» P. S. — On vient de m'envoyer une invitation pour le banquet du comice agricole. »

M. Cochin lui répondit : « 6 mai 1861. Monseigneur, il y a quatre jours qu'on parle en tous lieux d'une visite que vous auriez faite aux Tuileries. S. M. l'Impératrice l'aurait dit à une de ses dames, qui l'a positivement répété. On raconte que vous êtes sorti parfaitement content, et que la paix est faite. Je n'entre pas dans un salon, sans qu'on me demande si cela est exact, si cela est possible.

» J'allais vous en écrire, lorsque je reçus vos questions. Vous pouvez donc juger d'avance le parti que l'on entend tirer de ce qu'on vous engage à faire ; puisqu'on s'en vante, on s'en fait un jeu, avant que vous l'ayez fait.

» Vous êtes au moment de recueillir le bénéfice de votre noble et ferme conduite ; de grâce, n'en démordez pas.

» Je comprends la tentation d'une conscience haute et droite, qui est toujours prête à s'ouvrir, à s'exprimer, à se confier, à pardonner, à conseiller le bien. Mais j'ai beau faire, je crois à un piège.

» Cette tentation, cette persuasion d'agir sur l'Empereur par de bonnes et fortes raisons, Msgr Morlot,

Mgr Parisis l'ont eue ; Mgr de Salinis mourant l'a essayé. Ce qu'ils n'ont pu obtenir, comment l'obtiendriez-
vous ?

» Je vois là une petite et une grande manœuvre. Petite
manœuvre d'un préfet souple, succédant à un préfet
raide, et qui se fait fort de vous adoucir, de vous faire accepter une audience dont il s'est pourvu d'avance. Grande
manœuvre du gouvernement, qui veut essayer un replâ-
trage avec le clergé, en vue et à l'approche des élections,
sauf à évacuer Rome après, ayant comme toujours le bénéfice de sa parole violée...

» Si vous allez au comice y parler religion, sans un
mot de politique, si vous y figurez officiellement, tout va
bien, sans que rien soit compromis.

» Si l'on achète votre présence par une négociation secrète, si l'on croit que votre caractère va trinquer avec la
politique gouvernementale, et que tout soit dit, on vous
tend un piège, et ce serait votre faute d'y tomber. Vous
changeriez en triomphe l'embarras où est votre préfet, et
où il convient de le laisser. »

M. Cochin ne se trompait pas ; le ministre, on le sait
maintenant par ses lettres officielles publiées, voulait
positivement obtenir de l'évêque un désaveu et une promesse[1]. C'était perdre son temps. On finira, nous le verrons, par le reconnaître, et on se hâtera alors de mettre
fin à une situation où l'administration ne faisait que s'a-
moindrir, en grandissant celui qu'on voulait faire ca-
pituler.

---

1. Il consentit à voir M. Rouland pour affaires. Mais, ainsi que ce
ministre l'a écrit au préfet du Loiret, « pas un mot qui ait été un
vrai désaveu du passé... » (*L'Etat et le Clergé*, par M. de Coëtlogon.)

CHAPITRE XIV

LUTTES POUR LA SOUVERAINETÉ PONTIFICALE
(Suite)
Temps d'arrêt dans la question romaine
Convocation de l'épiscopat catholique à Rome
Attitude à Rome de l'évêque d'Orléans
1862

La question romaine subissait un temps d'arrêt : l'opinion n'était pas suffisamment préparée aux derniers attentats ; d'ailleurs nous étions encore là, et il fallait nous retirer décemment pour que le Piémont pût entrer ; il était probable qu'une nouvelle étape lui serait imposée avant sa marche définitive vers Rome : tactique exprimée par un mot célèbre, à savoir qu'il fallait manger l'artichaut feuille à feuille. Cependant le Pape, dans la situation terrible où il se trouvait, enveloppé de tous côtés par ses ennemis, protégé par un gardien qui écartait tout autre protecteur, et, d'autre part, laissait tout faire en désavouant tout, plaint en apparence, dans le vrai sacrifié par l'Europe, eut une inspiration simple et grande, comme Dieu en envoie aux heures suprêmes : il conçut la pensée de réunir autour de lui les évêques du monde entier, tout à la fois pour donner à la souveraineté temporelle l'appui moral d'une solennelle et unanime adhésion de tout l'épiscopat catholique, et pour faire resplendir au milieu des ombres de l'heure présente la souveraineté spirituelle de tout son éclat. L'occasion qu'il choisit fut une solennité rare et auguste dans l'Église, une canonisation, la canonisation des martyrs des persécutions japonaises ; et cela, par une coïncidence remarquable, au moment où le Japon, si longtemps fermé, paraissait ouvrir enfin ses portes à la civilisation européenne et chrétienne.

Et le Pape n'eut besoin que de faire un signe; non pas même un ordre, une simple invitation suffit, et de tous les points de l'univers, malgré l'âge, les distances, les obstacles matériels, les difficultés politiques plus grandes encore, trois cents évêques arrivèrent à Rome pour donner au Souverain Pontife le double témoignage qu'il attendait, et lui faire, sous les yeux du monde ému, une magnifique couronne, un pacifique et glorieux rempart.

L'évêque d'Orléans fut un des premiers à se mettre en route; il se rendit à Rome par Marseille et par la mer. Le prince Borghèse lui offrit l'hospitalité dans son palais. Il se trouva que ce triomphe de la Papauté fut pour son plus vaillant défenseur un triomphe aussi : ce voyage de Rome marque pour l'évêque d'Orléans le point culminant de sa gloire. Le Pape le reçut avec les marques d'une particulière bienveillance ; le cardinal Antonelli lui témoigna une confiance inaccoutumée ; tous les cardinaux furent pour lui pleins d'égards ; les évêques étrangers le recherchaient avec empressement et semblaient s'effacer devant lui. « Quant aux Romains, ils n'ont, écrivait le journal protestant *le Temps*, d'yeux que pour l'évêque d'Orléans. » La jeunesse de Rome lui exprima son admiration dans des adresses enthousiastes ; on alla jusqu'à lui faire des ovations ; les cris de : « Vive l'évêque d'Orléans ! » se mêlèrent plus d'une fois aux cris de : « Vive Pie IX ! »

Cent mille étrangers accoururent à Rome pour ces fêtes ; les Français y furent fort nombreux, et surtout les prêtres ; on en compta près de trois mille, qu'on rencontrait partout et qu'on reconnaissait à leurs rabats et aussi à leur vivacité et à leur enthousiasme. Du reste, quiconque a vu Rome dans ces jours n'a pas pu n'être pas frappé de l'amour des Romains pour Pie IX ; partout où il se montrait, cet amour éclatait en acclamations si spontanées et si universelles, qu'il n'y avait pas à se méprendre sur leur sincérité. Ainsi, à Saint-Philippe de Néri, où le Pape vint célébrer solennellement la messe ; au Camp prétorien, le jour où il posa la première pierre de la caserne des zouaves ; à Saint-Jean de Latran, où il donna, le jour de l'Ascension, la bénédiction solennelle *Urbi et Orbi*. L'évêque d'Orléans, ce jour-là, fut de sa part l'objet d'une attention particulière. Cette bénédiction solennelle est donnée par le Saint-Père du haut d'un balcon qui domine la vaste place de la Basilique ; le Pape, l'ayant aperçu sur ce balcon, lui fit signe de venir se placer à ses côtés. Laissons-le raconter lui-même le spectacle qu'il eut alors et les impressions qu'il ressentit. Cette courte description, en nous dispensant d'en faire d'autres, donnera au lecteur une idée vraie de ce qu'était Rome en ces jours-là :

« Je voyais de là, a-t-il dit, rendant compte à ses diocésains de ce qui s'était passé, une foule immense, infinie, ondulant comme les flots de la mer ; à l'extrémité, les rangs de l'armée pontificale et de l'armée française ; à droite, tous les monuments de la vieille ville ; plus loin, dans la Campagne romaine, dont la basilique n'est séparée que par les anciens remparts de Rome, la longue ligne de ces aqueducs qui lui apportent l'eau comme sur des arcs de triomphe ; plus loin enfin, le grandiose horizon des montagnes. Arrivés sur ce balcon, quand cet important aspect s'offrit à nous ; quand ce peuple, agité et frémissant, soudain se calma à la vue du Pape, et qu'il se fit un grand silence ; quand Pie IX, d'une voix forte, solennelle, qui se faisait entendre jusqu'aux extrémités de la place, chanta les paroles sublimes de cette bénédiction, et que, les bras étendus, il bénit toute cette foule, et la vieille cité, et par delà la triste Italie, et par delà encore le monde entier : oh ! alors ce fut un spectacle que je me déclare impuissant à peindre. La majesté surhumaine de ce vieillard faible et menacé apparaissait avec une grandeur incomparable. Tous les fronts, toutes les âmes se courbaient dans le respect. On se sentait comme transporté loin de ce triste monde, comme suspendu entre le ciel et la terre, devant une puissance qui n'attend rien d'ici-bas.

» Et quand il eut fini, quand les derniers sons de sa voix se perdirent dans l'espace, alors tous ces fronts se relevèrent et tout ce peuple s'agita dans un enthousiasme inexprimable ; et comme tout à l'heure il se courbait devant son Pontife, maintenant il acclamait son roi, de ces acclamations infinies comme en pousse un peuple, et qui, portées au loin par les échos des sept collines, allaient retentir jusqu'au cœur des ennemis cachés dans l'ombre et leur apprendre qu'à Rome, autour du Pape, il y avait encore des Romains. »

Mais la fête de la canonisation (8 juin) dépassa tout en splendeur. Saint-Pierre était illuminé tout entier. Cinquante mille personnes remplissaient la vaste enceinte ; dans l'intervalle des colonnes étaient suspendus des tableaux représentant les divers genres de supplice des Saints dont on allait proclamer la gloire : les évêques, mitre en tête, se rendirent processionnellement du Vatican à la basilique, par la magnifique colonnade de la place ; puis s'avancèrent lentement à travers les flots du peuple et le nuage vaporeux que répandaient dans le temple les trente mille lumières qui brillaient aux voûtes ; Pie IX, sur sa sella, fermait le glorieux cortège. La cérémonie, une des plus belles de la liturgie, dura cinq heures. Il y eut surtout un moment sublime, ce fut lorsque, après les trois postulations canoniques, le Pape ayant entonné le *Te Deum*, cinquante mille voix chantèrent l'hymne triomphal, pendant qu'au dehors le canon du fort Saint-Ange et les cloches des trois cents églises de Rome se faisaient entendre à la fois. Mais l'invisible spectacle que la pensée seule contemplait, la signification profonde de cette imposante cérémonie, était quelque chose de plus beau, de plus grand encore.

« Je me souviens, a écrit l'évêque d'Orléans, que je me disais à moi-même avec étonnement : Mais quelle est donc cette hardiesse, cette puissance, cette tranquille et majestueuse audace de l'Eglise qui, au temps de ses plus terribles épreuves, quand la terre tremble et fuit sous ses pieds, ouvre le ciel, marque sur des livres éternels la place de ses glorieux enfants ? Quelle est donc cette sécurité, cette certitude d'elle-même, qui ne la laisse pas se détourner un moment de sa mission sanctificatrice et de la vue du ciel, par les orages les plus furieux de la terre ? Et quelle est cette noblesse constante de ses pensées, quelle est cette grandeur de proclamer encore, de proclamer toujours la sainteté, au milieu d'un monde si préoccupé d'au-

tres soucis, et de ne cesser jamais de tenir levé ce glorieux
étendard à la vue des hommes, si abaissés vers les misères
de la terre ?... Et comme je sentais encore, au milieu de
toutes ces grandeurs de la glorification des Saints, la grandeur de la sainteté elle-même ! Les Saints m'apparaissaient,
au milieu des tristes temps où nous sommes, comme les
hommes vraiment supérieurs, les vrais grands hommes,
les forts caractères, les vrais courages, les âmes héroïques,
les athlètes invincibles de la vérité et du devoir, les hommes
dont le monde a le plus besoin, les véritables sauveurs de
la société, le parfum de la terre, l'arome qui empêche
l'humanité de se corrompre. Et je disais alors à Dieu, dans
toute l'ardeur de mon âme : Des Saints ! ô mon Dieu !
Donnez-nous des Saints ! »

Le lendemain les trois cent évêques entouraient Pie IX
au Vatican. Ils n'étaient pas venus de partout, en un tel
moment, pour ne rien dire au Pape. Quand l'Eglise
même, quand la condition extérieure de son gouvernement était en cause, l'Eglise réunie ne pouvait point ne
pas parler. Mais rien n'importait plus que l'Adresse des
évêques : ce qu'elle dirait, et ce qu'elle ne dirait pas. Affirmer la nécessité du pouvoir temporel comme garantie
de l'indépendance spirituelle, et flétrir les attentats consommés ; puis remonter des attentats à leurs causes, donner aux souverains, spectateurs inertes de cette flagrante
violation du droit de souveraineté, les leçons nécessaires,
les évêques ne pouvaient pas ne pas le faire. Mais la situation de la France à Rome, et l'attitude passée et future de
son gouvernement, présentaient pour les évêques français
qui auraient à signer l'Adresse, des délicatesses partien-
lières. Il fallait rester Français, même à Rome. Et la politique d'ailleurs était d'accord ici avec le sentiment patriotique. L'évêque d'Orléans estimait que l'Eglise n'est pas
tenue de pousser la reconnaissance au delà des bienfaits,
mais que les services réels ne doivent jamais la trouver
ingrate. C'est dans cet ordre d'idées qu'il avait rédigé,
avant de partir pour Rome, un projet d'Adresse. Mais le
cardinal Wiseman de son côté en avait un, peu bienveillant pour la France, de sorte que deux projets d'Adresse

se trouvaient en présence. L'évêque d'Orléans demanda qu'une Commission discutât ces deux projets. La Commission les fondit ensemble : les déclarations sur la souveraineté temporelle du Pape fut prise textuellement dans le projet de l'évêque d'Orléans. Ce fragment par exemple est de lui :

« Qui ·pourrait nier que dans le conflit des choses, des opinions et des institutions humaines, il faille, au centre de l'Europe, un lieu sacré, placé entre les trois continents du vieux monde, un siège auguste, d'où s'élève tour à tour, pour les rois et pour les peuples, une voix grande et puissante, la voix de la justice et de la vérité, impartiale et sans préférence, libre de toute influence particulière, et qui ne puisse être, ni comprimée par la terreur, ni circonvenue par les artifices? » etc[1]. ·

Et de plus non seulement rien de désagréable à la France ne fut inséré dans l'Adresse, mais encore l'évêque d'Orléans réussit à y faire introduire des déclarations très explicites sur la nécessaire alliance du patriotisme et de la foi : « Nous sommes venus libres devant le Pontife-Roi libre, pasteurs dévoués aux intérêts de l'Eglise, citoyens dévoués aux intérêt de la patrie, et ne manquant ni à nos devoirs de pasteurs, ni à nos devoirs de citoyens[2]. » De lui enfin sont ces vues politiques et ces graves avertissements : « Plût à Dieu que les princes et les puissances du siècle comprissent que la cause du Pontife est celle de toutes les souverainetés et de tous les Etats ! Plût à Dieu

---

1. Civilem enim Sanctæ Sedis principatum ceu quiddam necessarium ac providente Deo manifeste institutum agnoscimus; nec declarare dubitamus, in præsenti rerum humanarum statu, ipsum hunc principatum civilem pro bono ac libero Ecclesiæ animarumve regimine omnino requiri Oportebat sane totius Ecclesiæ caput Romanum pontificem nulli principi esse subjectum, imo nullius hospitem; sed in proprio dominio ac regno sedentem suimet juris esse, et in nobili, tranquilla et alma libertate catholicam fidem tueri ac propugnare, totamque regere ac gubernare Christianam Rempublicam, etc.

2. Ad liberum ergo Pontificem Regem venimus liberi, Ecclesiæ rebus utpote cives bene et æque consulentes, neque pastorum, neque civium officia posthabentes...

qu'ils vissent où tendent les efforts de ses adversaires, et ce qu'il peut y avoir au bout de ces entreprises [1] ! »

Au resté, toute son attitude à Rome, son langage comme ses actes, furent ceux d'un évêque à la fois dévoué à l'Eglise et à la France. « Que voulez-vous? disait-il ; on sent son pays ; on sent ce qui bat dans sa poitrine et ce qui coule dans ses veines ! Je ne comprends pas ces hommes qui ne croient pas qu'on puisse allier l'amour de l'Église et l'amour de la patrie, et qui voudraient arracher de la poitrine du prêtre le cœur du citoyen. » Et quand il retrouvait là notre armée et notre drapeau, quoique triste de ce qui n'avait pas été fait, il ne voyait pas sans quelque orgueil la France monter la garde au Capitole ; et tous ses vœux étaient pour que la politique séculaire de notre pays, dont notre drapeau était encore le vivant symbole, s'y retrouvât bientôt tout entière. En fait, de barrière sérieuse contre les envahisseurs, il n'y avait que celle-là. « Toute autre apparition à Rome de ceux-ci ou de ceux-là, disait-il, est impossible ; et la pensée de ces hordes révolutionnaires, et de ces politiques tour à tour hypocrites et effrontés, qui, sur mer comme sur terre, ne cessent de frémir autour des frontières romaines, cette pensée seule fatigue la patience et l'honneur français. »

Un discours important qu'il eut l'occasion de prononcer ne servit pas peu à appeler encore sur lui l'attention avec éclat. Pie IX s'était toujours montré très préoccupé de l'Orient : ses premières paroles avaient été un encouragement pour les chrétiens orientaux, et, tout récemment encore, il venait de donner un témoignage de sa sollicitude pour ces Eglises en créant une section orientale dans la Propagande ; d'heureux symptômes se manifestaient en Orient, et pour seconder ce mouvement de retour, comme aussi pour régénérer ces vieilles Eglises, le Vicaire apos-

---

1. Utinam intelligerent erudirenturque Reges et sæculi Potestates, causam Pontificis omnium principum regnorumque esse causam, et quo tendant nefarii adversariorum ejus conatus, ac tandem *novissima providerent !*

tolique et les évêques qui résidaient dans la capitale de la
Turquie venaient, avant de partir pour Rome, d'adresser
un chaleureux appel aux catholiques d'Occident. A Rome,
ils voulurent profiter, pour les besoins de leurs églises,
de l'affluence immense des pèlerins ; et le 3 juin, une
messe solennelle, selon le rite oriental, fut célébrée à
l'église Saint-André de la Vallée, par M⁹ʳ Hassoun, primat
arménien de Constantinople, assisté de tous les évêques
et prêtres orientaux présents à Rome. Cette messe devait
être suivie d'un sermon et d'une quête pour les chrétiens
d'Orient, et ce fut à l'évêque d'Orléans qu'on s'adressa
pour ce sermon. Un grand nombre de cardinaux et la
plupart des évêques présents à Rome assistèrent à cette
messe en habit de chœur : la vaste église était envahie
tout entière par des Romains et des pèlerins, laïques et
prêtres, de toutes les nations. L'évêque d'Orléans parla
devant ce magnifique auditoire du haut, non pas d'une
chaire, mais d'un *tabulatum*, à la manière italienne, debout, enveloppé d'un long manteau, le même qu'il porta
plus tard à Malines : son discours, mélange d'enthousiasme et de doctrine, se divisait en deux parties :

Dans la première, s'inspirant des circonstances, il interprétait éloquemment la pensée de Pie IX et le sens de
ce grand concours, à Rome, d'évêques venus de tous les
points du monde chrétien ; dans la seconde partie, il
disait tout ce que nous devons à l'Orient pour le passé,
tout ce que nous en espérons pour l'avenir. Les allusions
aux malheurs du Pape et aux menaces de l'Italie étaient
inévitables. Lorsque, parlant de la majesté de Saint-Pierre,
son âme poussa ce cri : « Il y a des hommes qui veulent habiter là, qui veulent se poser et s'asseoir là, au
milieu de ces splendeurs et de ces grandeurs ! Mais c'est
impossible ! Mais la nature invincible des choses y répu-
gnera éternellement !... Il faudrait alors raser Rome tout
entière, et en faire une ville à votre taille... » l'auditoire,
transporté, éclata en applaudissements ; et à trois reprises applaudit encore ; au point que les évêques qui
avaient été obligés, à cause de la foule, de rester dans le
sanctuaire, et qui entendaient les applaudissements, et

pas les paroles, se demandaient, non sans une certaine inquiétude : « Mais qu'y a-t-il donc ? » Il n'y avait pas d'excitations intempestives, mais seulement des catholiques enthousiasmés, et un grand évêque qui leur disait : « Je ne sais, Messieurs, si c'est l'usage en Italie d'applaudir dans les églises. Quand c'est au Saint-Père que s'adressent les applaudissements, et si, dans les circonstances exceptionnelles où nous sommes, ils ne peuvent se contenir, je m'incline; mais, si ce pouvait être à moi, je vous demanderais de m'oublier. »

Trois jours avant de prononcer ce magnifique discours, il était allé prêcher à Marino aux zouaves. Quand les évêques arrivèrent à Rome, les zouaves pontificaux se trouvaient casernés à Marino, petite ville située à quelques milles de Rome, entre Frascati et Albano, et non loin de Castel Gandolfo, sur une de ces belles et riantes collines dont la chaîne forme le majestueux horizon de la Campagne romaine. Ces jeunes soldats, pieux non moins que vaillants, s'étaient plu à faire le Mois de Marie dans l'église collégiale de Marino. Dès qu'ils apprirent la présence à Rome de l'évêque d'Orléans, le vaillant défenseur du Pape, l'eloquent panégyriste des victimes de Castelfidardo, désireux de l'entendre, ils l'invitèrent à venir leur parler pour la clôture du Mois de Marie. Malgré les préoccupations du moment, — c'était au plus fort des discussions pour l'Adresse, — malgré le grand discours qu'il devait faire trois jours après à Saint-André de la Vallée, l'évêque d'Orléans ne voulut pas refuser à ces braves jeunes gens ce témoignage de sa sympathie. Le samedi 31 mai, il partit donc de Rome pour Frascati avec la famille Borghèse, et le lendemain dimanche, 1er juin, il se rendit dans l'après-midi à Marino. La population tout entière, mêlée aux zouaves, remplissait les rues de la petite ville, et suivit avec le bataillon, musique en tête, l'évêque d'Orléans à l'église. Plusieurs ecclésiastiques et pèlerins étaient aussi venus de Rome à Marino pour cette fête. N'ayant pas eu le temps de préparer un discours, il parla à ces jeunes soldats sur la force chrétienne, sujet qu'il avait souvent traité en chaire, et aussi sur la sainte

Vierge : « O mes jeunes amis, leur dit-il en terminant, permettez-moi de vous donner ce nom, que justifie ma tendre admiration pour vous, et peut-être aussi dans vos cœurs quelque affection pour moi, c'est à vous qu'il appartient de vous montrer en tout les modèles du soldat chrétien; je ne dis point par la valeur, je n'ai rien là-dessus à vous apprendre, je dis par toutes les fortes et laborieuses vertus de la vie militaire, et par toute la générosité et la pureté d'une vie chrétienne. Vous êtes heureux, oui, heureux, à un âge où tant de jeunes gens ne savent que faire de leur temps et le perdent tristement dans l'inaction des grandes villes et d'indignes plaisirs, vous êtes heureux d'avoir pu donner votre jeunesse à une grande cause, par un dévouement qui sera l'honneur éternel de votre vie. Oh! j'aime à voir sur vos jeunes poitrines, en grand nombre, les signes de la valeur; j'aime à voir en quelques-uns de nobles cicatrices; j'aime surtout à me représenter dans les âmes de tous les sentiments de la vraie piété, et spécialement, Messieurs, de la piété envers la très sainte Vierge; car je dois y revenir en terminant : oui, la dévotion envers Marie, c'est par excellence la dévotion des jeunes guerriers : par je ne sais quelle amabilité, quelle douceur, quelle candeur, quelle tendresse pure qui respire dans la Vierge sainte, la dévotion envers Marie sied bien à la jeunesse; et par les idées de force et de victoire qui se rattachent à ce nom glorieux, elle sied bien à des guerriers. »

En dehors de ces actes et de ces discours, son séjour à Rome fut un vrai pèlerinage. A peine arrivé, M. le duc Salviati lui ayant dit qu'il y avait ce jour-là même un *Salut* à Saint-Pierre, il s'y rendit, sans presque se donner le temps de secouer la poussière du voyage. Il vit, en effet, Pie IX agenouillé au milieu des cardinaux, devant l'autel du Saint-Sacrement, dans cette attitude de piété qui était si touchante à voir; il entendit chanter le *Tu es Petrus;* puis, après le *Salut,* s'avançant lentement dans la vaste nef, et, arrivé à la confession de l'Apôtre, levant les yeux sur la coupole rayonnante, nous l'entendîmes, pénétré d'une émotion profonde, s'écrier : « Et 'cest bien là qu'ils veulent venir!...» C'est cette même émotion qui, le saisissant de nouveau, avec plus de puissance encore, à Saint-André de la Vallée, lui arracha ce cri qui entraîna les premiers applaudissements de l'auditoire.

Dès le lendemain, il alla dire sa messe à Sainte-Marie-Majeure, dans la chapelle des Borghèse, puis il fit le pèlerinage des sept basiliques. Il ne se passait presque pas de jour qu'il n'allât visiter quelque sanctuaire ou quelque lieu fameux : la prison Mamertine, un des lieux de Rome qui l'émouvait le plus; quelquefois le Colisée ou les catacombes; Saint-Philippe de Néri, le Gésu; surtout, en face du Quirinal, la petite chapelle des *Sacramentate,* dont les chants suaves et les pieux Saluts le touchaient profondément.

Un jour, avec quelques amis, M. et Mme Cochin, M. Ampère, Mme Ozanam, sa fille et sa mère, après avoir visité au mont Célius l'antique couvent de saint Grégoire, grand Pape, dont il admirait le génie et les vertus, — avec quel accent il rappelait ces paroles du Saint Pontife sur les jeunes esclaves saxons : *Non angli, sed angeli !* — il alla faire sur la voie Apienne, jusqu'au tombeau de Cecilia Metella, et plus loin encore, une promenade qui fut pleine d'intérêt. M. Ampère savait par cœur la voie Appienne : ces vieux Romains drapés dans leur toge, qui nous regardaient passer, il les connaissait tous, et, sans même relire les inscriptions de ces tombeaux, il nous les interprétait de mémoire; sur l'un d'eux, et pour rendre un hommage délicat à la ferme foi chrétienne, il fit lire à l'évêque le doute touchant la vie future : *Si sint Di Manes!* Mais à un certain endroit, ce fut l'évêque qui tint la conversation. On avait parlé de saint Paul qui avait passé là et foulé les mêmes blocs peut-être que nous foulions nous-mêmes. S'animant à ce souvenir : «Mon ami, nous dit-il, donnez- moi votre *Nouveau Testament;* » et trouvant immédiatement la page qu'il voulait, il se mit à la lire et à la commenter avec une extraordinaire éloquence. Nous faisions cercle autour de lui; tête nue, ses cheveux blancs soulevés par la brise, le visage enflammé par l'inspiration, il parlait; un cavalier de la campagne romaine, qui passait avec son costume pittoresque, s'était arrêté, étonné, et regardait. Les paroles qui jaillirent alors de son âme sont celles à peu près qu'il dit à Saint-André de la Vallée quelques jours plus tard :

« Quel est cet autre Oriental qui arrive par cette voie Appienne où a passé tout le vieux monde ? Le voyez-vous à Pouzzoles, debout sur la poupe du navire, portant avec lui l'Evangile et la fortune du monde, jetant de là un regard impatient sur l'Italie ? Il s'avance jusqu'à ce *Forum Appi* et à ces *Tres tabernas* qui sont là encore ; là il rencontre les chrétiens de Rome venus au-devant de lui, et consolé, fortifié par leur affection, car dans sa poitrine d'apôtre il portait un cœur d'homme, et le texte sacré remarque que son cœur avait besoin de confiance, il en prit, *accepit fiduciam*, et, remerciant Dieu, il marcha en avant, à travers ces fastueux tombeaux que nous voyons encore et les temples des faux dieux. vers cette grande Rome qu'il venait conquérir à Jésus - Christ. C'est Paul, l'apôtre des nations, qui vient finir à Rome par le martyre cette grande carrière apostolique commencée à Damas. »

M. Ampère était d'autant plus ému qu'il admirait beaucoup saint Paul et qu'il avait composé sur cet apôtre un poème encore inédit. Le soir, chez M. Cochin, ayant consenti à lire un long fragment de ce poème, il causa à l'évêque une de ces émotions que celui-ci était si prompt à ressentir, et qui ne venait pas ici seulement de la poésie, mais d'une région supérieure encore. Cet ami d'Ozanam, cet homme honnête et sincère, en route depuis quelque temps vers la foi, n'y était pas encore arrivé : « Vous avez fait tant de bien à M. Ampère, lui écrivait le lendemain M. Cochin, que je me permets de lui écrire quatre lignes pour lui dire que vous voulez le remercier sans témoins. Il y a là le talent du poète, mais aussi le travail d'une âme ; s'il voit que vous avez éprouvé plus qu'une émotion littéraire, si vous le lui dites avec votre exquise délicatesse qui sait toucher sans pousser, il sera ému, et Dieu fera le reste. » Le plaisir que l'évêque causa ce jour-là à M. Ampère, M. Ampère le lui rendit lorsque, après la cérémonie de la canonisation des martyrs japonais, l'apercevant sous le péristyle de Saint-Pierre, il alla à lui et lui dit avec émotion, en lui prenant les deux mains : « Monseigneur, soyez tranquille, ce que nous venons de voir est divin. »

Nous ne pouvons pas ne pas mentionner au moins les rapports qui s'établirent, pendant ce séjour à Rome, entre lui et le jeune roi et la jeune reine de Naples, lesquels recevaient de Pie IX, au palais Farnèse, l'hospitalité que Pie IX avait trouvée autrefois à Gaëte. Sa sympathie était profonde pour ces royales infortunes, et vive aussi son admiration pour ce que la jeune reine avait montré, pendant le siège, de courage chevaleresque, et il aimait à citer d'elle ce mot : « C'était si beau, Gaëte ! » Il s'ensuivit des rapports spirituels qui n'ont pas dû rester stériles pour l'âme de la jeune et infortunée reine, mais qui sont le secret de Dieu.

Son désir eût été, en retournant en France, de passer par Lorette, et de faire un pèlerinage à Castelfidardo; mais les journaux italiens étaient si pleins de menaces contre lui, qu'on crut prudent de l'y faire renoncer. Il reprit la mer, qui l'éprouva beaucoup : fatigué, d'ailleurs, de tous ces labeurs de Rome, il voulut, avant de se replonger dans le travail à Orléans, chercher, à Lacombe et à Menthon, comme toujours, la retraite pour son âme, et pour ses forces le repos. Les commérages des journaux, après comme pendant le séjour des évêques à Rome, allaient leur train. On débitait sur lui, en particulier, mille choses fantastiques. « On dit dans les journaux, lui écrivait M. Cochin, que vous avez dîné chez M. de la Valette; on vous fait parler, aller, agir, dans des correspondances ridicules; le *Constitutionnel* a été jusqu'à donner textuellement le discours que vous auriez prononcé en bénissant la caserne de Mgr de Mérode » (c'est le Pape qui avait béni cette caserne, et il n'y avait pas eu de discours du tout), en ajoutant : « J'étais présent à cette allocution. » Comme on se moquerait de ces gens-là, si on avait un journal pour leur répondre. »

En somme, l'effet de la réunion de Rome avait été très

grand. « M. Thiers, M. Cousin, comme M. de Montalembert, lui écrivait M. Cochin, sont très contents. Cette démonstration de la puissance, de l'union, de l'étendue de l'Eglise, a beaucoup frappé. On sent que l'heure des funérailles d'un vivant si vivant et si colossal n'est pas venue. Les événements suivront leur cours; mais Dieu vient d'illuminer le pouvoir spirituel d'un rayon qui éblouit les plus malveillants. Vous avez grandi, beaucoup grandi. On sait ce que vous avez fait, ce que vous avez empêché. C'est le moment de ménager vos forces, car jamais votre autorité n'a été plus grande. »

Mais parut, les 4 et 5 juillet, dans la *Patrie*, un récit qui fit beaucoup de bruit. M. Cochin lui écrivit de nouveau : « Le Plessis, 7 juillet 1862. Il n'est pas douteux pour moi que ces articles sont la paraphrase, et souvent la copie textuelle des dépêches de M. de Bellune qu'il m'a montrées à Rome... Il y a du vrai, avec beaucoup de faux, et vous y êtes tellement mis à part que l'on dira que cela vient de vous, et qu'on s'en servira longtemps contre vous... Le récit sera cru jusqu'à un démenti, dont vos collègues vous sauront gré, ainsi que Rome, si je ne me trompe. » Quelques jours après, M. Cochin insistait encore : « Je viens de passer deux jours à Paris, et ce que j'y ai entendu me fait croire de nouveau et plus fort qu'un mot de réponse à la *Patrie* est attendu et désirable. Il vous restituera nettement votre vraie situation : très Français à l'étranger, très libre en France, très évêque partout. »

Mais, pour le moment, l'évêque, goûtant la paix des montagnes, auprès d'amis bons et fidèles, la tête nue sous le ciel bleu et sous les ombrages, tenait trop haut son âme pour l'abaisser à ces discussions. Sur les sommets élevés les fumées n'incommodent pas; on voit leurs vapeurs noirâtres monter un peu, s'agiter, puis s'évanouir. Vues de haut, les injures de la terre paraissent de même infiniment petites. Les grandes émotions rendent indulgent; les grandes admirations, quand il faut redescendre à ce qui est mesquin, transforment la colère en pitié. Il dédaignait, mais surtout il plaignait ceux qui n'avaient pas compris ce qui s'était fait à Rome, qui cherchaient

des ombres dans des flots de lumière, et ne recueillaient
de l'histoire que la trompeuse anecdote.

Mais, tout à coup, lui arriva à Menthon, du ministre
des cultes, M. Ronland, une lettre fort inattendue. Bien
que, dans ce qu'il avait fait à Rome, il n'eût eu en vue
que l'intérêt et la dignité de l'Eglise, sans aucune pensée
de flatter personne, le gouvernement impérial lui avait su
gré de ses efforts patriotiques; l'Empereur ne se cachait
pas pour dire que le plus Français des évêques, à Rome,
avait été l'évêque d'Orléans, et il blâmait Mgr Morlot de ne l'avoir pas assez soutenu. Voici la lettre de
M. Rouland :

» Paris, le 8 juillet 1862. Monseigneur, dans les graves
questions qui viennent de s'agiter à Rome, il y avait à
défendre contre des doctrines exagérées les grandes et
sages traditions de l'Eglise, s'associant pour le diriger au
mouvement légitime des temps et des idées. Il y avait aussi
un acte de justice à accomplir, en proclamant la loyale protection dont la France et l'Empereur ont donné tant de
preuves à la religion et au Saint-Père. Vous avez soutenu
cette double cause avec autant de sincérité que d'énergie,
et comme il convenait à l'un des plus éminents prélats de
l'épiscopat français. Sa Majesté a daigné me charger,
Monseigneur, de vous exprimer sa vive satisfaction et ses
remerciements. Permettez-moi d'ajouter combien je suis
heureux de remplir cette mission auprès de Votre Grandeur. »

M. Rouland caractérisait à sa manière la protection impériale : un prélat ambitieux eût pu lire aussi bien des
choses entre les lignes de cette lettre ; et si l'évêque à
qui elle était adressée eût été de ceux qui, selon une parole malheureuse, veulent *arriver*, ce n'eût pas été difficile ce jour-là. Et avant même d'avoir répondu, il apprit
que les fonctionnaires avaient reçu l'ordre de venir chez
lui, dès son retour. On était impatient, évidemment, de
sortir de l'impasse où l'on s'était mis; on espérait probablement plus encore. Grand fut l'étonnement de l'évêque
en recevant cette lettre. « Je n'ai rien fait à Rome,
écrivit-il à M. Cochin, que ce que j'ai fait depuis trois ans.

J'y ai servi l'Eglise et mon pays comme je les ai toujours servis, comme je les servirai toujours. Ma ligne de
conduite n'a pas changé et ne saurait changer, parce que
c'est celle que me dictent ma conscience et le sentiment des périls que court la société encore plus que
l'Eglise. »

En se promenant sur la terrasse de Menthon, la lettre
du ministre à la main, l'évêque médita sa réponse. Une
grande promenade au pied de la Forclaz avait été décidée
pour le lendemain : là, au pied de la Tournette et des
montagnes qui ferment l'horizon vers le fond du lac, tout
ce beau lac, avec Annecy au loin sous son regard, il lut
cette réponse, pour recueillir tous les avis : M. Sauzet et
M⁀ꜱʳ l'évêque de Grenoble se trouvaient là ; la conscience de
rester digne, en gardant toutes les convenances, le rem-
plit d'une joie qui rendit plus agréable encore la promenade sur le lac, qui termina cette journée, et pendant
laquelle il écouta, ravi, la belle poésie de Lamartine, intitulée le Lac, que M. Sauzet disait de mémoire, et comme
il savait dire. M. Cochin aussi fut consulté sur l'opportunité d'une réponse. Et voici quel fut son avis : « Hier
encore à Paris, un conseiller d'Etat me disait : « La femme
d'un de mes collègues tient de M. Rouland que l'évêque
d'Orléans est entièrement réconcilié avec le gouvernement. » Vous voyez ce qu'on répand. Je suis donc bien
d'avis d'une réponse. Elle me paraît indispensable à
l'honneur et à la prudence. » La réponse partit, et bien
que la cessation de la mise en interdit de l'évêque, anté-
rieure à cette réponse, soit qualifiée par M. le préfet du
Loiret de *réconciliation officielle de l'évêque d'Orléans
avec le gouvernement*[1] ; bien que M. le préfet ajoute, avec
la même légèreté : « Cette réconciliation fut le signal de
la paix générale ; tous les évêques suivirent, montrant
bien ainsi que M⁀ꜱʳ Dupanloup était réellement le chef de
cette opposition qui avait si longemps inquiété le gouvernement », rien n'était changé dans sa résolution inébranlable de défendre jusqu'au bout, avec la même éner-

---

1. *L'État et le clergé*, p. 65.

gie et la même indépendance, la souveraineté pontificale[2].

Voici cette lettre :

« Monsieur le Ministre,

» Par une lettre que je reçois tardivement, à cause de mon absence momentanée d'Orléans, vous me faites l'honneur de m'écrire que S. M. l'Empereur vous a chargé de m'exprimer ses félicitations et ses remerciements à l'occasion de ma conduite à Rome, au moment de la dernière et grande assemblée de l'épiscopat catholique dans la Ville Sainte.

» En remerciant à mon tour Sa Majesté et Votre Excellence d'une telle attention, je dois croire, Monsieur le Ministre, que, dans votre pensée, vous ne me séparez pas de mes collègues. Ce serait me causer un déplaisir auquel je suis peu sensible, quand il me vient de quelques journaux, mais que je ne pourrais accepter, s'il venait de vous. Car, sans m'arroger ici le droit de parler au nom de mes collègues, je me crois certes le droit de dire ce que dirait chacun d'eux. Il n'est pas une parole, pas une action sérieuse qui ne nous ait été commune à tous, soit quand nous avons voulu témoigner au chef suprême de l'Eglise, à ce Pontife si magnanime et si cruellement éprouvé, notre respect pour sa personne et notre inviolable dévouement à ses droits, soit quand nous avons dû, à son exemple, signaler les périls que les attentats, dont il est la victime, font courir à la Société encore plus qu'à l'Eglise.

» Ne serait-il permis, Monsieur le Ministre, de voir dans la lettre à laquelle j'ai l'honneur de répondre la preuve que cette unanimité de l'épiscopat catholique, et, j'ose l'ajouter, la grande conduite de l'épiscopat français, ainsi que le véritable caractère de la question romaine, sont en ce moment appréciés comme ils doivent l'être par le gouvernement et Votre Excellence?

2. On s'y trompa si peu que le lendemain même de son arrivée, l'*Orléanais* que rédigeait, avec courage et talent, M. A. Godou, et qui défendait la cause du Pape, fut supprimé. Sur quoi M Cochin écrivait à l'évêque : « On ne m'ôtera pas de l'esprit que la politique de M. Rouland soit de vous embrasser trop fort. »

» Je ne saurais accepter vos paroles que dans ce sens, et alors je ne puis qu'en être touché. Autrement je ne saurais ni me les expliquer ni me les appliquer.

» Sans doute, à Rome, j'ai été Français, et j'étais fier et heureux de l'être. Et quand nous rencontrions ces vaillants généraux, ces jeunes soldats qui portent si bien notre drapeau, nous leur rendions hommage ; nous aimions à saluer ce qui demeure à Rome de la grande politique traditionnelle de la France ; et il ne nous resterait aucun regret le jour où elle s'y retrouverait tout entière.

» Je ne puis croire, Monsieur le Ministre, que vous ne partagiez ces sentiments ; et comment ne souhaiteriez-vous pas comme nous que votre parole puisse bientôt s'accomplir et que le chef suprême de l'Eglise soit enfin respecté dans tous ses droits de souverain temporel, comme le prince qui a ramené le Saint-Père au Vatican a déclaré le vouloir ? Pour moi, je ne veux pas cesser de l'espérer, et dans tous mes écrits, même dans ceux qui ont pu vous être plus pénibles, je n'ai jamais exprimé d'autres vœux.

» C'est par là que j'étais charmé, ainsi que tous mes collègues, d'allier la grandeur de la France et l'indépendance de l'Eglise, et nos plus ardents désirs, comme évêques et comme Français, sont pour que cette alliance devienne indissoluble.

» Quant à ce que vous nommez, Monsieur le Ministre, le *mouvement légitime des temps et des idées*, mouvement auquel vous pensez que l'Eglise, suivant en cela ses *grandes et sages traditions, doit s'associer*, pour le *diriger*, j'aime à croire que l'accord serait facile sur ce point, et si ce mouvement, ainsi défini, pouvait être entravé, j'affirme que l'obstacle ne viendrait pas de l'Eglise. Elle ne se précipite pas ; mais en aucun temps elle n'a failli à sa mission.

» La vérité est, Monsieur le Ministre, que notre pèlerinage *ad limina Apostolorum* n'a fait que nous donner une occasion plus solennelle de proclamer tous ensemble ce que chacun de nous, dans son diocèse, avait déjà fermement exprimé. Là, comme dans les luttes rigoureuses qui avaient précédé, nous n'avons jamais eu qu'une intention,

celle de détendre l'Eglise attaquée et d'empêcher de funestes et d'irrémédiables dissentiments.

» C'est encore aujourd'hui notre espérance et ce sera jusqu'à la fin le but de nos constants efforts, ayant toujours
demandé à Dieu qu'il nous aidât à concilier, en dehors de
toute passion humaine, le patriotisme du Français, la conscience de l'évêque, les franchises du citoyen, et le respect
pour le gouvernement de notre pays. »

Il rentra à Orléans dans la nuit du 26 juillet pour éviter
toute démonstration ; et le lendemain, malgré « une terrible fatigue », il exposait à sa cathédrale, devant une foule
immense, ce qui s'était fait et dit à Rome, le sens et la
portée de ces grandes manifestations. Il écrivit ensuite ce
discours qui est une des plus belles effusions de son âme
d'évêque : l'amour de l'Eglise et du Pape y déborde. « Fi-
nissez, lui avait écrit M. Cochin, par un appel aux cœurs,
car vous devez être las de guerroyer et de châtier. Le grand
défaut de certains documents, c'est de ne pas contenir un
sourire, une larme, un espoir. Mettez un peu d'azur, comme
vous le voulez, dans ce ciel sombre. » Sous le titre de :
Souvenirs de Rome, ce discours, ainsi que ceux qui avaient
été prononcés à Marino et à Saint-André de la Vallée, et
aussi l'Adresse des évêques et l'Allocution du Pape, fut
envoyé à son clergé, avec une lettre, où il répondait de
haut aux bruits répandus par la presse, et reprenait aux
yeux de tous sa véritable attitude, sa réelle physionomie.

Deux brefs, venus de Rome à peu de distance l'un de
l'autre, l'un du 4 septembre en réponse à l'envoi du discours prononcé à la cathédrale, l'autre du 6 novembre, à
l'occasion de l'envoi des *Souvenirs de Rome*, attestèrent
hautement les sentiments de Pie IX pour l'évêque d'Orléans : « ...Nous avons eu, disait le Saint-Père, pour très
agréable ce nouveau témoignage de votre affection. Nous
connaissons *votre éminente vertu et piété, votre insigne
dévouement pour nous et pour le Saint-Siège*, et nous
savons *combien vous avez à cœur la cause sacrée de
l'Eglise, de la vérité et de la justice.* »

Mais cette lettre à son clergé, dans laquelle il essayait

en effet de mettre « un peu d'azur sur ce ciel sombre »,
était à peine achevée qu'il lui fallait de nouveau jeter le
cri d'alarme. Garibaldi reparaissait, avec des appels sauvages : « Rome ou la mort ! » Et des troupes piémontaises
se concentraient sur les frontières romaines. Et dans les
journaux, même français, des plans de toute sorte s'éta-
laient, nous indiquant les voies et moyens pour sortir de
Rome. Sous forme de *Post-scriptum* à la lettre au clergé,
l'évêque d'Orléans poussa un cri :

« ... Qu'y a-t-il donc ici ? Je demande quel est le vrai
du complot ?

» Est-ce le flot qui monte ? Est-ce la Révolution qui déborde et emporte le Piémont ? Peut-être. On s'y attendait ;
et en tout cas, si ce moment n'est pas venu encore, il
viendra...

» Est-ce chez les hommes du pays de Machiavel un
calcul plus habile et profond, pour créer des nécessités à
leur profit et placer la France entre une duperie et une
épouvante ?

» Qui peut trouver étranges ceux qui le craignent ? Qui
peut avoir oublié la grande tromperie du Piémont en 1860 ?
Ne sait-on pas qu'alors la complicité tacite de la connivence avait précédé la comédie des désaveux ? Et n'a-t-on
pas quelque raison de soupçonner qu'aujourd'hui comme
alors à la comédie des désaveux pourraient bien succéder
la confraternité des armes et la communauté des bénéfices ? »

Il poursuivait, avec cette ardeur et cette flamme, perçant
à jour toutes les combinaisons mises en avant, invoquant
la raison politique, piquant au vif l'honneur français. La
honte en effet eût été trop manifeste. Cette fois, une parole
ferme fut dite à l'Italie, et l'aventure vint finir ignomi-
nieusement à Aspromonte. On imaginera un moyen plus
honnête de quitter Rome.

Puis l'évêque reprit, sous les ombrages de La Chapelle,
ses occupations accoutumées, bénissant Dieu de ce qu'il
lui avait été permis de faire, et de ce que, au milieu de
tant d'agitations et de labeurs, « les exercices de piété
avaient toujours été sauvés ».

CHAPITRE XV

LUTTES POUR LA SOUVERAINETÉ PONTIFICALE
(Suite)
Troisième phase de la question romaine : L'action diplomatique
La Convention du 15 septembre et l'Encyclique du 8 décembre 1864
Célèbre écrit de l'évêque d'Orléans
Première partie : *La Convention*
1863-1865

Pendant le temps d'arrêt que subissait manifestement la question romaine, une modification grave sembla s'être opérée dans la politique impériale. M. Drouyn de Lhuys, un catholique respecté, un ministre habile, venait d'être rappelé aux affaires. Peut-être, « effrayé de son œuvre[1], » l'Empereur cherchait-il à s'arrêter. Toutefois, si la circulaire par laquelle le nouveau ministre expliqua ses vues avait un bon côté, qui était de mettre Turin sur la sellette, en cessant d'y mettre Rome, que c'était humble, quand on s'appelait la France ! Rappeler ses promesses, ses conseils, ses ordres, avouer que le tout avait été stérile, quelle humiliation, sous des dehors de sagesse ! Et il faut ajouter que les nouvelles promesses étaient bien affaiblies par le souvenir d'un tel passé. Et, au fond, à quoi se réduisaient-elles ? A arrêter, non à faire reculer le Piémont. « Le clergé serait bien naïf, écrivait à l'évêque d'Orléans M. Cochin, s'il se hâtait d'être enchanté, comme il en a, je crois, bien envie. » Mais qu'y faire ? L'œil incessamment tourné vers Rome, l'évêque d'Orléans attendait, prêt à pousser le cri d'alarme au premier péril.

« Rappelé aux affaires dans les derniers mois de 1862, et chargé de pourvoir en Italie aux embarras d'un état de

---

1. *Les quatre ministères de M. Drouyn de Lhuys*, par M. le comte B. d'Harcourt.

choses qu'il n'avait pas contribué à établir, M. Drouyn de
Lhuys, a écrit un diplomate, ne pouvait avoir naturellement d'autre point de départ que cet état de choses; sa
tâche était d'en amoindrir les conséquences... Du côté de
la France, il y avait un désir très réel d'enrayer un mouvement qui avait dépassé toutes les prévisions [1]. »

Que le mouvement italien eût dépassé toutes les prévisions, c'est ce qu'il est impossible d'admettre; ou alors on
était bien imprévoyant. En 1859, depuis plusieurs années
que le Piémont nourrissait ses projets, qui les pouvait
ignorer? Qui nous prouvera aussi que l'expédition de Garibaldi en Sicile et à Naples s'est préparée à l'insu du gouvernement français, et que ce gouvernement a fait ce qu'il
pouvait pour arrêter, soit l'aventurier, soit Cavour et Cialdini? Mais que, au point où on avait laissé aller les choses,
et à l'approche des élections, on eût en France, vers la fin de
1862, « un désir très réel d'enrayer le mouvement, » soit.
Mais à quel moyen a-t-on eu recours? L'Empire négocia
secrètement avec le Piémont. Les négociations aboutirent à
une Convention par laquelle ces deux puissances, dispo-
sant du Pape sans le Pape, stipulaient le départ des troupes
françaises de Rome, le transfert de la capitale de Victor-
Emmanuel à Florence, moyennant l'engagement pris par
le Piémont de ne point attaquer ni laisser attaquer Rome
par la force; et enfin la faculté reconnue au Pape de se
faire une armée, qui toutefois ne pût dégénérer en menace
pour l'Italie. Le Piémont, d'ailleurs, se réservait expressément l'emploi des *moyens moraux* pour se faire ouvrir
les portes de Rome.

Ainsi donc, la France s'engageait à retirer ses troupes;
le Piémont, faisant un pas de plus, s'avançait jusqu'à
Florence, mais sans abandonner son dessein arrêté d'aller à Rome. Sans parler des autres vices de cet instrument diplomatique, voilà qui rendait complètement illu-
soire ce qu'il pouvait y avoir de politique dans la pensée
de faire de Florence et non pas de Rome la capitale du

---

1. *Les quatre ministères de M. Drouyn de Lhuys,* par M. le comte
B. d'Harcourt.

royaume d'Italie. Quand on lut à l'évêque d'Orléans cette Convention signée par M M. Drouyn de Lhuys, Nigra et Pepoli, un glaive froid alla jusqu'à son âme. Sa première pensée fut de pousser un cri d'indignation. Mais le fait était accompli : il crut plus sage d'attendre ce que dirait Rome, et aussi quels commentaires seraient donnés de cet acte à la tribune italienne.

Pie IX garda vis-à-vis de la France une attitude passive et résignée.

Mais tout à coup vint de Rome un coup de foudre aussi, l'Encyclique et le *Syllabus* du 8 décembre, de tous les actes qu'avait accomplis jusqu'ici Pie IX, un des plus hardis et des plus considérables.

Depuis longtemps le Pape y songeait. Déjà, en 1862, les évêques présents à Rome avaient reçu un catalogue (*syllabus*) des erreurs contemporaines, formulé en soixante et une propositions, chacune accompagnée de la censure qui lui convenait[1]. L'évêque d'Orléans avait examiné avec le dernier soin ces soixante et une propositions, et avait transmis au Saint-Père par l'intermédiaire du cardinal Antonelli, d'abord des observations d'ensemble sur ce projet, puis des observations relatives à chacune des soixante et une propositions. Il témoignait, dans ces observations, sa surprise de ce que, ayant sous sa main, à Rome, tant et de si savants théologiens, le Pape, au lieu d'un projet d'origine romaine, avait soumis aux évêques un catalogue emprunté presque mot à mot au mandement d'un évêque français, Msr l'évêque de Perpignan. Et selon la loi qu'il s'était faite de dire toujours sa pensée tout entière au Saint-Siège, surtout lorsqu'il avait l'honneur d'être consulté, il crut aussi de son devoir d'annoncer au cardinal l'orage que ne manquerait pas de soulever, dans les tristes temps où nous sommes, un tel acte, laissant au chef de l'Église le soin de décider, dans ses lumières supérieures, s'il fallait ou non l'affronter. Prêt du reste

---

1. Et même « en 1853, Pie IX avait établi une congrégation spéciale avec mission de préparer une bulle contre les erreurs philosophiques modernes ». (*Vie de Msr Gerbet*, t. III, p. 167).

non seulement à accepter, mais à défendre au besoin ce
que le Pape jugerait bon de faire.

Les soixante et une propositions furent complètement
mises de côté, mais le Pape deux ans plus tard se décida
à autre chose; et comme il avait dans le cours de son
long pontificat, en des actes de nature diverse, porté sur
les erreurs contemporaines de nombreuses condamnations, le catalogue qu'il fit dresser vers la fin de l'année
1864 fut extrait de ces actes mêmes, et communiqué par
lui aux évêques de la catholicité avec une Encyclique.
C'était, au moment où le pouvoir temporel échappait de
ses mains, l'affirmation la plus haute de sa souveraineté
spirituelle.

Les clameurs, comme l'avait prévu l'évêque d'Orléans,
furent effroyables; ce fut, ainsi qu'il l'a dit lui-même énergiquement, « un abominable hallali de tous les aboyeurs
de la presse contre ce vieillard désarmé ». Elle s'abattit
tout entière sur cet acte, à la fois avec des cris de joie et
de fureur; de joie, car elle considérait que c'était là une
faute immense qui, définitivement, isolait et perdait la
Papauté; de fureur, car c'était à ses yeux une audacieuse
déclaration de guerre à la société moderne. Le gouvernement impérial lui-même affecta de comprendre ainsi les
documents pontificaux, et il fit défense aux évêques, leurs
interprètes officiels, de les expliquer aux fidèles, tandis
qu'il les laissait en proie à tous les commentaires d'une
presse incompétente et ennemie; et on vit des évêques
déférés au conseil d'Etat pour les avoir lus dans la chaire
de leur cathédrale[1]. Bien plus, il ne recula pas devant
l'acte le plus grave : il les déclara « contraires à nos insti-
titutions fondamentales ». C'était manifestement justifier
d'avance l'abandon déjà stipulé de Rome. Et pour comble
de tristesse, certains organes catholiques, joignant leurs
exagérations à celles de la presse ennemie, semblaient expliquer comme elle l'Encyclique et le *Syllabus*. Etreints
entre ces interprétations excessives venues des deux points

---

1. Le cardinal archevêque de Besançon, Mgr Mathieu, et l'évêque de
Moulins, Mgr de Dreux-Brézé.

extrêmes de l'opinion, les catholiques étouffaient littéralement.

L'évêque d'Orléans n'hésita pas un seul instant, et il eut alors son inspiration la plus haute, son coup d'œil stratégique le plus clairvoyant : ce fut de défendre et d'attaquer en même temps, et, dans le même écrit, d'écraser la Convention et de venger l'Encyclique. Le travail se laissait attendre, car il était considérable et fait avec le dernier soin, et les regards se tournaient vers lui avec angoisse. Quoi ! cette voix, qui ne faisait jamais défaut dans le péril, va-t-elle rester muette ? « Est-ce qu'Achille s'est retiré sous sa tente ? » demandait, non sans quelque ironie, un ministre à un évêque [1]. Non certes ; mais il avait voulu choisir son heure pour parler. L'intervalle entre les débats du Parlement italien, après que le Piémont aurait laissé échapper sa pensée, et l'ouverture des Chambres françaises, avant que le pays eût fait entendre la sienne, lui avait paru le moment le plus favorable. Lorsqu'il eut complètement terminé son œuvre, nous nous souvenons de l'avoir vu entrer un soir dans notre chambre, grave, ému, les deux mains réunies devant sa poitrine ; et, après un moment de silence : « Mon ami, nous dit-il, je crois qu'il faut bénir Dieu. Cela marche comme un torrent. J'espère que pour les âmes sincères la lumière sera faite. » Comme un torrent, c'est l'expression même dont se servira l'archevêque de Lyon, Mgr de Bonald, lui appliquant, dans la lettre qu'il lui écrira sur cet ouvrage, le mot de Tacite sur l'orateur Aper : *Quo impetu, quo torrente defendit*. Lorsque, le samedi 23 janvier 1865, les journaux de Paris jetèrent dans la capitale et emportèrent dans toute la France l'introduction, le public, on peut le dire, fut enlevé.

A cause des délais légaux, l'écrit ne pouvait être mis en vente que le mardi à midi, l'évêque n'ayant pas craint de le retirer le samedi soir du parquet pour y ajouter une note très importante, le tableau comparatif des journaux auxquels, depuis l'ouverture de la question romaine, l'an-

1. Lettre de Mgr l'évêque d'Amiens à l'évêque d'Orléans.

torisation avait été accordée ou refusée : pendant ce délai, c'est-à-dire le lendemain dimanche, le lundi, et le
mardi dans la matinée, les dépêches télégraphiques tombaient comme une pluie de tous les points de la France .
chez le libraire. Livré au public le mardi à midi, à deux
heures il n'en restait plus, et le magasin du libraire était
encombré d'une foule compacte qui refluait encore des
deux côtés de la rue de Tournon, mais à l'impatience de
laquelle il était impossible de satisfaire. Une nouvelle
composition fut faite sur-le-champ, et deux presses fonc-
tionnèrent nuit et jour. En peu de semaines, trente-quatre
éditions de cet écrit furent écoulées, quoique tous les journaux l'eussent en totalité ou en partie reproduit, et nonobstant les éditions populaires que l'évêque permit d'en
faire, à qui voulut [1]. Si nous mentionnons ce fait, unique
peut-être, c'est pour signaler l'émotion extraordinaire de
l'opinion publique. Et on le conçoit. Quelles questions !
Est-il vrai que Rome est définitivement livrée par une
Convention dérisoire ? Chose plus capitale, est-il vrai que
Rome a définitivement rompu avec la liberté, avec la civilisation, avec la société moderne ? Une réponse arrivait
enfin à ces deux questions, de l'évêque le plus écouté de
France.

La première partie traitait donc de la Convention. « La
discussion sur la Convention, lui écrivit aussitôt après
l'avoir lue son collègue à l'Académie, M. le duc de
Noailles, est un chef-d'œuvre de polémique où rien ne
manque, la clarté, la précision, les faits, les preuves, le
mouvement, la rapidité, l'élévation. La France ne vous
lira pas sans émotion et sans que son honneur frémisse. »
Aujourd'hui que les faits ont prononcé, comment un
diplomate qui compte a-t-il pu, nous ne dirons pas plaider
les circonstances atténuantes en faveur de M. Drouyn de

---

1. Sans parler des traductions qui en furent faites en toutes les langues. A Florence, par exemple, il en parut à la fois trois traductions
italiennes, qui furent sur-le-champ épuisées. (*Lettre de l'archevêque
de Florence à l'évêque d'Orléans*).

Lhuys, nous les accordons volontiers, mais essayer de réhabiliter à un degré quelconque cette Convention?

Elle traitait du Pape sans le Pape; elle confiait la garde de Rome, à qui? Sans phrases, sans déclamation, un historique lumineux, une condensation rapide et puissante des faits, montrait, ce qu'on oubliait, on oublie si vite en France, ce qu'on ne savait pas, ce que les journaux officieux et officiels n'avaient pas dit, mais ce que l'évêque d'Orléans savait, lui, à fond, comment et par quelles odieuses voies cette unification italienne s'était opérée. Et les traités, notre parole, si souvent répétée, la sienne, notre co-contractant qu'en avait-il fait? Son programme proclamé, Rome capitale, y renonçait-il? Florence, était-ce, oui ou non, pour lui, une capitale définitive ou une capitale provisoire? l'abandon de Rome, ou une dernière étape vers Rome? Si nous avions entendu, nous, une chose, il en avait entendu, lui, une autre; nous avions écrit en français, il avait traduit en italien. Les équivoques, les lacunes, les fissures de cette Convention, par lesquelles les armées mêmes du Piémont pourraient passer, tout cela était dévoilé, non avec des mots, mais avec des documents, des textes irrécusables, dans une argumentation nette et rapide; le style de l'évêque d'Orléans, comme une épée, jetait des éclairs. Dupes ou complices, l'alternative était inévitable.

Nous placerons sous les yeux du lecteur le *résumé* du moins de cet écrit célèbre; on verra de plus en plus quels efforts faisait cet évêque pour sauver le Pape, et si vraiment tout ce qui pouvait être dit ne l'a pas été, par d'autres sans doute, mais par lui aussi et surtout, et avec une clarté et une éloquence souveraines; c'est du reste une page historique, irrécusable et irréfutable :

« Résumons et précisons.

» La France a deux ans pour se préparer à la retraite, le Pape deux ans pour se résigner à son sort, le Piémont deux ans pour s'acheminer à ses fins.

» Toute la Convention est dans cet article.

» Dans deux ans, tout sera prêt pour qu'une révolution

éclate. Jusque-là, une consigne sévère évitera toute manifestation, et le calme le plus complet va régner à Rome;
tout prétexte à la prolongation de l'occupation sera soigneusement écarté. Nous partis, l'émeute préparée écla-
tera. Si le Pape se défend, c'est un tyran; s'il laisse faire,
il est perdu. Permis au Piémont de mitrailler les Turinois
mécontents du transfert de la capitale, ou de fusiller par
centaines les Napolitains qui défendent leur indépendance;
mais le Pape, c'est autre chose! S'il laisse tirer le canon,
on volera au secours de ses sujets opprimés. S'il aime
mieux quitter Rome que de laisser couler le sang, on
l'accusera de faiblesse, et sous prétexte de maintenir
l'ordre, on occupera la ville.

» Dans les forêts, quand un bûcheron veut jeter à terre
un chêne séculaire, il abat les branches principales, puis
il frappe le pied de l'arbre à coups de hache répétés, et
avant de finir il passe à la cime un nœud coulant, il en
tire fortement le bout, puis il s'écarte et se met à l'abri :
le géant s'affaisse et l'on peut croire qu'il est tombé seul,
de son propre poids.

» Cette Convention, aux mains du roi d'Italie, est à mes
yeux le nœud coulant aux mains du bûcheron. Mais je me
suis dit que ce bûcheron, s'il achève son œuvre, n'agissait qu'avec la permission d'un autre qui est le maître, et
mes yeux se sont mouillés de larmes à la pensée que la
Convention que j'analyse était signée par la France...

» Depuis que cette généreuse nation, appelée si souvent
par le cours de ses glorieuses destinées à la défense du
Saint-Siège, monte la garde au Vatican, le Souverain
Pontife, l'épiscopat, les fidèles n'ont pas cessé de témoigner à l'Empereur et à son gouvernement une reconnaissance que les événements ont pu rendre inquiète, sans
l'effacer.

» Nous n'attendions pas, nous ne désirions pas une occupation permanente. Le Pape lui-même ne la voulait
point permanente. M. Drouyn de Lhuys a rappelé que le
Pape a demandé par deux fois que l'occupation cessât.
Sans doute, mais alors vous ne l'aviez pas mis dans la
nécessité et le péril où il est.

» Pour moi, j'ai toujours pensé, je pense encore que la parole de la France remplacerait son épée et qu'un jour viendrait où l'Empereur, avec toutes les puissances catholiques, dirait solennellement à l'Italie :

» LA SOUVERAINETÉ DU PAPE EST NEUTRALISÉE ET PLACÉE SOUS NOTRE GARANTIE COLLECTIVE. VOUS N'Y TOUCHEREZ JAMAIS, JAMAIS, JAMAIS !

» Cette parole pouvait être dite à Villafranca, à Zurich, à Gaëte, à Naples, à Paris ; elle pouvait être écrite encore dans la Convention du 15 septembre.

» Elle n'y est pas. Et M. Nigra nous l'a dit, le Piémont y a lu la parole contraire.

» Or si, avant la campagne d'Italie, les services rendus par la France au Pape étaient volontaires, depuis la campagne d'Italie ils sont obligatoires. Car nous garantissons le Pape contre les conséquences de nos propres actes, et nous l'avons promis.

» C'est désormais un poste d'honneur. Je ne vous demande pas si vous avez de la religion ; je ne vous demande pas si vous avez de la foi ; je vous demande si vous avez de l'honneur. Oui, certes ! Donc vous ne pouvez pas quitter Rome et livrer le Pape.

» L'Empereur, dans sa loyauté, sait bien qu'il est engagé d'honneur à garder le Pape contre des périls qui ont grandi en même temps que ses triomphes. Le jour où la tranquillité du Souverain Pontife sera atteinte, l'honneur de la France ne le sera pas moins. Le Pape ne sera exposé qu'à un malheur, la France sera exposée à un remords : et toutes les consciences délicates sont d'accord pour ne pas mettre en balance le poids d'une épreuve avec le fardeau d'une pareille responsabilité.

» En un mot, la France aurait beau n'être plus garante de rien, elle serait responsable de tout.

» Et quelle responsabilité ! A celui auquel il a été dit : « Tu es Pierre, et sur cette pierre je bâtirai mon Eglise », on ne touche pas impunément.

» Un des plus vaillants chefs de nos vaillantes armées, et de ceux qui ont donné le plus de gloire à nos armes en Italie et ailleurs, disait naguère : « Je souhaite que

» pas une pierre de cet édifice-là ne tombe sur Lui ni sur
» sa dynastie. »

» Sans doute il est des événements qui tombent dans
l'histoire comme une pierre dans l'eau. On voit une ride
à la surface, et on passe en disant : Qu'importe ?

» Mais il en est d'autres dont le bruit ne s'éteint pas,
dont la tache ne s'efface jamais. Ni la gloire, ni les bienfaits, ni le temps n'apaisent la rigueur de la postérité
qui les contemple et qui les maudit. Après un peu de
temps, tout est oublié, enterré, jeté en poussière, il
reste à peine un portrait des plus grands conquérants ;
mais on insulte encore à leur nom, au souvenir de tel
ou tel mot, de tel ou tel acte, que la mémoire humaine
porte toujours comme un plomb au fond d'une blessure.

»... La chute du pouvoir temporel des Papes, si elle
venait à s'accomplir, serait un de ces événements qui re-
tentissent dans l'histoire et caractérisent une époque.
Les princes qui l'auraient consommée seraient longtemps
nommés et jugés sur cet acte. Quelle que soit leur carrière, ils n'auraient mis la main à aucun événement dont
les conséquences puissent être plus prolongées après leur
mort, et dont ils porteraient une responsabilité plus redoutable devant l'histoire, devant leurs enfants et devant
Dieu.

»... Cette considération qui m'épouvante fait aussi
mon espoir.

» Quand la souveraineté pontificale ne reposerait plus
sur l'épée de la France, elle reposerait toujours sur son
honneur.

» Le jour où le Pape serait dépossédé, après notre
abandon, la France serait déshonorée.

» Il n'en sera pas ainsi.

» Et c'est pourquoi, laissant tomber de mes mains cette
Convention qui ne convient de rien, cet arrangement qui
n'arrange rien, je me console, espérant en Dieu, et répétant toujours la même parole :

» Quand la France, après deux ans, ne serait plus garante de rien, elle demeurerait responsable de tout.

» Non, la France. ne sera ni la dupe ni la complice du Piémont. »

Nous pouvons donc le dire : la Convention était littéralement mise en pièces. Et en temps utile, si le gouvernement français eût voulu être éclairé. Mais il ne voulait qu'une chose : quitter Rome, le Pape devenant... ce qu'il plairait à Dieu ! disent formellement les dépêches[1]. Mais, vous, gouvernements, la solution de la Providence enlève-t-elle quoi que ce soit à vos responsabilités ?

Ah ! si le gouvernement avec lequel on traitait eût été la vraie Italie ! Mais au moment où cette Convention était signée, il était certain qu'elle serait violée. Et deux fois elle l'a été ; par les bandes d'abord ; puis, au lendemain de nos revers, par le gouvernement italien lui-même. Poussée par ce qu'on a appelé sa « fièvre de croissance », l'Italie a voulu aller jusqu'au bout. Eh bien, aujourd'hui l'expérience est faite. Rome capitale n'est pas une solution. La coexistence du Pape et du roi à Rome est reconnue anormale. Que reste-t-il à l'Italie désabusée, aux Italiens enfin éclairés sur leurs véritables intérêts? Ils le voient, ils le savent : la voix de leurs plus éminents citoyens le leur a assez dit. Puissent-ils avoir la sagesse et le courage de le faire !

1. *Les quatre ministères de M. Drouyn de Lhuys.*

CHAPITRE XVI

LUTTES POUR LA SOUVERAINETÉ PONTIFICALE
(Suite)
Défense de l'Encyclique et du *Syllabus* (seconde partie de l'écrit
de l'évêque d'Orléans
Cet écrit approuvé par le Pape et par l'épiscopat du monde entier
1865

Après avoir écrasé la Convention, il fallait défendre l'Encyclique, attaquée, nous l'avons dit, avec fureur ; l'Encyclique, « suprême défi jeté au monde moderne par la Papauté qui s'en va », écrivait un des journaux les plus répandus alors, le *Siècle*.

Voici en effet comment la question était posée par les adversaires des documents pontificaux : Incompatibilité absolue de l'Église avec la Société moderne ; guerre nécessaire, implacable, de l'une contre l'autre. Et malheureusement, certains catholiques, sous prétexte de ne pas atténuer la parole du Pape, semblaient, nous l'avons dit, donner raison à l'interprétation des adversaires. Voici en effet ce qui s'écrivait : « ... La civilisation moderne, c'est la fin de la civilisation chrétienne... On a avec raison comparé le libéralisme au manichéisme... Tout libéral étant partisan du libéralisme tombe nécessairement sous la réprobation de l'Encyclique. La condamnation du libéralisme impose à tout catholique l'obligation de ne plus se dire libéral... Il y aurait duperie à distinguer entre le *bon* et le *mauvais* libéralisme. EN AUCUN SENS un catholique *ne peut être* ni se dire *libéral*. »

Traduire ainsi l'Encyclique et le *Syllabus*, et dire qu'on acceptait, sans l'interpréter, la parole du Pape, c'était une étrange illusion. Du moment où l'on donne à un docu-

ment un sens quelconque, on l'interprète ; et du moment
où l'on donnait aux actes pontificaux un tel sens, on confirmait l'interprétation des adversaires. A coup-sûr, il ne
fallait pas atténuer la parole du Pape, mais il ne fallait
pas non plus la fausser en l'exagérant ; ni chercher le
triomphe d'un parti là où le Pape avait plané au-dessus
des partis. A l'encontre donc de ces interprétations et de
ces conclusions excessives, l'évêque d'Orléans se proposait d'établir la signification vraie des documents venus
de Rome, et de démontrer qu'il y a un *modus vivendi*
possible entre l'Eglise et les sociétés contemporaines. Telle
était la pensée dominante de son écrit, dont il espérait
faire une grande œuvre de pacification.

Mais tandis qu'il l'écrivait, pour être plus sûr encore de
la conformité de sa pensée avec celle du Pape, il ne négligea pas de consulter Rome. Après la circulaire par laquelle
le ministre des cultes déclarait l'Encyclique « contraire aux
principes fondamentaux de notre constitution[1] », et en interdisait la lecture dans les Eglises, un grand nombre de
lettres arrivèrent à l'évêque d'Orléans, lui demandant ce
qu'il en était, et si, à l'avenir, il serait permis de prêter serment à une constitution que l'on déclarait condamnée par
le Saint-Siège. Son Eminence le cardinal archevêque de
Bordeaux, Mgr Donnet, qui recevait de son côté des consul-
tations semblables, et qui d'ailleurs pouvait être amené à
s'expliquer devant le Sénat sur ces graves questions, lui
écrivit pour se concerter avec lui, à l'effet de solliciter une
réponse à Rome. Ils adressèrent donc au cardinal Antonelli deux lettres à peu près identiques, et en reçurent
deux réponses à peu près identiques aussi, lesquelles
confirmaient pleinement la réponse qu'eux-mêmes avaient
faite à leurs correspondants, à savoir qu'il fallait distinguer dans l'Encyclique entre l'absolu et le relatif, entre les
principes abstraits, et leur application aux faits contemporains. A la vérité, la réponse écrite du cardinal Antonelli
n'arriva à l'évêque d'Orléans que la veille même du jour
où il publia sa brochure ; mais la réponse verbale que le

---

1. Circulaire de M. Rouland du 1er janvier 1865.

secrétaire d'Etat de Sa Sainteté avait faite à celui qui lui
avait remis les lettres des deux prélats français ne laissait
à Mgr Dupanloup aucun doute quant à la conformité de
son interprétation avec celle du cardinal sur ce point si
grave : il poursuivait donc en pleine sécurité son travail.

Ce travail s'ouvrait par quelques considérations préliminaires.

Etrange contradiction ! on déclarait l'Encyclique attentatoire à la constitution de l'Empire, et on laissait tous les
journaux la publier ! On la livrait aux commentaires in-
compétents des écrivains laïques, et on défendait aux
évêques, interprètes légitimes, de l'expliquer ! Aussi, que
de contresens et de contre bon sens ! L'évêque en faisait
une énumération incroyable.

Il aurait fallu se référer aux documents dont les propositions condamnées étaient extraites, pour savoir exactement en quel sens elles avaient été censurées. Mais c'est
ce qu'on ne faisait pas.

En somme, on ne s'attachait qu'à quelques-unes des
propositions du *Syllabus*, qui ont trait à la société moderne.

Mais d'abord, société moderne, civilisation moderne,
libéralisme, autant de mots vastes et vagues, et non définis : il faut les définir et voir ce qui s'y cache. Ne peut-il
pas s'y cacher aussi l'erreur et le mal, la négation antichrétienne, et l'oppression de l'Eglise ? Il y a donc une
distinction, un départ nécessaire à faire en dés choses si
complexes. Surtout il y a la grande distinction à établir
entre l'absolu et le relatif, autrement dit la thèse et l'hypothèse. Tel était le principe général de solution que
l'évêque posait.

Prenant alors l'une après l'autre toutes ces libertés, il
y appliquait cette distinction, et, à cette lumière, toutes
les accusations entassées contre les documents pontificaux
s'évanouissaient comme des ombres.

Et d'abord la *liberté philosophique*. Vous dites que le
Pape condamne la raison. Mais il a condamné ceux qui,
parmi nous, ont voulu y porter atteinte ; il a proclamé,
dans les actes les plus solennels, la commune origine de
la raison et de la foi, et leur accord nécessaire dans leur

distinction essentielle. Il ne condamne, parce que c'est antichrétien, et même antiphilosophique, que l'omnipotence absolue et la souveraineté de la raison, qui est, implicitement, la négation de Dieu même et de l'Eglise.

« Savez-vous ce que le Pape fait ici ? Il fait ce que l'Eglise a fait toujours : il défend tout ensemble la raison et la foi ; la raison contre les sophistes, et la foi contre les impies. » Qui ne le sait? Il y a aujourd'hui des sophistes qui retournent la logique, la raison contre elle-même, et posent comme axiome fondamental la formule même de l'absurde, l'identité du vrai et du faux, du oui et du non : le nierez-vous ?

» Voilà ceux que le Pape condamne... »

Passant au *progrès*, à la *civilisation*, l'évêque reproduisait la même distinction nécessaire et péremptoire. « Et il était, ajoutait-il, d'autant plus facile de la faire, cette distinction, que le Pape l'avait faite assez clairement dans l'acte pontifical lui-même auquel cette proposition du *Syllabus* se réfère... » En effet, dans cet acte, le Pape condamne *un certain progrès*, qui n'en est pas un, *une certaine civilisation*, qui n'est qu'une décadence. Mais le vrai progrès des sciences, des arts, des lettres, de l'industrie, des mœurs, des lois, tout ce qui, en un mot, constitue cette chose complexe, une civilisation, une société, rien, non rien dans l'Encyclique et le *Syllabus* ne le réprouve ni ne l'entrave. Quand donc vous nous demandez, d'une façon absolue, vous qui avez fait la rupture, de nous réconcilier avec ces choses, que voulez-vous dire?

« Vous nous parlez de progrès, de libéralisme et de civilisation, comme si nous étions des barbares et ne savions pas un mot de tout cela ; mais ces mots sublimes que vous dénaturez, c'est nous qui vous les avons appris, qui vous en avons donné le vrai sens, et mieux encore, la réalité sincère. Chacun de ces mots a eu, malgré vous, et conserve encore, et conservera à jamais, un sens parfaitement chrétien ; et le jour où ce sens périrait, ce jour-là périrait aussi tout libéralisme sincère, toute civilisation véritable. »

La *liberté de conscience*, que de manières erronées

encore d'entendre ce mot ! S'il implique l'indifférentisme
doctrinal, l'égalité en soi du vrai et du faux, l'Eglise ne
doit-elle pas réprouver une erreur si manifeste? Et si l'on
entend cette liberté en ce sens que la conscience, comme
tout à l'heure la raison, est souveraine, supérieure à la loi
divine, n'est-ce pas là placer l'homme au-dessus de Dieu ?
Et si, en conséquence, on fait de la liberté des cultes un
droit absolu, un principe, partout et toujours applicable,
n'est-ce pas là encore une négation implicite de la souveraineté de Dieu, et du Christianisme, divine institution ;
et l'Eglise peut-elle ne la pas condamner ?

Non, le vrai et le faux ne sont pas même chose, et la loi
de Dieu domine la conscience de l'homme, et le Christianisme, fait divin, s'impose en droit à tous. En d'autres
termes, la conscience est *libre*, mais *obligée ;* en face de
la vérité, comme en face du devoir, l'homme est *obligé ;*
en face du Christianisme, l'homme est *obligé.* Entendre
donc la liberté de conscience comme l'affranchissement
de tout lien de conscience, erreur ; en déduire la liberté
illimitée des cultes comme un principe, un idéal obligatoire, autre erreur. L'individu peut trouver, dans son
ignorance et sa bonne foi, une *excuse,* une *tolérance,* non
un *droit primordial, antérieur, absolu.* Voilà la vraie
doctrine. Et de plus, quand, en fait, dans un pays l'unité
doctrinale a été brisée, sur ce *fait* on peut établir un *droit
politique.* Et c'est pourquoi, une institution, une constitution où la liberté des cultes est inscrite, non, le Pape ne
la condamne pas nécessairement. Bien plus, cette liberté
des cultes, il la pratique lui-même !

Mais elle n'est pas pour lui l'idéal.   .

« Il y a pour le Pape et pour l'Eglise un autre idéal, et
il ne faut jamais leur demander de transformer en vérités
absolues des nécessités relatives, d'ériger des faits regrettables, des divisions malheureuses, mais tolérées, en principes dogmatiques [1]. Non, l'idéal du Pape et de l'Eglise, ce

---

1. On voit que l'évêque d'Orléans *interprète* le *Syllabus* en le défendant,
et condamne formellement les *thèses* libérales, et se garde bien de
transformer l'*hypothèse,* « les faits regrettables, les divisions malheureuses » en idéal et en principes.

n'est pas l'anarchie, c'est l'harmonie des intelligences ;
ce n'est pas la division, c'est l'unité des âmes...

» Cela veut-il dire que notre foi, nous voulons vous
l'imposer par la violence, et vous forcer à croire? Pas le
moins du monde...» Mais cela ne veut pas dire non plus
« que l'Eglise, à qui l'on dénie tout aujourd'hui, n'a pas,
comme toute société, son droit de défense, sa discipline
canonique, son autorité coercitive;... que l'Eglise doit
demeurer absolument sans force pour se défendre elle-
même et ses enfants contre les attaques de l'impiété;...
que s'il y a eu, dans le cours des siècles, ou que s'il y a
encore quelques régions dans le monde où la loi de
l'Eglise est devenue, par suite de l'unité de foi et l'accord
des volontés entre les citoyens, la loi civile même, et où
l'Etat s'est fait l'évêque extérieur et le protecteur des saints
Canons, là l'Etat et l'Eglise ont agi sans droit... Non, non,
nous n'avons rien de sérieux à désavouer dans le passé,
rien à craindre dans l'avenir : nous serons de notre temps,
mais nous ne désavouerons pas les grands siècles chrétiens. »

De même pour les *libertés politiques*, la grande distinction revient : Comment les comprenez-vous? Là encore,
quels que puissent être les dissentiments théoriques : et
qui donc a le droit de nous imposer ses théories? sur le
terrain des faits, de la pratique, de la politique, et cela
suffit, nous pouvons nous entendre. Sans doute on peut
donner pour base aux constitutions des déclarations de
principes, vraies ou erronées; c'est l'affaire de ceux qui
dogmatiseraient ici; mais en soi, les constitutions valent,
politiquement, ce qu'elles valent; elles ne sont pas des
hérésies. Des thèses ne sont pas des lois; des lois ne sont
pas des thèses. La question n'est donc pas de savoir si les
catholiques doivent embrasser comme thèses, comme vérités absolues, mais simplement s'ils peuvent accepter,
comme lois, ou nécessairement combattre comme
telles, les libertés politiques modernes. Eh bien, con-
sidérées comme des lois, comme des institutions que
les nécessités d'un pays ou d'un temps peuvent amener, quelle parole du *Syllabus* ou de l'Encyclique les

condamne? Aucune. Et, si on veut aller au fond des
choses :

« Y a-t-il réellement une forme de gouvernement que
l'Eglise repousse? Non, l'Eglise est catholique, c'est-à-dire
de tous les temps et de tous les lieux. Et elle ne demande
qu'une chose : remplir sa mission, et vivre en paix avec
tous les gouvernements du monde. C'est pourquoi, mé-
connaissant sa pensée sur ce point comme sur tant d'autres, on nous fait ici des reproches si contradictoires, et
tour à tour on nous accuse tantôt d'être incompatibles
avec les gouvernements, et tantôt d'être les complices de
tous les pouvoirs.

» La vérité est que l'Eglise n'est inféodée par sa nature
à aucune forme de gouvernement, et les accepte tous,
pourvu qu'ils soient justes; ce qui ne veut pas dire assurément qu'elle voit avec indifférence les peuples bien ou
mal gouvernés, et qu'elle interdit à ses enfants le patriotisme.

» Mais tous les gouvernements ont des formes chan-
geantes, et l'Eglise ne s'inféode à aucun, parce qu'elle est
éternelle et universelle.

» Tous les gouvernements sont relatifs et imparfaits.
Il y a longtemps que l'on dispute parmi les hommes sur
la meilleure forme de gouvernement... L'Eglise habite des
régions supérieures à ces discussions : républiques, mo-
narchies, empires, elle n'entre pas dans ces questions;
toutes ces diverses formes politiques sont laissées au libre
choix de ses enfants; j'ose dire qu'il n'y a pas à cet égard
d'esprit plus libéral que le sien.

» Et c'est ce qui rend si admirable cette unité supérieure des âmes qu'elle a su créer dans la plus entière
liberté, par-dessus toutes les divisions et toutes les disputes humaines, l'unité toute morale des croyances.
Soyez de toutes les formes politiques que vous voudrez,
de tous les pays et de tous les régimes sociaux que vous
voudrez, l'unité catholique vous reste ouverte. Il y a,
depuis dix-huit siècles, le spectacle de cette grande unité
dans le monde. C'est divin. »

La discussion achevée, pour relever, comme il disait,

le moral des troupes, l'évêque terminait par quelques pages pleines de courage, d'espérance et d'éloquence, qu'il avait intitulées *Sursum corda.*

« ... Il se peut, hélas! disait-il, que le pouvoir de la Papauté, dix fois séculaire, succombe... Que se passera-t-il alors? On croit que tout sera fini; tout commencera.

» L'embarras sera pour les puissances de la terre. Le chef des chrétiens, moins embarrassé que les témoins indifférents ou triomphants de sa chute, prouvera au monde, une fois de plus, que l'Eglise s'accommode de tous les régimes, même de la persécution.

» ... L'Evangile nous raconte qu'après la mise au tombeau du Seigneur, Pierre dit à ses compagnons : « Je vais » pêcher. » C'était la nuit; peu le suivirent; ils ne prirent rien. La fatigue et le découragement les saisirent. Mais à peine l'aurore avait-elle rougi les nuées, qu'ils virent sur le rivage, venant à eux, Jésus qui était là et leur dit : « Jetez de ce côté vos filets, ayez confiance, ne vous lassez » pas. » Et l'un des apôtres s'écria : « C'est lui, c'est le » Seigneur! »

» ... Oui, le maître est là, sur la rive; il nous attend, et la pêche demain sera miraculeuse...

» ... Si je regarde avec soin dans la mêlée, en voyant l'ardeur et le dévouement des uns, l'excitation et la fureur des autres, je me dis : Certes, il faut que la religion soit redevenue une bien grande puissance pour susciter de telles haines et de tels amours... Aujourd'hui, tout ce qui intéresse la religion émeut les âmes. Pie VII, jouet de la force et du malheur, inspire à nos souvenirs plus d'admiration qu'il n'en inspirait aux contemporains dans ma jeunesse; et voici qu'autour de Pie IX, depuis dix-sept années, la force, la ruse, la colère, la haine, la lâcheté s'ameutent, se coalisent, s'agitent, tournent, approchent, s'éloignent, reviennent, sans que la fidélité se lasse et sans que l'usurpation ose avancer la main et porter le dernier coup.

» S'il parle, en Angleterre, en France, en Allemagne, en Russie, en Amérique, un frémissement universel ré-

pond, comme si une grande voix venait d'éclater à la fois
sur tous les sommets du monde...

» Ah!{c'est que}la vérité catholique a retrouvé son écho
au fond de toutes les consciences : du fond de toutes les
âmes de ce temps il s'élève une question jusqu'à Jésus-
Christ : on s'incline ou on se débat sous sa main divine...
On l'aime ou on le déteste, mais on ne l'ignore plus; son
nom est, comme disait autrefois saint Paul, au-dessus de
tout nom ; son Evangile est le premier besoin des âmes.

» Non, non, pauvres ennemis, puissances d'un moment,
quand vous auriez abattu le trône du Pape, vous n'en
auriez fini ni avec l'Eglise, ni avec le Pape...»

Tel était, dans ses grandes lignes, cet écrit. L'effet sur
ceux du dehors, comme sur les catholiques, fut immense.
Assurément, ces vastes questions n'étaient pas épuisées
dans ces pages rapides, mais les solutions aux difficultés,
du moins les principes de solution, étaient là; et, toutes
les exagérations, toutes les vaines accusations anéanties,
toute cette poussière tombée, l'Encyclique brilla de sa
vraie lumière. Confondus, les journaux, qui se voyaient
arracher cette proie, n'essayèrent pas même de discuter.
Ils n'eurent qu'une réponse. L'évêque d'Orléans a « transfiguré» l'Encyclique : eux qui l'avaient défigurée; et à
l'appui de cette réponse qu'un seul argument : l'interprétation de certaines feuilles catholiques. « Vous avez
pour alliés, lui disait le *Siècle*, des organes moins habiles
sans doute que Votre Grandeur, mais qui ont du moins
le mérite d'une rude franchise. Nous avons reproduit
dans cette feuille des extraits qui réfutent vos commentaires. »

Aussi, quand parut l'écrit de l'évêque d'Orléans, sans
le nommer, le même organe catholique, auquel faisait
allusion le *Siècle*, écrivit ceci : « Il y a des chrétiens
timides qui contestent cette opportunité (des documents
pontificaux), et des chrétiens habiles qui essayent d'en
atténuer la portée. » Sur quoi le *Journal des Débats*, un
de ceux que l'évêque d'Orléans avait le plus malmenés
dans son écrit, s'empressa-t-il de dire qu'il y avait parmi

les catholiques deux partis, les *sincères* et les *habiles*, et que l'évêque d'Orléans *s'entendait à demi-mot avec le cardinal Antonelli*. Ici l'honneur était en cause. Immédiatement une vive réponse arriva au *Journal des Débats*. Cette réponse est très remarquable, surtout étant donnés la situation et le péril qui naissait des divergences signalées. Sous le feu de l'ennemi, on ne tire pas sur ses propres troupes : l'évêque d'Orléans, avec une modération, habile sans doute, mais bien méritoire, avait donc négligé à dessein les opinions extrêmes qu'on lui opposait et qui le désolaient : opinions individuelles et sans autorité. Il les écartait encore dans sa réponse aux *Débats*, mais il insistait sur l'unanimité éclatante de l'épiscopat :

« Vous n'obtiendrez pas un mot de moi sur nos divisions. Est-ce qu'il en peut être question en effet dans ce moment?

» Le Souverain Pontife parle à l'Eglise tout entière : gardien universel de la foi qui est une, il n'attaque ni les lois, ni les institutions de notre pays; il ne s'occupe pas des opinions libres qui peuvent diviser les hommes, il ne descend pas aux petites querelles; gardien de la pure charité, il ne songe qu'à unir, qu'à éclairer ses enfants; il n'a voulu ni nommer ni exalter personne. Le Pape ne songe qu'au triomphe de la vérité et au bien des âmes...

» J'ai dit, Monsieur, la simple vérité. Mes collègues l'ont dite avant moi, chacun dans la forme qui lui a convenu, entre les étroites limites qui lui étaient imposées... L'épiscopat est unanime, le Saint-Père nous approuve, la France nous comprend[1]. »

Néanmoins, le dissentiment signalé subsistait, parce qu'en effet, depuis la scission politique amenée par le coup d'Etat et l'Empire, il y avait, on ne le sait que trop, parmi nous « deux camps en conflit sous le même drapeau, deux conduites diamétralement opposées au service

---

1. Cette importante lettre se lit à la suite de l'écrit sur la *Convention* et sur l'*Encyclique* dans le tome IV des *Nouvelles œuvres choisies*.

de la même cause »; et sur l'Encyclique et le *Syllabus* en
particulier, une partie de la presse catholique, nous l'a-
vons vu, parlait exactement comme le *Siècle*, allant jusqu'à
appeler « un antisyllabus » l'écrit de l'évêque d'Orléans.

En face de ces divergences, une question donc se pose :
Où est l'interprétation vraie de l'Encyclique et du *Syllabus* ? En voici deux absolument contradictoires; celle-ci
d'abord : « La civilisation moderne, c'est la fin de la civilisation chrétienne... Il y aurait duperie à distinguer entre
le *bon* et le *mauvais* libéralisme... Tout libéral tombe
nécessairement sous la réprobation de l'Encyclique... *En
aucun sens* un catholique ne peut être ni se dire *libéral...*»
Et cette autre : « Vous nous parlez de progrès, de libéralisme et de civilisation... Mais *ces mots sublimes*, que vous
dénaturez, c'est nous qui vous les avons appris, qui vous
en avons donné le vrai sens, et mieux encore, la réalité
sincère. Chacun de ces mots *a eu* malgré vous, *et conserve
encore* et conservera à jamais *un sens parfaitement chrétien...* »

Eh bien, laquelle de ces deux interprétations est la vraie?
Oui ou non, l'évêque d'Orléans a-t-il *transfiguré* l'Encyclique et fait « un antisyllabus » ? Les juges compétents
ont-ils dit cela? Son interprétation est-elle opposée ou
conforme à celle de ses collègues? A-t-il été blâmé ou
approuvé par l'épiscopat et par Rome?

Or voici ce qui s'est produit, et jamais peut-être, dans
l'histoire de l'Eglise, semblable manifestation ne s'est faite
autour d'un acte épiscopal; jamais peut-être pareilles
approbations n'ont été données à l'écrit quelconque d'un
évêque. Mgr Dupanloup lui-même, un jour, à la tribune,
se trouvant en face d'un adversaire qui lui opposait l'interprétation contradictoire à la sienne, pour en conclure
que l'Eglise condamnait la société moderne, a confondu
l'accusation par ces invincibles témoignages [1].

Tout d'abord le nonce apostolique à Paris, Mgr Chigi,
s'empressa de lui écrire :

---

1. Réponse à M. Challemel-Lacour.

« Paris, 26 janvier 1865. Monseigneur, je viens de lire votre magnifique travail sur la Convention du 15 septembre et sur l'Encyclique du 8 décembre, et-j'en suis ravi... Je ne puis finir, Monseigneur, sans vous exprimer toute ma reconnaissance pour cette nouvelle preuve que vous venez de donner à l'Eglise et au Saint-Siège de votre zèle et de votre dévouement, et pour le *puissant appui* que vous apportez de nouveau et si à propos à la cause du Saint-Père. »

Ce *puissant appui* consistait-il donc à avoir atténué, édulcoré, escamoté, comme on disait, le *Syllabus*, et, selon l'expression, inélégante mais pittoresque, d'un ministre, à lui avoir mis un faux nez ?

Quelques jours après, un prince de la Cour romaine, le cardinal Caterini, un des grands promoteurs du *Syllabus*, lui écrivait de Rome : « ... J'estime cet écri une œuvre admirable, une œuvre d'or... » Puis, constatant l'immense diffusion qu'il avait déjà reçue, en France et dans l'Europe : « *Quelles victoires*, ajoutait le cardinal, remporte sur l'erreur l'éloquence *au service de la vérité et de la justice!* Usez, Monseigneur, usez, comme vous l'avez fait si glorieusement jusqu'ici, de ce génie si étonnamment heureux, pour *relever* et *fortifier*, autant que vous le pourrez, l'Eglise notre mère, en butte à tant d'ennemis[1]... » Cette lettre est datée du 8 février, c'est-à-dire postérieure de quatre jours au bref du Pape dont nous allons tout à l'heure parler, et que le cardinal Caterini ne pouvait pas ignorer. Aurait-il parlé ainsi d'un écrit qui eût énervé et travesti l'Encyclique?

Et quant à l'épiscopat : « Tous les évêques, avec leur chef, vous applaudiront, Monseigneur, » lui écrivait un évêque. Et en effet, cet écrit, qu'un cardinal appelait une

---

1. Eximium hoc opus, ac *vere aureum*... Id argumenti est *quantas ex errore victorias* agat eloquentia, cum *veritatis ac justitiæ causam agat.* Quocirca utere, amplissime Domine, singulari ista felicitate ingenii, utere, prout hactenus cum laude fecisti, ut matrem nostram Ecclesiam a tot oppugnatoribus lacessitam, quantum in te erit, *erigas ac reficias.*

œuvre admirable, une *œuvre d'or*, voici un évêque belge,
Mgr Dechamps, depuis cardinal archevêque de Malines,
qui l'appelle « un monument impérissable », et qui félicite
l'auteur « de l'immense bien qu'il a fait » ; il ajoute qu'il
le fait déposer dans la bibliothèque de son Grand Ssémi-
naire pour l'instruction du jeune clergé ; un évêque allemand, l'évêque de Fulda, le proclame « un monument
historique qui doit passer à la postérité, et auquel soit
en ce qui touche la Convention, soit en ce qui regarde
l'Encyclique, il adhère de tout son cœur » ; un évêque
oriental le nomme « le monument de ce siècle », et
déclare « qu'il s'associe pleinement à toutes les assertions
émises dans cet écrit ». De Mayence l'illustre Mgr Ketteler
lui fait écrire que cette publication est « un véritable évè-
nement ; un témoignage entendu et compris par des millions de lecteurs ». Un évêque italien, l'archevêque de
Spolète, l'appelle « un livre providentiel » ; celui qui devait
être Léon XIII, l'archevêque de Pérouse, salue à cette
occasion l'évêque d'Orléans comme « le défenseur et le
soutien du Saint-Siège » et il lui offre « ses congratulations
avec celles de tout l'univers ». « Le changement que cet
écrit a opéré dans l'opinion publique, lui écrit l'archevêque
de Gênes, est immense. » « Il a réduit au silence le libéralisme maçonnique, s'écrie l'évêque de Liège, et relevé
notre jeunesse catholique. » « Vous avez dit, sur la Convention et sur l'Encyclique, lui écrit le cardinal archevêque de Rouen, Mgr de Bonnechose, tout ce que je voulais
dire. » Le vénérable archevêque de Tours, Mgr Guibert,
aujourd'hui cardinal archevêque de Paris, lui dit : « Vous
avez rendu bien des services à l'Eglise depuis que vous
êtes évêque ; celui-ci est le plus grand. » « L'Eglise a besoin de vous », s'écrie dans son enthousiasme l'évêque
d'Amiens ; l'archevêque de Bourges, Mgr de la Tour d'Auvergne, « applaudit de tout son cœur à cet immense succès ». « Jamais évêque, en ce siècle, ne rendit à l'Eglise un
plus grand service », s'écrie l'évêque de Laval. L'évêque de
Saint-Dié, Mgr Caverot, aujourd'hui cardinal archevêque
de Lyon, proclame « admirable cette défense de l'Encyclique », et il ajoute : « Au reste, nous comptions sur

vous, et nous étions sûrs·que notre vaillant champion ne
nous ferait pas défaut. » « Cet écrit, selon un autre évêque
français, répand la lumière sur les ténèbres que l'on a
entassées. » « Il aura, s'écrie un autre évêque, dissipé bien
des préjugés et empêché bien des malheurs. » « Il donne,
déclare l'archevêque de Munich, le sens vrai des thèses
du *Syllabus.* » « Il met, selon l'évêque de Fribourg en
Brisgau, l'Encyclique et le *Syllabus* dans leur vraie lumière. » Un autre évêque « approuve entièrement tous les
sentiments et toutes les idées de l'auteur. » L'évêque de
Para au Brésil, Mgr de Macedo, traduit et insère dans une
lettre pastorale « cette magnifique défense de l'acte pontifical ». « On éprouve, écrit un autre prélat, l'archevêque
de Lisbonne, admiration pour l'ouvrage, vénération pour
l'auteur, adhésion pour les doctrines qu'il soutient. » Un
autre : « Tous les catholiques, les évêques surtout, sont
tenus de demander à Dieu qu'il conserve longtemps à son
Eglise un si puissant défenseur. » « L'Eglise a besoin de
lui. »

Or combien d'évêques parlent de la sorte? SIX CENT
TRENTE. Nous disons : SIX CENT TRENTE.

Nous avons entre les mains le recueil de ces lettres.
Elles viennent de la France et de l'Italie, de la Belgique
et de la Hollande, de l'Irlande et de l'Angleterre, de l'Espagne et du Portugal, de la Suisse, de l'Autriche, de la
Hongrie, de tous les pays allemands, de la Grèce, de
l'Amérique du Sud, des Etats-Unis, du Canada, de la Syrie,
de l'Asie Mineure, de tout l'Orient, de Beyrouth, Césarée,
Constantinople, Mossoul et des îles les plus lointaines de
l'Océanie [1].

Nous le répétons, quel acte épiscopal a jamais reçu
pareille adhésion de l'épiscopat?

Et un écrit loué de la sorte par les évêques du monde

---

1. Nous avons en outre deux énormes volumes in-quarto, contenant
des lettres d'ecclésiastiques et de laïques, venues de tous les points de
la France et de l'étranger, et dont l'accent atteste éloquemment l'heureuse impression partout produite par cet écrit. — A l'argument formidable qui sort de ces approbations sans précédent, qu'a-t-on trouvé
à répondre? Simplement ceci : Ce sont « des accusés de réception ! »

entier serait, comme on n'a pas craint de l'écrire, une trahison de la doctrine, une altération sacrilège des actes pontificaux, «un *antisyllabus !*» Les évêques du monde entier n'y entendent donc rien ? Ou ils se moquent donc d'eux-mêmes quand ils s'écrivent sur les plus graves questions? Et l'acte du Pape était donc, aux yeux des adversaires de Mgr Dupanloup bien compromettant, si «le plus grand service», selon l'expression de l'archevêque de Tours et du Nonce, et du cardinal Caterini, et du Pape lui-même, — le plus grand service qu'un évêque ait pu rendre à l'Eglise a été, non de faire éclater le sens de cet acte, mais de l'atténuer et de l'énerver ?

Les félicitations du Souverain Pontife vinrent couronner ces témoignages inouïs.

Au moment même où elle paraissait à Paris, la brochure avait été remise au Pape : le Pape la lut tout entière, et Sa Sainteté ne dissimula pas sa vive et complète satisfaction. Parmi les nombreux témoignages écrits que nous en pourrions citer, en voici un que personne assurément ne récusera. .

« Monseigneur, écrivait à l'auteur un des personnages les plus vénérés de Rome, le Souverain Pontife s'est déjà exprimé, *dans plusieurs circonstances,* sur votre dernière publication en des termes *si consolants pour vos amis,* qu'il serait superflu de rien ajouter à UNE AUSSI HAUTE ET AUSSI FORMELLE APPROBATION. Veuillez bien cependant, Monseigneur, agréer les REMERCIEMENTS et les FÉLICITATIONS SINCÈRES de notre Père général et du P. Rubillon. Je vous laisse à juger, Monseigneur, si je suis heureux d'être leur interprète, et *si je partage leurs sentiments.* Daignez me bénir...

» De Votre Grandeur, le très humble et tout dévoué serviteur en Jésus-Christ.

» P. DE VILLEFORT, S. J. »

Les Jésuites ne sont pas des gens étourdis, et, personnellement, les trois hommes dont il est question ici : le P. général, le P. Rubillon et le P. de Villefort, ne laissent assurément rien à désirer, quant à la prudence, la science théologique et la vertu. Tous trois, évidemment, ont lu l'écrit ; tous trois connaissent la pensée hautement manifestée du Pape : or, cette pensée, déclare le P. de Villefort, est *une haute et complète approbation*, à laquelle lui-même s'associe, ainsi que les deux hommes les plus éminents de sa compagnie.

Un fait singulièrement significatif encore, et qui ne s'expliquerait guère si les adversaires de l'évêque d'Orléans ont raison, si son écrit « a violenté les enseignements du Saint-Siège au point de les plier au sens des théories qu'ils condamnent », c'est l'autorisation donnée par le Pape de traduire et d'insérer intégralement la brochure dans le journal officieux de la Cour romaine, l'*Osservatore romano*. Cette traduction parut sans l'ombre d'un commentaire et d'une rectification quelconque.

Enfin un bref fut expédié aussi, à la date du 4 février, et, conformément aux déclarations orales du Saint-Père, l'écrit de l'évêque d'Orléans y reçut la plus formelle approbation.

L'évêque d'Orléans a parlé le dernier des évêques de France ; mais a-t-il tenu un langage opposé à celui de ses collègues ? Tout au contraire : le Saint-Père le loue d'avoir mêlé sa voix à celle de ces courageux évêques, lesquels, dit-il, ont défendu nos droits et condamné aussi les erreurs réprouvées par nous, et cela « au sens du Souverain Pontife ».

« ... Il me semblait déjà entendre votre voix se mêler à la généreuse voix de vos frères qui, presque tous, avec une fermeté et une liberté toute sacerdotale, ont affirmé les droits essentiels du Saint-Siège et de l'épiscopat méconnus, et prémuni les fidèles confiés à leurs soins contre les erreurs condamnées par nous et réprouvé ces erreurs *au sens où nous les avons réprouvées nous-même*. Aussi avons-nous été charmé de l'écrit dans lequel, après avoir rappelé avec éloges les intrépides protestations de vos frères dans l'épiscopat, vous déclarez *vous y associer de tout cœur* [1] ...»

Si l'évêque d'Orléans a parlé comme ses collègues,

---

1. Ita de tua in Nos observantiâ et dilectione sentimus ut... jam Nobis audire videremur vocem tuam nobilibus commixtam vocibus fra-

quoique avec plus d'éclat, et si ceux-ci ont parlé comme le Pape, donc l'évêque d'Orléans aussi !

Le Pape, en terminant ce long bref, le remercie encore de son écrit[1]. Il fait plus, il lui demande de continuer, « *certain*, lui dit-il, que dans ses explications ultérieures de l'acte pontifical, il sera *d'autant plus dans le sens vrai de cet acte qu'il en a réfuté avec plus d'énergie les interprétations erronées*[2] ».

C'est cette dernière phrase dont s'emparent ceux qui ont accusé l'évêque d'Orléans d'avoir « violenté les enseignements du Saint-Siège au point de les plier au sens des théories qu'ils condamnent ». Selon eux, par ces paroles, le Pape a *blâmé* l'évêque d'Orléans !

Mais si tel était le sens de cette formule, le Pape démentirait, non seulement les louanges si hautement données par lui à l'écrit de l'évêque d'Orléans, au témoignage irrécusable du P. de Villefort, mais encore son propre bref ; ce bref deviendrait alors une pièce pitoyable, contradictoire à elle-même, détruisant à la fin ce qu'elle a dit au commencement. Car enfin, au début du bref, l'élog est formel, indéniable, et nous avons vainement demandé une réponse à cet irréfragable argument : le Pape dit que l'évêque d'Orléans a interprété ses deux actes *comme ont fait les autres évêques de France*, lesquels les ont interprétés *au sens même du Souverain Pontife :* donc l'évêque d'Orléans aussi ! Et après avoir dit cela, le Pape dirait le contraire ! Ou plutôt, comment aurait-il pu dire cela d'un écrit qui aurait « violenté les enseignements du Saint-Siège au point de les plier au sens des théories qu'ils condamnent » ?

---

trum tuorum qui... fideles sibi creditos præmonere curabant de periculo errorum à Nobis damnatorum, eosque se execrare profitebantur, *et eodem plane sensu quo a Nobis fuerant reprobati...* (Bref du 4 février 1865.)

1. *Gratum itaque tibi significamus animum Nostrum.*

2. Pro certo habentes te, pro zelo quo religionis et veritatis causam tueri soles, *eò* accuratius traditurum esse populo tuo germanam nostrarum litterarum sententiam, *quò* vehementius calumniosas interpretationes explosisti.

Et comment ce bref a-t-il été compris dès qu'il a été publié ? « Je viens de lire, écrivait à l'évêque d'Orléans, le 10 avril, le cardinal archevêque de Lyon, Mgr de Bonald, la lettre que Sa Sainteté vous a adressée : ELLE EST LA JUSTE RÉCOMPENSE DE VOTRE ZÈLE. »

Est-ce en France seulement que le bref a été ainsi interprété ? Non, voici, entre autres, le témoignage d'un évêque belge, Mgr l'évêque de Liège : « 11 août 1865. ... La lettre si belle que le Saint-Père vous a écrite n'a pas échappé à mon attention. Je comprends que l'évêque attache plus de prix à CET AUGUSTE SUFFRAGE que l'écrivain au merveilleux succès de son œuvre. » En Italie de même : « Toutes mes congratulations, écrit à la date du 26 juillet l'évêque de Padoue à Mgr l'évêque d'Orléans, pour le succès de cette œuvre, pour l'APPROBATION QU'ELLE A OBTENUE DU SAINT-PÈRE », etc.

Voilà comment les évêques ont interprété, dans le sens d'un *blâme*, le bref de Pie IX à Mgr Dupanloup.

La contradiction entre le Saint-Père et les évêques dont nous avons cité les étonnants éloges serait dans ce cas flagrante et inexplicable.

Quelle est d'ailleurs pour le bon sens non prévenu la signification obvie, naturelle, de la formule *eô... quô...* « Vous expliquerez d'autant mieux l'Encyclique que vous l'avez mieux défendue » ? Est-ce de la défiance ou de la confiance que le Pape témoigne à l'évêque d'Orléans ? Est-ce un démenti et une réfutation de son propre écrit qu'il lui demande, comme il le devrait si l'évêque d'Orléans, ainsi que le soutiennent les ennemis, a défiguré, annulé les enseignements du Saint-Siège ? Mais dans ce cas, voici le langage, véritablement inepte, qu'en réalité tiendrait le Saint-Père : Je suis assuré que vous expliquerez d'autant mieux l'Encyclique... que vous l'avez défigurée ! Non pas : Si vous l'avez défigurée déjà, vous êtes d'autant moins apte à en développer le vrai sens ! voilà ce que le Pape aurait dû dire. Loin de là, le Pape, non seulement ne lui signale aucune erreur, et personne du reste n'en signale ; personne, jusqu'ici, n'a pris un texte de cet écrit et n'a dit : Voilà qui est erroné ; mais au

contraire le Pape l'encourage à combattre encore, il lui
dit : Continuez, « et *vous serez, j'en suis sûr, un inter-*
prète d'autant plus fidèle du Syllabus et de l'Encyclique
que vous en avez été un plus éloquent vengeur » : c'est
donc qu'il a reconnu que les doctrines professées dans
cet écrit sont conformes aux doctrines de l'Encyclique et
du *Syllabus*. Est-ce que l'évêque d'Orléans pouvait avoir
deux doctrines contraires, une en confondant les fausses
interprétations, l'autre en développant les documents
pontificaux ? D'autant plus que dans son écrit, et nous
insistons sur ce point, il professait une doctrine ; il ne se
bornait pas à dire : *tel n'est pas le sens ;* il disait de plus :
tel est le sens du *Syllabus*.

Enfin c'est faire jouer à Pie IX un rôle indigne de lui :
sans grandeur, sans franchise et sans courage. Comment,
voilà un écrit qui retentit dans le monde entier ; les ennemis disent qu'il atténue, qu'il énerve, qu'il défigure les
documents pontificaux, et c'est là ce *puissant appui*
apporté, selon le Nonce, au Saint-Siège ! C'est là *cette vic-*
toire remportée, selon le cardinal Caterini, par cet heureux
et éloquent génie ; c'est là ce *grand service* rendu, selon le
vénéré Mgr Guibert et tant d'autres, au Saint-Siège ! Il
fallait, pour la défendre, défigurer sa parole ! Ah ! que cet
argument se rencontre sous une plume ennemie, on le
comprend : qu'un écrivain protestant vante, dans un
journal protestant, « les prodiges d'adresse dont le prélat
a eu besoin pour déguiser les imprudences du Saint-
Siège », qu'il ajoute : « Il n'a trouvé qu'un moyen de
défendre l'Encyclique, celui de l'escamoter [1] », à la bonne
heure ; mais si l'évêque d'Orléans a fait cela, et si le Pape le
croit, ce ne sont pas les éloges du Saint-Père qu'il mérite,
mais ses réprimandes ; il est un prévaricateur, et d'autant
plus dangereux que son écrit est dans toutes les mains.
De deux choses l'une, donc : Ou le Pape rougit de sa
parole, et est bien aise que l'évêque d'Orléans l'ait dissi-
mulée, atténuée, effacée ; mais qui osera dire cela ? Ou
bien, si le Pape tient à ce qu'un aussi grand acte soit.

---

1. M. Scherer, dans le *Temps*.

compris et accepté dans son vrai sens, il doit à l'évêque d'Orléans et à ses innombrables lecteurs une rectification ; non pas furtive, subreptice, et honteuse d'elle-même pour ainsi dire, ambiguë et trompeuse ; mais nette, claire, indiscutable. Avons-nous cela ? Non ; nous avons au contraire les plus grands éloges. Pourquoi donc alors ergoter sur une formule si peu claire dans le sens d'un blâme, que ce prétendu blâme nous le prenons, nous, pour une nouvelle et implicite approbation ?

On le voit donc, on attaque Pie IX lui-même plus que l'évêque d'Orléans par ces subtilités passionnées.

C'est, du reste, ce que reconnaissent les esprits impartiaux et désintéressés ; c'est ainsi que l'auteur d'un remarquable écrit intitulé *l'Eglise et le libéralisme*, M. Anatole Leroy-Beaulieu, prend en pitié ces interprétations d'adversaires obstinés, « faisant eux-mêmes ce qu'ils reprochaient à Mgr Dupanloup, épiloguant sur le bref pontifical, prétendant y découvrir un blâme dissimulé sous les éloges, comme si le Pape, dont ils célébraient l'indomptable énergie, eût pu s'oublier assez pour applaudir publiquement à des doctrines entachées d'erreur, ou pour déguiser subrepticement son blâme sous des paroles ambiguës [1] ».

Ainsi donc, en dépit des efforts qui ont pu être tentés, le bref est ce qu'il est, non ce que quelques-uns auraient voulu ; et la formule *eo quò* subsiste ; et les mots ont leur sens que rien ne peut changer. Non, le bref ne contient aucun *blâme*, aucune réserve désapprobative des doctrines exposées par l'évêque d'Orléans : « Rebelle aux voix qui voulaient lui imposer l'ingratitude avec le silence, Pie IX a béni dans l'arène son vaillant défenseur [2] » ; et c'était,

---

1. *Les Catholiques libéraux, l'Eglise et le libéralisme*, p. 209. Paris, chez Plon. — Excellent petit volume, nonobstant quelques réserves à faire sur certaines appréciations ; écrit par un auteur désintéressé, avec une complète impartialité, et qui offre un résumé historique très exact de la question.

2. Lettre à l'auteur des *Nouveaux débats*, par l'abbé Chapon.

non pas le blâmer, mais l'approuver encore, que de l'encourager à de nouveaux combats.

Il est donc démontré, d'une façon irréfragable, que l'interprétation de l'Encyclique et du *Syllabus* par l'évêque d'Orléans est la vraie; que sans avoir tout dit, car assurément, comme nous l'avons remarqué nous-même, ces vastes doctrines pourraient être développées plus qu'elles ne l'ont été dans cette exposition rapide, il n'a rien dit, et cela est capital, d'erroné, de répréhensible, et que la doctrine exposée là par lui est pleinement conforme à la pensée du Pape et de tout l'épiscopat.

Mais voici l'irrécusable argument qui sort de là :

D'une part, il faut, dirons-nous, aux esprits extrêmes, abandonner enfin des imputations qui ne peuvent plus désormais être de bonne foi, et ne plus parler jamais ici d'altération de doctrine et d'*antisyllabus*. Il faut mettre de côté aussi ces commentaires exagérés du document pontifical, qui débordent et faussent les textes.

Vous n'avez pas, dirons-nous d'autre part aux adversaires des actes pontificaux, essayé une réfutation quelconque des explications données par l'évêque d'Orléans ; c'était donc avouer implicitement que si l'Encyclique et le *Syllabus* ont le sens qu'il leur a donné, on peut s'entendre et vivre avec l'Eglise. Eh bien, voici que les évêques du monde entier acclament son explication, que le Nonce apostolique donne le signal, que le Saint-Père confirme tout par son bref. Donc vous vous êtes trompés, et il y a eu là un grand malentendu. Donc il faut renoncer à faire de l'Encyclique et du *Syllabus* une accusation contre l'Eglise, il faut bannir à jamais de votre polémique, si vous êtes sincères, ce vain épouvantail. Civilisation moderne, société contemporaine, non, le Pape ne réprouve rien de vos nobles aspirations, de vos légitimes progrès, de vos utiles conquêtes. C'est vous qui avez rompu avec l'Eglise, et non pas l'Eglise avec vous. Elle ne condamne que vos erreurs et vous défend contre vous-mêmes. Elle vous éclaire, elle vous appelle, elle vous tend les bras. Voilà la vérité.

Léon XIII du reste l'a déclaré, en des termes qui faisaient

tressaillir l'évêque d'Orléans, lorsque nous les lui lisions à Hyères : « Quelle est cette civilisation moderne que l'Eglise condamne ?... C'est une civilisation qui veut se substituer au christianisme, et nous ravir avec lui tous les biens dont nous a enrichis son action... Ce n'est pas la civilisation véritable, issue comme une fleur et un fruit de la racine du christianisme, qui a été condamnée par le Saint-Père, mais bien cette civilisation qui n'en a que le nom, et qui est l'ennemie implacable de la civilisation véritable[1]. »

Mgr Dupanloup et Léon XIII, sur cette capitale question, sont donc d'accord. Quand l'archevêque de Pérouse, à propos de cette interprétation du *Syllabus*, écrivait à l'évêque d'Orléans : « Vous êtes le défenseur et le soutien du Saint-Siège », et lui offrait « ses congratulations avec celles de tout l'univers », il portait déjà dans sa pensée les immortelles Lettres pastorales sur l'*Eglise et la civilisation*, qui firent pousser ce cri à l'évêque d'Orléans enthousiasmé : « Voilà, voilà la vraie doctrine. »

---

1. Lettre pastorale de Mgr Pecci, archevêque de Pérouse, sur l'*Eglise et la civilisation*. 1877-1878.

CHAPITRE XVII

Ces luttes pour la défense du Saint-Siège, si éclatantes, mais si absorbantes, n'étaient pas cependant, il s'en faut, les seules qui se disputaient les heures du laborieux évêque : que d'autres travaux, ou naissaient de ces luttes, ou surgissaient dans l'intervalle, sans qu'il fût possible de les décliner ! Pour lui aussi, l'abime appelait l'abîme. Nul homme en France, assurément, n'avait une vie plus dévorée. Et ainsi en sera-t-il, et de plus en plus, jusqu'à la fin de son existence.

La première lutte qui le saisit, au milieu de ses polémiques pour le Saint-Père, fut une nécessaire défense de la charité chrétienne. Suscitée par un acte regrettable du pouvoir, elle s'accrut de divers et considérables incidents.

Dans sa brochure : *Rome, la France et l'Italie*, M. de la Guéronnière avait osé dire des catholiques : « Ce parti a exploité la charité elle-même, s'est servi de vastes associations, a fait de la charité un piège tendu aux âmes généreuses. » La menace contenue dans ces paroles, le ministre de l'intérieur, M. de Persigny, se chargea de la réaliser ; il lança, le 16 octobre 1861, une circulaire

fameuse, qui est bien un des plus grands outrages qui
aient jamais été faits à l'Eglise, en même temps qu'un
des actes les plus imprévoyants et les plus impolitiques :
là, mettant sur la même ligne la franc-maçonnérie et la
Société de Saint-Vincent de Paul, il n'avait que des éloges
pour la première, lui laissait toute latitude et la faisait
passer de l'état de société secrète à l'état de société publiquement autorisée : nous en savons aujourd'hui. les
conséquences ! et, réservant toutes ses rigueurs pour la
seconde, après l'avoir accusée de cacher la politique sous
le manteau de la charité, il la frappait à la tête en la
décapitant de son conseil général.

L'évêque d'Orléans fut indigné. Immédiatement, il
écrivit à M. Cochin, membre du conseil général de cette
Société : « Orléans, 19 octobre 1861. Mon cher ami, vous
aurez lu la lettre de M. de Persigny sur saint Vincent de
Paul. Il m'est impossible de laisser passer cela ; l'honneur
de la charité, l'honneur de l'Eglise et des plus honnêtes
gens ne le permet pas. » Et le 27 du même mois : « Je
travaille à force, mais plusieurs évêques m'ont écrit pour
me prier de suspendre à cause des démarches qu'ils font
auprès de l'Empereur. J'ai répondu que je suspendrais
volontiers sur leur parole, pourvu que ce ne fût pas trop
long, et que ce serait un déshonneur pour l'épiscopat
français s'il ne s'élevait pas dans son sein une voix pour
défendre les plus honnêtes gens de la chrétienté, indignement outragés. Je ne tiens pas à ce que ce soit moi ; mais
s'il n'y en a pas un autre, ce sera moi : pourvu que Dieu
le permette. » Ce fut lui.

Non seulement, en maintes circonstances, il avait comblé d'éloges la Société de Saint-Vincent de Paul, mais il
avait présidé, en quelque sorte, à sa naissance.

« Un jour, raconte-t-il dans son beau livre : *De la Charité chrétienne et ses œuvres,* huit jeunes gens vinrent
me chercher, et m'ayant trouvé dans une chapelle de
doux souvenirs — à Saint-Hyacinthe — où je faisais le
catéchisme : « Monsieur l'abbé, me dirent-ils, nous voudrions tous les huit nous consacrer au service des pauvres. Qu'en pensez-vous ? » Je crus un moment qu'ils

voulaient fonder une nouvelle communauté religieuse ou
entrer dans quelque institut hospitalier. « Non, me dirent-
ils, c'est dans le monde que nous voulons nous dévouer
au service des pauvres. » Je leur dis que je trouvais cela
excellent, mais bien extraordinaire. Alors ils m'expo-
sèrent leur projet, fort beau en théorie, mais qui me paraissait trop beau peut-être pour être réalisable.

» Je leur conseillai cependant à tout hasard d'essayer,
pensant en moi-même que cela n'irait guère loin.

» Quoiqu'ils me priassent de vouloir bien les aider dans
l'exécution, je les abandonnai à peu près à eux-mêmes,
à Dieu et à leurs saints anges, et ils commencèrent. »

Ceci avait lieu en 1833. En 1853, au lieu de huit, ces
braves jeunes gens étaient deux mille à Paris seulement,
et ils visitaient cinq mille familles, c'est-à-dire environ
vingt mille individus, c'est-à-dire le quart des pauvres
que renferment les murs de cette immense cité. En 1861,
c'est-à-dire trente ans après cette institution, les Conférences étaient au nombre de quatre mille environ, dont
plus de quinze cents en France, et les autres, par la forte
impulsion et l'initiative du prosélytisme français, répandues partout, chez toutes les nations, sous toutes les
zones, et jusqu'aux plus lointaines extrémités de la terre.

Qu'allaient faire les Conférences après la circulaire?
De tous côtés on s'adressait à lui; il répondit d'abord par
une *Lettre au Président d'une Conférence,* dans laquelle
il conseillait aux Conférences de ne se point dissoudre,
de tenir bon, dans les conditions nouvelles qui leur
étaient faites, en attendant des temps meilleurs; puis,
sous ce titre : *les Sociétés de charité et la circulaire du
16 octobre,* il publia une éloquente brochure, qui mettait
à néant toutes les accusations soulevées par l'auteur de
la circulaire.

Les Conférences ne sont pas des sociétés secrètes; tout
s'y passe au grand jour, tout est publié; elles ne font
point de politique : jamais, sous aucun régime, on ne les
a trouvées en faute sur ce point. « Il est impossible, dit-
on, qu'il n'y ait pas quelque chose là-dessous. Oui, il y a
quelque chose là-dessous : il y a la charité, cette grande

chose, qui est Dieu, *Deus charitas est*, et qui inspire depuis dix-huit siècles toutes ces choses qui vous étonnent. Il y a la charité, sortie vivante du cœur du Christ mort pour les hommes, et qui, passant du cœur du Crucifié dans le nôtre, y suscite des sincérités de dévouement que vous ne pouvez comprendre. Du moins ne les outragez pas ! »

Le conseil général, non seulement n'est pas inutile, mais devant cette multiplicité de Conférences et de bonnes œuvres dont elles s'occupent — il en faisait la longue énumération — ce conseil est de la nécessité la plus rigoureuse, pour maintenir l'unité d'esprit. Le budget qu'il prélève est libre et volontaire, et son emploi, loin de rester inconnu, est publié chaque année et il est admirable. Sur la question d'autorisation et de légalité, la brochure était surtout vive et pressante. L'auteur adjurait donc le ministre de retirer la circulaire, et terminait par ces paroles :

« Si vous donniez un démenti à mes espérances, je plaindrais ceux que vous frappez, je plaindrais le gouvernement assez mal inspiré pour voir des meneurs dans des hommes pacifiques et religieux ; je vous plaindrais surtout, Monsieur le comte, d'être plus tard, quand vous repasserez votre vie dans votre conscience, condamné à vous dire : Il fut un jour où, cédant à la terreur d'un péril imaginaire et à de vulgaires et indignes obsessions, j'ai commis une injustice contre des gens de bien, et fait injure à une des plus grandes choses qui soient sur la terre, la charité chrétienne.

» Certes, c'est bien quand nous sommes condamnés à de telles apologies qu'il nous est permis de le dire avec un historien de l'antiquité : « La résistance est juste quand elle est nécessaire, et pieuses sont les mains armées pour la défense de la vérité et de la justice : *Justum est bellum quibus necessarium, et pia arma* [1]. »

Le conseil général, à l'unanimité, lui vota des remerclements.

---

1. Cette brochure, et la lettre à un président d'une Conférence de Saint-Vincent-de Paul, se trouvent à la fin du volume sur *la Charité*.

Ce n'étaient là, du reste, que les commencements
d'une grande campagne : la charité catholique allait subir
d'autres attaques ; engagé dans cette polémique, selon sa
coutume, il ira jusqu'au bout.

Dans ces conjonctures, par suite de la guerre des Etats-
Unis, du Nord contre le Sud, une crise vint à peser sur
notre industrie cotonnière. Telle est, dans ce grand mouvement des relations créées par les progrès mêmes de la
civilisation moderne, l'étroite solidarité des hommes et
des choses, qu'une guerre éclatant à deux mille lieues
de notre pays, aux extrémités du continent américain,
avait chez nous des contre-coups terribles ; le coton brut,
c'est-à-dire la matière première manquant, cent mille
ouvriers rouennais se trouvèrent sans travail et sans pain.
Cette détresse émut son cœur, et sa voix fit écho à celle
du vénérable archevêque de Rouen, pour provoquer les
largesses des fidèles : « Monseigneur, lui écrivit le cardinal archevêque, je viens de lire votre *Lettre en faveur
des pauvres ouvriers rouennais*, et j'éprouve le besoin
de vous exprimer immédiatement toute ma reconnaissance et la leur ; je n'ai pu pousser qu'un cri, mais la
charité vous a inspiré l'allocution la plus pathétique que
j'aie jamais lue. »
Cette lettre remua la France et accéléra partout la souscription qui, jusque-là, marchait lentement. Le *Siècle*,
qui avait toujours sur le cœur son procès perdu et sa haine
du Pape, crut être plaisant et malin en disant que la quête
pour le denier de Saint-Pierre ayant produit à la cathédrale d'Orléans « douze cents francs, on espérait bien que
celle en faveur des pauvres ouvriers rouennais ne serait
pas moins abondante ». L'évêque, pour l'honneur de son
diocèse et de la charité catholique, crut devoir relever
cette épigramme ; il écrivit au journal voltairien : « Ce
n'est pas douze cents francs, c'est quatorze mille francs
que vous deviez dire. Quant à l'espérance que vous expri-
mez, relativement à la quête que j'ai résolu de faire pour
les pauvres ouvriers de Rouen, je connais assez mes diocésains pour être sûr à l'avance de ce qu'ils feront. » Il ne

se trompait pas. Avant de parcourir lui-même les rangs pressés des fidèles, il monta en chaire; mais ayant fait lire déjà sa grande lettre le dimanche précédent, il ne dit que quelques mots :

« Un roi de France disait un jour à ses compagnons d'armes : « Je suis votre roi, vous êtes Français; voilà l'ennemi, marchons! » Et moi je vous dis : Je suis votre évêque, vous êtes chrétiens; nous n'avons pas d'ennemis, mais des frères qui souffrent, volons à leur secours!... »

La quête dépassa quinze mille francs; le diocèse lui en envoya de plus vingt-cinq mille, sans compter les nombreux dons en nature. Mais ce n'était pas assez d'avoir remué son diocèse et la France par sa magnifique lettre, et donné une impulsion puissante à la souscription : il eut la pensée de faire représenter, par les élèves de son Petit Séminaire, au profit des ouvriers rouennais, les *Perses* d'Eschyle. A cette représentation, toute la société orléanaise assista, ainsi que beaucoup de notabilités étrangères, parmi lesquelles plusieurs Grecs, touchés d'entendre dans l'exil, à six cents lieues de leur patrie, l'un des immortels chefs-d'œuvre de leur langue. La quête, là, produisit encore trois mille francs, qui furent immédiatement transmis à Rouen. Les élèves du Petit Séminaire de Rouen remercièrent l'évêque d'Orléans par une belle pièce de vers grecs. Mais quand le diocèse d'Orléans sera lui-même désolé par la terrible inondation de 1866, à la première nouvelle du désastre, le cardinal archevêque de Rouen, dans un élan de son grand cœur, enverra immédiatement, et avant toute souscription, dix mille francs à l'éloquent avocat des ouvriers rouennais. Voilà nos évêques.

Il était loin de s'attendre à ce que cet appel à la charité trouverait des contradicteurs : le *Journal des Débats*, cependant, en prit occasion d'attaquer à fond la charité catholique et son interprète. Il reprocha à l'évêque d'Orléans d'avoir proclamé la misère « nécessaire et d'institution divine »; il déclara l'aumône « un mauvais remède ». « Ce mot d'aumône, écrivait-il, choque et révolte cent

mille ouvriers qui demandent à leurs concitoyens aide et
appui. » Et, bien au-dessus de l'aumône évangélique, il
mettait « un idéal social où l'aumône deviendrait de moins
en moins nécessaire », « une législation chaque jour plus
sensée et plus libre », qui fournirait « le moyen d'accroître la prospérité publique, de pourvoir, au nom du
seul intérêt social et par le seul jeu du mécanisme social,
aux catastrophes publiques ». Cette attaque contre ce qui
est le plus bel apanage du christianisme, la charité, blessa
l'évêque au cœur ; elle heurtait, du reste, par un des côtés
les plus considérables, la grande thèse qui consiste à soutenir l'harmonie, et non pas l'opposition, du christianisme
avec les grandes choses de la nature humaine, avec l'économie politique comme avec les autres sciences. Profonde
légèreté de l'esprit français! Car, enfin, que faisait-il, ce
journal grave et conservateur? Il conspirait, sans le vouloir, avec les hommes qui cherchent un point d'appui
dans les passions subversives, et qui, eux, en attaquant
l'Eglise, savent bien ce qu'ils font. L'évêque se décida
donc à répondre aux *Débats*, et, dans une lettre courte,
mais vive et saisissante, il démontra l'inanité de ces
attaques, basées sur de purs sophismes : sur une fausse
notion de la charité catholique, dont l'aumône n'est qu'une
face; sur une fausse notion de l'économie politique elle-
même, qui, bien entendue, n'est que la charité chrétienne
dans les lois ; et sur un oubli trop cruel du fait actuel de
la misère, et de la nécessité présente et pressante de la
secourir, en attendant la réalisation des promesses de la
science économique, que la charité catholique hâte de
tous ses vœux et de toutes ses influences, loin de l'entraver. « Je ne suis pas un savant, disait-il dans cette
Lettre aux Débats, je ne suis pas un économiste ; je suis
un ministre de Jésus-Christ : laissez-moi tout à mon ministère, et si je choque vos théories, ne vous scandalisez
pas de mes compassions. Vous raisonnerez demain; mais
on souffre, on pleure, on a faim aujourd'hui ! Je tends,
même à ceux qui raisonnent, la main pour ceux qui ver-
sent des larmes. Je ne blâme pas la science, mais je suis
la pitié. Science, je te laisse disserter; mais laisse-moi

agir, parler, intercéder pour ceux qui souffrent...» Comme toujours, on posait, par ignorance de la religion, l'antagonisme là où il y a l'harmonie.

« Aux singulières attaques dont la religion chrétienne est l'objet depuis quelquetemps, je sens, disait-il, en terminant sa *Lettre aux Débats*, le besoin de rappeler quelque jour tout ce grand enseignement.» Il y fut obligé presque aussitôt comme malgré lui. On lui écrivait de tous les côtés ; on lui faisait des objections ; on lui posait des questions ; on lui envoyait des brochures traitant d'économie politique et sociale, et on lui demandait son avis. « Hélas! écrivait-il à un ami, il n'est que trop évident pour moi que nous nous endormons, et que, de toute part, on mine le sol sous nos pieds. Ce n'est plus seulement la vérité, c'est la vertu chrétienne dont on ne veut plus. Oh! qu'il y a à faire! et quelle tristesse de se sentir seul! Bon gré mal gré, je suis jeté dans tout cela, assailli de lettres sur tout cela : il m'est impossible, absolument impossible d'en rester là » (25 janvier 1863). Il fut donc amené, par cette nécessité de situation, à faire, après la *Lettre pour les ouvriers rouennais* et la *Lettre aux Débats*, son mandement de Carême sur *la charité au point de vue chrétien*. Il fit celui de l'année suivante sur *saint Vincent de Paul et ses œuvres*.

Mais cela ne lui suffit pas encore; il voulait aller plus au fond de la question qu'il n'avait pu faire dans des mandements, et il méditait un volume spécial sur ce grand sujet. Les temps modernes ont posé des problèmes, et amené, sur l'attitude de l'Eglise en face des inventions ingénieuses du crédit et des revendications ouvrières, des questions dans l'étude desquelles il regrettait que le clergé et les catholiques, que lui-même ne fussent pas entrés plus profondément. « Je suis tristement préoccupé, écrivait-il encore, de toute cette question de la charité. Je ne puis m'y refuser, car elle me poursuit non seulement dans les lettres de ceux qui m'interrogent, me posent des questions, m'adressent leurs systèmes imprimés ou manuscrits, mais surtout dans les livres et les journaux, où l'on attaque la doctrine de l'Eglise, et qu'on

m'adresse, afin que je dise quelque chose. » « Les volumes, disait-il dans une autre lettre, et les brochures
me pleuvent sur le paupérisme et sur les salaires... Avec
la nature de mon esprit, j'ai faim et soif de savoir le vrai
et le dernier mot sur tout cela. »

Là aussi, selon lui, il y avait, comme en politique,
comme en philosophie, comme en toutes choses du reste,
une grande distinction à faire entre ce qui est ou n'est
pas de foi ; entre des théories qui pourraient n'être que
des erreurs économiques et sociales, et des systèmes qui
seraient en opposition véritable avec la doctrine chrétienne ; et un grand péril à ses yeux serait d'établir entre
nos dogmes et des idées même fausses en ces matières,
une incompatibilité qui n'existerait pas, parce que, de la
sorte, on fait à l'Eglise gratuitement des ennemis ; ou de
soutenir au nom de la religion des institutions qui ont pu
avoir dans le passé leurs avantages, sans être pour cela
ni partie intégrante du christianisme, ni applicables aux
temps modernes, parce que, par là encore on met le
christianisme où il n'est pas, on l'implique dans des querelles qui ne sont pas les siennes. Il voulait que, tout en
combattant les ambitions injustes et coupables, on prêtât
aussi l'oreille aux légitimes aspirations. Bref, l'Eglise,
pensait-il, avait à prendre, en face de ces redoutables
questions, une attitude à la fois prudente et ferme ; laissant aux hommes de ce temps la liberté de leurs re-
cherches et de leurs essais, tant qu'ils ne touchent pas à
son domaine, mais intervenant résolument toutes les fois
que les dogmes ou la morale du christianisme, comme il
advenait pour la charité, sont méconnus et attaqués : car
alors, et le criterium est infaillible, les économistes et les
réformateurs font fausse route. Quant à la charité, inspi-
ratrice de tous les progrès dans le passé, elle est assez
féconde pour provoquer toutes les améliorations dans
l'avenir. Tel était l'esprit qui planait sur ce volume.

Voici quel était le plan : D'abord une introduction développant les points de vue et les objections modernes
sur cette question ; puis, pour y répondre, une exposition
de doctrine sur ce qu'est la charité ; ensuite, l'histoire de

ce que la charité a fait dans le monde; mais avant ce tableau historique, et pour le faire mieux ressortir, un autre tableau, celui du monde païen sous ce rapport.]. Cochin fut saisi du contraste : « C'est, lui écrivait-il, après l'avoir lu, le jour après la nuit, le paradis après l'enfer. »]. Cochin demanda que la conclusion fût pleine de sérénité. « De plus en plus vous grandissez, lui disait-il, vous montez, vos ailes s'étendent dans un air plus pur, vous regardez de plus haut et vos paroles portent plus loin. Laissez les colères effarouchées. Le clergé n'a pas besoin qu'on amplifie l'ennemi, il n'en a que trop peur. Amplifiez la beauté de la cause à défendre, et les devoirs des défenseurs. C'est là votre but. » C'est ce qui donna à l'évêque l'idée de tout terminer d'une façon originale, par quelques pages très remarquables sur un livre considérable qui venait de paraître, et traitait du point de vue révolutionnaire toutes ces questions, les *Misérables*, de]. Victor Hugo ; ouvrage que]. du Boys, dans le dernier voyage de l'évêque à Lacombe, lui avait fait connaître. Tel est ce volume.

Il ne s'éloignait pas « vers d'autres rives » en écrivant, dans le cours de ce travail, sa *Lettre sur l'esclavage*. Cette question, qui avait déchaîné cette guerre américaine, dont les contre-coups avaient produit chez nous la crise de l'industrie cotonnière, le poursuivait aussi, et à bon droit; car il n'y avait pas moins de quatre millions d'esclaves aux États-Unis, et de deux millions dans le reste de l'Amérique. Le dimanche de la Passion, le jour où l'étendard de la croix est arboré dans nos temples, à la vue de ce signe sacré de délivrance et de salut, cette pensée saisit vivement son âme : Jésus-Christ est mort sur la croix pour délivrer les hommes, et il y a des hommes qui sont encore sur la croix, il y a six millions d'esclaves sur des terres chrétiennes !]ais que pouvait-il pour eux ? Rien, sinon ceci : Quand depuis deux ans le sang coulait, crier : Paix ! Justice ! Charité ! et demander des prières pour que de ces guerres sanglantes sortît au moins l'affranchissement chrétien des hommes. Sous l'émotion de ces pen-

sées, il data du vendredi saint suivant une *Lettre* éloquente *sur l'esclavage* où, sans exagération doctrinale,
sans immixtion aussi dans la politique, il poussait un cri
d'affranchissement qui dut retentir jusqu'en Amérique[1].

Et la Pologne, qui en ce moment-là même tentait un
nouvel et héroïque effort pour revivre, pouvait-elle le
trouver indifférent? La Pologne! douloureuse et magnanime question! La politique a beau la passer à l'ordre du
jour; la justice l'y retient, et Dieu l'y remet sans relâche.
M. de Montalembert avait ouvert son âme, et écrit ces
pages émouvantes : *Une nation en deuil.*

Tout à coup une provocation directe arriva au clergé :
M. Quinet l'interpella sur cette question dans un écrit
intitulé : *Adresse au clergé catholique.* Fallait-il dédaigner cet appel du grand écrivain révolutionnaire, du
grand ennemi de l'Eglise, au risqué de laisser croire que
le clergé ne savait rien dire que pour les biens temporels
de l'Eglise, mais que, quand la justice saignait, il dormait;
et que les Polonais n'avaient de vrais amis que les
hommes de la Révolution? Il se pouvait que M. Quinet
fût sincère, qu'il y eût là un mouvement du cœur, un
aveu. Quand un homme se met dans l'attitude de la
prière, faut-il l'écraser? Mais il était plus probable que
M. Quinet suppliait pour pouvoir dire : « On les prie pour
les peuples, et ils n'entendent pas : Pologne, ne crois plus
aux prêtres, ils sont sourds et muets pour toi. » En
outre, l'immense danger des Polonais était de se laisser
envahir par le mazzinisme et de déshonorer ainsi leur
cause aux yeux des honnêtes gens qu'elle touche encore.
Il fallait conjurer les deux périls. L'évêque d'Orléans se
décida donc à répondre à M. Quinet. « Bien que je sois
d'une grande lassitude d'âme, écrivait-il (14 mars 1863),
à cause de tous les entraînements ou de toutes les nécessités qui me font sortir du silence et de la paix dont j'ai
par-dessus tout besoin, j'avoue qu'une réponse à la provocation de M. Quinet me paraît nécessaire. J'ai d'ailleurs
été personnellement provoqué de divers côtés. »

---

1. Cette lettre se trouve aussi à la fin du volume sur *la Charité.*

Ɩ. Quinet essaya de répondre. Il était manifestement battu ; mais il insistait sur un détail : l'évêque avait cité comme de lui d'odieuses paroles qui, en réalité, appartenaient à Marnix de Sainte-Aldegonde. On eut beau dire à l'évêque que la plainte était insignifiante, puisque M. Quinet avait fait siennes les paroles en question, et avait exprimé pour son propre compte les mêmes pensées : dans sa loyauté polémique, il ne voulut répliquer qu'après avoir eu sous les yeux le volume même de Ɩ. Quinet, et ne l'ayant pas trouvé à Paris, il envoya un de ses amis, Ɩ. l'abbé Lamazou, le chercher en Belgique. Sa réplique acheva de confondre Ɩ. Quinet. Et il eut dans cette polémique le dernier mot [1].

Non, jamais l'Eglise n'a abandonné cette cause, et quand Ɩ. Quinet osait l'accuser d'avoir « au dernier siècle abattu le cœur de la Pologne », l'évêque d'Orléans n'avait qu'à faire parler les faits : « Si j'ouvre l'histoire du dernier siècle, je vois que le pape Clément XIII écrivait, le 30 avril 1767, au roi de France, au roi d'Espagne, à l'empereur d'Allemagne, en faveur de la Pologne ; que Clément XIV recommandait encore cette grande cause le 7 septembre 1774, quinze jours avant de paraître devant Dieu ; que vingt fois, entendez-le bien, dans des documents publics et solennels, ces deux papes, *seuls* en Europe, ont protesté avec toute l'énergie que donne la foi, la charité, l'amour de la justice, contre l'iniquité de la conquête et du partage. » Pie IX protesta à son tour, en termes admirables. Certes, nous n'avons pas la présomption de dire que sans l'évêque d'Orléans il ne l'eût pas fait ; mais il nous appartient de constater qu'après sa polémique avec Quinet, l'évêque prit la respectueuse liberté d'ecrire des lettres pressantes au Saint-Père pour appeler son attention sur l'opportunité d'un tel acte. « On verrait, disait-il dans une de ces lettres, l'incendie des cœurs. » Il ne manqua pas de profiter de cette occasion pour mettre

---

1. « Comme c'est bon, nous disait à ce propos en riant Ɩ. Cochin, d'avoir fait dire aux ouvriers de Paris : *Quinet qui cale !* » — Ces deux lettres se trouvent aussi à la fin du volume sur *la Charité*.

lui-même son diocèse en prières pour la Pologne[1]; et
l'année suivante, 6 août 1864, saisissant l'occasion d'un
appel adressé au clergé français par des prêtres polonais,
sollicité d'ailleurs lui-même directement, il plaida de nouveau devant la France, dans une seconde lettre, cette
noble cause.

L'année suivante encore, il invoquait la charité orléanaise en faveur des pauvres réfugiés polonais, pour lesquels le prédicateur du carême à sa cathédrale, le P. A. Perraud, avait éloquemment parlé. Un concert eut lieu à
l'évêché, et fut suivi d'une quête qui produisit trois mille
francs : sans compter un magnifique anneau d'or orné
d'une émeraude, le plus beau que possédât l'évêque, et
qui fut trouvé dans la bourse d'une des dames quêteuses.

Quelqu'un pourtant, parmi ses amis, regretta cette intervention en faveur de la Pologne, ce fut M. Thiers. Placé,
comme toujours, au point de vue français et pratique,
M. Thiers avait plus peur alors de l'Allemagne que de la
Russie, et il ne croyait pas d'ailleurs que la Pologne pût
se relever sans une guerre générale, et il n'en voulait pas.
L'opinion de M. Thiers importait trop pour que l'évêque
d'Orléans n'essayât pas de s'en expliquer avec lui; il lui
écrivit donc une lettre dans laquelle, sans disserter sur
les intérêts changeants de la politique et sur ses mobiles
alliances, il exposait à l'homme d'Etat son point de vue
d'évêque dans cette question. « Nous sommes ici-bas pour
crier toutes les fois que la justice est trop audacieusement
violée; pour être battus avec elle, et sans regarder au delà :
laissant aux hommes politiques à déterminer ce qui est
pratique, nous proclamons bien haut ce qui est moral.
Ah ! ne nous contestez pas ce rôle; la justice a si peu de
défenseurs en ce monde ! »

Au reste la Pologne et l'Irlande n'étaient pas ses seules
clientes. Tout grand désastre émouvait son cœur et lui
arrachait des cris. Nous l'entendions tout à l'heure plaider

---

1. *Lettre de M*ᵍʳ *l'évêque d'Orléans au clergé de son diocèse ordonnant des prières pour la Pologne,* 23 septembre 1863 (*Œuvres choisies,* 2ᵉ série, t. I, p. 279).

pour les esclaves, pour les pauvres ouvriers sans travail
et sans pain, nous l'avons entendu, nous l'entendrons
encore parler pour ses diocésains inondés, et plus tard
pressurés par la guerre. Il a élevé la voix pour les habitants de la Galice désolés par la famine; pour la Guade-
loupe jonchée de ruines par un affreux tremblement de
terre; pour la Syrie, pour les pauvres Maronites, et il
recueillit dans son Séminaire deux petits-fils de l'émir
Beschir; pour l'Algérie envahie par des nuées de sante-
relles qui ne laissaient après elles que le désert. Que d'accents éloquents la charité a fait jaillir de son âme! Le
président du second Congrès de Malines, M. le baron de
Gerlache, avait donc raison de lui dire : « Quel grand défenseur de toutes les saintes causes nous saluons en vous!
Tous les sentiments qui intéressent la religion, l'humanité, la patrie, trouvent en vous un organe courageux et
éloquent. »

CHAPITRE XVIII

LUTTES POUR LA SOUVERAINETÉ PONTIFICALE
(Suite)
Travaux divers qu'elles entraînent ou qui surgissent dans l'intervalle
1° Œuvres polémiques
(Suite)
Luttes contre l'impiété
Avertissement a la jeunesse et aux pères de famille
N. Littré écarté de l'Académie
Lettre sur les signes du temps
L'athéisme et le péril social
1859-1867

Mgr l'évêque d'Orléans avait terminé une de ses lettres à N. Quinet par ces paroles :

« Dans les temps où nous vivons il y a contre nous des attaques encore plus tristes. Vous, vous ne vous en prenez qu'à l'Eglise, il est vrai avec une bien grande irritation ; mais il y en a d'autres dont la haine et la folie s'attaquent à Dieu même, et qui n'ont pas comme vous pour excuse les amertumes de l'exil, qui sont en France et y sont florissants. »

C'est qu'en effet il était occupé depuis quelque temps, quand vint le saisir cette polémique avec N. Quinet et cette démonstration nécessaire en faveur de la Pologne, d'une grande lutte, à laquelle non plus il n'avait pu se soustraire. Depuis quelques années, l'impiété faisait parmi nous silencieusement son chemin. Peu de gens s'en doutaient. Quant à lui, depuis longtemps il apercevait le danger. Déjà, en 1857, il écrivait à N. de Nontalembert :

« J'arrive de Paris le cœur fort triste : car tous les maux qu'il était facile de prévoir, et que j'avais annoncés au

Souverain Pontife, il y a trois ans, se déclarent d'une manière effrayante. » Et trois jours après, s'expliquant sur ces maux : « C'est, disait-il, la haine du Saint-Siège, c'est l'impiété voltairienne, et quelque chose de pire encore en fait d'impiété, dont j'ai voulu parler. » Et bientôt après, en effet, un jeune philosophe écrivait : « L'idée de Dieu est en péril. » On n'en vivait pas moins dans une trompeuse sécurité. Il est plus commode d'ignorer certaines choses que de les voir ; mais lui, sentinelle vigilante, il voyait, parce qu'il regardait.

Deux des hommes les plus attentifs aussi au mouvement des doctrines qu'il y eut alors dans le clergé, le P. Gratry et le P. de Valroger, signalaient d'ailleurs infatigablement à l'évêque d'Orléans cette sourde infiltration d'impiété qui se faisait dans la société contemporaine. Un fait très grave à ce point de vue, bien qu'il ne parût pas dirigé directement contre la religion, une candidature académique, vint décider l'évêque d'Orléans à pousser le cri d'alarme. Cette candidature était celle de M. Littré.

Qu'était-ce que M. Littré ? En dehors des écoles et du public savant, cet écrivain était encore peu connu ; M. de Montalembert lui-même n'avait guère lu de lui que quatre articles, fort sérieux, sur ses *Moines d'Occident ;* c'était cependant le chef d'une école très dangereuse, qui, dédaignée tant que régnaient M. Cousin et la philosophie spiritualiste, avait fait néanmoins de rapides progrès dans la jeunesse des écoles, à cause de ses prétentions scientifiques, et parmi les ouvriers à cause de ses affinités avec les doctrines révolutionnaires, et des conséquences soc.alistes formellement déduites par cet écrivain.

Le positivisme, en effet, n'est pas autre chose, malgré les dénégations peu philosophiques de l'école, que l'athéisme et le matérialisme sous des apparences scientifiques. L'étude des ouvrages de ce candidat donna le frisson à l'évêque ; il ne s'était pas encore trouvé en face de négations aussi crues et décidées, et de déductions aussi vigoureuses et aussi rigoureuses, étant donné le point de départ. Et ce qui l'émut encore plus, ce fut de voir que M. Littré n'était pas seul ; d'autres écrivains surgissaient,

qui arrivaient par des méthodes différentes au même résultat, et ruinaient toute foi, non seulement chrétienne,
mais rationnelle dans les esprits. Tels étaient M. Renan,
que des écrits récents avaient mis en grande lumière,
M. Renan, chose cruelle pour l'évêque, son ancien élève
au Petit Séminaire de Saint-Nicolas, et un jeune écrivain
plein de talent et d'audace, M. Taine, qui venait de faire
une entrée brillante et bruyante dans la littérature par
une attaque ouverte contre les philosophes spiritualistes.
En de telles circonstances surtout, appeler aux premiers
honneurs de l'esprit français l'apôtre du matérialisme, de
l'athéisme et du socialisme, dresser à de telles doctrines
un tel piédestal, parut à l'évêque d'Orléans un scandale
et un désastre. D'autant plus que par la brèche que ferait
M. Littré tous les autres passeraient.

Membre de l'Académie, il crut de son devoir de combattre une telle candidature, non certes à cause du personnage lui-même, qui était honorable, mais à cause de
ses doctrines subversives, et de tout l'ensemble de la situation religieuse.

Il fallait, pour engager cette lutte, quelque courage.
Comment espérer, en effet, écarter de l'Académie un écrivain qui, d'autre part, avait des titres littéraires incontestables? car dans sa vaste encyclopédie d'études, M. Littré
avait embrassé la philologie aussi, et nul ne connaissait
aussi à fond l'histoire de la langue française : l'Académie
n'avait-elle pas besoin d'un tel érudit pour son œuvre
éternelle, son dictionnaire? De plus, quelle apparente in-
tolérance dans une telle exclusion, et comment y entraîner
des littérateurs à esprit large, tels que les membres de
l'Académie française? Et si l'évêque échouait dans cette
tentative, que devenaient son prestige et sa grande autorité
à l'Académie? Aussi, tous les amis de l'évêque furent-ils
effrayés quand il leur annonça l'intention de publier un
écrit pour écarter de l'Académie M. Littré. « L'autre soir,
lui écrivit M. Cochin, j'étais à la place Saint-Georges[1], et il
a été beaucoup question de la candidature de M. Littré. Le

1. C'est-à-dire chez M. Thiers.

succès est certain. Il importe de ne pas le colorer davantage et en faire un événement. M. Thiers est ardent pour.
Il dit qu'il ne faut pas briser le pacte de tolérance dont
l'Académie est la représentation vivante ; que le candidat
est nécessaire au dictionnaire ; que sa vie est grave, son
caractère pur ; qu'on ne comprendrait pas contre lui des
scrupules qui n'ont pas été opposés à des vaudevillistes
libertins ; qu'il faut laisser passer, en votant contre, si
l'on veut, mais sans crier, tempêter, etc. Je vous redis
ces choses parce qu'il y a là vraiment une situation bien
délicate. »

Les objections furent plus fortes encore quand ils eurent
vu l'écrit sous sa forme première : l'évêque l'avait conçu,
non comme une réfutation, mais comme une exposition,
une mise au pilori de ces capitales erreurs, contre lesquelles la raison du genre humain a prononcé. « On ne
sait pas, disait-il, ce qu'est M. Littré ; nul ne prend la peine
de lire et de regarder. Voyez, M. de Montalembert lui-
même ne le connaît pas. L'Académie ne sait pas ce qu'elle
fait en le nommant, il faut que je le lui dise. Qui le lui
dira, si moi, évêque, je ne le fais pas ? » Il y avait là, pour
lui, un devoir impérieux d'honneur et de conscience, et
de plus une admirable occasion de pousser un grand cri
et d'avertir. La raison française, autant que la foi, lui
paraissaient, selon l'expression de M. Caro, en péril. C'est
pourquoi, et pour n'avoir pas l'air de combattre un homme,
mais des idées, il avait donné à l'écrit une portée plus générale, et signalait, avec M. Littré et l'école positiviste,
d'autres écoles sous les noms de MM. Renan et Taine, et
aussi, mais nous avouons n'avoir pas bien compris pourquoi, à cause de son importance secondaire, M. Ch. Maury.
Et convaincu qu'il suffirait de montrer « le monstre »,
comme il disait, c'est-à-dire l'athéisme, le matérialisme,
le socialisme, il s'était borné d'abord à une simple exhi-
bition de textes, dont il n'avait pris que les mots décisifs.
Mais sous cette forme l'écrit manquait d'ampleur et de
lumière. Un écrivain comme M. Renan, par exemple, on-
doyant et nuancé, ne se laisse pas facilement résumer en
une phrase, un mot. On le fit sentir à l'évêque qui, cou-

rageusement, refondit son travail. « Si je m'obstine à ce
triste travail, écrivit-il alors à M. Cochin, c'est que je
ne crois pas avoir en ce moment de plus impérieux devoir
à remplir sur la terre. Mais je crois comme vous, comme
notre ami de la rue du Bac[1], que cet *Avertissement* ne
doit paraitre que s'il est *souverain*. Si donc, après avoir
fait tout ce que je puis, je ne suis pas parvenu à ce *souverain*, je renonce de grand cœur à ce que j'aurai fait, et
le reste regardera le bon Dieu. »

L'écrit, sous sa forme nouvelle, parut d'une portée tout
autre, et M. Cochin lui-même lui écrivit : « C'est différent ; c'est ample, plein, fort, serein, pressant ; je comprends maintenant que cela devient digne de vous. » Il
n'en persistait pas moins à conjurer l'évêque de ne le
publier qu'après l'élection. « Vous n'empêcherez pas, disait-il, M. Littré, et vous aurez l'air de n'agir que pour
cela ; vous serez oublié après son succès, tandis que vous
empêcheriez M. Renan, ce qui est bien plus important,
avant même qu'il soit candidat. M. Berryer, à qui vous
m'aviez dit de parler de l'élection, et à qui je n'ai pas cru
indiscret, sachant comme vous l'aimez et comme il vous
aime, de parler de votre projet, est du même avis. *Avant*,
c'est une manœuvre tardive et impuissante ; *après*, c'est
un blâme solennel, un acte d'évêque, un garde-à-vous sur
des noms plus dangereux. »

Sur ces entrefaites, M. Cousin, revenu de Cannes tout
exprès pour ce vote important, courut sur-le-champ chez
l'évêque, rue Monsieur. On l'avait alors à peu près décidé
à ne publier qu'après l'élection. « Après ! s'écria M. Cousin,
en levant ses grands bras, Monseigneur, après ! » Et il se
mit à développer éloquemment toutes les fortes raisons
qui, selon lui, militaient pour que l'écrit fût publié avant.
Quand M. Cousin sortit, l'évêque était radieux. « Voyez,
nous dit-il, ce que c'est qu'un esprit philosophique !
M. Cousin entend mieux que tous ces littérateurs la question des doctrines : il voit bien que le spiritualisme est ici
en cause autant que le christianisme, et que la liberté de

1 M. de Montalembert.

conscience ne doit arrêter personne, car chacun est bien
maître de son vote et libre de servir ses idées. Figurez-
vous qu'il m'a fait douze arguments pour me démontrer
qu'il fallait publier, non après l'élection, mais avant. »

Qu'on ne s'étonne pas de ce rôle de M. Cousin, et de
ces rapports entre le philosophe et l'évêque. Comme dans
la question romaine, M. Cousin était conséquent ici avec
ses doctrines. Il y avait longtemps, du reste, qu'il voyait
venir ces négations radicales qui allaient saper les vérités
de raison non moins que les dogmes de foi. « On verra, on
verra, s'écriait-il souvent, si c'est moi que les catholiques
doivent traiter en ennemi, et quelles seront bientôt les
attaques dont ils ne soupçonnent même pas le caractère. »

Si alors l'illustre philosophe n'était pas encore avec
nous, il était en marche vers nous. En 1854, préparant une
nouvelle édition de son livre : *Du Vrai, du Beau et du
Bien*, résumé de sa philosophie, il s'aidait des conseils
d'un prêtre que l'évêque d'Orléans lui avait indiqué :
celui-ci espéra même un moment qu'il en enverrait à
l'évêché d'Orléans les épreuves. Le livre parut, pur sinon
de tout rationalisme, du moins de toute formule pan-
théistique, si bien que le philosophe écrivait avec confiance au directeur de l'Ecole des Carmes, M. l'abbé
Cruice, en lui en adressant un exemplaire : « Mon Dieu
peut porter la Trinité chrétienne. » Et : « Si vous aimez
la patrie et la liberté, disait-il dans la préface de ce livre,
fuyez ce qui les a perdues. Loin de vous cette triste philosophie qui vous prêche le matérialisme et l'athéisme
comme des doctrines nouvelles destinées à régénérer le
monde; elles tuent, il est vrai, mais elles ne régénèrent
point. N'écoutez pas ces esprits superficiels qui se donnent
comme de profonds penseurs, parce que, après Voltaire,
ils ont découvert des difficultés dans le christianisme; vous,
mesurez vos progrès en philosophie par la tendre vénération que vous ressentirez pour la religion de l'Evangile. »
Ainsi parlait ce philosophe que poursuivait déjà de ses
sarcasmes une jeune école d'athéisme.

Etait-il opportun, en ce moment, — qu'on nous pardonne cette digression, nécessaire pour expliquer cette

commune intervention de Mgr Dupanloup et de l'ancien
chef de l'éclectisme, — était-il opportun d'infliger une
condamnation personnelle à l'homme qui tenait ce langage, et à propos d'erreurs assez connues pour n'avoir pas
besoin d'être de nouveau signalées? N'oublions pas les
torts, les erreurs, les défauts de M. Cousin, j'y consens,
mais à la condition de ne pas oublier non plus ce spectacle d'un adversaire du christianisme devenant, après les
leçons de l'expérience et dans la plénitude de ses facultés,
un ami du christianisme, s'en exprimant sans affectation,
sans respect humain, occupé sans cesse, comme du plus
grand objet de l'intelligence humaine, de Dieu et de la
religion, trop sincère pour se laisser pousser au delà de ce
qu'il pensait de bonne foi, mais trop courageux pour ne
pas mépriser l'impopularité répandue sur la religion, pour
ne pas revendiquer même et porter gaîment sa part de
cette impopularité injuste? L'évêque d'Orléans était complètement dans ces pensées; mais d'autres poussaient de
toutes leurs forces à une mise à l'index. Ce zèle était-il,
chez tous, aussi pur qu'on le disait? N'y avait-il pas là-
dessous, pour quelques-uns, un ressouvenir de la loi
abhorrée de 1850, dont M. Cousin était l'un des auteurs?
pour d'autres, une façon de se consoler des condamnations
récemment portées contre des doctrines philosophiques
dont ils ne s'étaient pas assez défendus, ce traditionalisme
excessif qui n'allait à rien moins qu'à nier la raison, et,
par suite, à ruiner l'apologétique par sa base[1]? Et, de
plus, en frappant M. Cousin, n'espérait-on pas en frapper
d'autres indirectement, et qu'il en rejaillirait quelque
chose sur ces catholiques amis de M. Cousin à l'Académie, et avec lesquels on était alors en si vive guerre? Oh!
qu'il faut prendre garde que des passions humaines ne se
mêlent à notre prétendu zèle!

Quoi qu'il en soit, l'évêque d'Orléans était pleinement,
avec Mgr Sibour et M. l'abbé Maret, pour qu'on épargnât
à cet homme illustre une flétrissure d'un profit douteux,

---

1. Nous faisons allusion ici aux propositions que Rome fit souscrire
en 1855 à l'un des chefs du traditionalisme, l'honorable M. Bonnetty.

d'un fâcheux effet certain sur cette âme et sur beaucoup d'autres, sur cette multitude immense qu'il appelait les hommes de frontière, c'est-à-dire ces hommes qui, sans avoir fait le dernier pas, inclinent vers nous, qu'on peut rapprocher encore par la charité, mais repousser à jamais par la violence. L'Église, du reste, n'avait-elle pas assez d'ennemis pour qu'on ne lui en créât pas à plaisir, assez de luttes pour qu'on n'écartât pas les auxiliaires? Averti, M. de Falloux se hâta d'écrire à Rome pour faire sentir les inconvénients de cette rigueur. On lui répondit que la condamnation était déjà formulée à l'Index, mais qu'elle était entre les mains de Pie IX; que Pie IX ne s'était pas encore prononcé, et que si l'on s'adressait au Pape lui-même, on avait chance d'être écouté. L'évêque d'Orléans et M. de Falloux demandèrent aussitôt à M. Cousin d'écrire lui-même une lettre au Pape; M. Cousin y consentit sans aucune résistance. La lettre, remise par lui en double à M. de Falloux, a été publiée par celui-ci, après la mort du philosophe, dans le recueil des lettres de Mme Swetchine [1]. Il nous appartenait de constater la part qui revient, dans ce fait, honorable pour l'Église, à l'évêque d'Orléans.

Donc, après avoir entendu M. Cousin, ce fut fini, et l'évêque songea non plus à délibérer, mais à agir. Son activité fut prodigieuse : visites multipliées, discussions, lettres pressantes, il ne négligea rien; la veille de l'élection, tous les académiciens qui lui paraissaient n'avoir pas de parti pris, et susceptibles d'être convaincus, reçurent la brochure avec une lettre, calculée d'après la tournure d'esprit de chacun d'eux. Il y en eut que cette brochure, lue pendant la nuit même, renversa : ils ne savaient pas un mot de ce que leur apprenait l'évêque. Il échoua pourtant auprès de M. Thiers, qui songeait à sa future candidature au Corps législatif, et ne voulait pas la compromettre, et auprès de M. Patin, qui prétendait que l'Académie ne pouvait se passer de M. Littré pour le dictionnaire.

C'est alors que l'évêque d'Orléans eut avec M. Thiers,

1. *Lettres de Mme Swetchine*, t. III.

sur l'athéisme, une conversation mémorable. En nous la racontant, il fondait en larmes. « Comment peut-on, disait M. Thiers, être athée? Est-ce qu'il n'y a pas un calcul évident dans le monde?... Donc il y a un calculateur... sublime!... Mais Dieu n'est pas seulement grand et puissant, il est bon. » Et, se détournant, et regardant une gravure : « Voyez, disait-il, Monseigneur, comme c'est beau une gravure! Il y manque pourtant quelque chose, la couleur. Eh bien, Dieu aurait pu ne faire aussi du monde qu'une gravure : il en a fait un tableau. » Et poursuivant : « Oui, disait-il, Dieu est bon, et je l'aime. Et si la lumière me manque encore pour le servir selon toute la vérité, priez pour qu'il me l'envoie quelque jour. » Et l'évêque répondait : « Oui, continuez à l'aimer, à le chercher, à le prier. Il éclaire toujours qui en est digne. » « Que cette âme serait belle si elle était chrétienne! » écrivait l'evêque, ému, à un ami.

Le plus malheureux de tous était l'excellent M. Ampère, qui se débattait entre son affection pour l'évêque, qu'il était désolé de contrister, et son principe de liberté de conscience, qu'il craignait de sacrifier. Un curieux échange de lettres eut lieu à cette occasion entre l'évêque et l'honnête académicien, qui, au second tour de scrutin, abandonna M. Littré. En fin de compte, l'athéisme n'entra pas à l'Académie : l'évêque d'Orléans, ce jour-là, lui barra le passage.

Les clameurs qui s'élevèrent contre lui dans la presse à cette occasion sont inouïes. Ce que nous allons dire fera voir une fois de plus combien on s'expose à juger mal les grandes âmes quand on écoute les accusations passionnées de ceux qui, ne les connaissant pas et n'étant pas à leur hauteur, ne peuvent que les abaisser en leur prêtant leurs propres pensées. L'âme d'un vrai et grand évêque, la voilà ; elle transpire dans la lettre suivante que, après la séance où M. Littré avait été écarté, il crut devoir lui écrire, et dont la beauté n'a d'égale que sa sincérité :

« Paris, jeudi soir, 23 mai 1863. Monsieur, si vous me rendez justice, vous croirez à la sincérité du mouvement qui me porte à vous écrire. Je n'ai pas voulu que cette journée prît fin sans que je vous eusse exprimé quelle tristesse il m'en reste et quels sentiments partagent mon âme.

» Ne croyez pas que cette tristesse aît pour cause les accusations qui s'élèvent contre moi. Je les avais prévues et ne ferai rien pour les détourner. Il me suffit de ne pas les mériter.

» Mais je suis triste, Monsieur, en pensant à vous, en me disant qu'il m'a fallu combattre un homme dont les qualités méritent mon hommage, blesser un homme que je voudrais toucher, augmenter l'affliction de ceux qui vous aiment. Laissez-moi vous tendre la main, laissez-moi vous prier de ne pas délaisser, à cause des souvenirs de ce jour, la religieuse recherche du vrai dans ces capitales questions qui sont le suprême intérêt de toute vie humaine. Ce noble labeur est bien au-dessus de tout le reste.

» Souffrez donc, Monsieur, que j'invoque ardemment ce Dieu en qui j'adore notre commun Père, afin qu'il vous éclaire sur ce qui est la vérité et sur la fragilité de vos doutes, afin qu'il vous manifeste aussi, permettez-moi de l'ajouter, la pureté de mes intentions et la sincérité de l'estime que je conserve pour votre caractère.

» Agréez, Monsieur, tous mes respects.

» F., évêque d'Orléans. »

Et, ayant fait contre les dangereuses doctrines, qui malheureusement se personnifiaient dans cet homme honnête et sincère, ce que sa conscience lui avait imposé, l'évêque se promit à lui-même, et se tint parole, de ne plus jamais prononcer dans aucune polémique le nom de M. Littré.

L'effet de l'écrit sur le public fut considérable. Estimant ces doctrines jugées par la conscience du genre humain, il ne discutait pas, il exposait et réprouvait; de même que le phare indique l'écueil, il montrait, quelles que fussent les routes parcourues, au bout de tous ces systèmes, le même abîme. En un mot, selon le titre de son écrit, il avertissait. Et il s'étonnait d'être le seul à avertir.

« Il y a pourtant des philosophes en France ! s'écriait-il

en terminant; est-ce que la saine raison, non plus que la
vraie liberté, ne trouveront plus de défenseurs parmi nous?
Est-ce qu'on me laissera parler seul?

» Car enfin, c'est la raison que je défends plus encore
que la religion; la raison, la philosophie, qu'on ahan-
donne à vos coups.

» Eh bien, oui, je parlerai pour elles, puisque nul ne
parle, et c'est aux philosophes, aux spiritualistes, à vos
amis, à vos admirateurs, à vos collègues, aux magistrats,
que je dirai : Quoi! vous vous laissez dérober le peu qui
vous reste, Dieu, l'âme, la distinction du bien et du mal!
Il faut qu'un prêtre parle pour vous! Ce n'est pas tant
mon Eglise, c'est votre maison qu'on dévaste, c'est le
principe de vos lois, le sujet de vos livres, le fond de vos
doctrines, la protection de votre foyer, les mœurs de vos
enfants!

» Ah! certes, je le sens, en finissant : oui, j'ai bien fait.
Je suis évêque, non pour me reposer, mais pour avertir
ceux qui ont besoin d'être avertis. »

Il n'avait, hélas! que trop raison, et l'impiété, dont tout
favorisait l'explosion, grandissait toujours; sur ce nouveau champ de combat, l'infatigable et intrépide évêque
sera forcé de descendre encore souvent.

Quelques jours après la publication de cet *Avertissement*, il écrivait à M. Cochin : « J'aurais bien des choses
touchantes à vous raconter sur les suites de mon *Avertissement*. Je sais d'ailleurs positivement que ces quatre
Messieurs s'étant réunis, M. Littré a dit, comme il me l'a
écrit : « L'évêque d'Orléans a fait ce qu'il a cru son devoir.
Ses convictions ne sont pas les miennes, mais je n'ai rien
à lui répondre parce que je ne puis rien démontrer. »
M. Renan aurait fait entendre que j'étais le seul auquel
il ne lui fût pas possible de faire réponse comme il le voudrait; sur ce, il paraît que les deux autres, quoique très
animés, se sont décidés, pour le moment du moins, à ne
rien faire. Mais la bénédiction spirituelle répandue à cette
occasion sur un grand nombre d'âmes est vraiment
admirable. »

L'année suivante, l'évêque d'Orléans eut le courage de

soutenir à l'Académie une autre lutte non moins délicate : un des écrivains signalés par lui, M. Taine, avait présenté au jugement de l'illustre assemblée un travail considérable de critique littéraire, son histoire de la littérature anglaise : c'était chose ardue encore que d'empêcher un tel livre, soutenu d'ailleurs par de puissants patrons, au sein de l'Académie française, d'être couronné. Mais le devoir était le même que pour la candidature de M. Littré : le courageux évêque n'hésita pas. Lorsque plus tard. le même écrivain, par un autre important ouvrage, entrera dans une voie meilleure, nous verrons l'évêque d'Orléans s'empresser de lui rendre hommage, tant il est vrai que, dans ses polémiques, il poursuivait les idées, non les personnes.

Cependant, grâce en partie à la guerre d'Italie, la marche de l'impiété, loin de se ralentir, s'accélérait ; la Révolution aussi. C'était logique. Il n'y a pas en effet d'illusion à se faire sur les conséquences de cette guerre faite au Pape. Au point de vue politique, elle fit l'unité italienne, et l'unité italienne suscita l'unité allemande qui devait nous écraser. Au point de vue religieux et social, cette même guerre déchaîna la guerre contre Dieu, et celle-ci accéléra la guerre contre la société. Ces fautes s'enchaînent fatalement, et là aussi l'abime appelle l'abîme.

Attentif à ce double péril, l'évêque d'Orléans était effrayé de deux choses, de ces progrès incessants du mal, et de l'indifférence universelle. La prospérité matérielle du pays et la sécurité que l'Empire entretenait à la surface, endormaient une société frivole et légère, et les symptômes les plus menaçants passaient sans apporter ni une révélation ni une inquiétude. En Suisse, en Belgique, à nos portes, des congrès se tenaient, où se précipitait la jeunesse française, et de sauvages cris de guerre étaient poussés contre l'Eglise et contre la société. Mais pas plus que les productions impies, les congrès matérialistes et démagogiques ne causaient aucune alarme. L'*Avertissement à la jeunesse et aux pères de famille* avait retenti un moment dans les consciences ; mais l'*Avertissement* n'avait pas

tout dit. Il avait montré les doctrines qui étaient dans les
livres ; mais tant que les doctrines ne sont que là, elles
n'effrayent guère ; il y avait à les montrer passant déjà
dans les faits : peut-être les intérêts menacés donneraient-
ils plus de clairvoyance. L'évêque d'Orléans surveillait
donc l'occasion de pousser encore un cri. Un incident
inattendu vint la lui fournir.

Comme en 1846 et 1856, avec une étrange périodicité,
une terrible inondation de la Loire eut lieu au mois de
septembre 1866. Nous n'oublierons jamais la soirée du
20 septembre à Orléans. Pressés sur les quais et sur le
pont de leur fleuve, les Orléanais regardaient, impuissants
et mornes, les eaux qui montaient, montaient toujours :
et il était facile de prévoir que la lune, qui brillait en quelque sorte ironiquement aux cieux, éclairerait de grands
malheurs. En effet, pendant la nuit, les digues crevèrent
sur plusieurs points. Grâce à la rapidité des communica-
tions télégraphiques, la vie des personnes put être sauvée
presque partout. Mais les ravages furent affreux. C'est une
justice de le dire : chacun fit son devoir. Mais, comme
toujours, l'évêque se montra admirable d'activité et de
charité. L'évêché fut ouvert aux inondés, et des centaines
de personnes y trouvèrent un asile et des secours de toute
nature, jusqu'à ce que la retraite des eaux leur permît de
regagner leurs habitations dévastées. De plus, l'évêque
alla visiter de sa personne plusieurs des villages inondés.
L'argent lui arrivait de tous côtés. Il avait tant et si souvent demandé pour les autres ; on se souvenait de lui. Et
non content de secourir les détresses présentes, il entreprit
de pourvoir à l'éducation des enfants, afin de soulager d'autant leurs familles, et il en plaça, dans diverses maisons,
un grand nombre. Puis, l'œuvre de charité étant faite,
aussi largement qu'il avait été possible, il songea à un
acte de charité plus haute, qui était de tirer de ce désastre
et de tous ceux qui nous éprouvaient depuis quelque
temps, les enseignements que, selon lui, ils contenaient.
Il publia donc une lettre pastorale qu'il intitula : *les Malheurs et les signes du temps*, adressée à la France, évidemment, non moins qu'à ses diocésains, et dans laquelle,

passant en revue les calamités qui depuis quelque temps s'accumulaient, guerres, pestes, tremblements de terre, inondations, il demandait s'il n'y avait pas lieu de faire un retour sur nous-mêmes et de mettre à profit les avertissements sévères de Dieu.

« On l'oublie trop, Messieurs, et Dieu nous le rappelle de temps à autre par des coups où il faut bien reconnaître sa souveraineté : bon gré mal gré nous sommes sous sa main : il est le maître, et il le restera.

» Sachons au moins nous souvenir de lui et de sa Providence quand ses fléaux nous visitent ; et, après avoir gémi sur les malheurs qui atteignent notre pays, et les avoir soulagés de notre mieux, demandons-nous à nous-mêmes si rien de notre part ne les a provoqués, si nous n'avons pas fait monter au ciel le cri de quelque grande iniquité qui appelle sa justice ?... »

C'était la thèse de la Providence et de la prière, et rien de plus.

Mais, de ces inondations, passant à d'autres qui l'effrayaient davantage, celles des doctrines impies et des doctrines révolutionnaires, les unes frayant la voie aux autres : « Ce qui tremble encore plus que le sol qui nous porte, ajoutait-il, c'est, Messieurs, la société : ce qui déborde et nous inonde d'une inondation plus menaçante que nos fleuves, ce sont les fléaux d'un autre ordre.

» Les doctrines impies et révolutionnaires ne font plus sourdement leur chemin sous terre ; elles aussi ont rompu leurs digues ; je ne sais quelle puissance mystérieuse les enhardit et les déchaîne. On les voit faire aujourd'hui leur œuvre comme elles ne l'ont jamais faite, avec une tranquillité et une assurance du succès qui ne se dissimulent pas.

» Oui, et voilà surtout ce qui m'épouvante, et me fait craindre pour les derniers jours de ce siècle les dernières calamités. La guerre à Dieu et à la religion grandit chaque jour. L'athéisme marche tête levée. Sous ce rapport, le dix-huitième siècle est de loin dépassé. Si l'on en doute, qu'on prête l'oreille. »

Et en effet, à Liège, on avait crié : « Guerre à Dieu ! »
et aussi : « Guerre à la bourgeoisie, guerre aux capita-
listes ! » A Genève, on avait repoussé Dieu « comme une
hypothèse inutile et funeste », et on avait proclamé « la
morale indépendante », en même temps que « la nécessité
de grèves immenses, invincibles ».

« L'avenir un jour, disait l'éloquent évêque, remarquera
cet accord profond et menaçant entre les doctrines irré-
ligieuses et les doctrines révolutionnaires, et aussi la coïncidence de tous ces fléaux de l'ordre physique, moral et
social, avec cette guerre acharnée faite à Dieu, et ce dernier attentat contre l'Eglise, dont le terme fatal, marqué
par les révolutionnaires, s'avance sous les yeux des chrétiens frappés de stupeur et d'immobilité. »

Car Rome était sa pensée fixe, il n'en détournait pas un
seul moment son regard : « Je ne puis me défendre de le
dire : Nos ennemis ont un art étrange de nous endormir
dans la torpeur. Nous sommes là, les bras croisés et la
bouche muette, n'osant plus même essayer les protestations de l'honneur. Sans doute, ces protestations seront
peut-être impuissantes, mais du moins elles seront ven-
geresses. Car ce que la conscience et l'honneur auront
flétri le sera à jamais. Mais non, comme si tout devait
se consommer dans le silence, on regarde et l'on se
tait, et l'on attend, comme stupéfiés, l'inévitable catastrophe, de même que, ces jours-ci, du haut de nos
ponts nous regardions, impuissants et mornes, le fleuve
qui montait, montait toujours, et à la fin emportait
tout.

» Et cependant, Dieu nous avertit et on ne comprend
pas ; Dieu nous frappe et on ne comprend pas ; l'ordre
moral et social est bouleversé, et on ne comprend pas.
Les doctrines les plus perverses sont proclamées, les
principes vacillent, comme des astres égarés sur nos
têtes, et on ne comprend pas. On comprendra un jour,
mais trop tard !...

Cette forte lettre pastorale était une accusation autant
qu'un avertissement. Elle souleva des tempêtes. Plus il
avait raison et plus on était irrité. La presse de Paris et

de province se déchaîna contre lui avec colère. L'explosion qui se fit alors est incroyable. On appela sa lettre
« un monstrueux outrage au bon sens » ; « une accumu-
lation d'incohérences et d'absurdités » ; « une résurrection
du vieux Jéhovah qu'on avait cru mort » ; « la fantasma-
gorie d'un Dieu brutal s'amusant à tourmenter et à épou-
vanter ses créatures pour châtier leur orgueil » ; « la plus
radicale négation de Dieu » ; « un monitoire d'un autre
temps », etc. Et quant à ses révélations effrayantes sur
les progrès de la Révolution, on affecta de ne les point
prendre au sérieux. Le *Journal des Débats* se distingua
ici par une particulière légèreté. Ces ouvriers de Genève
n'étaient à ses yeux que des délégués ; ces étudiants de
Liège n'étaient que des enfants. Tout cela était sans conséquence. La *Revue des Deux Mondes* tenait un langage
analogue. Ainsi parlaient et voyaient les organes les plus
importants de la presse française. Ce spectacle était quelque chose de profondément attristant. S'il ne se fût agi
que de lui, l'évêque d'Orléans eût volontiers laissé passer
l'orage ; mais il y avait là une révélation trop triste de ce
qu'était en France l'esprit public, un nouvel et trop douloureux signe du temps. Manifestement l'idée même de
Dieu était en péril ; et cette société, minée par un travail
effrayant de sape et de démolition, dormait, aveugle et
insouciante, sur un abîme. L'évêque résolut alors de parler plus haut encore qu'il ne l'avait fait : il n'avait pris,
dans sa lettre pastorale, que le sommet des choses ; il se
décida à entrer dans les détails et à tout dire sur une
situation aussi redoutable, et il intitula son nouvel écrit :
l'Athéisme et le péril social.

L'*Athéisme et le péril social*, formule qui résumait
bien sa pensée, et ce qu'il tenait tant à mettre en lumière,
à savoir les affinités de l'impiété avec la Révolution, est
peut-être le plus polémique, le plus fort de tous ses écrits
contre l'impiété. En voici d'abord le grave début :

« ... Que s'est-il donc passé ?

» Un évêque, en France, au dix-neuvième siècle, après
dix-neuf siècles de christianisme, s'est permis, dans une
lettre à son clergé, de rappeler ces vérités premières,

fondamentales, que l'humanité, à toutes les époques, a
proclamées, que les païens eux-mêmes ont admises, et
dont la négation, quand elle se produisait parfois sous la
plume de quelque sophiste, excitait partout l'horreur et
l'indignation publiques :

» Il y a un Dieu ;

» Il y a une Providence ;

» Il y a une justice divine qui châtie par des maux
privés et par des calamités publiques les péchés des
peuples.

» Et cet enseignement, si simple, a paru étrange, into-
lérable. On s'étonne, on se récrie ; et bien qu'il ne faille
pas mettre absolument sur la même ligne tous les adversaires que cette doctrine a rencontrés, la presse française
donne à ce sujet, depuis plus d'un mois, le spectacle d'une
exaltation d'impiété qui inspirerait le dégoût si elle n'excitait un juste effroi...

» Eh bien, c'est ce que j'appelle un nouveau et redoutable signe des temps... »

Il était donc là, luttant seul contre toute la presse. La
marche de l'écrit était simple et grande : *Vires acquirit
eundo.* Il y avait trois parties. La première exposait : *la
récente controverse* qui en était l'occasion ; une seule
question y était impliquée, mais qui elle-même implique
tout : la Providence ; puis, — *la tactique des adversaires,*
affectant de résumer sa doctrine en formules exagérées
jusqu'à l'absurde ; — leurs *injures,* que, selon le conseil
de M. de Montalembert, il avait détachées en vedette :
c'était inouï ! Non qu'il en fût effrayé : « S'il s'est jamais
rencontré un honneur dans ma vie, disait-il, c'est celui
qu'on vient de me faire. Ce qui me touche, c'est autre
chose. C'est le fond même de cette étonnante situation :
c'est ce que de telles paroles, de tels cris, ce qu'une si
violente tempête, à propos des vérités premières, fondement de tout ordre moral et social, révèlent de mal dans
le présent et de péril dans l'avenir ; » — leurs *arguments :*
il lui suffisait, tant, hélas ! on se paye de mots en France,
de les presser un peu pour les réduire à rien ; — *l'accord
du genre humain avec le christianisme sur la question,*

et ici des citations magnifiques ; — et enfin *la vráie doc-*
trine : en peu de mots, il touchait à tous les fonds de ce
vaste problème, la Providence, la justice divine. Telle
était la première partie.

Dans la seconde, il abordait le caractère vrai de cette
guerre faite à la religion, et il établissait qu'elle n'était,
en somme, autre chose que l'athéisme.

« Le protestantisme attaquait surtout l'Eglise, le voltairianisme attaquait surtout le christianisme ; aujourd'hui,
on attaque tout, et les dogmes surnaturels et les vérités,
rationnelles, toute philosophie comme toute religion,
toute raison comme toute foi. Et ce qui rend à l'heure
présente plus redoutables, même qu'au dix-huitième
siècle, toutes les attaques de l'irréligion déchaînée, ce
sont les immenses moyens de propagande dont elle dis-
pose, et qui lui permettent de pénétrer, de se faire entendre partout, d'agir chaque jour avec une opiniâtreté
sans relâche sur le pays, de l'enlacer de toutes parts, et
d'atteindre ainsi jusqu'aux dernières couches populaires. »
Et, précisant davantage : « Je dis, ajoutait-il, qu'il y a en
France, à l'heure qu'il est, plusieurs écoles d'athéisme :
écoles philosophiques, qui veulent chasser Dieu de la raison et de la pensée ; écoles scientifiques, qui veulent
chasser Dieu de la nature et de la science ; écoles de morale indépendante, qui veulent chasser Dieu de la conscience et de la vie ; écoles fatalistes, qui veulent chasser
Dieu de l'histoire ; enfin, écoles socialistes : on veut
chasser Dieu de la société, on veut chasser Dieu de partout. »

C'est ce qu'il démontrait avec d'irrécusables et péremptoires citations, prises et chez les maîtres de la science et
chez leurs disciples, et dans les grandes revues et les
grands organes de l'opinion publique, et dans les petites
publications et bibliothèques populaires qui commençaient déjà à pulluler. On se révolta contre l'homme qui
disait ces choses : mais se trompait-il ? qui pourrait aujourd'hui ne pas lui donner raison ?

Cette démonstration eût pu suffire dans un temps et un
pays plus sérieux ; mais il fallait, pour une société comme

la nôtre, aller jusqu'au bout et tirer les conséquences ; de là une troisième partie, *le péril social*. Toutefois, avant de l'aborder, avant de prendre congé de toutes ces doctrines athées qu'il dénonçait, il leur parlait de haut et avec force ; qu'on nous permette de citer ici une de ces pages vigoureuses, comme il y en a tant dans cet écrit :

« Dieu, père de l'homme, chassé de la pensée et du cœur de ses enfants ; cette noble créature humaine, spirituelle et immortelle, sur laquelle le Créateur a mis sa ressemblance et comme un rayon divin, abaissée dans la matière et ravalée jusqu'à l'animalité ! et, au lieu de nos immortelles espérances, toute la personnalité de l'homme engloutie à jamais dans le tombeau ! voilà donc les doctrines qu'on ose opposer à la foi des siècles et des plus grands génies de l'humanité ; voilà ce qu'on veut substituer au christianisme ! Mais quels sont donc les hommes qui viennent ici se mettre en scène, se poser en maîtres, en chefs de la pensée, de la science, en révélateurs, parlant comme s'ils étaient la critique, la science, l'histoire, l'avenir, et jetant l'insulte à toute l'humanité qui les a précédés ? On dirait, à les entendre, qu'il n'y a en dehors d'eux ni savants, ni historiens, ni critiques, ni philosophes, et qu'à moins d'être aujourd'hui comme eux panthéistes, matérialistes, athées, on ne peut plus compter en France. Ils disent sans cesse : La science, la science ! Et moi je réponds : Quelle science ? Qu'est-ce que la géométrie, la physique, la chimie, l'anatomie leur fournissent d'arguments pour leur athéisme ? Pas un. A regarder de près les choses, qu'y a-t-il ? Rien que des négations. Voilà ce qui leur appartient en propre, rien de plus. Tout le reste, tout le positif des sciences naturelles, appartient aux savants spiritualistes. De quel droit dites-vous : La science, c'est nous ? Est-ce que Copernic, Galilée, Képler, Newton, Descartes, Leibniz, Pascal, Bacon lui-même, ces créateurs de la science moderne ; est-ce qu'Euler, Linné, Herschell ; est-ce que, de notre temps, Cuvier, Ampère, Cauchy, Biot, est-ce que ces grands esprits étaient des athées ? Qu'êtes-vous devant eux ? A peine des pygmées.

Les savants de premier ordre parmi vous, où sont-ils ? Qu'ils se lèvent. Je vois bien d'honorables rapporteurs, manipulateurs, vulgarisateurs, ingénieurs, expérimentateurs ; mais des inventeurs, des génies, des philosophes, j'en cherche, je n'en vois pas. Ceux-là, ils croient en Dieu. »

Les conséquences antisociales de l'impiété, c'était une grave thèse, et bien nécessaire à établir, en France surtout, où l'on passe si vite de la spéculation à l'action. Pour les esprits vraiment philosophiques, cette thèse est absolument démonstrative, car on juge à bon droit de l'arbre par ses fruits. Pour les esprits politiques, il y avait là un avertissement capital, si l'on n'eût pas été si engagé ; et dans ce suprême effort d'un évêque, pour arrêter à temps son pays sur une pente fatale, un grand effort patriotique, en même temps qu'une puissante défense de la religion. Quelles intuitions vraiment prophétiques :

« Qui donc a formé ces jeunes gens ? Qui donc les a préparés pour les catastrophes à venir ? Dans dix ans peut-être ces hommes-là gouverneront. Le congrès de Liège et les articles de certains journaux révèlent les Saint-Just, les Hébert, les Chaumette, les Carrier futurs d'une nouvelle révolution démocratique et sociale. Les hommes les plus effroyables de 93 n'étaient pas autre chose que des jeunes hommes, disciples pratiques du matérialisme et de l'athéisme le plus éhonté, arrivés aux affaires, et donnant avec l'ardeur de leur âge et la fureur de leurs passions les fruits naturels de leurs doctrines et de leur corruption. »

Plus loin, il s'adressait plus directement aux hommes du gouvernement : « On travaille à pénétrer les masses d'impiété ; eh bien, qu'on le sache, une telle œuvre aujourd'hui, c'est la guerre à Dieu ; demain, ce sera la guerre à la société. Et c'est pourquoi je le dis avec une profonde tristesse : ceux qui ne voudraient pas aller jusqu'à faire la guerre à la société, et qui font la guerre à la religion, qui dissolvent les croyances, qui tuent toute foi dans les âmes, sont les plus coupables, mais aussi les

plus aveugles des hommes : auxiliaires aujourd'hui de
ceux qui les renverseront demain. Et ceux qui s'imagi-
nent ne pas attaquer Dieu en n'attaquant que l'Eglise,
qui croient faire œuvre de bonne politique en jetant
l'Eglise comme une proie à ses ennemis; ceux qui, dans
cette guerre contre le Pape, ont été les auxiliaires de l'impiété; tous ceux-là sont dans une erreur inconcevable.

» Mais quoi! dirai-je à ceux de ces hommes qui semblent avoir encore quelque souci d'eux-mêmes et de leur
pays, vous voyez que le flot monte, monte toujours; et
vous ne voulez pas comprendre que si la démocratie, qui
sera peut-être maîtresse demain, est antichrétienne, irré-
ligieuse, athée, elle fera une société effroyable!

» Croyez-moi, je viens de le voir sur les rives de nos
fleuves, quand les digues sont rompues, les inondations
deviennent un fléau dont nul ne peut calculer ni arrêter
les ravages. Si la digue de la religion vient à être brisée,
tout sera emporté dans un désastre social également incalculable.

» Donc considérer la guerre à Dieu et à l'Eglise comme
une sorte de dérivatif contre la Révolution, laisser inon-
der la religion pour préserver la société, c'est la plus
coupable, mais aussi la plus dangereuse des politiques.

» Expédient d'un jour, trahison de l'avenir. »

Hélas! il ne fut écouté que des sages, et le torrent suivit son cours. Trop souvent la raison, l'éloquence sont
condamnées à être impuissantes ici-bas. Le rôle de cet
évêque n'en est pas pour cela amoindri, et ses paroles demeureront, à la fois témoignage de son zèle patriotique
et sacerdotal, et leçon salutaire pour la postérité. Cette
société a préféré attendre la leçon plus sévère des événements; elle l'a eue déjà, elle l'aura encore; mais si Dieu
permet un jour que les ruines laissées derrière lui par ce
siècle en s'abîmant soient relevées, on se souviendra des
avertissements du courageux évêque, et c'est sur l'ordre
moral et religieux enfin restauré qu'on refera la France
de l'avenir.

Quant à lui, ces travaux faisaient du bien à son âme;

Dieu le récompensait de ces luttes pour la religion par des grâces exquises de lumière et d'amour : « Comme tous nos dogmes, écrit-il, m'apparaissaient dans leur splendeur, et comme je compatissais au malheur de ces malheureux ! »

CHAPITRE XIX

Ces travaux de longue haleine n'étaient pas les seuls qui vinssent se jeter à la traverse de cette grande polémique pour le Saint-Père : son ministère, ses relations immenses amenaient sans cesse des incidents qui le forçaient à parler en même temps qu'à écrire. Ses prédications suivies à ses diocésains, dont nous devons compléter le tableau, ne représentent donc pas, il s'en faut, toute son œuvre oratoire. Nous avons rappelé déjà les principaux discours de circonstance qu'il eut l'occasion de faire, soit dans son diocèse, soit ailleurs, avant cette longue lutte pour la souveraineté pontificale. Il dut aussi, pendant les années qui vont de 1859 à 1867, c'est-à-dire de la guerre d'Italie au Concile, prononcer de nombreux discours, dont nous grouperons simplement ici, tels que le cours des faits les amène, les principaux : discours ayant pour objet soit des incidents orléanais, soit des œuvres de charité ou de piété étrangères à son diocèse, soit même des intérêts généraux.

Se présentent à nous d'abord ses *Conférences aux mères chrétiennes ;* mais nous en parlerons avec plus d'à-propos quand nous présenterons le tableau de tout ce que son zèle entreprit pour l'éducation des jeunes filles et la sanctification des femmes du monde.

Nous disions, en racontant le procès qui lui fut fait en 1860, que le gouvernement n'avait réussi par là qu'à lui donner plus de prestige. On en eut la preuve, lorsque, dix jours seulement après, le 29 mars, à la demande de M. Cochin, M⁀ꜗ Dupanloup prêcha à Saint-Roch un sermon sur les salles d'asile, dont le fondateur en France est, on le sait, le père même de M. Cochin. L'église entière, la nef, les bas côtés, les chapelles, l'orgue lui-même, tout était envahi, et plusieurs centaines de personnes ne purent trouver place. Voilà la popularité qu'on lui avait faite. Dès qu'il apparut en chaire, quelque bruit fut essayé dans le fond de l'église, mais que l'organiste, M. Vervoitte, par une heureuse inspiration, couvrit aussitôt; puis l'orgue ayant tout à coup fait silence, immédiatement l'évêque commença et tint pendant plus d'une heure l'immense auditoire suspendu à ses lèvres. Au reste, ceux qui s'attendaient à quelque sortie politique furent bien déçus. Il parla des enfants et rien que des enfants. Il eut dans ce discours un mouvement sublime, ce fut quand il cita ce fait connu : Albukerque opposant un enfant à la tempête, et obtenant ainsi le calme soudain des flots. C'est dans ces moments-là qu'il fallait voir en chaire l'évêque d'Orléans, et que sa magnifique action oratoire avait toute sa beauté. Il permit l'impression de ce discours recueilli par la sténographie, et M. Cochin l'en remercia par la lettre suivante : « Ce discours est comme une bénédiction sur la tombe de mon père, et une puissante protection pour son œuvre de prédilection. Il est pour moi-même un insigne bonneur. A part tous ces motifs personnels de reconnaissance, je vous remercie encore de permettre que ce beau discours soit publié. L'*Ami de l'enfance*, journal des salles d'asile, le portera à toutes les salles d'asile de France et même à l'étranger. »

Un peu plus tard, ce fut l'Irlande qui fit appel à son éloquente charité. Comment refuser sa parole à cette France d'au delà des mers, cette chère Irlande, si fidèle et si malheureuse? La famine venait encore de la ravager et les catholiques de France faisaient des quêtes pour se-

courir les pauvres Irlandais. On vint demander à l'évêque
d'Orléans de plaider cette cause. Il portait à la patrie
d'O'Connel trop de sympathie pour ne pas répondre à cet
appel : le sermon eut lieu encore à Saint-Roch, l'auditoire
se retrouva aussi nombreux qu'un an auparavant, mais le
discours fut incomparablement plus large et plus beau ;
ce fut plus qu'un plaidoyer admirable en faveur de l'Irlande, devant la charité française ; ce fut surtout un
appel pressant à la justice de l'Angleterre. C'est, selon
nous, un des plus remarquables que l'évêque d'Orléans ait
prononcés. Traduites sur-le-champ en anglais, ces paroles
allèrent en Irlande et jusqu'en Australie, partout où l'émi-
gration avait jeté les enfants de cet infortuné pays, leur
porter une consolation et une sympathie. Ils se mon-
trèrent admirablement reconnaissants. En retour des
30 000 francs que ce sermon leur valut, ils envoyèrent à
l'évêque d'Orléans plus de deux cent mille francs pendant
la guerre. « Ils s'arracheraient le pain de la bouche pour
donner à la France, » lui écrivait un évêque irlandais. Et
qu'on nous laisse raconter ce trait touchant : l'année suivante, l'évêque d'Orléans, revenant de Rome, se trouvait
sur le pont du bateau, fatigué et étendu, comme presque
tous les passagers ; tout à coup il s'aperçoit que la pluie,
qui tombait assez abondante, cessait de le mouiller : il se
retourne, et que voit-il ? La charmante figure d'un jeune
prêtre qui tenait un manteau étendu au-dessus de sa tête,
et qui, rencontrant son regard, ne lui dit que ce seul mot :
« Monseigneur, je suis Irlandais. » Et l'année d'après, 1863,
se trouvant de nouveau à Rome, il eut la gracieuseté de
faire remettre à chacun des jeunes élèves irlandais de la
Propagande un exemplaire de ce discours pour l'Irlande.
Ils lui offrirent en retour un chef-d'œuvre de la typogra-
phie romaine, un magnifique bréviaire en un seul volume,
sorti des presses de la Chambre apostolique, avec deux
adresses, l'une en latin, l'autre en français, où leur cœur
d'Irlandais parlait bien son langage.

Chose singulière, ce discours fut attaqué avant d'avoir
été prononcé. Un évêque anglican, lord Plunkett, qu'on
accusait d'avoir été dur envers ses tenanciers, trembla que

du haut de la chaire de Saint-Roch l'évêque d'Orléans ne lui imprimât un stigmate ineffaçable, et il se hâta de se justifier publiquement par une lettre à l'ambassadeur d'Angleterre, lord Cowley, invoquant sa protection. L'évêque d'Orléans lui répondit dans les *Débats*, par une lettre à la fois spirituelle et éloquente, à laquelle se garda bien de répliquer lord Plunkett[1].

Quelques semaines après, nouvelle diversion, nouveau discours, le discours sur l'agriculture; et, en vérité, devant tous ces travaux qui tombent à la fois sur lui, le pauvre évêque aurait pu dire, comme le poète :

Quò fessum rapitis?

Un concours régional à Orléans réunissait les représentants de sept départements, et le maire, ainsi que le préfet, l'avaient invité à prendre la parole. Nous avons dit ce qu'il y avait de délicat pour lui, dans la situation que le gouvernement lui avait faite, cette sorte d'excommunication officielle qui durait encore, à accepter une telle invitation, et comment, se dégageant des considérations politiques, et ne voyant que les âmes, il s'était décidé à parler. « Afin, écrivait-il, d'apprendre à ces braves gens à gagner le ciel en travaillant la terre. » Il préparait ce discours, pendant une tournée de confirmation, « en courant de village en village »; et il le prononça à la cathédrale, le 9 mai 1861, le lendemain des fêtes de Jeanne d'Arc. Pas un mot de politique, bien entendu. « Aujourd'hui, Messieurs, mon esprit se repose avec joie parmi vous, dans le silence des querelles humaines, et je n'aspire qu'à parler des champs. » Et comme il en parlait ! Etonnant discours! c'est comme une riche gerbe, formée de toutes sortes de fleurs et de fruits : détails techniques, histoire, poésie, économie sociale, haute philosophie, accents patriotiques et surtout religieux. Il disait les origines divines de l'agri-

---

1. Cette lettre se trouve dans les pièces justificatives imprimées à la suite du discours, *Œuvres choisies*, 1re série : *Œuvres oratoires*, p. 222.

culture; et les richesses, et les vertus qu'elle donne à l'homme; et, au nom de la société comme de la religion, il la bénissait. Dans son enthousiasme, après l'avoir lu, M. de Montalembert écrivit à son ami : « Je ne vous ai rien dit de votre merveilleux discours sur l'agriculture. Quand vous êtes loué, admiré, enlevé par tout le monde, j'en jouis sincèrement, mais je n'éprouve pas le besoin de vous le dire. Je me réserve pour les mauvais jours. Mais j'admire le bonheur que vous avez eu de remporter si à propos un triomphe distinct de tous les autres. *Dominus tecum, vir fortissime!* »

La population orléanaise lui fit une ovation.

Bourges, peu de temps après, eut aussi l'honneur de l'entendre. Son archevêque, Mgr Menjaud, venait de mourir; il avait été à Saint-Sulpice un des catéchistes de l'évêque d'Orléans; c'était même lui qui, le jour de sa confirmation, sur le perron de l'église de Saint-Sulpice, avait le premier murmuré à son oreille le mot de vocation. Invité par le coadjuteur et le successeur de Mgr Menjaud, Mgr de la Tour d'Auvergne, lequel avait été son élève à Saint-Nicolas, à en faire l'oraison funèbre, il ne se refusa pas cette joie de cœur. Et comme il sut rappeler tous ces souvenirs !

« Réclamé tout à la fois par celui qui fut mon père dans la foi et le sacerdoce, et par les vœux de celui qui fut mon disciple et mon ami, je viens adresser un dernier hommage avec un dernier adieu à une chère mémoire, et satisfaire ainsi tout ensemble à la reconnaissance la plus profonde et la plus ineffaçable qui soit dans ma vie, et à une affection chère aussi et plus récente. »

Ce jour-là, cette source de tendresse que nous nous plaisons à signaler chez le militant évêque coula avec abondance. Ce discours en est une des nombreuses et des plus charmantes révélations.

Mgr l'archevêque de Tours, depuis Son Eminence cardinal Guibert, eut aussi à faire appel à cette infatigable parole, et non pas en vain. La grande gloire catholique

de Tours, et, pourrait-on dire, de la France, c'est saint
Martin : on sait quelle pensée hardie avait conçue le zélé
archevêque : il ne songeait à rien moins qu'à reconstruire
sur l'emplacement même qu'elle occupait autrefois cette
fameuse basilique où tant de pèlerins avaient passé. Pour
les fêtes de Tours de l'année 1863, le prélat songea à faire
appel à l'éloquence de Mgr Dupanloup : de là, un panégyrique du thaumaturge des Gaules digne tout à la fois, et
du grand saint qui en est l'objet, et de l'illustre orateur
qui le prononçait.

Une autre belle œuvre à laquelle l'évêque d'Orléans fut
amené aussi à prêter le concours de sa parole, ce fut
la restauration des lieux saints de Provence, entreprise
par la piété dominicaine. Le P. Lacordaire était mort et
l'évêque d'Orléans ne manquera pas, quand le disciple et
ami du grand moine, le R. P. Chocarne, en écrira la
vie, de rendre à cette mémoire un splendide hommage.
Mais « peu avant de mourir, en février 1860, le Père avait
publié *Sainte Marie-Madeleine*, dans le but de ressusciter
le culte de cette sainte, qui venait de rappeler les Dominicains à la garde de son tombeau [1]. » L'évêque d'Orléans
avait lu et goûté ce livre exquis. Et comme sa santé commençait à le conduire alors dans le Midi, il voulut se
donner la joie d'un pèlerinage aux lieux où l'on dit que
cette vénérable amie du Sauveur a vécu pendant vingt
ans dans la pénitence et la prière. On sait que, d'après
une tradition consignée dans le Bréviaire romain, Lazare
et ses deux sœurs, Marthe et Marie-Madeleine, avec deux
compagnons, saint Trophime et saint Maximin, abandon-
nés sur une barque sans rames, furent poussés mystérieuse-
ment à travers la Méditerranée vers la Provence, dont ils
devinrent les premiers apôtres. Le P. Chocarne fut son
guide vers la grotte de Madeleine. Un de ses amis de Marseille, M. A. Prou-Gaillard, les accompagnait. « J'ai fait, a
dit l'évêque d'Orléans, beaucoup de pèlerinages dans ma
vie ; je n'en ai jamais fait aucun avec un intérêt plus pro-

---

1. *Vie du P. Lacordaire*, par M. Foisset, t I, p. 414.

fond, plus saisissant. » Et il écrivait à M. de Montalembert :
« J'ai été charmé de la Sainte-Baume et de Saint-Maximin,
et de cette admirable fécondité et postérité du P. Lacordaire. C'est l'œuvre d'une grande vertu. » Et il prit feu,
comme il était inévitable, pour ce que les Dominicains
faisaient là. Cette émotion valut à cette belle œuvre deux
précieux discours. « Je vous promets, avait-il dit aux
Dominicains, 30 000 francs. » Pour les trouver, il laissa
s'organiser l'hiver suivant, chez Mme la duchesse Pozzo di
Borgo, une réunion où s'empressa d'accourir l'élite de la
haute société parisienne. Il devait simplement venir y raconter son pèlerinage ; mais un tel sujet ayant saisi toute son
âme et fait jaillir la source de ses habituelles pensées, cette
causerie se trouva être un sermon dans un salon, et des
plus éloquents qu'il ait prononcés. « L'alliance adorable de
la bonté divine et de la faiblesse humaine, le retour à la
vertu par le repentir, c'est-à-dire ce qui remue et attendrit
le plus profondément Dieu et les hommes », il trouva,
pour exprimer ces saintes choses, les accents les plus
pénétrants. C'est dans ce discours qu'il s'écriait : « Oh !
les âmes, il n'y a qu'elles qui soient aimables et admirables ici-bas ; il n'y a qu'elles qui soient vraiment belles,
et quels que soient leurs malheurs et même à cause de
leurs malheurs, d'un intérêt incomparable. Non, il n'y a
pas d'intérêt plus profond et plus attachant que de lire là,
d'y étudier, d'y saisir ce qui se remue dans ces profondeurs,
les émotions fugitives ou durables, les impressions sou-
daines, les nobles inspirations, les élans généreux, soit
qu'on regarde dans l'âme candide et naïve d'un enfant ;
soit quand Dieu permet de pénétrer une de ces âmes troublées, orageuses, dont sainte Thérèse a dit qu'une seule
était tout un monde. Oh ! étudier de telles âmes, chercher là le feu sacré qui est dans toute créature, en rallu-
mer l'étincelle cachée et l'y voir resplendir enfin, c'est
un moment inexprimable et dont je bénis Dieu de m'avoir
quelquefois, dans ma vie, donné la profonde douceur. »

Deux ans plus tard, le 1er février 1866, à Marseille même,
dans l'église de Saint-Joseph, il célébra de nouveau, en
termes non moins éloquents, « sainte Madeleine, le mo-

dèle de la pénitence et le chef-d'œuvre de la miséricorde divine ».

Quelque temps après c'était la ville d'Orléans qui recourait de nouveau à lui. Des travaux d'art admirables venaient d'être exécutés pour que le Loiret, « ce fils mystérieux de la Loire », envoyât ses eaux à Orléans par-dessus le fleuve; l'inauguration de ces nouvelles fontaines fut faite à la veille des fêtes de Jeanne d'Arc avec grande solennité. On demanda à l'évêque d'Orléans de les bénir et d'ajouter à l'éclat de la fête celui de sa parole. Il voulut bien y consentir, mais à son tour il exigea et il obtint, non sans peine, une modification au bronze de ces fontaines, qu'il voulait plus respectueux de la dignité des mœurs orléanaises. On eut là une nouvelle preuve de sa vigilance et de sa fermeté épiscopales, et de la considération dont il jouissait à Orléans. Ce sacrifice eut sa compensation : le discours de l'évêque ravit ses diocésains.

Mais un discours autrement considérable, et qui s'éleva à la hauteur d'un événement, ce fut celui qu'il fut amené à prononcer au congrès de Malines. Mais ici il faut reprendre d'un peu plus haut les choses.

Ce fut en 1863 que, sous l'impulsion du grand cardinal de Malines, Mgr Sterkx, les catholiques belges, engagés dans les luttes les plus ardentes, eurent la pensée d'organiser le premier de ces fameux Congrès destinés à exciter partout le zèle et le courage, et à maintenir debout les catholiques. Invité à ce Congrès, l'évêque d'Orléans, condamné, on ne le voit que trop, à se prodiguer, ne crut pas sa présence là nécessaire, et il déclina l'invitation, d'autant plus que ses amis, MM. de Montalembert, de Broglie et Cochin, devaient s'y rendre. « Cette affaire de Malines, lui écrivait M. de Montalembert, m'accable et me désole. J'ai résisté tant que j'ai pu; je n'ai cédé qu'aux fatigantes instances, venues de tous les côtés à la fois et de toute sorte d'amis qui ne manqueront pas de blâmer ce que j'aurai dit et fait là-bas, après m'avoir aiguillonné. Je m'arrache malgré moi de mon silence. Vous connaissez cela par expérience et vous me plaindrez. »

L'apparition du vieil athlète de l'Eglise, qui bravait, pour se rendre à Malines, un mal opiniâtre, fut saluée par des applaudissements extraordinaires. On était avide d'entendre cette voix depuis trop longtemps réduite au silence. Il parla deux fois, et sur la question la plus palpitante : sur la liberté, sa grande cause. Alors que la souveraineté temporelle du Pape, sauvée en 1849 par une assemblée libre, était livrée et perdue depuis 1859 par le pouvoir personnel, et en face des défections de tant de catholiques, qui avaient abandonné le terrain sur lequel ils avaient autrefois combattu et vaincu, il y avait, selon le grand orateur qui, lui, se flattait d'être resté toujours semblable à lui-même, *qualis ab incœpto*, d'utiles vérités à rappeler, de nécessaires leçons à donner. Puisqu'une profonde division s'était faite parmi les catholiques, non sur la foi, quiconque ne la professe pas tout entière n'appartient plus à l'Eglise, mais là où les dissentiments peuvent se produire, sur les principes de conduite, sur l'attitude à tenir vis-à-vis des libertés et des sociétés modernes, il estimait indispensable de s'expliquer hautement, franchement, courageusement, devant cette grande assemblée. Son discours suscita des applaudissements enthousiastes. M. de Broglie et M. Cochin obtinrent aussi un grand succès. « Vous voulez des nouvelles vraies de Malines, écrivait M. Cochin à l'évêque d'Orléans : L'assemblée a été magnifique, la foi éclatante, la liberté dominante et acclamée, Montalembert hardi, bouillant, admirable, le prince de Broglie charmant, Melun touchant, et l'on m'a accordé à moi une ovation exagérée; le cardinal de Malines et les évêques belges, à merveille, pleins de paternité, de tact; mais je crains, je vous avoue, qu'on n'écrive à Rome contre les manifestes de notre ami. »

M. de Montalembert avait les mêmes craintes. Chose étrange! tandis que les journaux hostiles à l'Eglise représentaient le Congrès de Malines comme une assemblée de réactionnaires, voulant ramener le moyen âge, une certaine presse catholique, en Belgique et en France, dé-

nonçait le discours de . de ontalembert comme un
attentat qui avait affligé tous les catholiques, et n'avait
été loué que par les libres penseurs. « Le succès, écrivait
. de ontalembert à l'évêque d'Orléans, a été considérable et incontesté *sur place;* la jeunesse surtout y répondait avec un enthousiasme frénétique et presque unanime ; mais nos adversaires, incapables de répondre, n'en
prennent pas moins leur revanche, en Belgique comme
en France, et surtout à Rome, puisqu'ils restent seuls
maîtres du terrain par la presse. Tout ce beau feu
s'éteindra faute d'un journal pour l'entretenir. J'ai trouvé
dans le cardinal Wisemann le même antagonisme que
vous avez rencontré chez lui, à Rome, l'année dernière,
si parva licet componere magnis. En revanche, le cardinal Sterckx a dit : « Vous aviez beau dire que vous ne
vouliez pas faire de théologie, vous avez parlé en parfait
théologien. »

Non, il n'avait pas parlé en théologien, ni surtout en
parfait théologien ; mais en orateur, en politique, en
laïque. Un théologien eût été plus rigoureux dans la position des questions et les précisions nécessaires. En ces
matières, si complexes et si délicates, où la thèse relative
côtoie de si près la thèse absolue, là surtout les mots mal
définis sont périlleux, et les distinctions indispensables
pas toujours faites en termes assez explicites. Sa formule,
l'Eglise libre dans l'Etat libre, déjà vengée par lui, mais
travestie par . de Cavour, effrayait certains catholiques,
et a besoin en effet d'être expliquée et comprise. L'évêque
d'Orléans ne l'a jamais employée. Et enfin, il avait touché en passant à certains points d'histoire qu'il est difficile d'éclairer à fond dans un discours. Les paroles prononcées par lui à Malines furent donc dénigrées et
dénoncées à Rome. Sans doute, Rome, gardienne de la
doctrine, ne peut surveiller de trop près de pareilles discussions. ais, malheureusement, à côté de la science
calme et désintéressée, il y a place à Rome, comme partout, à autre chose, et la bonne foi des théologiens romains peut quelquefois être d'autant plus facilement
surprise, qu'ayant eux-mêmes plus d'impartialité, ils

peuvent par là même se tenir moins en garde contre des
passions qu'ils ne partagent point. Elle ne le fut pas en
cette circonstance. M. de Montalembert envoya à Rome
des explications qui furent agréées. L'évêque d'Orléans,
qui s'y trouvait alors de nouveau, comme nous allons le
dire bientôt, ne fut pas étranger à l'issue équitable et sage
de cette affaire.

Le Congrès de Malines avait été si heureux que le cardinal Sterckx en souhaitait vivement un second, aussi
éclatant que le premier, mais plus en dehors des questions qui auraient pu amener des divisions. Et il y jugeait
la présence de l'évêque d'Orléans indispensable. Il insistait d'autant plus pour que l'évêque d'Orléans y allât, que
ses amis, MM. de Montalembert, de Broglie et Cochin,
paraissaient décidés à ne pas s'y rendre. « On me sollicite
beaucoup de Belgique, écrivait-il le 30 juillet à M. Cochin;
le cardinal Sterckx m'a écrit la lettre la plus pressante et
la plus aimable. C'est, je l'avoue, ce qui me touche le
plus. Il m'en coûte toujours de laisser un brave homme
sur la brèche. » M. de Montalembert le pressait aussi vivement, le voyant d'ailleurs, disait-il, tout à fait en veine :
ses trois discours sur le feu, l'eau et la Madeleine avaient
révélé son talent oratoire sous une nouvelle face, « avec
une flexibilité, une grâce, un entrain, une jeunesse, »
dont, en effet, chacun avait été frappé.

« Chaque jour, lui écrivait-il (la lettre est du 5 août),
me confirme dans la pensée que vous avez là une grande
mission à remplir; moins grande sans doute que celle
que vous avez providentiellement remplie à Rome en
1862, mais dans le même genre. Il s'agit moins de ce
que vous direz que de ce que vous empêcherez. Allez
donc...; nos amis, l'excellent Adolphe Dechamps en tête,
vous accueilleront avec des transports de sympathie. Ce
Dechamps est un homme du premier mérite, avec lequel
il importe que vous vous entendiez à fond, comme avec
le cardinal de Malines. »

Néanmoins l'évêque d'Orléans hésitait toujours beaucoup. « Je suis de moins en moins incliné vers Malines,
écrivait-il encore le 16 août à un ami. Je sens bien ce que

j'y pourrais faire de bien, mais je n'ai pas la moindre vue de ce que je pourrais dire. » Le cardinal lui proposa pour sujet de discours l'enseignement populaire. Il était là en plein sur son terrain, et, en outre, ce sujet, tout en lui faisant éviter les questions délicates, l'introduisait au vif des controverses contemporaines avec l'impiété. On le pressait donc de plus en plus. « Le scrutin, lui écrivait M. Cochin, donne à nos amis de Belgique un dessous, mais ce n'est pas une déroute; ils sont cinquante-sept contre soixante-deux. Plût à Dieu qu'il en fût ainsi partout! Il faut y aller prêcher la paix et l'énergie, vous et vos confrères; pas nous, qui sentons trop la poudre. » Il lui écrivait encore, le 22 août : « Vous ferez un bien immense : pacification des esprits en Belgique, marche en avant dans la question populaire la plus exploitée contre nous; et enfin un sacrifice de plus offert à Dieu. » Il insistait encore dans une lettre écrite presque à la veille de l'ouverture du Congrès... « Les pauvres Belges tendent les bras et poussent des cris. Dites-leur que vous arrivez, et ce sera comme si le soleil se levait sur eux. » Parce que ce vaillant évêque ne refusait jamais le labeur et la lutte, quand il y voyait un devoir, certaines gens, qui jugent sans savoir, ont pu parfois penser qu'il avait le goût de se mettre en avant. On voit ici ce qu'il en est. Sa personne pour lui n'était rien : ses causes étaient tout. Il se décida donc, et se mit à préparer et à ordonner son discours : il était temps.

Le dimanche soir, 28 août, il allait coucher à Paris. Le lendemain, M. Cochin lui apportait quelques notes : « Vous mettrez le feu, lui disait-il avec son charmant esprit, à mes brins de paille. » L'évêque partit pour la Belgique, méditant en wagon son discours. Le 30, il arrivait à Malines, chez le vénérable cardinal. Le Congrès était ouvert. « Viendra-t-il? » c'était ce que chacun se demandait. Tout à coup un frémissement agite l'assemblée : « Le voilà!» En effet, il apparaissait, donnant le bras au vénérable cardinal. Ce furent soudain des applaudissements inexprimables auxquels se mêlaient les cris de *Vive l'évêque d'Orléans!* Le président, M. le baron de Gerlache, inter-

rompit la lecture du rapport, pour lui souhaiter la bienvenue :

« Oh! quelle grande voix que la vôtre, Monseigneur,
quelle grande voix dans l'Eglise catholique! Quel grand
défenseur de toutes les saintes causes nous saluons en
vous! Tous les sentiments qui intéressent la religion,
l'humanité, trouvent en vous un organe courageux, éloquent. Nous sommes heureux de vous voir parmi nous.
Soyez le bienvenu! (*Applaudissements.*) Nous espérons
que Votre Grandeur voudra bien adresser quelques paroles
à cette assemblée si avide de les recevoir et d'acclamer
avec enthousiasme le prélat qui illustre d'une manière si
éclatante le siège épiscopal d'Orléans. »

A une telle invitation, à une telle impatience de toute
cette grande assemblée, il ne pouvait pas ne pas répondre.
Montant donc les degrés de l'estrade, il dit :

« Messieurs, je suis profondément touché de l'accueil
que vous voulez bien me faire, d'autant plus qu'il ne m'est
pas difficile de me désintéresser personnellement d'une
telle bienveillance. Ma personne ici n'est rien. En m'applaudissant, vous applaudissez un évêque de l'Eglise catholique et de la France. Vous m'accueillez avec un tel
cœur, parce que vous aimez Jésus-Christ et son Eglise.
(*Applaudissements prolongés.*)

» Vous me saluez parce que je suis un frère de vos
saints évêques, un frère respectueux de votre vénérable,
courageux et patriotique cardinal (*Applaudissements*) dont
la présence au milieu de vous vous honore, vous protège
et vous touche. (*Tonnerre d'applaudissements.*)

» Vous me saluez parce que je suis Français, fils d'un
noble pays dont vous parlez la langue, dont vous comprenez si bien la gloire. Vous saluez en moi mon père qui est
Jésus-Christ, ma mère qui est la sainte Eglise, mes frères
et ma nation. Merci. (*Applaudissements.*)

» Et moi aussi, si vous me permettez de vous le dire, je
vous aime... j'aime la Belgique, un peuple nouveau, plus
solide peut-être que les peuples anciens; un peuple croyant
plus libre que les anciens; un peuple laborieux, plus en
progrès que les anciens; grâce à un roi prudent, à des lois

sages et à des mœurs chrétiennes. La loi, le roi, la foi : ·
vous avez le bonheur d'être une nation qui repose encore
sur ces trois choses tant ébranlées. (*Applaudissements*.)

» Dans la Belgique, j'aime les catholiques, et, malgré
de grandes affaires et de grandes fatigues, j'ai été heureux
de leur offrir un témoignage de ma religieuse affection,
précisément parce qu'ils n'ont pas été aussi heureux
qu'ils auraient dû l'être. Si vous aviez été de tous points
vainqueurs, j'aurais béni et applaudi de loin; je ne
serais peut-être pas venu. Je suis d'ailleurs venu avec
joie, car l'heure de l'adversité est l'heure des enseignements salutaires, des résolutions généreuses et des ami-
tiés fidèles. »

Le lendemain, 31 août, il prononça son discours : porté
en quelque sorte par ce sujet, qui lui allait de tous points,
et par l'immense faveur de l'auditoire, il traita cette vaste
question de l'enseignement populaire, avec une ampleur,
une verve, une originalité, des saillies d'esprit inattendues, saisissantes, s'élevant graduellement jusqu'à la
magnifique explosion oratoire de la fin. Pendant plus de
deux heures, il tint cette immense assemblée suspendue à
ses lèvres, dans un enthousiasme croissant et inexprimable. Il y eut un incident charmant. Craignant de se laisser
entraîner : « Rassurez-vous, dit-il, car j'ai là une montre... » « Enlevez la montre! » cria-t-on. Et aussitôt un
jeune membre du bureau l'enleva, au milieu de l'hilarité
universelle.

L'embarras est extrême devant ce discours : on ne peut
tout citer, on voudrait ne rien omettre. L'orateur vole, en
quelque sorte, de l'un à l'autre des grands aspects que ce
sujet si complexe amène : surtout la' gratuité, l'obligation et la laïcité de l'enseignement, formule si vivement
agitée alors contre nous dans les loges maçonniques, et
de là dans les journaux révolutionnaires et voltairiens, et
triomphante, hélas! aujourd'hui. Nul, disait-il, n'a plus
fait que l'Eglise pour l'enseignement des peuples; nul ne
fait plus encore aujourd'hui. Elle ne craint pas la gratuité de l'enseignement, elle l'a inventée; ni la laïcité,
puisqu'elle veut la concurrence; et ici, il rappelait ce

qu'a fait la loi de 1850 pour l'enseignement populaire, et
rendait aux bons instituteurs laïques un hommage qu'il
faut n'avoir jamais lu ou avoir oublié pour prétendre qu'il
ne leur était point favorable. Mais si la laïcité, c'est l'enseignement sans religion, et si l'enseignement obligatoire,
c'est l'école obligatoire, oh! alors, nous n'en voulons pas.
Et il disait pourquoi; et avec les traits du plus acéré bon
sens, ou de la plus éloquente indignation. Or c'est bien
cela qu'ils veulent : enseignement laïque, c'est-à-dire
sans religion; enseignement obligatoire, c'est-à-dire
école obligatoire; en d'autres termes « la perversion
substituée à la conversion ». Amené ainsi à cette odieuse
guerre faite à la religion, il laissait enfin éclater son âme
en des accents incomparables. Qu'on nous laisse citer au
moins les dernières paroles :

« Soldats, rappelez-vous qu'on doit aimer son drapeau,
d'autant plus qu'il est attaqué et criblé! O mon pays,
ô France, dit le soldat, comme je t'aime, depuis que je me
suis battu pour toi! O drapeau percé, noirci, déchiré,
comme je te presse sur mon cœur! Et nous, sachons
redire : O vertu, ô conscience, ô religion, ô foi chrétienne,
ô probité, ô justice, ô Eglise de Jésus-Christ, ô Rome,
ô successeur de Pierre, comme je vous aime, car j'ai
souffert pour vous! »

Interrompu cent fois par des salves d'applaudissements,
il fut presque porté en triomphe à sa sortie.

Chemin faisant, dans ce discours, il donnait aussi des
leçons aux catholiques, tantôt calmant des inquiétudes,
tantôt ouvrant des horizons, tantôt prêchant l'union et la
concorde.

Par exemple, à propos du progrès matériel dont certains s'effrayent: « Il y a partout, nous essayerions en
vain de nous le dissimuler, un mouvement vers le progrès
matériel. Pour moi, je ne le maudis pas, ce progrès; je ne
suis pas envoyé pour maudire ce qui honore l'esprit de
l'homme et sa puissance sur la matière. Mais tous les
hommes d'expérience en conviendront avec moi, pour
suivre le progrès et le gouverner convenablement, il faut
le bien comprendre. J'ajoute que pour ne pas succomber

à ses tentations, qui sont redoutables, il faut un sens moral plus fort que jamais. »

A propos de la société moderne, autre épouvantail : « J'entends souvent parler de la société moderne, et il est certains hommes qui s'épouvantent à ce nom. Mais enfin, Messieurs, est-ce que chaque siècle nouveau n'est pas un siècle moderne? Qu'y a-t-il donc à faire ? S'effrayer? Non. La vérité et le bon sens, c'est qu'il faut voir dans son temps, dans son siècle, ce qu'il y a de bon, ce qu'il y a de mal ; l'étudier avec intelligence et avec amour, et dévouer sa vie, s'il le faut, à éclairer les esprits, à sauver les âmes. Quant à moi, je le confesse, je ne puis me résoudre à perdre la tête devant un mot, et rêver la fin du monde, parce qu'il y a une société moderne. »

L'avertissement suivant n'était pas moins grave : « Nous tous, qui que nous soyons, catholiques de tous les pays, au nom de Jésus-Christ, entre nous, s'il est possible, point d'excès, point de faiblesses, point d'imprudences, point de divisions. L'Evangile nous dit: Aimez vos frères comme vous-mêmes ; s'il le faut, plus que vous-mêmes : la vérité seule plus encore !... Ne substituons jamais les opinions aux principes, ne changeons pas en questions vitales les querelles de ménage. Plus les temps sont mauvais, plus il est nécessaire de nous serrer tous comme un bataillon sacré autour de l'arche menacée, unanimes, n'ayant qu'un cœur et qu'une âme. Oh ! que nous aurions été forts, si cette unanimité n'avait jamais été troublée ! »

Il y avait donc deux choses dans ce discours: de vives lumières jetées sur une importante question ; et un esprit large et généreux, soufflé à une grande assemblée catholique.

Une gravure bien connue le représente prononçant ce discours [1]. Il avait soixante-deux ans : il y a bien là ses

---

1. La photographie sur laquelle a été faite cette gravure est celle qui, quoique imparfaite encore, nous restitue le mieux l'évêque d'Orléans. L'artiste belge auquel on la doit, M. Tuerlinck, prit la peine de venir s'installer un long temps dans cette ville. Celle de Mouret, qui le représente en rochet et en mozette, avait une vraie valeur; elle date

traits, et beaucoup de leur expression quand il parlait. Le front est large ; sous l'orbite profond des yeux le regard paraît allumé ; les lèvres sont frémissantes ; mais ce que cette gravure ne laisse pas soupçonner de ce regard, c'est, quoique l'azur de l'un des yeux fût voilé, son extrême limpidité, et de ses lèvres, leur doux et gracieux sourire quand il était au repos. La taille est un peu au-dessus de l'ordinaire. La pose a de la majesté. La tête, toute libre, toute dégagée, rappelle le fameux :

> *Os homini sublime dedit, cœlumque tueri*
> *Jussit...*

C'est bien l'*Os sublime :* jamais ni ce visage, ni ce regard ne se sont inclinés en bas, sauf dans l'adoration, qui est encore elle-même une élévation dans sa profondeur. *Os sublime :* dans ce mouvement si naturel le cou apparaît toujours ; le menton accentué, presque carré, se dessine et se relève ; la bouche est d'une finesse rare ; le nez droit, accusé, aux ailes mobiles et parlantes ; les pommettes un peu saillantes, colorées d'un incarnat brillant et plein de sève ; la chevelure, autrefois abondante et souple, était rare alors, presque toute blanche, et d'une teinte douce qui contrastait avec la vigueur du teint et donnait au visage une sorte d'auréole argentée et lumineuse.

des premières années de son épiscopat. Celle de Franck, prise à Viroflay, a trop grossi le visage, et la pose est peu gracieuse. Celle de l'abbé Godefroy, où il est debout, disant son bréviaire, et dans toute la simplicité de sa tenue, a un grand mérite d'exactitude et de vérité. Celles de Disdéri étaient assez réussies, mais ne le montrent, une seule exceptée, que dans des groupes. Le célèbre graveur Martinet ne l'avait vu qu'une fois, à table, à La Chapelle, et assez ennuyé de se voir ainsi observé et étudié : l'expression de son visage dans cette gravure, placée par l'évêque lui-même en tête de ses *Œuvres choisies*, et assez ressemblante, est immobile et dure, fausse par conséquent. Dans l'œuvre, d'ailleurs belle, de M⁰ de Bourges, l'expression manque au contraire de fermeté. Les miniatures de Mᵐᵉ la comtesse de Montmarin sont précieuses : elles ont de la vie, du charme et de la fidélité : mais enfin, nous n'avons rien qui nous conserve pleinement cette si noble et si expressive physionomie.

L'ensemble est profondément attrayant.

Le soir même du jour où il avait prononcé ce discours mémorable il alla se reposer de ce succès à Houlay, chez M. le sénateur de Dan, beau-père d'un de ses diocésains très aimés, M. Maxime de la Rocheterie. Au sein de cette chrétienne famille, son âme, consciente du bien qu'elle faisait à d'autres âmes, était plus à l'aise encore qu'au sein de cette brillante et bruyante assemblée. Il revint ensuite à Malines pour la clôture du Congrès; là un toast lui fut porté, auquel il répondit avec un à-propos plein de grâce; et à peine en wagon, il se hâta d'écrire ces simples lignes à M. de Montalembert : «7 septembre 1864. Mon ami, je respire enfin, et c'est à vous que j'écris ces premiers mots possibles du chemin de fer. Dieu a béni mon laborieux voyage, et j'espère avoir fait quelque bien. Ce qui m'a le plus touché, et ce que je tiens à vous dire, ce n'est pas seulement les applaudissements dont j'ai vu et fait couvrir moi-même votre nom ; c'est surtout le plaisir qu'on avait à réunir nos deux noms jusque dans le toast final que j'ai dû accepter au moment de mon départ. Et maintenant où en êtes-vous? faites-le-moi savoir de suite. Je veux vous faire revoir les épreuves de cet immense et malheureux discours qu'il a fallu écrire au vol. Je tiens à ce que vous le revoyiez sévèrement. C'est le moins que vous me devez. *Vale, ora, et ama, ut ait et exoptat S. Augustinus.* »

L'année suivante (1865), un discours, non moins important que celui de Malines, mais qui se rattachait plus directement à la défense du Saint-Siège, lui fut imposé par la mort inattendue du général de Lamoricière.
La Convention du 15 septembre n'amena, en fait, qu'une halte de quelques années dans la marche de la révolution italienne; mais Dieu ne permit pas que le grand soldat de la papauté, Lamoricière, vît se consommer le dernier attentat : le 11 septembre 1865 il mourait tout à coup en héros chrétien. L'évêque de Nantes, Mgr Jacquemet, voulant faire célébrer dans sa cathédrale,

avec toute la magnificence possible, un service solennel pour l'âme du glorieux défenseur du Pape, eut naturellement la pensée de confier l'oraison funèbre à l'évêque d'Orléans. Ce service eut lieu le 17 octobre.

L'affluence fut prodigieuse : « Il eût fallu pouvoir quadrupler l'étendue de la cathédrale pour enfermer l'auditoire avide d'entendre l'oraison funèbre de Lamoricière par Mgr Dupanloup. Tout le clergé de la Bretagne, de l'Anjou et de la Vendée[1] » était là. Il y avait dans cette foule M. Berryer, M. de Falloux, M. de Quatrebarbes, l'ancien gouverneur d'Ancône ; sur des sièges d'honneur une députation de zouaves pontificaux, parmi lesquels les héritiers du nom de Charette : les regards surtout se reposaient avec attendrissement sur les deux jeunes filles du général. Le discours fut digne et de l'orateur et du héros.

Certes, nonobstant quelques détails surabondants, Lamoricière, dans cette oraison funèbre, n'est pas une thèse froide et diffuse : c'est Lamoricière lui-même, avec sa vivante et originale physionomie, le soldat, le citoyen, le catholique qu'il était ; vainqueur d'abord dans la première et si brillante période de sa carrière, où, en effet, il ne rencontre que des triomphes ; vaincu ensuite, deux fois vaincu ; vaincu de la politique et vaincu de Dieu, mais plus glorieux vaincu que vainqueur : cette grande idée plane sur tout le discours.

Le récit de nos guerres d'Afrique a une vivacité toute française ; c'est enlevé, on dirait à la baïonnette, et comme si l'orateur en eût été.

Dans le tableau des luttes politiques de Lamoricière, c'est un autre souffle, celui qui anime l'âme vaillante d'un citoyen, le patriotisme et l'honneur. Là commence, après des triomphes encore, la défaite ; et là l'évêque, laissant les controverses passagères et les dissentiments sans portée, salue avec éloquence « dans une grande âme une grande image de l'homme ». Il parlait devant des vaincus aussi ; ses regards, en se promenant sur son vaste audi-

---

1. M. Victor Fournel dans la *Gazette de France.*

toire de catholiques et de Bretons, ne rencontraient guère que cela, dès vaincus dans leur foi politique et leur foi-religieuse, car nous ne triomphions pas à Rome, mais des vaincus opiniâtrément fidèles à leurs causes, et in-domptables dans leurs espérances; il leur disait :

« Oui, Lamoricière, malheureux et vaincu, se montre là plus noble encore que dans cette première et brillante partie de sa vie, où nous le voyions tendre pour ainsi dire toutes ses voiles au vent de la fortune qui les enfle et les conduit.

» Qu'est-ce qui fait la dignité et l'honneur d'un vaincu politique?

» C'est l'honneur des causes qu'il a servies et l'honneur de ses services.

» C'est le calme et la dignité de sa chute.

» C'est l'amour persistant et dominant du pays dans les douleurs les plus profondes de son âme.

» C'est enfin l'inébranlable fidélité à la justice des causes vaincues, et, dans la défaite, une contenance digne de lui et des principes qu'il a défendus.

» Oui, quand une cause succombe, si elle est noble, et si le vaincu reste digne d'elle et conserve sans tache dans la défaite, avec l'amour du pays, l'inviolable honneur, il reste grand.

» Lamoricière tomba, comme d'autres avec lui; mais dans sa chute il sut rester lui-même, et garder intactes la fierté de sa conscience, la dignité de son caractère, l'irré-prochabilité de son passé, et la fermeté des convictions de toute sa vie...

» Que l'on ne me demande pas de juger sa conduite! Je ne connais rien de plus beau que l'homme d'un seul serment, qui, après avoir donné sa parole, se constitue toute sa vie prisonnier de cette parole et captif de son honneur! »

Mais une défaite plus glorieuse avait précédé; il avait été « le vaincu de Dieu » : Comment?

« Non pas à la façon d'un ennemi. Grâce au Ciel, il ne combattit jamais contre Dieu. Le sang breton et chrétien qui coulait dans ses veines, les inspirations de son grand

esprit et de son grand cœur, en faisaient un de ces chrétiens qui s'ignorent eux-mêmes et que Dieu retrouve.
Mais la jeunesse et la vie des camps, l'émotion des batailles, les prestiges de la gloire, firent longtemps du
bruit à ses oreilles, et soulevèrent sur ses pas une poussière qui lui dérobait les choses de l'âme et les choses de
Dieu... »

Le préambule du récit de cette conversion, non seulement à cause de l'éloquence qui l'anime, mais surtout
parce que le cœur de l'évêque, de l'apôtre s'y révèle, ne
peut pas être oublié :

« Dans ma vie, Messieurs, j'ai vu déjà trois fois les
proscrits et je connais leurs larmes ; mais je vous dois ici
un autre témoignage : j'ai vu Dieu partager leur exil ou
leur solitude, et remplir le vide de leur existence brisée.
J'ai vu peu à peu la justice honorer leur nom, le respect
revenir à leur digne et verte vieillesse, et la religion,
comme une rosée, attendrir, rafraîchir et envahir leur
âme.

» Décidément, Messieurs, Jésus-Christ aime, comme au
temps de sa vie mortelle, ceux qui ont souffert ici-bas, et
il les cherche dans les humbles sentiers et sur les terres
oubliées par le bruit. On ne l'a pas vu dans les foules ou
dans les palais, et il n'est pas de ceux qui demandent
audience aux têtes couronnées et aux puissants du
monde... J'ai vu, j'ai vu sans cesse, dans ma carrière
sacerdotale, le phénomène de Jésus se penchant, comme
le Samaritain, vers le blessé de la vie publique resté seul
sur le chemin, et j'ai vu surtout cette apparition de la
vérité rendue sensible à des âmes guerrières.

» Vous ne savez pas, Messieurs, l'attrait que Jésus
inspire aux cœurs courageux... Une de nos légendes, au
sens merveilleux, rappelle un saint qui fut un homme
redoutable, et bien décidé à ne céder jamais qu'à un plus
fort que lui : un jour, un enfant se présente à lui et lui
demande de le mettre sur ses épaules et de le porter de
l'autre côté du torrent ; le géant sourit et il enlève le
chétif enfant du bout de sa main ; mais au milieu de l'eau,
il sent que l'enfant pèse, et il entend : « Tu portes Celui

qui porte le monde. » Le nom de Christophe, Porte-
Christ, lui est demeuré, et c'était un des noms de ce général de Lamoricière qui, dans l'exil, céda à Jésus-Christ.
Ce Jésus-Christ, depuis sa première communion, il le
portait dans son cœur, il le portait avec lui à travers les
batailles, les vallées, les torrents et les montagnes d'Afrique.
Il ne le servait pas, mais il ne le laissait jamais insulter
en sa présence. Tout à coup il sentit dans son âme comme
un poids qu'il ne pouvait plus porter. Etonné, il s'arrête
un moment; il regarde : c'était Jésus-Christ! «C'est moi! »
lui dit le Maître... »

A cette noble victoire que l'homme remporte en cédant
à Dieu, Lamoricière dut son sacrifice le plus magnanime,
et sa gloire la plus pure :

« Un soir, dans une chambre retirée, à Prouzel, étaient
réunis un général, un prêtre et un jeune homme. On discutait la question de savoir si le général devait aller se
mettre à la tête de l'armée du Pape. Il ne s'agissait pas
d'augmenter sa gloire, mais de la sacrifier; d'illustrer sa vie,
mais de l'exposer... Il s'agissait de passer pour un étourdi
aux yeux des sages, pour un factieux aux yeux des politiques, pour un chef aventureux aux yeux des militaires,
en deux mots, d'agir sans espoir et de mourir sans gloire.

» Le prêtre insistait, le jeune homme hésitait, le général
méditait.

» Tout à coup le guerrier se lève et dit d'une voix nette
et calme : « J'irai. »

» Le jeune homme pleura d'admiration[1], et le prêtre, se
levant et posant ses mains sur les épaules du guerrier,
comme pour le bénir, approcha sa tête en silence de sa
poitrine, et il baisa son cœur !... »

---

1. Il faut rapprocher ce récit oratoire de celui de M. Keller :
« Mgr de Mérode, dit l'historien du général de Lamoricière, arriva un
soir à l'improviste au château de Prouzel avec son frère, le comte
Werner : c'était le 3 mars 1860. » Il ajoute une page plus loin : « Ce
fut le 19 mars que le général se mit en route. A Bruxelles, il retrouva
Mgr de Mérode et avec lui son jeune ami résolu et dévoué, M. François Cattoir, qu'il avait fait venir huit jours auparavant à Prouzel, et
qui avait promis de l'accompagner. » (P. 307, 308.)

« Lamoricière, ajoutait l'orateur, ne se fit aucune illusion : il vit les dangers certains, l'impopularité certaine ; il savait qu'il pouvait être vaincu et qu'il serait raillé, et il partit. On l'a comparé aux anciens croisés ; moi, je dis qu'il fut plus grand. Quand jadis nos pères se croisaient, ils n'avaient qu'à suivre le courant de ces âges chrétiens pour être portés à Damiette ou à la Massoure ; mais Lamoricière eut tout le torrent de son siècle à refouler avant qu'un petit esquif clandestin et solitaire pût le débarquer sur la côte d'Italie... »

Le récit détaillé et émouvant de cette conversion se terminait par ce cri : « Oh ! que ses compagnons d'armes, que tous les hommes exposés aux périls des batailles ou aux mécomptes de la vie publique me permettent de leur souhaiter pareille sagesse et pareil bonheur ! »

Et alors, autre et touchant tableau : « Venez voir maintenant, vous qui ne connaissez pas ces spectacles, ni les transformations merveilleuses des âmes sous la main de Dieu, venez voir, dans son intérieur caché, l'homme des batailles, pratiquant désormais toutes ces humbles et grandes vertus de l'époux, du père, du chrétien... C'est dans l'exercice modeste de ces vertus simples, mais si grandes, adouci, dompté, transformé par la grâce, chrétien sincère et pratiquant, ressentant dans son âme les douleurs de l'Église comme de la patrie, que l'élection divine vint le chercher pour cette gloire dont il était si digne, et le fit ici-bas le soldat de Dieu et de l'Église, et le représentant, à l'heure solennelle où nous sommes, de la fidélité catholique et de l'honneur français. »

Nous voudrions citer encore la belle page où sa mort, digne de Bayard, est racontée : « Tu mourus ainsi, ô Bayard, baisant, à défaut de crucifix, la croix de ton épée. »

Nous voudrions surtout redire les derniers adieux du grand évêque au grand soldat : « Vous le voyez déjà ce triomphe, ô vous à qui j'adresse un dernier adieu, noble et vaillant Lamoricière, vous le voyez dans cette lumière de Dieu où vous êtes entré, prenant votre place, près de Pierre et de Paul pour lesquels vous avez combattu, dans la légion des Judas Macchabée, des Maurice, et de tous les

guerriers qui ont porté ici-bas l'épée pour la cause de
Dieu. Car en ce moment, chrétiens, aux yeux de ma foi,
les ombres du tombeau se dissipent, et je ne vois plus rien
ici de mortel et de périssable. Le lion vainqueur, comme
un grand Pape le disait d'un grand martyr, s'en est allé
dans les cieux, et je cherche en vain ici la matière cor-
ruptible et mortelle : je ne vois plus que la gloire de l'immortalité dans l'éternel triomphe. LEONE *in cœlos abeunte,
deficit materia mortalis. Amen.* »

La lettre enthousiaste, adressée quelques jours après
par M. l'abbé Richard, aujourd'hui coadjuteur de Paris,
alors vicaire général de Nantes, en son nom et au nom de
ses collègues et de tous les membres du chapitre de Nantes
à l'évêque d'Orléans, dit, plus éloquemment que nous
ne le pourrions faire, quel fut « l'immense effet » de ce
discours [1]. L'évêque d'Orléans répondit : « Si quelque effet
a suivi ma parole, comme vous voulez bien me le dire,
c'est d'abord au grand sujet que je traitais, c'est ensuite à
l'auditoire si sympathique que vous aviez réuni là, qu'il
faut l'attribuer. Les mots de patrie, de religion et de justice, de fidélité et d'honneur vibraient d'eux-mêmes dans

---

1. L'évêque d'Orléans offrit un exemplaire de ce discours à la veuve
du général; à la lettre, noblement simple et touchante qu'il en reçut,
il répondit :

« Madame, permettez-moi de renvoyer à ceux dont le généreux
dévouement inspira ma parole les éloges trop bienveillants que vous
avez voulu accorder à l'humble discours dont j'ai été heureux de vous
faire hommage.

» Je ne puis, moi, que célébrer les grandes actions; bien plus heureux sont ceux à qui il a été donné de les faire.

» La gloire de nos héros est sans tache et impérissable, les vrais
vainqueurs ce sont eux; ils ont du moins sauvé l'honneur, et c'est
tout que sauver l'honneur, comme vous le dites si bien, Madame.

» Il nous sera difficile d'acquitter la dette de reconnaissance que
l'Eglise a contractée envers M. le général de Lamoricière, dont le nom
et l'exemple entraîna tout. Ce qu'il a fait est au-dessus de toute récompense, ou plutôt porte en soi sa récompense.

» Jouissez donc, Madame, d'une gloire si belle et si pure : elle vous
appartient, elle est vôtre à plus d'un titre; car il est bien permis de
penser que les fortes vertus d'une femme chrétienne n'ont pas été sans
influence sur les sentiments religieux d'où est née la résolution magnanime qui sera l'immortel honneur de celui dont le nom est votre nom. »

toutes ces âmes bretonnes, françaises et chrétiennes, qui
m'écoutaient. Il sortait de cette immense assemblée et de
toutes ces âmes émues comme une protestation silencieuse, mais solennelle, pour le droit et l'éternel honneur,
dont celui que nous pleurons avait été le champion vaincu,
mais glorieux. »

CHAPITRE XX

LUTTES POUR LA SOUVERAINETÉ PONTIFICALE
(Suite)
Travaux divers dans l'intervalle
3° *Œuvres pastorales et écrits hagiographiques*
Ecrit sur *les Moines d'Occident*
Mgr Dupanloup et M. de Montalembert
1859-1867

Voici maintenant une autre catégorie de ces incessants travaux qui, nonobstant cette grande lutte pour la souveraineté pontificale dont Mgr Dupanloup était par-dessus tout occupé, et dans le temps d'arrêt que la Convention du 15 septembre imposait aux impatiences de l'Italie, se disputaient tous ses moments, et auxquels il ne suffisait que grâce à son réglement de vie inflexible, et à une infatigable activité. Ces travaux sont de deux sortes, des œuvres pastorales proprement dites, et des écrits analogues, qui avaient aussi les âmes pour objet, et que nous appellerons hagiographiques, parce qu'en effet ils ont trait à la manière dont, selon lui, doit être traitée l'hagiographic.

A suivre donc l'évêque d'Orléans depuis l'origine de la question romaine, à travers toutes ces polémiques, on pourrait croire qu'il lui restait peu de temps pour son diocèse; à voir tout ce qu'il y faisait, on eût pu se demander s'il ne s'y absorbait pas. Les hommes du monde ne voyaient que l'éclat de sa vie publique; ce qui a fait dire à un écrivain léger qu'il était « aussi peu évêque d'Orléans que possible ». « De ma vie, écrivait l'évêque à M. de Montalembert, vous ne voyez que l'extérieur; mais rien ne peut vous donner l'idée de mes accablements ici, en

dehors de ces luttes. » Et encore : « Pour ajouter à la
juste compassion que je vous inspire, il faudra que je
prenne l'habitude de vous envoyer tout ce que je fais et
publie pour mon diocèse. Cela vous donnera au moins
une idée des accablements pour moi de la charge pastorale. » Et voici en effet comment, au début d'une de ses
lettres à son clergé, il résumait ce qui avait été fait
jusqu'ici (1863) dans son diocèse :

« Les *retraites ou missions paroissiales*, pour lesquelles
nous sommes arrivés bien près du chiffre de cent chaque
année ; l'*adoration perpétuelle* du saint sacrement, établie
dans toutes les paroisses ; la *confirmation*, non plus au
canton seulement, mais dans les plus petits villages, et
toujours précédée de la *mission ;* la *visite canonique*, faite
chaque année dans chaque paroisse, partie par l'archidiacre, par le doyen, et partie par l'évêque ; les fonctions,
si nécessaires, des *doyens* régularisées et fortifiées ; les
vicariats doublés ; la *vie commune* établie dans le clergé
des paroisses ; les *sœurs* pour le service des *écoles* et des
malades, multipliées dans le diocèse et propagées de toutes
parts. En ce qui touche les *études ecclésiastiques*, le
nombre des élèves des Petits et du Grand Séminaire nota-
blement augmenté ; les *examens* des jeunes prêtres, les
conférences ecclésiastiques, les *grades*, institués et relevés ;
les *églises*, les *presbytères*, de toutes parts reconstruits ou
réparés ; une grande œuvre diocésaine, l'*œuvre des églises
pauvres*, et pour l'alimenter, la *loterie diocésaine*, l'*ouvroir* des Dames à Orléans ; enfin les *retraites* et les *com-
munions d'hommes* instituées à Orléans, et aussi déjà dans
d'autres villes et paroisses importantes du diocèse. »

Voilà, bien sommairement tracé par lui-même, le tableau
de ce qu'il a déjà pu accomplir ; et voilà aussi le cadre de
son action pour l'avenir ; voilà les œuvres qu'il va reprendre en quelque sorte l'une après l'autre. Car il s'en tient
aux résolutions prises en 1860 : « non plus créer, inventer,
mais affermir, enraciner, faire pratiquer. » Avec un esprit
de suite merveilleux, il reviendra sans cesse sur les choses
importantes déjà établies et réglées, passant et repassant
sur les mêmes sillons, pour les creuser plus profondément.

Les hommes pratiques savent en effet qu'on ne fait entrer quoi que ce soit dans les habitudes qu'à cette condition.

Nous ne ferons que rappeler ici les Lettres pastorales les plus importantes publiées par lui dans cet intervalle : la *Lettre sur la rareté des vocations* ; celle *à MM. les Doyens et à tout le Clergé du diocèse, relative aux fonctions décanales et à plusieurs points importants du saint ministère* ; elle n'a pas moins de cent pages. Une autre longue *Lettre au Clergé* sur le même grave sujet. Avec quel fruit on lirait ces choses aux jeunes élèves dans les Grands Séminaires ! Une autre sur *la vie commune* ; une autre *aux Religieuses chargées dans son diocèse de l'instruction et de l'éducation des enfants, et de la visite des malades* ; deux autres (nous avons eu occasion de les mentionner plus haut), relatives au *culte du saint sacrement* ; puis, deux grandes *Lettres sur les catéchismes*, suivies du merveilleux volume sur le même sujet, et dont nous avons aussi déjà parlé. Arrêtons-nous toutefois un peu sur l'importante *Lettre* relative à la *vie commune*.

Nous avons dit la part que l'évêque d'Orléans avait prise au rétablissement de l'Oratoire en France. Ce qu'on appela dans le diocèse d'Orléans l'Oratoire n'était pas une affiliation avec la célèbre congrégation de ce nom ressuscitée à Paris, bien qu'on eût songé d'abord à l'y rattacher ; c'était une simple association de prêtres employés et dispersés dans les paroisses, mais reliés entre eux par un esprit commun, des règles communes, et trouvant dans ces relations organisées un puissant secours pour la pratique des vertus de leur saint état. Née spontanément chez quelques jeunes prêtres du besoin vivement senti d'échapper aux périls et aux souffrances de l'isolement, elle s'était propagée peu à peu, sous les encouragements secrets et paternels de l'évêque, et en était venue au point où son existence méritait d'être constatée et consacrée : c'est ce que l'évêque d'Orléans faisait dans une grande *Lettre pastorale sur la vie commune dans le clergé séculier*, où, à cette occasion, d'excellents conseils relatifs à la piété nécessaire au prêtre étaient adressés par lui à son clergé tout entier. Cette lettre eut l'honneur d'être

citée deux fois au Concile dans les discussions du schéma
sur les devoirs des ecclésiastiques.

L'œuvre, ainsi bénie à ses débuts par l'évêque d'Orléans,
a grandi et s'est répandue promptement dans presque
tous les diocèses de France, et même à l'étranger. Un
prêtre de beaucoup de piété et de zèle, ancien supérieur
du Petit Séminaire de La Chapelle, M. l'abbé Lebeurrier,
en est l'âme. Elle a déjà donné et est appelée à donner
encore les résultats les plus consolants pour la sanctification du clergé.

Mais nous avons hâte d'arriver à un autre de ses grands
labeurs de pastorale, ses publications diverses relatives à
la prédication.

A partir du moment où il se trouva engagé dans cette
lutte pour le Saint-Père, et toutes celles qui en furent la
conséquence, les grandes stations, nous l'avons dit, ne lui
furent plus possibles ; mais, indépendamment de ces discours où de temps en temps sa voix se faisait entendre,
et dont le souvenir demeurait, quand il avait sous les
yeux, dans sa cathédrale, ce bel auditoire d'hommes créé
par lui, son âme d'apôtre ne se pouvait résigner au
silence, et pendant la retraite pascale surtout, avant le
sermon du prédicateur, il apparaissait, et tirait de son
âme des accents que les Orléanais préféraient à tous les
discours. « Bien âgé, bien fatigué, a écrit un de ses auditeurs, nous nous rappelons l'avoir vu monter, pendant
une retraite de la semaine sainte, dans sa chaire de la
cathédrale de Sainte-Croix : il gravissait lentement ces
marches où, jadis, il s'élançait comme pour un triomphe.
Il disait quelques mots avant le sermon du prédicateur :
comme c'était vibrant! Chacune de ces paroles, pressantes, saisissantes, tout embrasées de Dieu, s'enfon-
çaient dans les cœurs comme des traits, retentissaient
jusqu'aux extrémités sombres de la nef, portant partout
la secousse d'où naissaient peut-être les ressouvenirs
amers, les regards plus sérieux jetés sur le monde et sur
la vie, les résolutions magnanimes. »

Mais quand les grandes stations ne purent définitive-

ment plus avoir place dans sa vie, ce qu'il avait fait pour
les catéchismes, pour l'éducation chrétienne de la jeunesse, il le fit pour la parole sainte : *Cœpit facere et do-*
cere ; il voulut tracer les règles de ce grand art, et dire à
ses frères dans le sacerdoce et au jeune clergé ce qu'il avait
dans l'âme sur ce capital sujet.

En effet, le grand moyen d'action du clergé sur les peuples, c'est la parole. Mais la parole aujourd'hui atteint-elle
les âmes? N'est-elle pas trop souvent impuissante? Et, s'il
en est ainsi, d'où vient cette impuissance et cette stérilité?
D'elle, ou de ceux qui l'ont sur les lèvres? C'était là une
des constantes préoccupations de l'évêque d'Orléans. On
l'a accusé d'avoir porté en chaire quelque rhétorique. Au
début, oui, très jeune encore, quand il fut appliqué aux
catéchismes, il a avoué qu'il eut quelque temps le défaut
de son âge ; mais il a raconté aussi comment le sens pastoral, l'amour des âmes, eut bientôt fait évanouir le petit
rhétoricien. De même en chaire; il aima toujours la
dignité de la parole; peut-être quelquefois, nous l'avons
dit, jusqu'à une certaine pompe oratoire. Mais il y eut là
toujours aussi le sens apostolique qui lui fit prendre en
horreur la vaine phrase, la mauvaise rhétorique. Et ce
dont l'expérience le convainquit en plus, c'est que, pour
la parole pastorale, une modification profonde dans les
habitudes ordinaires est absolument nécessaire ; et c'est
ce qui lui inspira d'abord la pensée de sa grande *Instruc-*
tion pastorale sur la prédication populaire. On se souvient qu'il avait publié déjà, étant supérieur du Petit
Séminaire de Saint-Nicolas, un volume intitulé : *la Rhé-*
torique sacrée : c'est l'introduction de ce volume qui,
profondément retravaillée et modifiée, fit le fond de cette
remarquable instruction.

Mais plus il méditait cet important sujet, plus il le voyait
s'ouvrir et s'étendre devant lui. C'est pourquoi il résolut
de le traiter à fond dans un volume. Nous ne craignons
pas de le dire, que l'on compare ces *Entretiens sur la*
prédication populaire avec l'*Essai* célèbre de l'abbé
Maury *sur l'éloquence de la chaire*, et l'on verra la distance qu'il y a d'un rhéteur à un apôtre.

Trois points de vue surtout sont à signaler dans ce volume; le premier est celui-ci : qu'il faut substituer à la solennité trop souvent stérile de la prédication une parole plus vive, en même temps que plus simple, plus naturelle, plus *ad rem* et *ad hominem*. Ce qu'il recommande ensuite et surtout, c'est la parole instructive, l'enseignement didactique, coordonné, complet de la religion ; enfin, c'est la parole apologétique. Rien de plus opposé, on le voit, à la vaine rhétorique.

Et d'abord, la parole *ad rem* et *ad hominem* :

« La parole pastorale, dit-il, doit être une parole vivante, pour qui comprend que c'est une action, et une action de vie ; un ministère : *ministerium verbi*. La vérité est que le prêtre ne parle pas pour parler, pour charmer les oreilles, pour faire des phrases ; il parle pour remplir un ministère, le plus grave et le plus sérieux de tous, un ministère de vie et d'action morale, qui s'accomplit au fond des âmes, et avec le libre concours des âmes, par la conviction et la persuasion... Messieurs, nous avons beau chercher ce que vous êtes au milieu de vos paroissiens, nous ne trouverons jamais que vous soyez autre chose que cela : des pasteurs, des pères, des hommes chargés de paître, nourrir et gouverner les âmes ; ayant reçu de Dieu un empire de grâce sur ces âmes pour leur salut, et exerçant cet empire par la parole. Eh bien, une parole qui a un tel but, et qui n'en a pas d'autre, est évidemment une action, un gouvernement, un ministère. Et voilà pourquoi je ne me lasserai pas de vous le répéter, la parole qu'il vous faut, avant tout, n'est pas la parole artistique, académique, la phrase ; mais la parole vive, nette, accentuée, saisissante, la parole paternelle et pastorale, qui se présente avec autorité, tombe avec poids, et, dans sa fermeté et sa dignité naturelle, pénètre avec force et douceur jusqu'au dernier fond des âmes... »

Il en déduisait ce conseil qui lui semblait fondamental :

« Il suit de là d'abord qu'avant de parler, il faut toujours vous bien mettre dans la vérité et la vie de votre ministère, voir et vouloir le vrai but de la parole pastorale, *voir les âmes et rien que les âmes*, et la vie que vous devez leur donner, et le bien que vous voulez leur faire. Il faut parler toujours pour un but sacerdotal, apostolique; pour éclairer, pour toucher, pour faire une impression prévue; et n'être jamais satisfaits de vous-mêmes, quand vous n'avez pas obtenu ce résultat.

» Il suit encore de là que la parole pastorale ne doit jamais être une parole en l'air, comme dit saint Paul, *aerem verberans*, ni vague, ni vaine; mais précise, directe, toujours *ad rem, ad hominem*. Il faut parler *à* votre auditoire, *pour* votre auditoire, et non pas simplement *devant* votre auditoire... Il faut toujours avoir un but précis quand on parle, et *aller chercher l'inspiration de ce qu'on veut dire dans l'âme même de ceux à qui l'on parle*. Cela seul donne à la parole son accent vrai.

» ..... Que font, au contraire, les parleurs vulgaires? Ils se mettent en présence, non de leur auditoire, mais de leur propre esprit; ils ne regardent jamais l'esprit de ceux qui les écoutent; ils ne parlent et ne répondent qu'à leur propre pensée. Qu'arrive-t-il? C'est que les âmes ne leur répondent point, parce qu'ils n'ont point eux-mêmes parlé aux âmes...

» Ma conviction, Messieurs, et j'aime à le redire, c'est que, pour parler avec fruit, *il faut aller chercher ce qu'on veut dire là où sont les âmes, et dans l'âme même de ceux à qui l'on parle...* »

Il n'y a pas de conseil que l'évêque d'Orléans ait plus souvent donné de vive voix à ses prêtres, surtout à ces jeunes prêtres, que celui-là.

Une autre cause de l'inefficacité de la prédication, c'est le manque de suite, le décousu ordinaire des sermons. Pour y remédier, l'évêque d'Orléans exposait à la fin de ce volume un plan d'instructions suivies, embrassant, dans le cours de quatre années, tout le dogme et toute la morale. Cette pensée fut vivement approuvée dans un bref par le Saint-Père.

Sur la nécessité aujourd'hui de la parole apologétique

---

1. *Entretiens sur la prédication populaire*, p. 111.

il n'est pas moins pressant : il avait regardé à fond, et
sans illusion, plus que personne alors ne le faisait, la situation vraie des choses en France, et il l'avait décrite
avec une courageuse franchise dans son *Avertissement
aux pères de famille*, dans sa *Lettre sur les malheurs et
les signes du temps*, et surtout dans sa brochure sur
l'Athéisme et le péril social. Et il en concluait la nécessité d'une chaire apologétique, non seulement à Notre-
Dame, mais « dans chacune de nos grandes villes ». Cette
chaire apologétique, il avait essayé lui-même de la fonder
à Orléans.

C'était dans ce but qu'il avait fait, en 1858, à Saint-
Pierre du Martroi d'abord, puis à Sainte-Croix, ces conférences qui avaient eu pour résultat la fondation de cette
belle retraite d'hommes qui depuis n'a jamais manqué
d'avoir lieu chaque année à la cathédrale. Pendant le carême de 1865, il avait mis à profit la parole docte, élevée
et austère du P. Ad. Perraud, pour inaugurer de nouvelles conférences qui avaient été très goûtées; et, dans
le but de perpétuer le bien obtenu, il avait voulu fonder
d'une manière permanente à sa cathédrale cet enseignement apologétique en le confiant à un prêtre distingué.
Mais peut-être l'auditoire mêlé d'une paroisse n'est-il pas
celui qui convient à une prédication de cette nature. Quoi
qu'il en soit, elle répondrait certainement à un besoin
urgent; car il est incontestable que, si la prédication, telle
qu'elle a lieu trop ordinairement, n'atteint pas toujours
assez le peuple, ce sont surtout les hommes qu'elle ne
saisit pas, et que de la désertion de l'Eglise par les hommes en foule, cette lacune dans la parole évangélique est
en partie la cause. Aujourd'hui, avec les erreurs et les
préjugés partout répandus, avec les préoccupations particulières aux hommes de notre temps, il faut absolument
une prédication spécialement adaptée à ces difficultés que
les âges plus heureux ont moins connues : il le démontrait dans ce volume, et cela était à ses yeux si important, qu'il y revint encore quelque temps après [1] dans une

---

1· *Œuvres pastorales*, 2ᵉ série, t. II, p. 369.

nouvelle *Lettre sur le ministère pastoral à l'égard des hommes.*

« L'erreur, disait-il, renaît et se multiplie ; que l'apologétique renaisse et se multiplie de même ; qu'elle prenne toutes les formes que prend l'attaque ; que la défense soit partout où pénètre l'ennemi. Il faut aujourd'hui que le clergé écrive et parle ; qu'il écrive, qu'il publie de bons livres, livres savants et livres populaires ; qu'il ne soit pas en dehors des efforts que font en France à l'heure qu'il est tant de laïques occupés à combattre la propagande impie par la propagande religieuse ; qu'il seconde de tous ses efforts et de toute son influence cette lutte par la presse ; qu'il écrive, et aussi qu'il parle ; et qu'il ne fasse pas seulement pour les âmes pieuses des discours d'édification, mais qu'il ait encore, et constamment, une prédication apologétique ; et qu'il parle non seulement dans ses chaires, où ceux qui ont le plus besoin d'entendre sa parole ne viennent guère l'entendre, mais qu'il fasse servir la parole privée, non moins que la parole publique, à la défense de la religion [1]. »

Ce besoin, signalé alors par l'évêque d'Orléans, commence à être compris de nos jours ; à Paris, depuis quelques années, à côté de la chaire apologétique de Notre-Dame, toujours maintenue à sa hauteur par l'illustre dominicain qui l'occupe aujourd'hui, d'autres chaires analogues se sont dressées ; des prêtres courageux et éloquents [2] n'ont pas craint d'aborder cette forme nouvelle de la parole évangélique, et le succès le plus consolant les a récompensés. Puisse leur exemple être imité à Paris et ailleurs ! car « là où cela pourrait être imité, dit l'évêque d'Orléans, je crois qu'on répondrait au premier besoin d'un nombre, hélas ! chaque jour croissant d'hommes plus ou moins atteints par l'incrédulité ou le doute ».

----

1. *Entretiens sur la prédication populaire*, p. 108.
2. Entre autres M. l'abbé Ch. Perraud, M. l'abbé Brettes, M. l'abbé Frémont, M. l'abbé Dumont, pour ne citer que les plus aimés et les plus populaires.

Mais, dans la plupart des paroisses, un cours spécial
d'instruction apologétique serait difficile ou même impossible. « Eh bien, dit l'évêque d'Orléans, c'est à la prédication ordinaire que la prédication apologétique doit être
mêlée, et ce doit être une de vos grandes préoccupations
quand vous prêchez : fournir les preuves de nos croyances
en les exposant, combattre les objections répandues, re-
donner aux uns la foi et la protéger chez les autres. Mais,
de quelle manière procéder ici, et quelle doit être, dans un
auditoire ordinaire de paroisse, la parole apologétique? »
C'est ce qu'il expliquait avec une grande sagacité apostolique, magistralement, dans ce volume. Mais il faut lire
ces choses.

« Ah ! Messieurs, s'écriait-il, vous vous plaignez souvent de l'apparente stérilité de votre vie, de la longueur
de vos journées. Seuls dans vos presbytères, vous attendez
tristement qu'on vienne à vous, comme le batelier attend,
assis sur le rivage, en voyant couler l'eau, qu'un passant
vienne monter dans sa barque. Eh bien, je vous propose une occupation plus digne de vous, ou plutôt c'est
Jésus-Christ lui-même qui vous appelle et qui vous dit :
« N'attendez pas, levez-vous et marchez. Les âmes ne
» viennent pas à vous : allez à elles. *Ite ad oves quæ pe-*
» *rierunt!...* »
» Une chose m'a souvent frappé, Messieurs, nous sommes cinquante mille prêtres, avec cent évêques et trois
mille professeurs ; nous n'avons ni famille qui nous gêne,
ni ambition qui nous préoccupe. Eh bien, avec une telle
armée, laisserons-nous la victoire à l'incrédulité et au
mensonge? De notre temps, un pauvre prêtre du diocèse
de Belley, M. Gorini, simple curé de campagne, a vengé
l'Eglise dans l'histoire. Pourquoi n'y aurait-il pas un
abbé Gorini dans chaque diocèse? Saint Vincent de Paul
était aussi un curé de campagne. Ah ! si nous avions
seulement deux ou trois Vincent de Paul, deux ou
trois François de Sales, un ou deux Charles Borromée,
la victoire ne serait pas longtemps indécise. On se
moque de nous, mais on ne se moque pas des saints, des

saints qui travaillent, prient et se dévouent pour leurs frères[1]. »

Tel est ce volume : comment le lire sans demeurer comme ébloui des vives lumières qui sont là, en même temps qu'ému par le zèle ardent qui embrase toutes ces pages? Oh! quel apôtre était cet évêque! Quel souci des âmes! Quel désir de les sauver! Quels prêtres seraient, et quelles paroisses chrétiennes formeraient, ceux qui s'inspireraient de ses conseils!

A ces œuvres strictement pastorales nous croyons devoir rattacher quelques autres écrits, ayant aussi indirectement les âmes pour objet, et sinon hagiographiques, du moins relatifs à la manière d'écrire la vie des saints, chose dont se préoccupait beaucoup l'évêque d'Orléans; car la vie des saints, ou des grandes âmes, était une des sources d'édification où il aimait soit à puiser lui-même, soit à renvoyer les âmes qu'il dirigeait. L'hagiographie a été de nos jours renouvelée, on peut le dire, par M. de Montalembert, le P. Lacordaire, et quelques autres écrivains leurs contemporains. Combien l'évêque d'Orléans goûta la *Vie de sainte Élisabeth de Hongrie!* Que de fois il la relut! Sans toutefois dédaigner d'anciens hagiographes de grand mérite aussi, tels que le pieux auteur de la *Vie de saint Vincent de Paul*, Abelly, évêque de Rhodez. Sa pensée sur cet art difficile, il eut occasion de la dire plus d'une fois : on trouverait éparses ses vues sur cette matière, non seulement dans d'importantes lettres dont il daigna honorer les auteurs des *Vies de sainte Chantal, de sainte Paule, du bienheureux Holzauhauzer*, ses vicaires généraux; mais encore et surtout dans un grand travail qu'il se donna la joie de publier au sujet de l'œuvre capitale de son illustre ami M. de Montalembert, *les Moines d'Occident.* Il est vrai qu'ayant eu sur la rédaction définitive de cet ouvrage la part que nous allons dire, ce travail était une sorte de justice. Et puisque nous voici ramenés à M. de Montalembert, il nous

---

1. *Entretiens sur la prédication populaire*, p. 111.

sera doux de nous étendre un peu, sous forme de digression, sur leurs rapports de plus en plus intimes et leur
amitié de plus en plus grandissante.

Les luttes pour la liberté de l'enseignement avaient
ravivé, nous l'avons vu, leur mutuelle affection. M. de
Montalembert, après sa *Sainte Elisabeth de Hongrie*,
méditait un autre grand livre, l'*Histoire de saint Bernard;* l'abbé Dupanloup l'encouragea vivement à ce travail, et dès 1844 lui écrivait : « Oh! que je souhaite que
vous acheviez *Saint Bernard !* Je viens de le lire beaucoup ; vous ferez à coup sûr quelque chose de merveilleux avec cet homme inouï et avec ce siècle. » En 1846,
l'introduction de ce grand ouvrage — un volume entier,
sur l'histoire de l'ordre monastique en Occident jusqu'à
saint Bernard — était achevée et déjà imprimée, et l'abbé
Dupanloup, en invitant après le Jubilé de Liège M. de
Montalembert à le rejoindre à Haute-Combe, ajoutait :
« Si vous venez, apportez l'épreuve imprimée de votre
premier volume. Je tiendrais tant à le lire. Vous ne savez
pas les vœux que je fais pour votre gloire, et ce que j'y
donnerais. Vous avez été une belle et douce rivière; puis
un torrent d'autant plus fort qu'il s'est contenu ; je veux
que vous deveniez un grand fleuve, majestueux et portant des vaisseaux à l'Océan. » M. de Montalembert lui
communiqua donc le volume ; l'abbé Dupanloup le lut et
le relut, avec une attention passionnée, le crayon à la
main, soulignant, couvrant de notes les marges. Il était
beau et éloquent; cependant était-ce tout ce que ce
grand sujet comportait, tout ce dont M. de Montalembert était capable? Il ne le crut pas, et dans son ardent
désir de voir son ami servir l'Eglise et honorer son nom
autant qu'il le pouvait par une œuvre immortelle, il n'hésita pas à lui demander tout simplement d'anéantir
l'édition et de retravailler ce volume sur un plan nouveau.

« Quant à votre livre, lui écrivait-il, le 26 juillet 1847,
vous ne pouvez le laisser ce qu'il est, ou je vous renonce;
ce serait une lâcheté misérable, une indignité. Il y a deux
hommes en vous, l'homme de ce livre et l'homme de la

vie publique. Eh bien, sachez que mon estime, mon admiration, ma tendresse, sont bien plus à l'homme de ce
livre. Ce livre peut être grand... L'œuvre de l'homme
public est bien chanceuse, ne vous y trompez pas, bien
que la cause soit invincible. Mais ce livre-là est une
œuvre sûre. ».

Et de nouveau, le 20 août, jour de la fête de saint Bernard : « J'ai prié ce matin du fond du cœur à ma messe,
pour vous. J'ai demandé au bon Dieu, par l'intercession
de ce grand saint, toutes les lumières et toutes les grâces
dont vous avez besoin pour l'accomplissement de votre
grande tâche. J'ai prié de bon cœur, car je vous aime
tendrement, non seulement parce que vous êtes un
soldat dévoué de l'Eglise de Jésus-Christ, mais parce que
j'aime votre nature, j'aime votre esprit, j'aime votre
âme.

» Vous referez votre livre, j'en suis sûr. Dieu ne per-
mettra pas le contraire. Ce serait une trop triste faute. A
votre âge, dans votre position, quand la France et presque
l'Europe attendent votre *Saint Bernard* depuis huit années, au moment où vous ne leur donnerez que l'introduction, il est impossible que cette introduction ne soit
pas un chef-d'œuvre. » Nouvelle insistance quelques jours
après : « Quant à votre ouvrage, je vous supplie de bien
regarder : c'est votre vie ! »

On conçoit que M. de Montalembert dut d'abord hésiter,
et même quelque peu crier, avant de s'exécuter : il voulait être convaincu ; mais enfin devant tant de persévérance il céda, et le 6 septembre 1847 il lui écrivait :
« Quant à mon grand ouvrage, je suis de plus en plus
disposé à subir votre joug ; je sens qu'il faudra bien en
passer par là. » Et, en lui remettant les dernières feuilles :
« Voici, mon bon ami, les dernières feuilles de mon malheureux ouvrage. Continuez à le disséquer. J'attendrai
votre jugement définitif avant de prendre un parti. Je ne
saurais vous dire combien je suis touché de votre amitié,
de votre franchise si utile et si méritoire. Je vous confesse que je commence à croire que vous avez raison ;
mais aurai-je le courage de recommencer ? Puis, j'ai fait

le calcul de la dépense : c'est au moins 6000 francs de perte nette. » Il l'eut, ce courage; et lorsque enfin il fut décidé : « Je bénis Dieu, lui répondit l'abbé Dupanloup, de votre résolution pour votre livre : c'était nécessaire; je suis heureux d'y avoir contribué. »

Voilà ce qu'obtint de M. de Montalembert l'abbé Dupanloup, et comment cet ouvrage, qui devait être l'histoire d'un moine, saint Bernard, devint l'histoire des moines, M. de Montalembert n'ayant pas craint, sur les conseils de son ami, de supprimer le volume qui en devait faire l'introduction pour transformer cette introduction en une véritable histoire de l'institut monastique en Occident. L'évêque d'Orléans ne suivra pas avec moins de sollicitude ce nouveau travail, continué avec constance par M. de Montalembert dans les intervalles de repos que lui laissaient les luttes publiques et la maladie cruelle dont il sentait déjà les atteintes. Au reste, leur mutuelle affection, depuis que l'épiscopat avait éloigné de Paris l'évêque d'Orléans, croissait avec les années, et devenait comme un besoin de l'un et de l'autre, et comme l'arome terrestre (pourquoi un évêque en serait-il sevré?) de leurs vies diversement, mais amèrement éprouvées. On dirait que les fortes natures sont le vrai sol où germent les grandes tendresses. Ce spectacle nous paraît doux à contempler dans les tristesses de ce temps.

« Je m'aperçois bien que je vous aime, écrit l'illustre évêque à son ami, le 30 octobre 1851, toutes les fois que la poste m'apporte de votre écriture. Vos lettres reposent mon cœur de toutes celles qui viennent chaque jour m'accabler. » Leurs rapides entrevues à Paris, où l'évêque ne paraissait, disait M. de Montalembert, « que pour être haché en quarante morceaux, » ne pouvaient leur suffire : M. de Montalembert ira à Orléans, l'évêque d'Orléans à la Roche-en-Breny; mais trop rarement à leur gré. « Dites-moi, lui écrivait encore l'évêque, est-ce que vous ne viendriez pas faire quelque pèlerinage avec moi dans nos forêts? J'aurais tant de choses à vous montrer et à vous dire! L'abbé Gratry, qui demeure maintenant ici, en serait si vous vouliez. Venez entre deux tempêtes; car si la Providence ne vient à notre aide, les tempêtes ne nous manqueront pas. » On sentait approcher le coup d'Etat.

Leur attitude, alors, nous l'avons vu, fut différente; leur amitié n'en souffrit pas. « Non bon et cher ami, écrivit l'évêque à M. de Montalembert déjà désabusé, le 2 septembre 1852, vous m'écrivez en la fête de saint Augustin, et ce jour-là, à Besançon, j'étais occupé de vous devant Dieu, agenouillé devant ce digne et tendre visage (du cardinal de Rohan) que vous y avez probablement contemplé, vous aussi. Là je repassais avec grande douceur ces anciens souvenirs, au milieu desquels je vous rencontrai tout à coup, et puis, bientôt après, douze années de séparation, et puis ces quelques années dont vous me parlez avec un si juste regret, car il y eut là de grandes choses de faites. Il s'est trouvé là des jours où vous, et quelques-uns de ceux que j'aime, avez été grands. Cette religieuse grandeur se retrouvera-t-elle ? Dieu le sait. Je ne l'espère que de sa bonté.

» Et puis sont venus les temps où nous sommes : temps d'une confusion inexprimable, où le bon sens, la dignité, l'honneur succombent.

» Voilà ce que je repassais dans mon souvenir devant ce marbre froid, et là je me sentis porté à prier Dieu pour vous, pour votre sœur qui, je l'espère, est avec Dieu, pour votre mère, que j'ai plus connue que vous ne pensez, et pour ce pieux cardinal qui, je l'espère, prie pour nous tous.

» Quant aux choses dont vous me parlez dans votre lettre, je les abandonne à Dieu. Le plus difficile en ce monde, ce n'est pas de faire son devoir, c'est de le connaître. L'attente, le silence et la paix sont les meilleures conditions pour l'avenir.

» Votre écriture me sera toujours chère, quelque chose qu'elle dise. J'ai le cœur fidèle et l'esprit peu querelleur. »

Ce pèlerinage auquel l'évêque d'Orléans invitait son ami eut lieu ; il eut la joie de le conduire à Saint-Benoît, et cette course, « où l'abbé Gratry et Virgile leur avaient fait oublier les agitations et les querelles », leur fut si douce à tous les deux, que l'année suivante M. de Montalembert parla de revenir à Orléans. « Dites-le-moi un peu d'avance, lui écrivit l'évêque (4 mai 1853), afin que j'éloigne de moi toute autre visite, et même toute autre occupation, et que nous puissions causer ainsi tout à loisir de choses si importantes. » Quelque temps auparavant (19 mars 1853), à propos de ce qu'il appelle « les indignités » de l'*Univers* contre M. de Montalembert, il lui avait écrit : « … Je me laisse entraîner à trop vous dire. J'avais passé quelques beaux jours avec vous dans ces beaux jours de votre vie où vous fûtes un enfant si heureux de l'Église et si béni de Dieu, et j'ai voulu vous le dire. Vous savez, malgré nos dissentiments possibles, quelle douceur mon âme éprouve toujours lorsqu'elle rencontre la vôtre. »

A son tour M. de Montalembert le réclame à la Roche-en-Breny. L'évêque d'Orléans, depuis ses premières visites à ce lieu, en voyait en quelque sorte flotter sans cesse devant ses yeux l'image. « Mon inclination de cœur est vers vous, lui écrivait-il le 25 octobre 1855, vous le savez ; j'aime vos solitudes, vos lacs, vos bois, votre granit et surtout votre amitié, qui a la netteté et la solidité de ce granit, et parfois sa tendresse. » Voici la description qu'il en a faite lui-même : « M. de Montalembert habite, au milieu des bois et des lacs du Morvan, un vieux château qui a encore ses tours et ses fossés, ses grandes salles, avec ses tapisseries antiques et des devises de chevalerie, fières et nobles, par exemple : *Bien ou rien ;* et encore : *Plus d'honneur que d'honneurs.* Puis dans un appartement retiré, est sa vaste bibliothèque, vrai sanctuaire où il se tient avec ses massifs in-folio, pour son grand travail, qui se prolonge bien souvent dans la nuit. » Et, après avoir visité, au Bourg-d'Iré, M. de Falloux, autrement, mais non moins dignement établi, il écrivait, joyeux, à M. de Montalembert : « J'ai été charmé de connaître son habitation et de voir que les deux hommes que j'aime et honore le plus *inter laicos* savent s'établir si noblement chez eux. »

Plus les années s'écoulent, plus les appels de M. de

Montalembert deviennent pressants. En 1855, le *Correspondant* est réorganisé ; c'est une raison de plus pour que l'évêque vienne à la Roche-en-Breny en conférer. Puis arrivent les déboires de la vie publique, l'échec électoral de 1857, qui mit fin à la carrière politique de M. de Montalembert, l'ingratitude et l'abandon des catholiques : « J'ai grand besoin de vos prières, écrit à son ami le glorieux vaincu, pour qui l'*Univers* gardait cependant encore « un reste de pitié », et j'y compte. J'ai besoin de compter sur le petit nombre d'amis qui ne m'ont pas abandonné en même temps que le succès et la renommée » (18 juillet 1857). Et un peu plus tard (7 septembre 1857) : « Venez donc me voir en octobre, surtout si vous n'êtes pas pressé. Nous sommes à l'âge où l'on perd ses amis et où l'on ne s'en fait plus. » L'année suivante nouveaux appels : « Il faut nous dépêcher d'user du peu de temps qui nous reste pour resserrer les liens qui nous unissent et qui ont survécu à tant d'orages. » Et le 15 mai 1859 : « Il y a des siècles que je n'ai eu de vos nouvelles ; d'autres siècles depuis que je vous ai vu. Nous sommes cependant dans un temps où l'on a besoin de se voir et de se *recorder*, comme disait M. Molé. » Cette année-là ils purent se voir, et nous avons dit avec quel courage M. de Montalembert acheva et put lire à ses amis son beau travail pour la défense du Saint-Siège : *La France en* 1849 *et en* 1859 [1].

Des *Moines d'Occident*, dans cette correspondance et dans ces entrevues, il est, bien entendu, sans cesse question. Ayant voulu relire une fois encore le premier travail, imprimé mais non publié, et qui ne devait jamais l'être, l'évêque d'Orléans (14 avril 1850) en parle ainsi à son ami : « Un regard que je viens de jeter sur votre volume a ravi et reposé mon âme. Que j'aime celui qui a écrit ces pages ! Et combien sa vraie nature est ignorée de ceux qui croient la connaître le plus ! » L'année suivante, M. de Montalembert ayant été reçu à l'Académie française, l'évêque d'Orléans se préoccupe de son discours, et il lui écrit : « Je voudrais bien que votre discours de réception fût un

---

1. *Correspondant*, janvier 1860.

accent de cette âme que le monde politique ne connaît pas, et que je ne connais bien moi-même que depuis la lecture du livre inconnu que vous savez. »

Enfin, M. de Montalembert se décida à mettre la main à l'œuvre : « Je vais, écrit-il à l'évêque, le 4 mai 1852, passer ma dernière semaine de liberté à la campagne ; j'emporte avec moi le volume que vous avez annoté en 1847, et, dès que la session sera terminée et que j'aurai pris une saison d'eaux, je compte me replonger dans le *Monasticon* et le publier à la fin de l'année. » Il s'aperçut bientôt, une fois qu'il y eut regardé, que ce ne serait pas chose si facile. « Je m'occupe de mon *Monasticon*, écrit-il le 22 octobre 1852, et suis désolé de ne pouvoir pas déchiffrer le sens d'un grand nombre de notes au crayon dont vous avez honoré mon volume. Mais il en est beaucoup aussi que je lis parfaitement, dont je compte faire mon profit, et qui me remplissent de la plus vive reconnaissance pour votre bonté à mon égard. » A travers les déceptions de la vie politique, les polémiques pour ses causes, les atteintes d'un mal implacable, il pousse son œuvre ; l'évêque en suit avec sollicitude tous les développements, il en lit de longs fragments dans ses visites à la Roche-en-Breny. Le 20 août 1859, fête de saint Bernard, il écrit à l'auteur : « Le 19 septembre, en la fête de votre chère sainte Elisabeth, que je relis pour la cinquième fois, et qui est le côté par lequel je tiens de plus près à votre âme, et le 20 août, fête de saint Bernard, je pense à vous depuis de longues années, et je prie particulièrement pour vous, tant bien que mal. Ce matin donc, après ma messe, il me vint en pensée que vous aviez bien besoin de la vraie lumière de Dieu pour l'accomplissement vraiment utile de la grande œuvre dont vous vous occupez. Ceux dont vous allez plaider la cause ont autant besoin de leçons pour eux-mêmes que le siècle présent en a besoin pour lui en sa faveur. Ce qu'il faudrait leur éviter, à eux, à notre pays et à l'Eglise, ce sont de nouvelles catastrophes, inévitables à mes yeux, et même dans un avenir prochain, si les vrais amis de l'Eglise et de la vérité ne viennent à leur secours. Je n'ose plus vous parler de saint Bernard et de l'extrême

désir que j'aurais de vous voir écrire son histoire. C'est
là surtout que vous pourriez donner au nom de ce saint,
ou plutôt qu'il donnerait convenablement, sous votre
plume, *à chacun*, les leçons et les conseils sans lesquels
l'adulation et la louange prennent la place de la vérité, et
les meilleures intentions périssent dans la vanité et le
mensonge. »

Et, quand l'ouvrage fut sous presse, l'évêque d'Orléans,
quoique déjà engagé dans sa grande lutte pour le Pape,
et malgré des accablements de toute sorte, en lit et en
corrige les épreuves, avec un soin dont M. de Montalembert lui-même reste étonné. « Mercredi de Pâques 1860.
Je ne puis me lasser, mon cher seigneur et véritable ami,
de vous dire combien je suis touché de votre *bonté*. Etre
bon, dans le sens que notre belle langue française attache
à ce mot, et l'être quand on est si grand et si fort par tant
de côtés, c'est approcher autant qu'on le peut de la perfection.

» J'ai reçu en temps utile l'œuvre que j'attendais de
vous. J'ai fait de mon mieux pour satisfaire à toutes vos
exigences, et je puis vous affirmer une chose, c'est que
jamais l'amour-propre d'auteur ne m'a arrêté. »

Quand enfin M. de Montalembert publia ses deux premiers volumes, l'évêque d'Orléans, quoique si occupé
alors à la défense du Saint-Siège, quitta tout pour en
dire au public sa pensée[1], et rendre à cette occasion un
solennel hommage au vaillant athlète de l'Eglise qui la
servait si puissamment encore en glorifiant et en ven-
geant de sa plume laïque une de ses plus grandes institutions, et cela, à travers les déboires, les amertumes,
les ingratitudes et les attaques persistantes d'un mal
opiniâtre. C'est dans ces pages qu'il en faisait le portrait
suivant : « M. de Montalembert est un homme antique;
mais, ce qui est d'un grand charme à considérer, cet
homme d'autrefois s'est mêlé avec une ardeur extrême
aux luttes modernes ; par un contraste curieux, il se

---

1. *Correspondant*, janvier 1861.

complaît dans ces compagnies austères des Pères, des docteurs, des martyrs, des anachorètes, des grands moines, et en même temps c'est un chevalier armé de pied en cap pour le combat; c'est le fils des croisés, et c'est un bénédictin. Je le répète, cela a beaucoup de charme. Le chevalier se met à genoux, le moine est vaillant... Sa vie a été et est encore toute militante; soit qu'il parle, soit qu'il écrive, il combat, et toujours pour la grande cause de l'Eglise, à laquelle il s'est dévoué. »

Hélas! au moment où nous écrivons, cette sainte cause de la liberté religieuse, de la liberté monastique, triomphante en France au temps où les grands athlètes de cette liberté, les Montalembert, les Lacordaire, les Ravignan, les Dupanloup, les Ozanam, menaient les catholiques au combat, a succombé sous les coups de l'arbitraire le plus inique et le plus insensé. Mais, heureusement, ainsi que l'a dit un autre éloquent ami de M. de Montalembert, « les moines, comme les chênes, sont immortels ».

L'année suivante, c'étaient les grandes assises de l'épiscopat catholique à Rome, où l'évêque d'Orléans parut avec l'éclat que nous avons dit. On conçoit combien, après les événements de Rome, et dans une telle situation des choses, M. de Montalembert et lui désiraient se retrouver. « J'ai, écrivait l'évêque d'Orléans à son ami, dès son arrivée à Lacombe, le 26 juin 1862, un extrême désir et un extrême besoin de vous voir. Malheureusement, je suis au dernier degré de la fatigue. » M. de Montalembert s'empressa de lui répondre : « Que vous êtes bon d'avoir bien voulu penser à moi! Il est littéralement vrai que j'allais vous écrire au moment où votre lettre m'est arrivée ce matin. Il me semble que ma voix vous aurait manqué au milieu du concert d'éloges dont vous devez être un peu assourdi. J'ai du moins l'amour-propre de croire que vous vous seriez aperçu de mon silence. Mon cœur, vous le savez, incline beaucoup plus du côté des vaincus que des triomphateurs; ceux-ci, en général, me laissent froid et défiant; mais votre triomphe est, avant tout, celui de l'Eglise, de la vérité et de l'honneur. C'est pourquoi j'en jouis sans réserve et sans défiance aucune. D'ailleurs, il vous serait exclusivement personnel que j'en jouirais encore parce que je vous aime sincèrement et vivement. Ai-je besoin de vous dire à quel point j'ai vécu avec vous depuis deux mois, et avec quel intense intérêt j'ai suivi chacun de vos pas et recueilli chaque accent de votre voix, dans les récits haineux du *Temps* français, du *Times* anglais, et autres feuilles... »

Ce que M. de Montalembert ajoute montre combien leur affection allait croissant toujours. « Je suis étonné que mon affection pour vous ait grandi et augmenté avec les années au lieu de diminuer. Je ne sais pourquoi l'on dit que le cœur se refroidit en vieillissant. Je ne m'en aperçois pas le moins du monde. J'aime beaucoup moins de choses et de gens qu'autrefois ; mais jamais je n'ai mieux et plus aimé ce qui a survécu, dans les affections de ma jeunesse, aux naufrages et aux injures du temps. »

Et voici en quels termes l'évêque d'Orléans répondait à ces effusions : « Quant à mon inclination pour vous retrouver, elle est égale à la profonde tendresse de cœur que j'ai toujours eue pour vous, que les ans et les orages ne font qu'accroître, et qui devient depuis quelque temps une sorte de fièvre relativement à vos *Moines d'Occident*, pour lesquels il faut que je vous revoie à fond. Je ne puis pas m'attiédir là-dessus. »

Et vers la fin de cette année il lui disait encore : « Vous m'écriviez il y a quelques jours de prier pour vous au pied de la crèche, et d'y demander au bon Dieu la patience au milieu de tant de choses qui vous aigrissent et vous révoltent, et à bon droit sans aucun doute.

» La grâce que vous demandez est certainement le vœu le plus ardent de ma religieuse et fraternelle affection pour vous ; mais il est évident que, cette grâce, vous la trouverez abondante dans votre fidélité à votre travail.

» Voilà pourquoi je souhaite tant vous y voir plongé et baigné dans un bain de lumière, de douceur et de paix.

» Souvenez-vous du bien que vous a fait sainte Elisabeth de Hongrie. Donnez-vous autant que possible les mêmes biens et les mêmes bénédictions... Voilà mes vœux

la bonne année que je vous demande à vous-même pour
vous-même, et pour tant d'âmes auxquelles votre livre
sera un vrai bien. »

Mais M. de Montalembert allait partir pour l'Angleterre,
afin précisément d'y étudier sur place ces grands moines
dont il écrivait l'histoire. A son retour, il se donna la joie
d'une visite à Orléans. Les deux amis purent à loisir s'entretenir sous les ombrages de La Chapelle. Cette journée
laissa à l'auteur des *Moines* « des souvenirs aussi profonds
que doux ». « J'ai été, écrit-il à son ami, et suis encore
plus touché que je ne puis le dire, de votre sollicitude si
généreuse, si désintéressée, si persévérante pour mon
pauvre livre. J'ai été aussi très ému par le récit que vous
m'avez fait des grands événements de Rome, auxquels
vous avez pris une part si glorieuse. »

Quelques mois après, c'était le tour de l'évêque de
visiter son ami. M. de Montalembert voulait qu'il lui
donnât le plus long séjour possible. « Dans les circonstances où nous sommes, lui écrivait-il, et en présence de
tout ce qui se prépare contre Rome, nous avons besoin de
nous concerter. Nous causerons un peu aussi, ajoutait-il,
de mon fatigant livre, et subsidiairement de mon âme, à
laquelle je vois que vous vous intéressez en ami et en
évêque. Songez que nous sommes tous les deux sur le
déclin de la vie ; il nous reste bien peu de jours à passer
ainsi l'un avec l'autre dans une communauté de sentiments
qui a commencé il y a bientôt quarante ans (1826), qui a
traversé bien des épreuves, et qui est pour moi un bonheur
et une vraie gloire. Je suis bien sûr aussi qu'elle ne vous
est pas indifférente. »

L'évêque quitta Orléans le 5 octobre 1862, et il arrivait
le 9 à la Roche. De Dijon, M. Foisset se hâta d'y accourir,
et d'Azy M. Cochin ; M. de Falloux, qui revenait des eaux,
s'y arrêta également. Le prince de Broglie, récemment élu
à l'Académie française, était attendu aussi : il ne put
qu'envoyer à ses amis son futur discours de réception.
Tous ces hommes, serviteurs éprouvés de l'Eglise, et qui
presque tous avaient été frappés en combattant pour le
Saint-Père, n'étaient préoccupés, ne parlaient que de

l'Eglise et du Pape, de son affreuse situation actuelle
et de ses périls futurs. L'évêque fut tout à tous : à M. Co-.
chin, qui put avoir avec lui de longues conversations
intimes, dont plus tard il lui écrivait : « Quel attendris-
sant souvenir j'ai remporté de la Roche! Soyez-en encore
béni, Monseigneur! » à M. Foisset, qui pensait alors à
écrire la vie du P. Lacordaire, et qu'il encouragea vivement dans ce travail, lui conseillant de pratiquer enfin,
avec une fermeté inexorable, le *clauso ostio*[1] ; à M. de
Montalembert surtout, qui put se donner tout à son aise
la joie de ces tête-à-tête si désirés. Il y eut, le jour du
départ, un touchant spectacle : ils voulurent tous com-
munier de la main de l'évêque leur ami, et comme les
temps étaient mauvais, promettre à Dieu dans leur conscience de combattre jusqu'à la fin pour sa cause. Déjà
M. Cochin s'était avancé pour recevoir la communion,
quand l'évêque, ému lui-même, eut l'inspiration de leur
adresser quelques paroles. Cela dura à peine quelques
minutes. Puis tous communièrent.

Voici le texte de cette courte allocution, tel que M. Cochin
le dicta, immédiatement après :

« Messieurs... je sens bien que dans mon cœur je vous
donne un autre nom, mais il ne s'agit pas ici de moi qui
ne suis rien. Il y en a ici un autre qui est tout, qui est au
milieu de nous, et qui vous dit : Vous êtes mes amis. *Vos
estis amici mei.*

» Oui, vous êtes mes amis, parce que vous avez persévéré
avec moi dans les épreuves : *Permansistis mecum in
tentationibus meis.* Ma cause est la vôtre ; vous avez combattu, vous avez supporté, pour moi ; depuis longtemps,
aujourd'hui, toujours.

» Et Celui qui est votre ami, Messieurs, est aussi votre
Maître ; et comme me le disait hier l'un de vous, avec
l'accent d'une voix profonde et d'une âme libre : Il est,
après tout, le seul Maître. Vous avez raison, a-t-il dit à
ses apôtres, lorsque vous m'appelez Maître ; je le suis en
effet. *Vocatis me Magistrum, et bene dicitis, sum etenim.*

1. Le travail, *porte close.*

» Celui qui vous commande vous aime, et ces deux qualités de maître et d'ami rendent son service à la fois le plus doux et le plus impérieux qui soit au monde.

» En ce moment solennel et touchant où il va descendre en personne dans vos âmes, ranimez donc votre foi et votre amour.

» Si la parole d'un homme d'honneur est entièrement conforme à ses actes, s'il fait ce qu'il dit sans jamais mentir, combien donc la parole de Dieu ne doit-elle pas encore être plus absolument vraie, plus immédiatement efficace! Non seulement il fait ce qu'il dit, mais il peut ce qu'il veut.

» Vous allez donc recevoir son corps et son sang, son âme, sa divinité, tout lui-même.

» Ecoutez bien sa voix. Il vous dit d'être fidèles et charitables; d'être patients : patients envers les hommes, patients envers les événements, parce que les uns et les autres sont dans ses mains, qu'il atteint son but avec force et suavité, mais par des voies qui ne sont pas les nôtres, et avec des délais qui ne sont pas à la mesure de notre si courte vie!

» Soyez pieux; unis à Dieu par la pensée et l'amour : ne laissez pas le trouble extérieur, même lorsqu'il est causé par le désir de servir Dieu, envahir ce fond de votre âme où vous devez l'adorer et le servir de plus en plus.

» Je prie pour vous. Priez aussi pour moi, qui ai tant à combattre et qui suis si faible. Et que ce Dieu, dont vous voulez être à jamais les vrais amis et les généreux serviteurs, vous bénisse, vous, vos amis, et toutes ces chères âmes qui vous entourent et qui prient tous les jours pour vous. »

Le voilà ce « manifeste », le voilà ce « pacte », les voilà ces « mystères de la Roche-en-Breny », comme on n'a pas craint de dire, qui ont fourni, contre ces serviteurs dévoués de l'Eglise, traités à cette occasion, de « sectaires », de « catholiques selon Cavour », tant d'accusations si passionnées, si obstinées, et on le voit, si complètement contraires à la vérité des choses.

Vinrent, en 1863, le congrès de Malines, où M. de Montalembert, on l'a vu, ne se rendit qu'à son corps défendant, vaincu par les instances du vénérable cardinal archevêque ; puis, les discours dont nous avons parlé ; et à la suite, l'inquiétude des dénonciations à Rome, et enfin d'autres angoisses que M. de Montalembert confiait, dans les termes que voici, à l'évêque son ami : « Il faut me plaindre de bien autre chose ; et me consoler, si c'est possible, du sacrifice le plus douloureux, le plus intime et le plus *imprévu* qui m'ait jamais été imposé.

» Catherine, que vous connaissez si bien, Catherine, la joie et la lumière de ma vie, de toute notre maison, est au noviciat du Sacré-Cœur depuis six semaines !

» Rien n'a pu la retenir : ce coup de foudre a éclaté sur ma tête et dans mon cœur, au lendemain de ma défaite électorale, sans que rien, absolument rien au monde ait pu me le faire soupçonner. Rien non plus ne me l'explique encore. Pour toute justification, elle m'a apporté cette page de l'Introduction des *Moines d'Occident* où il est dit que la vie monastique n'est pas l'asile des âmes malades ou souffrantes.

» Je n'ai pas même pu obtenir un délai de trois mois : quinze jours après la première lueur de cette catastrophe, elle a été consommée : *Statim relictis retibus* CUM PATRE *secuti sunt eum!!!* Elle nous a quittés pour toujours le 21 juin ; et depuis lors elle n'a pas laissé entrevoir la moindre hésitation ; huit jours après son entrée à Conflans, elle écrivait déjà : « Je ne crains plus rien à présent » quant à la certitude de ma vocation ; » et depuis lors, elle n'a pas varié. Elle dit dans sa dernière lettre : « La » joie de ma vocation grandit tous les jours et aussi le » *Magnificat* devient ma plus chère prière. »

» Je suis pris dans mes propres filets. Personne ne comprendra ma douleur ; personne ne me plaindra (pas même vous), ayant quatre filles, d'en avoir donné une au cloître ! Et cependant mes larmes ne cessent de couler depuis que j'ai su ce qui m'attendait : ces vieilles larmes qui ne touchent ni n'intéressent personne, bien qu'elles soient tout autrement cuisantes et légitimes que toutes celles qu'on pleure sur les douleurs de la jeunesse. »

Il souhaita qu'au moins l'évêque d'Orléans présidât à ce sacrifice; à un tel désir de son ami, celui-ci ne pouvait se refuser. Quand vint après le temps du postulat le jour fixé pour la prise d'habit, l'évêque d'Orléans revenant de Lacombe, ils se rencontrèrent à Montbard, et firent route ensemble dans le même wagon jusqu'à Paris : il y avait quelque chose de poignant à voir M. de Montalembert; dans sa conversation pleine de verve comme toujours, passer incessamment de l'une de ses préoccupations à l'autre, de sa fille à son discours, de Conflans à Rome, du sacrifice qu'il acceptait au coup qu'il redoutait. Le lendemain, 26 octobre, eut lieu la prise d'habit, « le premier pas décisif, comme disait cette généreuse jeune fille, vers ses noces célestes ». L'évêque, assisté de l'abbé Perreyve et de celui qui écrit ces lignes, parla avec une grande émotion devant cette victime radieuse d'un divin holocauste, et ce père et cette mère baignés de pleurs. Quelques semaines après, M. Cochin lui écrivait : « J'ai passé deux jours chez Montalembert : quelle émotion persistante dans ce cœur de père ! quelle source intarissable de larmes, sans plainte pourtant ! Il est comme un héros, fier d'une victoire, mais blessé, et dont le sang ne s'arrête pas. Mme de Montalembert est plus ferme, non moins touchante. Leur fille monte et s'élève chaque jour, offrant pour réponse à des rêves sur la vie de Jésus (allusion au roman panthéiste de M. Renan que M. de Montalembert avait flétri au congrès de Malines), Jésus en vie! Il est là : Magister vocat. »

Les sacrifices les plus agréables à Dieu ne sont pas ceux qui coûtent le moins de larmes.

Cependant, vers la fin de cette même année 1863, l'évêque d'Orléans, dans une inspiration de sa piété et de son zèle pour l'Eglise et le Saint-Père, et dans un but, a-t-il écrit, « de profonde et définitive sanctification », se décida de nouveau à se rendre à Rome, où il passa trois mois, qui furent pour lui une époque de pieux pèlerinages mêlés d'activité sacerdotale, car il sut y faire aussi l'œuvre des âmes, en retrouvant là beaucoup dont il avait la confiance; il prêcha même une retraite au *Gesu*, et souvent il eut avec le Saint-Père de fréquents entretiens, dont il put dire : « Je ne sais si tous mes points de vue auront été acceptés : du moins je n'aurai pas été *canis mutus.* » Il s'y occupa naturellement beaucoup de M. de Montalembert et de ses discours à Malines. Malgré leur intime liaison d'âme et leur confraternité d'armes dans les grandes luttes, néanmoins ils différaient d'idées sur plus d'un point. En politique, leurs opinions étaient loin d'être identiques. Leur attitude en face du coup d'Etat n'avait pas été la même. Sur les questions libérales, et dans ces discours mêmes, M. de Montalembert, homme politique, allait plus loin que l'évêque d'Orléans. En histoire aussi ils n'étaient pas toujours d'accord. Raison de plus pour le courageux évêque de ne point abandonner son ami aux animosités qui, en abusant de quelques-unes de ses paroles et en exagérant ses doctrines, le poursuivaient à ce moment-là si âprement. « Les passions, écrivait-il à M. Cochin, ne peuvent pas être plus ardentes contre lui qu'elles ne le sont. Je parle des passions belges, françaises et anglaises. » Ce spectacle causa à l'évêque d'Orléans une profonde tristesse. Ces divisions entre catholiques, alors que l'union, pour défendre Rome et la religion menacées, lui semblait si désirable, le désolaient; car cet homme de guerre était bien plus encore un homme de paix; et voici comment il s'ouvrait sur tout cela avec le cardinal Antonelli, en lui offrant son *Avertissement à la jeunesse et aux pères de famille :*

« ... Sans doute, disait-il au cardinal, il est pénible d'avoir à combattre des hommes aussi profondément égarés que ceux dont j'ai dû démasquer ici les erreurs; mais il est, si je l'ose dire, plus pénible encore d'avoir à lutter contre ceux avec lesquels on voudrait ne faire qu'un cœur et qu'une âme pour la défense de l'Eglise.

» Ces divisions, dont votre Eminence gémissait avec moi, sont vraiment déplorables.

» Qu'espérer de l'avenir si, tandis que l'Eglise est attaquée de toutes parts, on semble, dans notre propre camp,

en France, en Belgique, en Angleterre, en Allemagne, et
ailleurs encore, prendre plaisir à se déchirer, à se flétrir,
à se décourager les uns les autres? » (Rome, 20 janvier 1864.)

Pie IX était loin de décourager l'évêque d'Orléans. « Le
Saint-Père, écrivait encore celui-ci à M. Cochin, m'a répété
hier que, si l'on faisait quelque chose, il ne serait en rien
question de lui (Montalembert). » Pie IX, en effet, et depuis
longtemps, bien avant les discours de Malines, songeait à
faire quelque chose, mais contre les ennemis, non contre
les amis. Toutefois, l'évêque d'Orléans crut devoir écrire
au Saint-Père une longue note en faveur de celui que
Pie IX lui-même avait félicité de ses combats pour la liberté
de l'Eglise, l'appelant un *bon soldat de Jésus-Christ*[1], et
qui n'avait jamais varié dans ses opinions. M. de Montalembert, de son côté, adressa à Rome un mémoire explicatif
de sa pensée. Le résultat définitif fut que les adversaires de M. de Montalembert n'obtinrent pas de Rome ce
qu'ils réclamaient contre les discours de Malines. Mais on
le conçoit, grandes devaient être les tristesses de M. de
Montalembert en ce moment, trahi de nouveau dans les
élections par une fraction de catholiques, éprouvé dans sa
tendresse paternelle par le sacrifice de sa fille, et poursuivi à Rome même, lui le grand athlète de Rome. L'é-
vêque d'Orléans sentait cela non moins vivement peut-
être que son cher et illustre ami.

De retour à Orléans pour la grande retraite pascale des
hommes, cette œuvre qui lui tenait tant à cœur, le sur-
lendemain même il montait en chaire dans sa cathédrale,
devant un immense auditoire. Ce qui déborda de son âme
dans ce discours, ce fut ce qui la remplissait, ce qu'il
avait puisé au tombeau des saints dans ce long pèlerinage :
le *feu sacré*[2]. Et certes chacun, après ces brûlantes paroles, eût pu dire aussi : *Nonne cor nostrum ardens erat
in nobis, dum loqueretur?*

---

1. Lettre autographe de Pie IX à M. de Montalembert.
2. Voy. ce discours dans le volume des *Œuvres oratoires*, nouvelle
série des *Œuvres choisies*.

Il se donna dans ce discours une joie de cœur, ce fut de rendre un hommage public à M. de Montalembert, par une éloquente allusion à la vocation de sa fille. Car son affection pour ce noble ami grandissait avec les épreuves : celles du corps, qui vont devenir plus accablantes ; celles de l'âme, qui seront aussi plus amères ; plus il le voit sur la croix, plus il l'aime, mais comme un évêque tel que lui sait aimer : son âme ! son âme à sanctifier, à purifier sous le feu de ces douleurs, voilà le trait qui va de plus en plus éclater à nos yeux dans cette sacerdotale amitié. Délicat dans les moindres détails, il choisit le vendredi saint, pour lui faire arriver, le jour même de Pâques, la lettre suivante :

« Orléans, 25 mars 1864. Mon cher ami, il n'y a pas de jours dans cette semaine, je dirai avec vérité pas une heure, où je n'aie pensé à vous et voulu vous écrire. Les accablements de mon retour, les prédications, les confessions, les affaires, en un mot les devoirs de chaque jour et de chaque heure pendant cette sainte semaine, m'ont fait des obstacles absolument insurmontables...

» Mais ce soir, vendredi saint, je rencontre quelques moments de liberté et j'en profite pour venir mettre mon âme plus près de la vôtre et vous dire combien vous m'avez profondément ému et édifié dans cette suprême épreuve de votre foi et de votre dévouement (le sacrifice de sa fille). Le calme et la douceur que j'ai vus sur vos lèvres et dans votre cœur m'ont attaché à vous plus que jamais. Depuis cette douloureuse journée, il me semble que la bénédiction de Dieu est sur vous sensiblement. Je me suis donné la joie de m'en souvenir à mon retour dans ma cathédrale devant une immense assemblée. Je vous enverrai cela pour vous distraire. La vérité est que, depuis ce sacrifice, vous êtes devenu à mes yeux un vrai ami de Dieu. Ne croyez pas que je vous fasse ici aucune phrase ; j'en aurais horreur, et je ne vous dis que ce qui est pour moi la simple vérité. » Touchant ensuite les autres tristesses de son ami : « Il m'arriva, ajoutait-il, pendant mon séjour à Rome, au milieu d'une peine très vive, en entendant chanter les litanies de la sainte Vierge, et ces paroles :

Causa nostræ lætitiæ, d'éprouver une douceur d'une profondeur et d'une simplicité extrêmes dans un sentiment que j'exprimai par ces mots, lesquels je transcris pour vous : « ... Sentiment très vif que la vraie joie, c'est d'être trahi, d'avoir le cœur foulé aux pieds... » Si, comme je l'espère, comme je vous en conjure, vous vous remettez courageusement, chrétiennement, et la croix dans le cœur, à votre grande étude trop longtemps interrompue, vous verrez si Dieu n'est pas avec vous, ô mon ami, ô le vrai ami de mon âme, le vrai ami de Celui qui a voulu nous faire savoir de son cœur que lui aussi *cœpit pavere et tædere et contristari, et mæstus esse, et tristis usque ad mortem...*

» ... Laissez-moi donc vous embrasser pour cette belle fête de Pâques avec toute la tendresse d'un cœur que Dieu vous a donné depuis longtemps, depuis cette Roche-Guyon de si chère mémoire, que rien ne peut séparer de vous, et qui vous dit maintenant avec les derniers sentiments et les derniers regards d'une vie qui s'en va à son terme : A Dieu ! et que ce soit à jamais entre nous, comme le voulait saint Paul entre les amis de Jésus-Christ : *Ad convivendum et commoriendum !* »

« Votre lettre du vendredi saint, lui répondit M. de Montalembert, m'a fait un bien que je ne saurais dire. Oh ! je vous en conjure, écrivez-moi souvent ainsi ! » Il lui fallait, à ce grand cœur si éprouvé, cet autre cœur « où, disait l'illustre malade dans une nouvelle lettre, il m'a été donné de lire plus d'une fois ; où j'ai trouvé des trésors de charité et d'indulgence comme de généreuse fierté, et où j'aime à me réfugier par la pensée lorsque je succombe aux poignantes douleurs dont le mien est traversé ».

« Je n'ai vraiment pas grand mérite à ce que j'ai fait, lui répondit l'évêque ; car l'inclination de mon cœur y est très forte, et me le rend trop facile.

» La vérité est que votre âme m'est profondément chère devant Dieu, et dans ce sentiment que j'éprouve pour vous, laissez moi vous le dire, l'affection de l'ami n'est pas seule ; il s'y joint aussi la reconnaissance de l'évêque pour les grands services rendus par vous à l'Eglise, de l'évêque et du compagnon d'armes.

» Et c'est ce qui me fait encore plus désirer pour votre âme ce qui doit.être le couronnement de toute cette grande vie militante, la grande force qui viendrait de la grande fidélité à Dieu. »

Ainsi donc, le consoler, le soutenir, surtout le sanctifier dans ces épreuves, voilà ce à quoi l'évêque, son ami, va désormais s'appliquer, avec une persistance, une énergie, une tendresse, un zèle épiscopal, qui, si nous pouvions dire ici ces choses avec le détail qu'elles comportent, inclineraient, nous en avons la certitude, dans l'admiration et le respect pour ces deux grandes âmes, pour cette noble amitié, jusqu'à leurs adversaires implacables eux-mêmes. Mais c'est assez quant à présent. Nous ajouterons en temps et lieu d'autres traits à ce tableau.

CHAPITRE XXI

L'évêque d'Orléans à la montagne
Lacombe et Menthon
Épisode : Baptême d'une jeune Anglaise à Lacombe

Nous nous sommes étendu avec quelque complaisance, quoique bien sommairement, sur cette amitié de Mgr Dupanloup avec M. de Montalembert. Mais combien d'amis encore, et quels amis, nous pourrions grouper autour de lui !

Les grands amis de Mgr Dupanloup, soit dans l'Eglise, soit dans le siècle, quel charme il y aurait à traiter, avec tous les détails qu'il pourrait comporter, un tel sujet ! Mais le cadre d'une biographie, déjà si vaste, ne nous le permet pas. Il y a toutefois une autre face de son amitié et de sa vie intime dont le moment paraît venu de dire maintenant quelque chose. Qu'on nous permette donc de faire une nouvelle halte au milieu de toutes ces œuvres et de toutes ces luttes, et de regarder un peu le militant évêque sous un autre aspect : non chez lui et au milieu des accablements, mais là au contraire où les affaires ne le pouvaient ressaisir, au loin, à la montagne : peut-être cette nouvelle diversion ne sera-t-elle pas sans quelque intérêt. La fraîcheur de l'oasis est douce après les sables brûlants.

C'est l'ordre de la nature que la nuit succède au jour : le repos est la condition du labeur. C'était une nécessité impérieuse pour ce grand travailleur de s'accorder périodiquement quelque relâche. « Votre soleil a-t-il encore un regard et votre lac un sourire ? écrivait-il un jour à ses hôtes de Menthon. Pour moi, je travaille quatorze heures par jour, et regarde de temps en temps vers le ciel pour savoir où est le vrai repos. »

Nous avons dit comment, en 1849, il connut Menthon. En 1850, la Savoie et le Dauphiné furent sacrifiés à Rome ; mais l'année suivante, il put se donner la joie d'y retourner avec l'abbé Gratry. « Je me propose, écrivait-il avant de partir, d'aller beaucoup à pied dans la montagne ; j'ai besoin de cet air-là. » Dès lors, son choix fut définitivement arrêté. « J'ai là, écrivit-il au retour, mes plans de voyage tout tracés. » A partir de ce moment, Menthon et Lacombe devinrent ses lieux de repos privilégiés. « J'ai trouvé de nouveau, écrit-il à M. du Boys, Lacombe, un lieu incomparable » ; et à Mme de Menthon : « Nous ne tarissions guère avec M. Gratry sur ce beau pays. J'ai toujours les regards tournés, depuis ce temps, vers ces montagnes, vers ce beau lac et vers ce vieux château. J'y reviendrai, si Dieu le permet, et avec joie. » Qu'y cherchait-il ? Avec la douceur d'une incomparable amitié, le délassement après la fatigue, la paix après la lutte, le silence après le bruit, la solitude après la foule, le renouvellement de ses forces après leur entier épuisement, et pour son âme enfin, « la sérénité dans la hauteur ».

Nous connaissons Lacombe et Menthon, mais pas encore la vie qu'il menait là. Voici quelles étaient ses journées. Après sa longue oraison, qu'il faisait en se promenant de grand matin sur la terrasse de l'un et l'autre château, l'âme élevée d'elle-même à Dieu par ces grands aspects, et après sa messe, qu'il disait toujours, à Menthon, dans l'oratoire de Saint-Bernard, le reste de la matinée était consacré au travail. C'est ainsi qu'il se reposait, dans le travail et la prière : ce qu'il apportait avec lui de papiers était prodigieux. L'après-midi, il s'accordait quelques moments de douce causerie avec ses hôtes, soit à l'ombre des vieux marronniers, à Menthon, soit dans la grande allée, à Lacombe, et quelquefois près de la Vierge du Précipice [1] ; puis il dictait les lettres les plus pressées, et

---

1. On appelait ainsi une petite statue de la sainte Vierge placée dans le creux d'un vieil arbre qui pendait sur un précipice. Chaque jour on y allait faire une petite prière. On ne passait jamais devant sans s'y agenouiller.

partait pour la montagne, porté, dans les dernières années,
sur un petit âne, qu'un enfant tenait par la bride, et
qu'on appelait le prie-Dieu de l'évêque, parce que pendant ce temps-là, abrité de son vaste et légendaire para-
pluie, il récitait tranquillement son bréviaire et faisait sa
lecture spirituelle. Après quoi il mettait pied à terre, et
marchait à fatiguer les plus intrépides. « Quel bonheur,
disait-il, de dominer toutes ces hauteurs, de posséder cet
immense horizon ! » Quelquefois la beauté de ces scènes
lui arrachait une exclamation : « *Montes exultastis sicut
arietes*, » s'écriait-il souvent, en apercevant du haut de
quelque sommet ces collines étagées sur des collines au
pied des grandes Alpes ! Du reste, il admirait tout de la
montagne : la fleur, la source, le torrent, la gorge profonde et le précipice ; les chaumières éparses çà et là, et
les troupeaux paissants, *in reductâ valle mugientium
errantes greges*, comme il disait avec Horace ; la verdure
des châtaigniers au printemps, et leurs teintes rougeâtres
en automne ; les sombres sapins ; plus haut et plus loin
les grandes chaînes, les rochers sauvages, les neiges éternelles. « Depuis ma course au sommet des montagnes,
avec ces deux chers enfants [1], écrivait-il à Mme de Menthon, j'ai fait tant de choses dans la plaine, que ce temps
me paraît un siècle. En vérité, si la montagne n'était
d'Orleans qu'à une journée de chemin de fer, elle me
verrait trop souvent, tantôt pour y admirer les primevères
et les violettes du printemps, et tantôt ces jolies petites
fleurs d'automne qui sont comme le dernier sourire de la
nature à la fin d'un beau jour. Mais il y a quelque chose
de meilleur que tout cela dans la montagne, c'est Dieu
qu'on y retrouve si présent. »

Nul n'a mieux senti que lui la présence de Dieu dans
la nature. « Que Dieu est bon ! Que Dieu est grand ! » ce
mot venait sans cesse à ses lèvres. Sur ces sommets, il se
sentait plus près du ciel et plus loin des hommes, de leurs
agitations, de leurs bassesses, qu'il prenait alors en grande

---

1. M. René et Mlle Marie de Menthon (depuis Mme E. de Maistre),
neveu et nièce de Mme de Menthon.

pitié. « Parmi les choses de la terre, écrivait-il aimablement, il n'y a guère que les montagnes qui ne descendent jamais de leur élévation. » Il y trouvait, « l'air plus pur, le ciel plus ouvert, Dieu lui-même plus familier ! » Quel désir il éprouvait parfois d'y planter sa tente ! Mais une voix, la voix de l'Eglise, la voix des âmes, la voix de nos détresses et de nos besoins, le rappelait : « Je serais bien ingrat envers le col de Tamiers, écrivait-il un jour à M. de Menthon, si je ne m'en souvenais comme d'une des plus délicieuses courses de ma vie. Hélas ! on voudrait bien habiter dans la sérénité de ces hauteurs, et goûter la paix dans cette belle lumière. On dirait volontiers comme saint Pierre : « *Bonum est nos hic esse,* c'est bien bon d'être là ! » Mais le bon Dieu nous répond par ces belles paroles de saint Augustin : « *In monte requiescere cupiebas :* tu voudrais te reposer sur la montagne ; *descende laborare;* non, descends au travail, à la peine ; *prædica veritatem,* prêche la vérité ; *habe caritatem,* aie la charité ; *et sic pervenies ad æternitatem,* et tu arriveras ainsi à l'éternité ; *ubi invenies securitatem,* où tu trouveras la sécurité....»

Etait-il seul, car il y avait des moments où il aimait cette solitude, il allait, priant, chantant ses chers cantiques du catéchisme, « *cantat amor !* » tout entier à ses souvenirs, à la pensée de Dieu, de l'Eglise et des âmes ; quelquefois, s'arrêtant tout à coup, pour noter, avec ce crayon taillé par les deux bouts dont son bréviaire était muni, sur ces feuilles blanches que ce même bréviaire portait aussi toujours et qu'il renouvelait soigneusement, soit le projet d'une lettre à une âme dont il était préoccupé, lettre qu'il dictait au retour ou le lendemain, soit le plan de quelque instruction pastorale ou de quelque écrit polémique, soit une pensée qui avait saisi son esprit en incessante activité ; fidèle à ce conseil de M. de Maistre, qu'il faut savoir « fixer l'éclair ».

Mais, le plus souvent, quelques amis l'accompagnaient. On aimait à choisir, pour la lecture, les sites les plus pittoresques et à donner comme cadre aux belles œuvres de l'homme les belles œuvres de Dieu : Bossuet, Dante, Shakespeare, Corneille, Gœthe ou Schiller, s'harmonisaient bien avec ces sublimes aspects. Tout entier chez lui aux affaires et à d'austères travaux, la montagne lui rouvrait quelque peu les grands horizons littéraires. Quelquefois, au contraire, c'était une œuvre contemporaine, utile à connaître, qu'on lisait. Survenait-il une pluie, une grange isolée, d'où s'exhalait l'odeur saine du foin fraîchement coupé, offrait son abri [1].

Telles étaient les promenades de chaque jour ; il y avait des excursions et des ascensions plus vaillantes. On partait dès le matin, si l'on était à Lacombe, pour les cascades de Boulon ; ou pour le lac du Crozet, glacé encore au mois de juillet ; ou bien, si l'on était à Menthon, pour le sommet du Lanfon, d'où la vue est si belle, ou pour la Forclaz, ce rocher qui domine si hardiment le lac : on déjeunait sur l'herbe, au bord d'une fontaine, à l'ombre des vieux sapins, ou dans un chalet. Rien ne soulageait plus sa tête fatiguée que ces courses, qui lui mettaient, comme il disait, « l'esprit au large ». A Menthon, ce grand char de côté, qui venait prendre au retour, à une certaine distance, les promeneurs, était quelquefois bien secourable.

Il a dit que Lacombe et Menthon tenaient « une place dans sa vie ». Rien de moins semblable cependant que ces lieux où il se complaisait tant. Mais : « Ne les comparons pas, disait-il, admirons-les: ils sont tous deux admirables. » Quant à Lacombe :

« J'ai goûté plus que jamais ce beau lieu, écrivait-il un jour, la veille de son départ, son élévation au-dessus de toutes les basses régions, sa grandeur, les magnificences de Dieu, les matinées et les soirées admirables, la paix et la douceur de la solitude. Rien n'est plus beau que cette grande allée par ce beau soleil et ce vent frais : la paix y est profonde et splendide... C'est un palais de fraîcheur et de verdure au milieu des plus grandes scènes de la na-

---

1. Mlle Netty du Boys a tracé ce tableau avec plus de détails et un très grand charme dans son écrit : *les Derniers jours de Mgr l'évêque d'Orléans.*

ture... Dieu y paraît si bon et si grand ! » Tous les lieux
d'alentour : Crebarnou, Greppa, Prélong, la Grange de la
Forêt, Saint-Agnès, Laval, Saint-Meurys, le Martinet, le
mas Larie, toutes ces cimes, tous ces hameaux l'ont vu ;
tous ces sentiers, doux ou abrupts, lui étaient familiers ;
il s'y orientait comme un homme de la montagne, merveilleusement ; entrant dans les chaumières, s'asseyant
sur la chaise de paille, sur le banc rustique ou sur le tronc
coupé d'un vieil arbre, disant à ces braves gens de bonnes
paroles, leur laissant un petit souvenir. Le voyant si
simple, savaient-ils qu'il était si grand ? Ils sentaient du
moins qu'il était bon, et ils l'aimaient. Que de preuves de
sa bonté et de son amour des âmes, qui se retrouvait là
comme partout, pourrions-nous citer ! C'est lui qui fit
ériger en paroisse Saint-Meurys, pour épargner aux bons
habitants de ce village le long trajet qu'ils avaient à fournir
jusqu'à l'église de Lacombe ; et Mlle Netty du Boys a raconté, dans une page délicieuse [1], la course qu'il fit un
jour au loin dans la montagne pour administrer, en l'absence du curé, une pauvre femme, tandis que, ne le voyant
pas revenir et ne sachant où il était allé, M. du Boys l'attendait dans une extrême inquiétude.

Ce que ces courses lui disaient à l'âme, c'est à lui qu'il
le faut demander ; nous prenons au hasard dans ses
notes :

« 10 octobre 1852. Course magnifique par le Martinet,
et ces hauteurs, et jusqu'au fond de ces montagnes : il
y eut, sur le bord de ce torrent, des passages incomparables : un surtout ; le charme ne peut aller plus
loin... Comme Dieu est présent en ces beaux lieux !
Quelle consolation de le sentir près et soi si loin du
monde ! »

. Un autre jour : « Admirable course à Laval. Le retour
par le bois Peloux ; cette vue, cette délicieuse route, cette
ombre si fraîche ; puis ces hauteurs et ce chemin par les
pelouses, et dans ce bois Fontanella, si solitaire ; puis ces
prés, ces maisons isolées, et la découverte de ces hautes

---

1. *Les Derniers jours de Mgr Dupanloup.*

montagnes, de ces neiges, de ces glaciers sur nos têtes,
tout cela fut ravissant. »

Une autre fois encore : « Dernière matinée. Ces ascensions du matin, à pied, à âne, priant, admirant, ont une
grande douceur. Cette montée jusqu'aux Bossons par cette
fraîcheur délicieuse ; ce retour le long du torrent ; ces
eaux si pures et si vives, ces herbes odorantes, ces ombrages si touffus et si brillants... que tout cela était doux
à voir ! »

Lacombe, c'était la montagne ; Menthon, c'était de plus
la Savoie, et la Savoie c'étaient tous ces souvenirs qui
faisaient déborder son âme de reconnaissance pour Dieu.
« Je revois toujours ce lac et ces montagnes de mon enfance avec plaisir, » écrivait-il à M. de Menthon Un autre
jour : « Bonne arrivée hier à Menthon ; ce matin sur la
terrasse, en regard d'Annecy, douce impression du *Domi-
num qui fecit nos, venite, adoremus ;* doux et délicieux
regard sur ce beau pays où Dieu m'a créé. » La colline du
Cher qui semble couper en deux le lac ; Talloires et cette
anse profonde où les eaux de ce beau lac sont si bleues ;
au-dessus, sur la colline, Saint-Germain, si aimé de saint
François de Sales, et où le saint avait rêvé de se retirer
un jour : « Si Dieu l'a pour agréable, je laisserai le poids
du jour et de la chaleur à notre coadjuteur, et pendant ce
temps-là, avec mon chapelet et ma plume, je servirai
Dieu et l'Eglise ; ici les bonnes pensées me tomberont
drues et menues comme les neiges qui tombent en hiver » ;
Bluffy, qui lui fit tant plaisir un jour à découvrir dans ce
repli mystérieux, au pied des grands rochers ; Alex, berceau du célèbre évêque d'Annecy, Mgr Jean d'Arenthon,
qu'il admirait tant ; et par delà une des montagnes qui
dominent Menthon, Thorens, berceau de son cher saint :
que de fois il y a porté ses pas ! Il rayonnait aussi à l'en-
tour, et les hôtes des chateaux voisins, M. le comte de
Villette, M. le comte de Thiollaz, M. le comte de Roussi de
Salles, M. le baron d'Yvoire, d'autres encore, étaient heureux de le recevoir tour à tour et de le visiter. Il voyait
beaucoup aussi l'évêque d'Annecy, et les prêtres les plus

distingués de son clergé[1] : et les bons curés de la montagne avec lesquels il avait une joie particulière à se rencontrer.

Mais il ne faisait pas un seul séjour à Menthon sans aller revoir près d'Annecy, sur les bords du lac, cette Puya, où de cinq à sept ans il avait habité, et rien de moins banal que ces visites ; un sentiment profond, et c'est pourquoi il y allait toujours seul, l'y poussait, le sentiment des bienfaits de Dieu, cette action de grâces en permanence dans son âme. Ecoutons-le :

« 24 septembre 1851. Promenade solitaire à la Puya ; délicieuse... Comme la confiance renaît toujours là au milieu de l'attendrissement, de la vue claire de la bonté de Dieu, du souvenir présent de ses incroyables bienfaits et de la reconnaissance sensible... Moments trop courts! Il faudrait passer là tout le temps que demanderaient ces souvenirs... et la grâce de Dieu ; y réfléchir sans précipitation, sans efforts... Je trouve là les deux émotions les plus douces et les plus vives : la plus belle nature et la plus douce grâce. »

« 6 octobre 1855. Messe bonne et douce à Saint-François de Sales ; de là bonne course à la Puya ; je n'étais pas pressé, je goûtai chaque chose en paix.

» Je suis monté jusqu'à ces sapins ; puis à ces maisons si paisibles ; je me reposai dans cette grange, sur ces feuilles de chênes et de châtaigniers ; je redescendis à la maison de la Françon, et, de là, à Notre-Dame-Auxiliatrice : j'ai bien prié, et baisé la pierre de la petite chapelle... C'est un lieu admirable, d'où je repasse d'un coup

---

1. Entre autres MM. Magnin, qui succéda à Mgr Rendu ; Ruffin, auteur de la *Vie de Mgr Rey;* Poncet, Grobel, Brasier, Favre. Celui-ci, petit-neveu, pensons-nous, du président Favre, l'ami de saint François de Sales, s'était bâti, de l'autre côté du lac, sur le coteau, tout près de la petite chapelle de Notre-Dame-Auxiliatrice, une habitation, un peu originale, qu'il avait appelée *Colmire.* L'évêque s'y trouvant un jour avec M. de Menthon et quelques ecclésiastiques d'Annecy, improvisa sur cette maison ce distique joyeux :

Mira domus, miri colles, mirissimus hospes :
Omnes mirantur mœnia mira loci.

d'œil toutes les bontés de Dieu... Ce beau lac, ces montagnes, ce beau ciel; Annecy au fond; plus loin, la
France... De là, course toujours chère à cette chaumière
(celle qu'il habitait), à ces pauvres gens que j'étonne,
et qui ne savent pas les secrets de mon âme, et quels
lointains et ineffaçables souvenirs me viennent là au
cœur. »

Ce sentiment éclatait plus encore peut-être à Saint-
Félix, où il s'arrêtait aussi toujours avec une émotion qui,
dès qu'il approchait de ce lieu, que de fois nous l'avons
vu! inondait de larmes son visage.

Mais il n'avait jamais visité, dans les Bauges, Saint-
François, la première paroisse de son oncle, celle où allait,
sa mère. L'année qui suivit sa réception à l'Académie,
française, alors qu'il était comme à l'apogée de sa renommée et des honneurs, dans un sentiment de la plus profonde humilité, il voulut se donner le spectacle de ce lieu,
et faire revivre pour son cœur tous ces souvenirs. Dans
une station sur la route, au Châtelard, il s'informa de tout,
et en particulier s'il y avait encore là une famille Dumas,
famille patriarcale, où sa mère était reçue. Mais écoutons-
le encore lui-même:

« Enfin je découvre Saint-François, son église, son
presbytère. Pauvre mère! Quels lointains souvenirs...
Elle y alla, il y a quarante-sept ans, pour la dernière fois,
faire ses adieux à son oncle. Ce départ pour Paris dut
attrister celui-ci; mais le bon Dieu avait ses desseins; et
me menait où il voulait... à Saint-Sulpice... pour ma
première communion!... et la suite...

» Ma mère venait là avec joie; c'est le seul souvenir dont
je lui aie ouï parler avec épanouissement. Au fait, c'est le
seul lieu où elle ait été heureuse en ce monde... aimée...
recueillie... Son oncle, frère de sa mère, bon, compatis-
sant, généreux, vif, spirituel, plein de foi, lui faisait
grand bien à l'âme et au cœur... Elle lui confiait toutes
ses peines... Quelles douces et longues conversations
ils avaient ensemble!... Il l'encourageait, la consolait
des ennuis que lui donnaient l'intérieur et l'irréligion de

ma tante... Là, elle était délivrée d'Annecy... et de ses tristesses.

» Puis, la famille Dumas... si respectable; ces relations si douces, si honorables, si gaies... On l'aimait beaucoup... Je me représentais tout cela... Elle, de sa croisée, regardant cette belle vallée, la belle et verdoyante montagne en face,... descendant et montant... Avec quelles douces pensées elle partait, faisait la route!... On lui envoyait un cheval... Je la conduisais un peu. J'allais au-devant d'elle, au retour... Mon oncle la reconduisait...

»... Je dis là un bon bréviaire, avec grande et profonde douceur... priant pour tous ceux par qui Dieu m'a fait mes premiers biens...

» *Domine, spes mea à juventute meâ...* Seigneur, vous êtes mon espoir dès ma jeunesse : Comme c'est vrai ! *In te cantatio mea semper :* c'est vous qui devez être toujours l'objet de mes cantiques. Voilà bien ce qui doit être ! *Ego sum vermis et non homo :* je suis un ver de terre, non un homme, et *abjectio plebis,* un pauvre fils du peuple ! Voilà bien où j'en étais ; mais :

» C'est vous qui m'avez appelé au jour : *In te projectus sum ex utero;* du sein de ma mère j'ai été jeté entre vos bras...

» Puis, après avoir dit et redit ces admirables paroles, j'ai commencé l'office de saint Euverte, mon saint prédécesseur... Voilà le miracle, et cette incroyable transformation! *Elegit ipsum Dominus ab omni viventi !* Dieu l'a choisi entre tous les êtres vivants. Quelle élection fut la mienne !...

»... Puis, après un déjeuner paisible dans cette chère cure de Saint-François, » il ajoute, et nous ne supprimerons pas ce détail, qui peint si bien la simplicité de ses goûts et la vivacité de ces impressions d'enfance, « avec de bons œufs sur le plat, de la crème et des poires, avec les goûts d'autrefois... je redescendis par la route que suivait ma mère... C'est très marqué...

» Et je m'en allai seul avec mes pensées ;... avec Dieu... et ma pauvre mère... »

Il baisait la terre et la poussière à Paris, après ses sermons dans les grandes chaires et ses éloquentes leçons à la Sorbonne; évêque, arrivé aux premiers honneurs de l'Eglise et des Lettres, il éteignait le bruit des applaudissements et de la gloire en se plongeant ainsi dans l'humilité des souvenirs; et, comme il n'avait plus cette mère pour lui faire de cette gloire un triomphe, il lui en faisait un dans son cœur, en recherchant, avec cette filiale tendresse, ses traces lointaines et chéries, dans le plus pieux des pèlerinages.

Ainsi donc, ces travaux et ces luttes d'une vie si agissante et militante à la surface, n'empêchaient pas qu'il n'y eût, au fond de cette âme, ces sources cachées et débordantes de poésie, de tendresse et de piété. De tout cela ses hôtes jouissaient pleinement, car nulle part peut-être il n'était plus lui-même qu'à la montagne, et ne laissait mieux voir son âme dans ses dernières et limpides profondeurs : simple, quelquefois jusqu'à la naïveté, affectueux et bon, doux, aimable et souriant ; et tout à coup, retrouvant ses grands élans, nous dirions volontiers ses coups d'aile, qui l'emportaient sur les hauteurs.

Une active vie d'esprit animait ces deux châteaux et redoublait d'intensité quand arrivait l'évêque. Se rencontrait d'ordinaire à Menthon l'érudit baron d'Eckstein, qui recevait là dans sa vieillesse une noble hospitalité, et qui la payait par les agréments de son esprit et de sa conversation. Hommes et choses, il savait tout, et peignait les hommes et jugeait les choses avec une verve incisive, originale, intarissable. Soit à Menthon, soit à Lacombe, manquait rarement d'accourir de Lyon M. Sauzet, homme qu'on eût bien défini par ces trois mots : bel esprit, bon esprit, grand esprit. L'évêque de Grenoble, Mgr Ginouilhiac, très ami de M. Du Boys et de l'évêque d'Orléans, savant théologien et causeur spirituel, était également fort assidu. Sur cette terrasse de Menthon, dans cette grande allée de Lacombe, que d'entretiens, de discussions du plus vif intérêt sur les plus hautes questions ! Là, à Lacombe, un jour, M. Rio, un de ces amis qu'il y attirait, — combien en attirait-il de la sorte, ecclésiastiques ou laïques, dans ce lieu hospitalier[1]! — lut un livre entier de son *Art chrétien* encore inédit, et M. Sauzet, bien souvent quelque beau chapitre du grand ouvrage qu'il préparait sur le code civil, et qui malheureusement n'est pas encore publié. Lacombe surtout était comme un centre, un foyer intellectuel : nous dirions presque un atelier. Il passait là un souffle qui allumait dans les esprits une flamme généreuse. Là, comme partout, excitateur infatigable, l'évêque poussait chacun dans sa voie, et animait aux nobles travaux. Qu'il y travailla aussi lui-même, tout en s'y reposant !

Voilà pour la vie d'esprit ; mais le cœur et l'âme avaient aussi leurs moments réservés. Là, Dieu lui donna, et pendant tant d'années, les vraies et pures joies d'une amitié qu'on rencontre bien rarement sur la terre. Qu'il goûtait — c'était l'heure de ses plus précieuses intimités — ces soirées si délicieuses sur la terrasse de Lacombe, quand le ciel était pur et brillant d'étoiles, et que le silence descendait peu à peu sur la vallée ! Souvent alors, après avoir récité, en marchant à grands pas, son rosaire, il venait s'asseoir là, près de ses hôtes et de ses amis, et, la conversation prenant d'elle-même ce cours, il avait, sur les choses de l'âme et de Dieu, de ces mots simples, profonds, lumineux et chaleureux, que chacun emportait dans son cœur comme un trésor ; et on s'inclinait plus heureux, après la prière dite en commun dans la petite chapelle, sous sa main bénissante.

Et de plus, il ne manquait pas de mettre à profit ces voyages pour opérer, comme toujours, l'œuvre des âmes.

---

1. Pour ne parler que des ecclésiastiques, le P. Lacordaire y est venu avec lui. Nous y avons vu l'abbé Gratry, M. l'abbé Debeauvais, Mgr de Marguerie, évêque d'Autun, et M. l'abbé Thomas, aujourd'hui archevêque de Rouen, Mgr Ramadié, archevêque d'Alby, le P. A. Perraud, aujourd'hui évêque d'Autun, M. l'abbé Turinaz, aujourd'hui évêque de Nancy, M. l'abbé Cotton, aujourd'hui évêque de Valence, alors successeur à la cure de la cathédrale, à Grenoble, du saint abbé Gerin, confesseur de l'évêque d'Orléans, et qui venait là aussi, etc., etc. Partout où cet évêque allait, il attirait, il devenait un centre.

C'est dans ce but qu'il se plaisait, avant d'arriver là où il était attendu, à faire de petites haltes chez quelques chrétiennes familles où sa présence et ses conseils étaient pour plusieurs âmes des bienfaits : à Champvieux, chez Mlles de Montbriant, deux fidèles et généreuses enfants de son catéchisme de Saint-Hyacinthe; à Vaulserre, chez M. le marquis de Vaulserre; chez M. le comte de Thiollaz, à Alby, près Saint-Félix : là était une digne amie de Mme de Menthon, Mme de Thiollaz, femme admirable, trop tôt ravie à ses nombreux enfants : à quelle hauteur de vertu il éleva aussi cette âme !

Nous avons déjà dit quel secours Mme de Menthon trouvait dans sa direction; malgré son généreux élan, il lui fallait cet appui. Toute nature souffre de ses propres dons, parce que, à côté, dans notre imparfaite humanité, il y a les lacunes, et quiconque entreprend sérieusement sur soi-même cette œuvre de transformation qui est la vraie vie et vertu chrétiennes, connaîtra la lutte, avec ses inévitables alternatives de sécheresses et de dilatations, de tristesses et de saintes joies, d'ombres et de clartés, de reculs et de progrès, de fatigue et de courage. De loin, il suivait tout, parce que, avec une confiance sans limites, elle mettait tout sous ses yeux; mais, si lumineuses que fussent les lettres qu'il écrivait, répondant quelquefois à ses divers états d'âme, nous disait-elle un jour, avant même qu'elle les eût manifestés, combien était secourable sa présence! Lui, à Menthon, c'était la lumière immédiate, la ferveur renouvelée, la marche en avant, assurée pour longtemps. Et ce n'était pas elle seulement qui éprouvait le bienfait de sa présence; il y avait là autour d'elle d'autres âmes dont il s'occupait aussi, on peut le dire, paternellement.

A Lacombe, de même, Dieu fit plus d'une fois par lui des choses admirables. Là, un jour, il retrouva un de ses enfants du catéchisme, celui dont il a raconté l'histoire [1], ce petit enfant de douze ans, qu'on lui amena dans une voiture à quatre chevaux, et qui commença par lui dire :

1. *Entretiens sur le catéchisme.*

« Il faut que vous sachiez, monsieur, que je suis, moi, un athée. » Le catéchisme avait eu vite raison du petit incrédule. Cependant la première communion n'avait pas empêché les écarts de la jeunesse ; la foi s'en était allée, la fortune aussi. Les vicissitudes de sa vie l'avaient conduit à Grenoble. Ayant appris qu'il était là, l'évêque voulut le revoir : quelques conversations lui suffirent pour tout réveiller dans cette conscience où il avait déposé des germes qui y dormaient oubliés. Quand, après avoir communié à la petite chapelle de Lacombe, dont il ne pouvait plus s'arracher, le converti en sortit enfin, on trouva baignée de ses larmes la place qu'il avait occupée. Il fit la mort d'un prédestiné.

« Lacombe, lui écrivait une jeune fille, que ses parents, grands amis de l'évêque, lui amenaient là de temps en temps, et dont il prenait un soin paternel, Lacombe, j'y ai de bien chers souvenirs ; le bon Dieu m'y a touchée ; la grâce et la paix ont passé sur moi... Enfin, Lacombe est pour moi une sphère supérieure aux sphères ordinaires... Il me semble qu'on y est, au physique et au moral, élevé au-dessus des brouillards, dans la lumière... »

Disons en terminant un mot de cette jeune Anglaise, Harriett Shilletto, « pauvre petite colombe effarouchée par l'erreur, et venant à tire-d'aile s'abattre sur les créneaux de Lacombe, où l'attendait ce grand aigle de Dieu, pour l'emporter jusqu'au ciel[1] ». C'est en ces termes qu'un des témoins de ce « miracle de grâce et d'amour » — volontiers nous empruntons de nouveau cette expression de l'abbé Gerbet — en parlait longtemps après ; âme candide et pure, mais portant au fond d'elle-même une souffrance, des aspirations auxquelles son incomplète religion séparée ne donnait pas satisfaction. Il la rencontra, pendant une tournée pastorale, dans une famille où elle était institutrice. Elle éprouvait, à la pensée de se trouver en présence du grand champion du Pape, à la fois de la frayeur et de l'attrait. Il ne lui fit que quelques

---

1. Lettre de N. Mollière, avocat de Lyon, et grand chrétien ; un des amis de N. Du Boys et hôte habituel de Lacombe.

questions : « Savez-vous bien pourquoi vous n'êtes pas catholique? — Êtes-vous bien sûre d'être dans la vérité chrétienne, vous qui avez tant varié? — Pouvez-vous effacer de l'Evangile le *Tu es Petrus ?* » C'était en 1862, il allait partir pour Rome, où Pie IX avait convoqué l'épiscopat catholique; ces simples questions suscitèrent en elle des réflexions qu'elle n'avait jamais faites. Un mot retentissait sans cesse à son oreille. « Tu es Pierre, et sur cette pierre je bâtirai mon Eglise. » Puis, elle comparait cette sécurité tranquille des catholiques dans une foi immuable avec cette mobilité incessante de la réforme. « Nous allons toujours, disait-elle, mais où? Au catholicisme peut-être, d'où nous sommes sortis. Lui, il demeure sur la pierre qui le porte, toujours le même; nous, qu'étions-nous hier, et que serons-nous demain? »

Ses angoisses s'exprimèrent dans une lettre que l'évêque, déjà en route pour Rome, reçut à Paris. De Paris, de Marseille encore, de Rome même, car les plus grandes affaires de l'Eglise ne pouvaient lui faire oublier une âme, il lui répondit. Il suivait, sans le précipiter, le travail qui se faisait en elle; attendant ce qu'il appelait la maturité de l'œuvre divine: il n'argumentait pas, mais lui ouvrait les grands horizons catholiques, et surtout la faisait beaucoup prier, car au point où elle était arrivée, c'était moins un effort de l'esprit qu'un élan de cœur et surtout une touche de la grâce qui pouvait briser ses dernières entraves.

Le jour de la Pentecôte, cette grâce lui vint: elle tombe à genoux, comme frappée d'un vif coup de lumière : la voilà catholique dans son cœur : l'évêque reçut cette nouvelle à Rome; mais ce fut à Lacombe, où il s'était arrêté au retour, comme nous l'avons dit, que deux longues lettres d'elle lui dirent tout. La beauté de l'unité, et surtout, plus encore que la vérité totale, l'amour total dont l'Eglise a le trésor, voilà le coup de lumière qui l'a éclairée. « L'Eglise a l'Eucharistie, disait-elle, don total de Dieu à l'homme ; l'Eglise enfante la virginité, don total de l'homme à Dieu ! Je crois qu'il y a la plus grande vérité là où il y a le plus grand amour. » L'évêque poussait des exclamations en lisant ces lettres : ses hôtes en furent

aussi dans l'admiration. La fallait-il laisser plus longtemps à la porte de l'Eglise? Non ; il fit un signe, et elle
partit pour Lacombe. On l'y accueillit comme une fille et
comme une sœur. L'évêque lui demanda de faire une
petite retraite préparatoire. Tout en elle trahissait la plus
profonde joie : ses paroles, qu'on ne peut redire, ses
silences, son recueillement en entendant la messe, ses
larmes coulant à travers ses paupières baissées. Il ne lui
restait plus ni hésitation, ni trouble; elle marchait vers
Dieu avec une sérénité toujours plus radieuse : c'était
comme une aurore grandissante. « Je suis déjà si heureuse,
disait-elle, que sera-ce après ? »

La petite chapelle fut parée comme pour une fête. Elle
contint assez son émotion pendant l'abjuration et le baptême ; mais quand approcha le moment de la communion,
son cœur éclata ; puis le calme se fit, sa tête s'inclina sur
ses épaules, ses yeux se fermèrent : son visage paraissait
comme transfiguré par l'extase. « Où étais-je donc ? de-
mandait-elle plus tard : Dans le ciel ? » C'était bien comme
quelque chose des joies célestes que Dieu lui faisait goûter. ·
Son bonheur pendant les jours qui suivirent est inexprimable.

Où est-elle aujourd'hui, cette généreuse enfant ? L'amour
de la patrie anglaise ayant grandi dans son âme avec
l'amour de Dieu, une inspiration héroïque la conduisit
dans un couvent de Clarisses de son pays. Elle est là,
depuis vingt ans, sous la bure, pieds nus, s'immolant,
hostie vivante, dans la pénitence et la prière, pour la conversion de l'Angleterre.

EXTRAITS

Des **SIX CENT TRENTE LETTRES** adressées à l'évêque
d'Orléans à l'occasion de son écrit sur la Convention et
sur l'Encyclique, par l'épiscopat du monde entier [1].

———

ÉVÊQUES FRANÇAIS

Lettre de Mgr l'archevêque de Tours. (aujourd'hui cardinal
archevêque de Paris). — « Tours, 2 février 1865. Je sens le
besoin, Monseigneur, de vous féliciter, de vous remercier et de
vous dire toute mon admiration. Vous avez rendu beaucoup de
services à l'Eglise depuis que vous êtes évêque; celui-ci est le
plus grand de tous. Votre écrit a opéré un véritable revirement
dans l'opinion de toute une classe de laïques trompés par les
mauvais journaux. Que Dieu garde longtemps à son Eglise un
défenseur si puissant. »

Lettre du cardinal archevêque de Rouen. — « Rouen, le
28 janvier 1865. ... Au point de vue humain et égoïste, je
pourrais avoir quelque regret, car vous avez écrit *tout ce que
je voulais dire,* et sur la Convention et sur l'Encyclique, et

———

1. Deux évêques français seulement, tout en comblant d'éloges
l'écrit, ont fait les observations que voici : Mgr Plantier pensait que
la seconde partie aurait pu être « plus complète »; Mgr l'archevêque
de Toulouse avouait, entre l'évêque d'Orléans et lui, « quelques
nuances ». Dans les autres lettres, nous n'en avons trouvé qu'une,
celle d'un évêque italien, qui fît la même observation que Mgr Plantier. Les lettres de tous les autres évêques sont, comme on en pourra
juger par ces extraits pris au hasard, enthousiastes.

vous l'avez mieux dit. De plus, vous y avez ajouté beaucoup de preuves et de considérations qui m'auraient échappé, dont je n'avais pas les éléments, ou que je n'aurais pas su exposer comme vous... Il n'importe, pourvu que le bien se fasse *et que la cause de l'Eglise soit efficacement défendue*. Recevez de nouveau, mon cher et vénéré collègue, mes félicitations de ce que Dieu vous a fait *l'insigne faveur de défendre ainsi sa cause...* »

Lettre du cardinal archevêque de Lyon. — « Lyon, le 10 avril 1865. ...Je m'associe à tous les applaudissements qui vous sont justement prodigués. Je suis encore sous le charme de tout ce que j'ai trouvé dans vos pages, d'utile, d'éloquent, de raisonnable... En lisant votre brochure, je ne pouvais m'empêcher de vous appliquer ce passage de Tacite dans son dialogue des orateurs : *Quo torrente, quo impetu defendit.* Je viens de lire la lettre que Sa Sainteté vous a adressée. Elle est la juste récompense de votre zèle... »

Lettre de Mgr l'archevêque de Bourges. — « Bourges, le 12 février 1865. ...Si je n'ai pas envoyé plus tôt mes félicitations à Votre Grandeur sur la manière *si énergique et si brillante* dont vous avez défendu les actes du Saint-Siège, c'est que j'attendais une occasion, et c'est pour moi une vraie joie de vous dire que j'applaudis de tout cœur à votre immense succès. »

Lettre de Mgr l'archevêque de Rennes. — « Rennes, le 19 février 1865. ...Je ne puis que répéter à Votre Grandeur ce qu'elle entend dire de toutes parts, à savoir : qu'elle a fait non seulement une belle œuvre, mais, ce qui est bien plus encore pour un évêque, une bonne œuvre, *dont les résultats auront été immenses* pour le bien de la sainte Église dans les circonstances graves où elle se trouve... »

Lettre de Mgr l'archevêque de Sens. — « Sens, 13 février 1865. ...Quel succès ! Dieu en soit béni. A lui la gloire, et à vous aussi l'honneur. C'est un immense service que vous avez rendu à la sainte Église... »

Lettre de Mgr l'évêque de Carcassonne. — « Carcassonne, le 11 avril 1865. ...Il importait qu'une voix comme la vôtre affirmât hautement les principes de vie que le Souverain Pontife a si magnifiquement rappelés, et l'immense retentissement de vos paroles a montré que la vérité n'était pas sans écho dans les cœurs. Pour ma part, Monseigneur, je vous remercie et vous félicite... »

Lettre de Mgr l'évêque de Troyes. — « Troyes, le 9 février 1865. ...Je recevais avant-hier, d'un de nos conseillers généraux de l'Aube, membre de l'ambassade à Rome, une lettre dans laquelle il me disait que le Saint-Père lui avait parlé de cet ouvrage dans les termes d'une vive approbation, et que cet écrit était destiné à dissiper le terrible malentendu qui venait d'agiter pendant trop longtemps les esprits et les consciences. »

Lettre de Mgr l'évêque de Laval. — « Laval, 10 février 1865. ...Je viens de lire votre écrit à tête reposée. Soyez-en béni, Monseigneur. Jamais évêque, en ce siècle, ne rendit un plus grand service à l'Eglise. Merci, mille fois merci. »

Lettre de Mgr l'évêque d'Amiens. — « Amiens, le 10 février 1865. ...Si je n'ai pas encore remercié Votre Grandeur, je l'ai mille fois bénie. Évêque, je dois mieux sentir et plus apprécier qu'un autre le service que vous venez de rendre à l'Eglise, et, votre ami, permettez-moi de le dire, je dois aussi en être plus fier... Il y en a qui auraient voulu que vous fussiez accablé sous ce coup, et c'est vous qui avez empêché qu'ils n'en fussent écrasés eux-mêmes... Que Dieu vous conserve, vous fortifie, et vous *garde.* L'Eglise a besoin de vous. »

Lettre de Mgr l'évêque de Saint-Brieuc. — « Saint-Brieuc, 9 février 1865. ...Toute la partie qui regarde l'Encyclique mérite la reconnaissance de tous les vrais amis de l'Eglise, et votre admirable succès, que la Providence ne donne pas toujours à ses défenseurs, aura répandu dans l'Europe entière votre parole émue, dissipé bien des préjugés, et empêché bien des malheurs... »

ÉVÊQUES BELGES

Lettre de Mgr l'évêque de Liège. — « Liège, le 11 août 1865. ...Je m'étais empressé de lire, dès qu'elles ont paru, ces magnifiques pages que vous consacrez à expliquer deux grands actes... J'ai cru que je pouvais me dispenser de vous exprimer mon admiration, ce sentiment étant celui de tant de millions de catholiques qui ont lu, qui ont dévoré votre livre, et la presse religieuse de l'Europe s'en étant fait l'organe. Mais je me reproche de ne vous avoir pas témoigné ma reconnaissance pour ce nouveau et signalé service rendu à la cause qui nous est commune. Je viens réparer cette faute et vous remercier. Votre ouvrage a exercé une influence aussi grande en Belgique qu'en France. Notre libéralisme maçonnique a été réduit au silence ; notre jeunesse catholique, saisie d'un evaine crainte à la lecture de l'Encyclique, s'est redressée à la lecture de votre livre... La lettre si belle que le Saint-Père vous a écrite n'a pas échappé à mon attention. Je comprends que l'évêque attache plus de prix à cet auguste suffrage que l'écrivain au merveilleux succès de son œuvre... »

Lettre du cardinal archevêque de Malines. — « Malines, le 30 janvier 1865. ...Je vous prie d'agréer mes plus vives félicitations sur ce magnifique travail qui obtient un succès si légitime et si universel, et qui relève d'une manière si éclatante l'Eglise et la Papauté. Veuille Dieu vous accorder une bien grande récompense pour les services inappréciables que vous ne cessez de rendre au Saint-Siège Apostolique, et pour lesquels tous les catholiques vous garderont une éternelle reconnaissance. »

Lettres de Mgr l'évêque de Namur (aujourd'hui cardinal archevêque de Malines), du 30 janvier et du 6 juillet 1865. — « ...Je vous félicite de tout cœur de votre travail sur l'Encyclique. C'est fait de main de maître, comme on dit. Tout le monde veut le lire. Je viens d'en demander cent exemplaires à Bruxelles : j'en ferai cadeau à mes séminaristes. » — « Je vous félicite de l'immense bien qu'il a fait. C'est un monument impérissable de votre zèle. Toute l'Eglise vous en doit de la reconnaissance. »

·ÉVÊQUES ANGLAIS

Lettre de Mgr l'évêque de Beverley. — « Springfield House Leeds, 14 août 1865. ...J'ai lu cet écrit avec autant de plaisir que de profit, intrépide et docte défenseur de l'Eglise et de ses droits.

» Je n'oublierai jamais les jours que nous avons eu le bonheur de passer à Rome en 1862, et je me rappelle une circonstance du premier consistoire où je me trouvai pour un moment à côté de Votre Grandeur. Son Eminence le cardinal Barnabo lui présentait des félicitations en disant : « Oh ! Monseigneur, vous

— 24

êtes un de nos héros. » Votre Grandeur a répondu : « Un de nos zéros. » Son Eminence avait raison, et moi j'ai bien apprécié l'humilité de la réponse... » -

Lettre de Mgr *l'évêque de Plimouth.* — « Plimouth, 18 juillet 1865. ...Je me réjouis avec Votre Grandeur du prodigieux succès de son écrit, et du bien qu'il a fait, je puis dire, dans tout le monde. Un évêque est heureux, Monseigneur, de voir les vrais principes si noblement vengés par un de ses frères, et les bassesses de la politique humaine flétries avec tant de force. La reconnaissance de l'épiscopat tout entier vous est acquise pour un si grand service rendu à l'Eglise... »

ÉVÊQUES ITALIENS

Lettre de Mgr *l'archevêque de Gênes.* — « Gênes, le 2 juillet 1865. ...Je me réjouis avec tout l'épiscopat et tous les bons catholiques de voir cette publication à sa trente-quatrième édition. Le bien qu'elle a fait partout, le changement qu'elle a opéré dans l'opinion est immense. Vous avez contribué plus que tout autre à arrêter ce torrent d'incriminations passionnées et iniques qui se déversait contre la Papauté... »

Lettre de Mgr *l'archevêque de Florence.* — « Florence, le 18 juin 1865. ...A peine votre opuscule *la Convention du 15 septembre et l'Encyclique du 8 décembre* eut-il paru, que je m'empressai de l'acquérir, et je lus avec le plus grand plaisir, à cause de l'ardent amour pour l'Eglise qu'il respire, et de la force invincible des arguments, et de cette clarté d'idées, et de cette impétuosité de style, qui faisait dire à un de mes amis, homme d'un esprit fort distingué : « Quand on lit l'évêque d'Orléans, on croit entendre la trompette guerrière, et assister à une bataille... » Trois traductions italiennes en ont été publiées à Florence, et sur-le-champ épuisées... » — (Traduit de l'italien.)

Lettre de Mgr *l'évêque de Padoue.* — « Padoue, le 26 juillet 1865. ...Toutes mes félicitations à l'intrépide auteur de tant d'ouvrage publiés pour la défense de la vérité et de la justice ; toutes mes congratulations pour le grand succès de cette œuvre, pour l'approbation qu'elle a obtenue du Saint-Père, et de tous

ceux qui désirent le triomphe de l'Eglise et du Saint-Siège...»
— (Traduit de l'italien.)

Lettre de Mgr l'archevêque de Spolète. — « Spolète, le
18 août 1865. ...Votre écrit classique et monumental sur la
Convention et sur l'Encyclique vous place au rang des plus
grands apologistes de l'Eglise... Je ne m'étonne pas qu'un livre
aussi providentiel ait fait le tour du monde, qu'il ait été traduit
dans toutes les langues; la main de Dieu qui vous l'inspirait
vous chargea de son œuvre, et Votre Grandeur peut être bien
certaine que rien n'est plus spontané et plus sincère que les
éloges et la reconnaissance que tous les catholiques du monde
vous prodiguent... »

Lettre de Mgr l'archevêque de Pérouse (Léon XIII). —
« Pérouse, le (pas de date) octobre 1865. ...Cet ouvrage, qui
a rencontré les applaudissements des catholiques et qui a fait
tant de bruit en Europe, est bien digne de votre doctrine,
Monseigneur, qui êtes le défenseur et le soutien du Saint-Siège
persécuté et combattu si furieusement dans notre malheureux
siècle. Veuillez donc, Monseigneur, accueillir mes congratulations avec celles de tout l'univers... »

ÉVÊQUES ESPAGNOLS ET PORTUGAIS

Saint-Jacques de Compostelle, 26 juin 1865. — « ...Cet écrit
est un de ceux qui plus vous honorent, et je crois qu'il a fait
beaucoup de bien... Je n'y trouve rien qui ne soit entièrement
conforme aux dogmes du catholicisme... »

Tarragone, 22 juin 1865. — « ...Je remplis un devoir des
plus agréables à un évêque en félicitant Votre Grandeur pour
l'éminent service fait en même temps à l'Eglise et à la société.
Nous en avons ici en Catalogne deux éditions en espagnol... »

Barcelone, 18 juillet 1865. — « ...L'écrit est non seulement une défense de l'Eglise et du Saint-Siège, mais encore une
apologie du droit public religieux du catholicisme, et je lui
donne volontiers mon suffrage... »

Porto, 6 octobre 1865. — « ...Ce serait offenser votre modestie que d'en faire l'éloge, et ce serait chose superflue,
puisque la prodigieuse publicité de cet écrit est la preuve la

plus décisive de son mérite. Inutile de vous dire, Monseigneur, que j'embrasse et que je suis la doctrine que vous y défendez avec autant d'énergie que d'éloquence...

» Sentinelle de la vigne du Seigneur, vous apparaissez sur la brèche en tous ses périls comme un vaillant athlète... »

Lisbonne, le 19 septembre 1865. — « ... Votre nom, Monseigneur, si connu, même à l'étranger, votre zèle pastoral si éclairé, ont rehaussé le mérite de votre excellent travail, qui n'a pas tardé à être traduit dans la belle langue du Camoens, et je suis convaincu qu'il a produit dans tous ceux qui l'ont lu le même effet que j'ai éprouvé moi-même en le lisant, c'est-à-dire : Admiration pour l'ouvrage, vénération pour l'auteur, adhésion pour les doctrines qu'il soutient... »

ÉVÊQUES SUISSES, ALLEMANDS, ETC.

Genève, le 5 février 1865 (Mgr Mermillod). — « Monseigneur et vénéré Père, je n'ose vous fatiguer de mes lettres; je sais et j'ai vu ces flots qui vous assiègent de toutes parts, et plus que saint François de Sales vous pourriez dire : « Ce ne sont pas quelques eaux, mais des torrents que mes affaires. » ... Mais je ne puis me taire plus longtemps; j'ai besoin de vous dire qu'à Genève, où j'ai répandu votre incomparable écrit, protestants et catholiques l'ont lu avec admiration. Je sais qu'à Vienne et à Rome il a eu les mêmes succès et les mêmes applaudissements. Hier encore l'*Unita* de Turin disait : *Si puo dire con verita che la Roma papale fa plauso al stupendo scritto.* Je vous répète, Monseigneur, les paroles de saint Jérôme que je vous disais à votre retraite pastorale : *Hilarium de prœlio revertentem Ecclesia complexa est.* Toute l'Eglise vous acclame et vous bénit... »

Mayence, 30 juillet 1865. — « L'absence de Mgr l'évêque de Mayence me procure l'honneur, Monseigneur, de vous écrire par ordre de Sa Grandeur... Il serait inutile de dire avec quel plaisir, ou plutôt avec quels sentiments d'admiration et de bonheur Sa Grandeur a lu votre écrit, dont l'apparition a été, sans contredit, un véritable événement, et par lequel il a été donné à Votre Grandeur de flétrir, avec un courage et un art incomparables, le mensonge et la trahison, et de donner à la vérité un témoignage entendu et compris par des millions de lecteurs. Certes, si les maux qui menacent l'Eglise et le Saint-Père peuvent encore être arrêtés, une grande partie du mérite en appartiendra à Votre Grandeur... »

(Lenning, vicaire général et doyen du chapitre de la cathédrale.)

Munich, 22 juin 1865. — « ...Votre écrit a dépassé mon attente. Avec un savoir admirable vous démasquez les ennemis du Saint-Siège, vous vengez les droits de l'Eglise, et vous donnez le vrai sens des thèses du *Syllabus* (*et qui verus Syllabi thesium sit sensus exposuisti*). — (Traduction du latin.)

Spire, le 3 juillet 1865. — « ...J'ai lu avec toute l'attention ce livre si mémorable, qui traite les questions les plus graves de notre temps avec une sagesse, une énergie, et une conséquence (logique) admirable... »

Augsbourg, le 24 juillet 1865. — « ...Tout enchanté de la lecture de cet écrit, j'ai chargé sans retard un journaliste d'ici de le traduire... Votre Grandeur pourrait donc juger par là quel grand intérêt j'ai pris d'abord à un ouvrage entièrement qualifié de faire époque. Toute l'Allemagne catholique, qui offre depuis longtemps son admiration, sa plus profonde vénération à Votre Grandeur, n'a reçu par cet écrit qu'une nouvelle occasion de célébrer le zèle fervent, les lumières invincibles, la magnanimité inébranlable d'un des plus éminents évêques de l'univers... »

Eichstadt, 22 septembre 1865. — « ...Je ne pourrais pas exprimer les sentiments de joie, d'admiration et de consolation, que m'a inspirés la lecture d'un livre qui défend avec autant de savoir que de courage les droits et la liberté du Saint-Siège et de la société chrétienne... Vos paroles, adressées à l'univers, accueillies par toutes les nations avec une admiration sans bornes, acquièrent dans nos jours sensiblement un caractère prophétique... »

Fulda, 7 juillet 1865. — « ...C'est vraiment un livre d'or, dès son apparition d'universels applaudissements l'accueillirent. Pour moi, *à chaque page de cet écrit*, soit en ce qui touche la Convention, soit en ce qui regarde l'Encyclique, *j'adhère de tout cœur...* Je l'ai fait déposer dans la bibliothèque de mon séminaire de clercs : c'est un monument historique qui doit passer à la postérité... » — (Traduit du latin.)

Limbourg, 29 juillet 1865. — « ...Il conviendrait peu si je voulais ajouter aux louanges qui sont justement dues et données de tout le monde à cette œuvre écrite avec autant de sagesse que de franchise. Je me permets seulement de constater que *j'approuve entièrement* TOUS *les sentiments et idées* que Votre Grandeur y a si clairement énoncées et si noblement défendues... »

Fribourg en Brisgau, 31 décembre 1865. — « ...Quant à l'Encyclique du Souverain Pontife, vous l'exposez avec tant d'éclat (*tam præclare exposuisti*), vous confondez par des raisons si victorieuses l'ignorance ou la mauvaise foi des adversaires, que vous avez bien mérité de l'Eglise universelle. Vous avez donné le vrai sens de ce monument pontifical, l'Encyclique et le *Syllabus* (*recto sensu intellectum*), vous les avez mis par votre interprétation dans leur vraie lumière (*veritatis luce illustratum*)... » — (Traduit du latin.)

Laybach, le 17 août 1865. — « ...Quant à l'Encyclique... tout le monde catholique vous applaudira pour avoir montré incontestablement que le Pape ne condamne pas ce qu'il y a de bon sens dans le progrès, de vraiment utile dans la civilisation moderne, de vraiment libéral et chrétien dans le libéralisme. Outre cela, tous les fils de l'Eglise dévoués à leur commune mère vous rendront grâce de ce que vous avez rappelé et remis sous les yeux de la France émue, l'acte mémorable où Pie IX lui-même, en 1855, s'est exprimé explicitement sur les droits, l'origine et la valeur de la raison humaine... Le Pape n'outrage pas la raison par l'Encyclique ; il défend plutôt la raison contre les sophistes et la foi contre les impies... »

ÉVÊQUES ORIENTAUX

Archevêque grec-melchite-catholique d'Alep et Séleucie. — « J'ai lu avec un extrême plaisir votre très docte écrit, et je le regarde comme le monument de ce siècle. Je m'associe pleinement à toutes les assertions émises par vous dans cet écrit ; je

me conforme en tout à sa doctrine; j'en apprécie toutes les
sages pensées... *

Patriarchat de Jérusalem, Beyrouth, le 28 avril 1865. —
« Inutile de vous exprimer, Monseigneur, quelle satisfaction et
quel bonheur m'a fait éprouver la lecture de cet admirable
écrit... Continuez, continuez avec énergie, à combattre les
guerres du Seigneur... »

Mossoul, 9 octobre 1866. — « J'ai lu cet écrit avec la plus
grande attention et le plus grand charme, et je ne puis m'empêcher de vous dire mon admiration et ma reconnaissance pour
une œuvre où Votre Grandeur a défendu si noblement et si fortement le Saint-Siège et l'Eglise catholique. L'épiscopat catholique est heureux d'avoir trouvé en vous un si digne organe
(*degnissimo organo*) de sa doctrine et de ses sentiments. La
France, qui a tant de titres de gloire, doit se féliciter de n'avoir
jamais manqué de donner à l'Eglise et à la société des hommes
éminents par le mérite et le talent. » — (Traduit de la traduction italienne.)

ÉVÊQUES D'AMÉRIQUE

Évêche of Sandwich Canada West, 3 juillet 1865. — « Permettez-moi d'ajouter ma faible voix au magnifique concert
d'éloges qui s'élève de toutes les parties du monde chrétien
pour féliciter Votre Grandeur de l'incomparable succès de son
ouvrage... Je l'ai lu et relu sans me lasser d'en admirer
l'actualité, l'irrésistible logique, la clarté, la concision, les tou-
chants élans d'un cœur d'évêque comprimés par une modération pleine de dignité et de sagesse, enfin tout cet ensemble de
mâles beautés qui en font un ouvrage unique pour le fond et
pour la forme.

» Cet écrit sera comme une révélation pour une multitude de
braves gens bien intentionnés, parmi les protestants comme
parmi les catholiques, qui n'ont guère d'autre opinion que celle
de leurs journaux...

» Votre triomphe, Monseigneur, est le triomphe de la vérité,
de la justice, de l'ordre : il est plus particulièrement le triomphe de la France catholique parlant avec tant de force et d'éloquence par la bouche de l'illustre évêque d'Orléans.

» Il me semble que la France catholique est en droit de vous

dire ce qui fut dit un jour à l'Ange de l'Ecole : *Bene scrip-
sisti de me...* »

Natchez, Mississipi, 16 novembre 1865. — « Ç'a toujours été
avec beaucoup de plaisir que j'ai lu vos écrits; mais celui de
la Convention du 15 *septembre et l'Encyclique du* 8 *decem-
bre,* je l'ai lu avec un intérest (*sic*) tout particulier, et j'ai la
douce confiance que la traduction en anglais qui vient de paraître aux Etats-Unis va circuler dans tout le pays et produire les
fruits que vous avez en vue : *Il est temps que le monde entier
voie les choses comme elles sont.* Votre ouvrage ne contribuera
pas peu à ouvrir les yeux du publique (*sic*). »

Saint-Louis, le 9 août 1865. — « ...Les nombreux écrits
que Votre Grandeur a donnés au public en défense du Saint-
Siège, et spécialement l'explication claire et convaincante que
vous venez de donner de la lettre encyclique du Saint-Père, ont
rendu votre nom cher aux catholiques de tous les pays. »

Cincinnati, 1ᵉʳ juillet 1865. — « Monseigneur, ainsi que le
Saint-Père, la France, et tous les catholiques de l'univers, nous
aussi d'Amérique, nous avons à cœur de remercier Votre Grandeur de son admirable écrit : *la Convention du* 15 *septembre
et l'Encyclique du* 8 *décembre.* Nous l'avons publié dans notre
revue hebdomadaire, *the Catholic Telegraph*, et nous en allons
en donner une édition en brochure, qui vous donnera, Monseigneur, des milliers de lecteurs, et à l'Eglise des milliers de
défenseurs. Plusieurs journaux catholiques des Etats-Unis l'ont
publié, et votre nom et vos mérites sont publiés partout... »

Porto Rico, le 9 août 1865. — « ...Un exemplaire traduit en
espagnol m'ayant été envoyé de Madrid, je l'ai lu avec autant de
respect que d'admiration. J'y ai vu confirmer la haute renommée
(*sic*) que vous avez acquise partout... Continuez, continuez
Monseigneur, je vous en conjure au nom du catholicisme, la
glorieuse mission que vous vous êtes imposée, ou plutôt que le
ciel vous a confiée. Puisque vous avez reçu des talents aussi
privilégiés, votre devoir est de les employer au profit de
l'Eglise... »

(*Nom illisible*) *Antilles anglaises*, 8 septembre 1865. —
« ...Le monde entier, on peut le dire, a retenti du bruit de
cette publication, et il serait difficile de peser les limites du

bien qui peut en sortir... Pas une seule proposition de votre écrit à laquelle je ne sois prêt à souscrire. Il dissipera bien des erreurs et bien des préjugés... »

République Équatoriale. — « ... Non seulement j'approuve votre écrit, et j'en confirme la doctrine, mais encore ma pensée est qu'on ne saurait trop le répandre ; et je bénis Dieu qui vous a donné, pour défendre la justice et la vérité, un tel talent, un tel courage... » (Traduit du latin.)

Para, le 14 novembre 1865. — « ... J'ai adressé à mes diocésains une lettre pastorale dans laquelle j'ai intercalé une traduction de votre magnifique défense de l'acte pontifical. Pardonnez-moi, Monseigneur, mais je crus ne pouvoir mieux faire que d'adopter ainsi solennellement ce travail... »

Buffalo, le 10 juillet 1865. — « ... Votre nom retentit par toute la terre, et moi je ne suis que le premier évêque d'un diocèse dont le nom même prouve que les bêtes sauvages naguère y ont demeuré. Il est vrai que les buffles sont maintenant loin de Buffalo...

» Depuis longtemps j'admire les écrits de Votre Grandeur ; pour mes discours et mes pastorales ils m'ont été souvent très utiles ; mais surtout *la Convention du 15 septembre et l'Encyclique du 8 décembre...* Dieu a béni cet ouvrage, et il bénira le cœur et la main d'où il sortit. Des évêques par toute la terre se sont fait l'écho de vos *Thoughts that breath, and words that burn.*

» *J'adopte toutes vos idées,* et je désire me placer près de vous pour soutenir la cause de Dieu et de son Église.
» Je prends la liberté de vous envoyer ma dernière pastorale. *Partout les évêques qui se dévouent au centre de l'unité catholique ont, comme vous le voyez, besoin de citer l'illustre évêque d'Orléans.* »

EXTRAITS

Des LETTRES adressées à l'évêque d'Orléans par de simples prêtres.

Faut-il, après ces magnifiques lettres épiscopales, citer quelques extraits des innombrables lettres de simples prêtres qui venaient aussi de partout, de la Belgique, de l'Italie, de l'Espagne, comme de tous les diocèses de France, à l'évêque d'Orléans : Simples prêtres ou religieux, supérieurs de communautés ou généraux d'ordres? Les deux suivantes nous tiendront lieu de toutes les autres, à cause du grand nom de leurs signataires :

Lettre du P. JANDEL, *général des dominicains.* — « Monseigneur... Votre brochure sur la Convention et l'Encyclique est un coup de massue dont resteront terrassés tous les sophistes ennemis de Dieu et de son Christ... Mais si l'accablante logique de l'argumentation ne laisse aucune prise à la chicane, ce que je n'ai pas moins admiré, c'est le calme et la modération du langage, et les ménagements conservés envers des adversaires catholiques et non catholiques, qui semblaient si peu les mériter... C'est un nouveau et signalé service rendu par vous à l'Eglise et au Saint-Siège.

» Ce sera le cri d'admiration du monde catholique et de nos ennemis eux-mêmes ! Mais ce n'est pas seulement ce qui m'inspire; je serais téméraire d'y céder; c'est la reconnaissance, dont je n'ai pas le courage d'étouffer l'enthousiasme... »

Lettre de M. l'abbé LANGÉNIEUX, *aujourd'hui archevêque de Reims.* — « Monseigneur... Merci, et mille fois merci, au nom de toutes ces chères âmes surprises, découragées, humiliées, pour lesquelles votre parole inspirée a été la splendeur d'un beau soleil après une horrible nuit de tempête. On les voit se relever, tour à tour étonnées de leur tristesse d'hier, et heureuses, fières d'être les disciples d'une vérité si magnifiquement vengée... etc. »

EXTRAITS

Des **LETTRES** adressées à l'évêque d'Orléans par des laïques (un grand nombre sont signées par des avocats, des professeurs de l'Université, des hommes politiques, des écrivains, des publicistes, des députés, des membres de nos Académies).

———

Lettre de M. Vitet (de l'Académie française). — « Monseigneur... Vous devez être accablé d'éloges et saturé d'admiration. C'est presque une indiscrétion, c'est à coup sûr un pléonasme que de vous en envoyer encore. Il faut pourtant que vous me permettiez de vous remercier du fond du cœur. J'en ai besoin, tant vous m'avez rendu heureux. Le bien que vous venez de faire est incalculable. Ce n'est pas seulement un chef-d'œuvre que vous nous avez donné, c'est une œuvre de haute et grande charité. Vous avez mis de l'air dans nos poitrines. Nous respirons plus à l'aise et marchons mieux tête levée. Merci, merci mille fois, etc. »

Lettre de M. Berryer. — « Monseigneur ...L'immense succès de votre écrit prouve assez quel puissant secours vous apportez à la grande cause de la Papauté, et quel besoin avaient les catholiques des lumières dont vous éclairez leurs consciences. Je vous ai lu et relu, je médite tout ce que vous nous enseignez; vous parlez de la Convention et de l'Encyclique avec l'autorité d'un évêque et le zèle éclairé d'un grand citoyen. Simple laïque, j'ai le droit et le devoir de traiter devant l'Assemblée, dont je suis membre, ces immenses questions... »

Opinion présumée de M. le comte de Chambord, *d'après une lettre de* M. de la Ferronnays (communiquée à Mgr Dupanloup par M. le vicomte Gabriel de Chaulnes). — « Monseigneur... Permettez-moi de mettre sous les yeux de Votre Grandeur l'extrait suivant d'une lettre de M. le comte de la

Ferronnays, qui se trouve dans ce moment à Venise, auprès de
M. le comte de Chambord :

« L'admirable brochure de l'évêque d'Orléans aura dû vous
» satisfaire. Ecrite avec le talent et la chaleur de cœur très habi-
» tuels à son auteur, elle est de plus très habile et doit servir
» de terrain et de centre pour rallier tous les esprits inquiets...
» La lettre de l'évêque d'Orléans doit dissiper toutes les crain-
» tes provenant d'une fausse interprétation. Nous devons lui
» savoir un gré infini..... etc. »

TABLE DES MATIERES

DU TOME DEUXIÈME

——

FIN DE LA TABLE DES MATIÈRES DU TOME DEUXIÈME

BOURLOTON. — Imprimeries réunies, A, rue Mignon, 2, Paris.